동북아역사재단 연구총서 74

고조선의 언어계통 연구

양웅의
『방언』수록
고조선어
분석

동북아역사재단
북방사연구소 편

머리말

양웅의 『방언』에 수록된 고조선어 32개

고조선!

한국인이라면 모두가 알고 있듯이 고조선은 한민족이 세운 최초의 국가이다. 그러나 현재 건국 시기가 언제인지, 수도인 평양은 어디에 있었는지, 고조선의 강역은 얼마나 넓었는지 구체적인 상황을 알지 못한다. 그 이유는 고조선과 관련된 문헌 자료는 지극히 소략하고, 발굴된 고고유적과 유물은 고조선의 구체적인 상황을 밝혀주는 데 큰 도움이 되지 않기 때문이다. 사실 고조선은 기원전에 건국하고 멸망한 국가이기 때문에 고조선의 실체를 밝히기 위해서는 문헌 자료보다 고고학 자료가 더 중요한 의미가 있다고 할 수 있다. 그러나 고조선의 강역은 현재 북한과 중국에 속하기 때문에 우리가 직접 발굴하거나 발굴된 자료를 연구에 활용하는데 한계가 있다.

이와 같은 상황 속에서 한나라 사람 양웅이 저술한 『방언』에 등장하는 고조선어 32개를 접하였을 때 필자는 오리무중에 고조선을 만난 것처럼 뛸 듯이 기뻤다. 그 이유는 언어가 존재한다는 것은 언어를 사용한 고조선 사람이 존재한다는 것이고, 고조선 사람이 존재한다는 것은 고조선인이 창조한 문화가 존재하는 것이고, 또 그 사람과 그 문화를 담은 고조선이라는 국가가 존재한다는 것을 의미하기 때문이다. 이제 고조선의 실체에 한 걸음 더 다가갈 수 있는 기회가 마련된 것이다.

언어의 보수성과 고조선어 연구의 가능성

언어의 생산은 하루아침에 이루어지는 것이 아니라 오랜 역사 과정을 통해 형성된다. 언어는 주체와 객체로 표현되지만 교류 시에 필요한 도구이기 때문에 서로 상응하여야만 사회적인 군체(群體)가 될 수 있다. 언어는 음과 뜻으로 결합된 언어 단위, 즉 단어, 구, 단락, 문장을 통해 인류의 사유를 공고히 하고, 정보를 기록하고, 전파한다. 언어는 비사회적인 자연현상이거나 초사회적인 개인 행위가 아니라, 인류가 오랜 시간에 걸쳐 형성한 사회적 약속이다. 언어는 인류의 의식을 표현한 사회적 산물로, 사회가 없다면 언어도 존재하지 않는다. 고조선어에는 고조선인의 사유와 그들이 형성한 문화가 담겨 있어, 언어에 대한 연구를 통하여 고조선인의 사유와 문화를 연구할 수 있다.

그리고 언어는 언어공동체가 교류할 때 필요로 하는 도구이기 때문에 변화가 완만하다는 특징을 가지고 있다. 언어가 돌발적으로 변화한다면 서로 소통이 불가능해지기 때문에 언어는 쉽게 폐지되지 않으며 오직 점진적이고 연속적으로 변화한다. 이와 같은 언어의 보수성은 한 언어공동체가 다른 언어공동체와 구별되도록 하였다. 이와 같은 언어의 보수성으로 인하여 고조선어와 현대 언어의 비교연구가 가능하다. 본서에서는 현대 한국어를 비롯하여 몽골어, 만주어, 어윈커어와 고조선어에 대한 비교연구를 시도하였다.

『방언』에 등장하는 고조선어에 대한 연구는 일부 연구자가 현대 한국어와 비교연구한 바 있으나, 그 이후 구체적인 연구가 이루어지지 않고 있는 상황이다. 본 연구의 기획자인 필자는 '고조선어와 주변 민족의 언어에 대한 비교연구를 통해 고조선어의 언어계통, 더 나아가 한국어의 언어계통을 밝히겠다"는 목표를 세우고 관련 연구자를 수소문하였다. 그런데 대체적인 의견이, 고조선어는 자료가 없기 때문에 연구자가 없으며, 연구를 해도 재야 취급을 받기 때문에 연구하는 이가 없다는 것이었다. 고조선어를 전문적으로 연구하는 학자가 없는 상황에서 한국어와 주변 민족의 언어를 비교연구한 논문들을 한 편 한 편 읽어가며 함께할 연구자를 물색하였다.

한국어 전공자인 조재형 교수에게는 한국의 고조선어 연구 성과를 정리해줄 것을 부탁하였다. 안재홍의 『조선상고사감』을 역주한 바 있는 필자는 안재홍이 그토록 강력히 주장한 '기, 지, 치 이론'에 대해 다시 한 번 점검해보기로 하였다. 양웅의 『방언』을 번역하여 출판한 이연주 교수에게는 중국의 『방언』 연구 성과를 정리해줄 것을 부탁하였다. 몽골어와 고조선 관직명을 비교연구한 바 있는 이성규 교수에게는 몽골어와 고조선어의 비교를 부탁하였다. 만주어와 한국어를 비교연구한 김양진 교수에게는 만주어와 고조선어의 비교연구를 부탁하였다. 고아시아어와 퉁구스어 연구자로 관련 서적을 출판한 경험이 있는 엄순천 교수에게는 어윈커어와 고조선어의 비교를 부탁하였다.

이 책의 주요 내용

연구자들이 집필한 내용의 요점을 장별로 정리하면 다음과 같다.

2장에서는 한국 내 고조선어 연구 경향과 성과를 정리하였다. 고조선어 연구는 일제강점기 역사학자들이 민족자긍심을 고취하기 위해 주도하였으나 방법론상의 문제로 신뢰를 얻지 못하고 있다. 주로 고조선의 국명, 지명, 왕명, 인명에 대한 연구가 많이 이루어졌으나 대부분 정설이 없는 상황이다.

언어학자들의 연구도 언어학적인 논거를 제시하지 못하는 한계를 보이고 있으며, 논의의 자의성 또한 극복해야 할 문제이다. 그리고 근래에 와서는 초기 연구에 대한 검증 없이 이를 기반으로 연구를 진행하는 경우가 있는데 이 또한 심각한 문제라 할 수 있다.

3장에서는 언어학적 연구를 역사 연구에 활용할 수 있는 방법을 모색해보았다. 안재홍 스스로가 말하였듯이 그가 발표한 '기, 지, 치 이론'은 세간의 웃음거리가 되었다. 이후 일부 연구자에 의해 언급된 바가 있으나 안재홍의 설은 주목받지 못하였다. 이 글에서는 안재홍이 '기, 지, 치 이론'을 발표한 지 70년 정도 지난 현재 다시 한 번 그 가능성을 검토하였다. 왜냐하면 당시에 비하여 고고학적 성과가 쌓이고 문헌 연구가 상당히 진행되었기 때문에 안재홍의 설을 입증할 자료를 찾을 가능성이 있기 때문이다. 연구 결과 안재홍의 주장처럼 고구려시기에 왕을 의미하는 단어가 '개차(皆次)'로 발음되어 '기자'가 왕을 뜻하는 우리말일 가능성이 있음을 확인하였다. 그러나 역시 한계는 관련 단어를 고조선어에서 찾을 수 없다는 점이었다. 고구려어가 고조선어를 계승하였다는 측면에서 볼 때 왕을 뜻하는 '개차'라는 말이 고조선어에서도 사용되었을 가능성이 있다. 현재로서는 고조선어 중 왕을 뜻하는 단어를 찾아내는 일이 급선무라 할 수 있다.

4장은 네 편의 글로 구성되어 있으며, 본서의 핵심 부분이다. 『방언』에 수록된 고조선어와 주변 민족의 언어를 비교하여 고조선의 언어계통성을 살펴보았다.

본격적인 연구를 위해 1절에서는 그동안 중국에서 이루어진 『방언』 수록 고조선어에 대한 연구의 성과를 살펴보았다. 먼저 『방언』이 가지고 있는 언어학 자료로서의 한계를 지적하였다. 『방언』은 자료 수집 과정의 불명확성, 수집된 자료를 표기하기 위한 표음부호의 부재, 당시 지역의 언어 상황을 체계적이고 명확하게 제공하지 못하는 한계가 있다. 그리고 중국 학자들의 『방언』에 대한 연구 성과는 당시 역사 상황에 대한 주관적 인식과 해석을 바탕으로 하고 있으며 중국 고문헌에 대한 무비판적 신뢰도 문제점이라 할 수 있다. 중국 학계는 중국 내에 다양한 문화전통이 존재한 것이 아니라 당시 동북지역이 중원과 정합적인 일체, 통일적 일체를 형성하였다는 견해를 가지고 있는데, 이러한 관점이 언어학자들에게 어느 정도 영향을 주었는지 알 수 없으나 고조선이 속한 동북지역이 연나라의 영향을 받은 한어방언권이라는 주장을 하고 있다.

　2절에서는 고조선어와 몽골어를 비교연구하였다. 『방언』 수록 32개 고조선어 중 몽골어와 연결이 가능한 것은 14개로 대략 44퍼센트이다. 따라서 당시 조선, 열수 지역에는 한국어와 몽골어를 사용하는 이들이 함께 거주하였음을 알 수 있다.

　3절에서는 고조선어와 만주어를 비교연구하였다. 『방언』에 수록된 고조선어 중 음성적으로 만주어와 유사한 것은 1개뿐으로 대략 5퍼센트이다. 이에 비하여 고조선어와 한국어의 유사성은 37퍼센트로 한국어와 친연성이 높음을 알 수 있다. 따라서 고조선어는 만주어보다는 한국어에 더 가깝다고 할 수 있다.

　4절에서는 고조선어와 어원커어를 비교연구하였다. 『방언』 수록 32개 단어 중 중국어에서 고조선어로 유입된 단어와 의성어·의태어를 제외한 22개 단어를 비교한 결과, 명사 중 유사성이 있는 것은 46퍼센트이고, 동사 중 유사성이 있는 것은 45퍼센트이다. 전체적으로 볼 때 유사성이 있는 단어와 없는 단어의 비율은 45:55로 거의 비슷하였다.

22개의 단어 중 몽골어는 9개, 만주어는 1개, 어원커어는 10개에서 공통점이 발견된다. 『방언』 수록 고조선 지역 단어들과 몽골어, 어원커어 사이에서 발견되는 유사성에 근거할 때, 몽골어와 어원커어는 같은 기원을 가진 언어이거나 고조선 지역에서 공존하였을 가능성을 추정할 수 있다. 그리고 어원커어와 동일 계통인 만주어에서 고조선어와 유사한 단어가 1개밖에 발견되지 않은 의외에 결과에 대해서는 이후 좀 더 심도 있는 연구가 필요한 상황이다.

본 연구를 통해 획득한 성과를 정리하면 다음과 같다.

첫째, 중국 학계에서는 동북지역이 중원과 정합적인 일체, 통일적 일체를 형성하였다는 전제 하에 고조선이 속한 동북지역이 연나라의 영향을 받은 한어방언권이라는 견해를 가지고 있다. 그러나 연구 결과 조선, 열수, 북연, 연의 동북, 연의 북부 지역은 동일 언어문화권이었으며, 조선은 조선열수 지역에서 독립적인 언어권을 형성하였음을 알 수 있다.

둘째, 22개 고조선어와 한국어를 비교하면 유사성이 있는 단어는 12개로 54퍼센트에 해당하여 몽골어의 44퍼센트, 만주어의 5퍼센트, 어원커어의 46퍼센트보다 높은 비율로 나타나 고조선어가 현대 한국어와 가장 긴밀한 관련이 있음을 알 수 있다. 특히 주목할 것은 고조선어와 한국어의 비교에서 차용이 쉽게 일어나는 명사보다 차용이 쉽게 일어나지 않는 동사에서 공통점이 많이 발견된다는 점이다. 명사는 11개 중 5개로 45퍼센트, 동사는 10개 중 7개로 70퍼센트에서 유사성이 발견된다. 이는 한국인이 고조선의 중심 민족이었으며, 한민족이 고조선이라는 국가를 계승한 민족임을 추론하게 한다.

셋째, 『방언』 수록 고조선지역 단어들과 몽골어, 어윈커어 사이에서 발견되는 유사성에 근거할 때 고조선어 혹은 한국어가 몽골어, 어윈커어와 동일한 알타이어족이거나 알타이조어에서 기원하였을 가능성이 있다. 이뿐만 아니라 그동안 논란이 되어왔던 알타이어족설이 성립할 가능성도 보여준다. 그리고 이들 유사성에 근거할 때 고조선시기 해당 지역에 현대 한국인의 선조가 몽골족, 어윈커족의 선조와 공존하였음을 보여준다.

남은 과제

본 연구는 『방언』에 수록된 고조선어 32개를 대상으로 하여, 연구의 대상이 매우 제한적이다. 그리고 2,000여 년 전의 고조선어와 현대 언어를 비교 연구하였다는 점에서 근본적인 한계를 가지고 있다. 그러나 고조선어에 대한 연구가 거의 이루어지지 않고 있는 상황에서 아무런 연구도 하지 않고 손을 놓고 있는 것보다는 지금 현재 가능한 연구를 찾아보자는 의미에서 용기를 내보았다. 이와 같이 본 연구가 가지고 있는 여러 가지 한계에도 불구하고 연구에 참여해주신 집필자 선생님들께 다시 한 번 깊은 감사의 말씀을 드린다. 끝으로 우리 연구가 고조선어 연구를 활성화하는 데 초석이 될 수 있기를 기대해본다.

저자를 대표하여 김인희 씀

차례

머리말 • 3

1장

서론 고조선어 연구의 필요성   김인희 ········· 13

2장

고조선어 연구사 한국의 고조선어 연구 경향과 성과   조재형 ········· 19

  1. 고조선어 연구사 정리의 필요성 ········· 21
  2. 고조선어의 언어학적 계통에 대한 연구 ········· 24
  3. 고조선 관련 국명과 지명에 대한 연구 ········· 34
  4. 고조선 관련 왕명과 인명에 대한 연구 ········· 77
  5. 고조선 관련 기타 어휘에 대한 연구 ········· 100
  6. 한국의 고조선어 연구 경향과 문제점 ········· 107

3장

고조선어와 역사

안재홍의 '기, 지, 치 이론'과 기자조선의 존재 여부 김인희 ······ 121

   1. 세간의 웃음거리가 된 안재홍의 '기, 지, 치 이론' ······ 123
   2. 왕을 지칭하는 고유어 '기', '크치'의 존재 여부 ······ 126
   3. 고조선시기 '크치'와 '크치국'의 존재 가능성 ······ 131
   4. 삼한과 삼국시기 왕명·관직명으로 사용된 '기' ······ 136
   5. 언어학 자료의 활용과 역사 연구 ······ 142

4장

고조선어와 언어계통성

『방언』 수록 고조선어와 동북민족 언어의 비교연구 ······ 147

1절 **양웅 『방언』에 수록된 고조선 지역 어휘와 이에 대한 중국에서의 연구** 이연주 ······ 149
   1. 양웅 『방언』의 개요 ······ 150
   2. 『방언』에 수록된 고조선 지역 어휘 ······ 160
   3. 중국 학계에서의 연구 현황 ······ 168
   4. 중국 학자들의 『방언』 연구에 대한 비판적 고찰 ······ 189
   5. 『방언』 수록 고조선어의 중요성 ······ 198

2절 **고조선어와 몽골어의 비교연구** 이성규 ······ 205
   1. 고조선어와 몽골어의 비교연구 필요성 ······ 206
   2. 고조선어와 관련 있는 몽골계 언어 ······ 208
   3. 고조선어와 몽골계 언어의 비교 ······ 211
   4. 고조선어와 몽골어의 친연관계 ······ 231

3절　고조선어와 만주어(여진어)의 상관관계 연구　김양진 ⋯⋯⋯⋯ 237
　　1. 고조선어와 만주어 상관관계 연구의 필요성 ⋯⋯⋯⋯⋯⋯ 238
　　2. 고조선의 어휘 ⋯⋯⋯⋯⋯⋯⋯⋯⋯⋯⋯⋯⋯⋯⋯⋯⋯⋯⋯ 239
　　3. 만주어(여진어)와 말갈, 숙신의 어휘 ⋯⋯⋯⋯⋯⋯⋯⋯⋯ 250
　　4. 『방언』 속 고조선 방언 어휘와 만주어 ⋯⋯⋯⋯⋯⋯⋯⋯ 262
　　5. 만주어보다 한민족 언어에 가까운 『방언』 수록 고조선어 ⋯⋯ 267

4절　양웅의 『방언』에 수록된 고조선 지역 단어들과 어윈커어 비교　엄순천 ⋯⋯ 275
　　1. 연구의 대상과 방법 ⋯⋯⋯⋯⋯⋯⋯⋯⋯⋯⋯⋯⋯⋯⋯⋯ 276
　　2. 『방언』에 수록된 고조선 지역 단어들 중 명사와 어윈커어 명사 비교 ⋯⋯ 279
　　3. 『방언』에 수록된 고조선 지역 단어들 중 동사와 어윈커어 동사 비교 ⋯⋯ 290
　　4. 고조선어와 어윈커어의 친연관계 ⋯⋯⋯⋯⋯⋯⋯⋯⋯⋯ 300

5장

결론　『방언』 수록 고조선어와 동북지역 언어의 친연관계 연구　엄순천 ⋯⋯ 303

부록　중국 문헌상의 고조선 관련 언어 목록 • 325

찾아보기 • 335

1장

서론
고조선어 연구의 필요성

김인희

한 민족의 기원을 가장 확실하게 밝혀주는 것은 언어이다. 따라서 많은 언어학자들이 자민족의 언어계통에 대한 연구를 진행하고 있다. 지금까지 한국어의 계통에 관한 가장 강력한 이론은 알타이어족설이었다. 알타이어족은 18세기 이래 서양 언어학자들의 연구에 따라 수립된 어족으로 튀르크어군, 몽골어군, 만주-퉁구스어군, 한국어, 일본어 등이 여기에 속한다. 한국어의 알타이어 기원에 관한 이론은 1930년대 람스테트(Gustaf John Ramstedt)에 의해 본격화한 이래 1970년대까지 국내외 한국어 연구자들이 지대한 관심을 기울여왔다. 이러한 계통론적 연구가 진행된 결과 이들 알타이어 간의 비교언어학적 대응, 즉 음운체계상의 대응이나 기초 어휘의 대응 등이 뚜렷하게 일치하는 양상을 보이지 않는다는 해석이 계속되면서, 1980년대에 들어서는 알타이어족설에 대한 회의론이 등장하였다. 그리고 1990년대 이후 알타이어 계통론 관련 연구는 거의 이루어지지 않고 있으며 비교언어학보다는 대조언어학의 차원에서 접근하는 양상을 보이고 있다. 이러한 상황에서 계통론을 통한 한민족어의 고대 시기 언어에 대한 연구는 심각한 소강 상태에 빠지게 되었다. 세계 언어학계에서도 한국어는 아직 언어계통을 찾지 못한 고립어에 속하는 것으로 보고 있다.

고조선은 한민족이 성립한 최초의 국가라는 측면에서, 고조선어에 대한 연구는 한국어의 계통을 밝혀줄 뿐만 아니라 한민족의 성립 과정을 밝혀줄 수 있는 중요한 연구라고 할 수 있다. 그러나 현재 고조선어에 대한 체계적인 연구는 사실상 이루어지지 않았다고 해도 과언이 아니다. 일제시대 민족주의 사학자인 최남선이나 안재홍 등이 역사 연구에 활용하기 위해 고조선 관련 어휘들을 연구하였으나, 언어학적인 방법이 아니라 발음의 유사성과 민간어원설에 기초한 것이라는 점에서 신빙성이 떨어진다. 한국 언어학계에서는 고대어에 대한 연구가 본격적으로 이루어지지 않고 있으며, 따라서 고조선어 연구는 거의 불모지라 해도 과언이 아닌 상황이다. 이러한 상황에서 중국 한나라시대 양웅(揚雄, 기원전 53~기원후 18)이 저작한 『방언(方言)』에 수록된 고조선어는 실존하는 고조선어 자료라는 측면에서 매우 중요한 의미가 있다.

양웅은 43세 때 한나라 성제에게 글을 올려 3년간 공무에서 벗어나 학문에 전념할 수 있기를 요청하였으며, 이에 황제는 6만 냥을 하사하여 격려하였다. 이후 양웅은 각지의 방언을 연구하기 시작하여 27년 만에 『방언』을 완성하였다. 『방언』의 '방(方)'은 "천자의 영향이 미치는 지역"이라는 의미이며, '방언(方言)'은 "각 지역에서 사용하는 언어"라는 뜻이다. 『방언』에 나오는 조선열수(朝鮮洌水) 지역은 요동 지역에서부터 한반도 북부에 이르는 지역으로 보인다. 기존 연구에 의하면 『방언』에 수록된 고조선어 32개 중 다수가 현대 한국어와 발음상에서 유사성을 보인다고 한다.

중국 학자들의 경우 『방언』은 중국 영토 내의 중국어 방언 어휘를 수집한 것이라는 시각을 갖고 있다. 1933년에 린위탕(林語堂)은 처음으로 방언지리학적 방법을 활용하여 『방언』에 나타난 한대 방언을 14개 지역으로 나누었는데, 이 중 일부 지역에 대해서 이민족어가 혼입되었다는 입장을 취하였다.

이후 중국 학자들은 이러한 전제하에서 『방언』에 대한 연구를 수행해오고 있다. 즉 『방언』에 수록된 각 지역 어휘들에 대해 이들을 해당 지역의 고유어라고 고증하기보다, 먼저 중국 고대 문헌에서 그 용례를 찾음으로써 이 어휘들이 중국어임을 입증하고자 한다. 이는 언어학적으로 연구하는 데 그치지 않고 이들 지역이 모두 중국어 방언지역이었다는 입장을 취하는 것을 의미한다.

톈쯔푸(田子馥)[1]는 최근 『중국 동북 한문화사술(中國東北漢文化史述)』이라는 책에서 "중국의 동북지역은 고대로부터 한족이 지배해왔음을 주장"하였는데, 그 근거 중의 하나로 고조선이 중국어를 사용하였다는 점을 들고 있다. 톈쯔푸는 양웅이 저술한 『방언』의 내용을 바탕으로 "동북지역 및 한반도는 원래 중국인들이 살던 곳으로 중국어를 사용하였음이 양웅의 『방언』 중 '북연조선 방언구역(北燕朝鮮方言區域)' 설정으로 확인된다"고 주장하고 있다.

이 책의 내용은 세 부분으로 구성되어 있다. 첫 번째 부분은 '고조선어 연구사'로, 그동안 이루어진 한국 내 고조선어 연구의 성과를 정리하였다. 두 번째 부분은 언어가 역사 연구에 어떻게 활용될 수 있는지를 밝히는 실험적인 연구를 시도한다. 안재홍은, 기자조선의 '기자'가 중국에서 이주해온 기자를 말하는 것이 아니라 고조선에서 왕을 지칭하던 고유명사였는데, 중국인들이 이를 잘못 이해하여 기자가 동북으로 온 것으로 기록하였다고 주장하였다. 당시 안재홍이 이렇게 주장하였을 때 세간의 비웃음을 받았다고 하는데, 과연 그의 주장이 타당성이 있는지 살펴보도록 하겠다. 세 번째 부분은 이 책의 핵심 내용으로 '고조선어의 언어계통성'에 대한 연구이다. 우선 본격적인 연구를 위해 중국학계의 『방언』에 대한 연구의 경향과 성과에 대하여

---

1 田子馥(2015), 『中國東北漢文化史述』, 中國社會科學出版社, 55-58面.

정리하였다. 다음 단계로 고조선어를 중심으로 동북지역의 몽골어, 만주어, 어원커어를 비교하는 연구를 시도해보도록 하겠다. 『방언』에 수록된 고조선어와 한국어의 관련성에 대해서는 기존에 연구한 성과가 있기 때문에 연구의 대상에서 제외하였다. 결론 부분에서 한국어를 포함한 몽골어, 만주어, 어원커어의 친연관계에 대하여 살펴보도록 하겠다.

현재 중국은 동북공정의 일환으로 동북지역의 중심 민족이 한족임을 주장하는 논리를 확대 생산하고 있다. 기존 연구에서는 동북지역의 주요 민족 계통으로 예맥계, 숙신계, 동호계를 상정하였으나, 최근의 연구를 보면 동북지역사에서 한족의 역할을 확대하여 해석하려는 경향을 보이고 있다. 고조선은 예맥계에 속하며, 이 책에서 비교연구의 대상이 되는 만주어는 숙신계에 속하고 몽골어는 동호계에 속하는 언어이다. 어원커어는 만주-퉁구스어 계통에 속하지만, 이들의 거주 지역이 동호 지역이어서 민족의 기원에 대해서는 실위설과 퉁구스설이 양립하는 상황이다. 1992년에 어원커족의 기원에 관하여 새로운 학설이 등장하였는데, 어원커족 학자인 우윈다라이(烏云達賚)[2]는 어원커족이 옥저에서 기원하였다고 주장하였다. 만약 어원커족이 옥저에서 기원하였다면 어원커어는 예맥계 언어에 속한다고 볼 수 있다. 이 책에서는 동북지역에 거주하는 세 민족 계통의 언어를 비교연구함으로써 고조선어의 계통성을 규명해보고자 한다.

---

2   烏云達賚(1992), 「鄂溫克族的起源」, 『內蒙古社會科學』 第4期.

2장
고조선어 연구사
한국의 고조선어 연구 경향과 성과

조재형

1. 고조선어 연구사 정리의 필요성
2. 고조선어의 언어학적 계통에 대한 연구
3. 고조선 관련 국명과 지명에 대한 연구
4. 고조선 관련 왕명과 인명에 대한 연구
5. 고조선 관련 기타 어휘에 대한 연구
6. 한국의 고조선어 연구 경향과 문제점

1. 고조선어 연구사 정리의 필요성

이 글의 목적은 그동안 한국 학계에서 논의되어온 고조선어와 관련된 연구 성과를 정리하여 제시하는 데에 있다.

'언어는 민족의 거울이다.'라는 말이 있다. 즉 민족이 사용하는 언어는 그 민족의 정신세계를 반영한다는 것이다. 그 이유는 한 민족이 사용하고 있는 언어에는 그 민족의 문화가 절대적으로 반영되어 있기 때문이다. 결국 한 민족의 언어란 그 민족이나 종족을 구분 짓는 잣대이며, 한 민족의 흥망성쇠를 판단할 수 있는 근거라고도 할 수 있다.

우리말을 지키고 보존해온 우리 조상들 덕분에 우리가 지금까지 민족의 정체성을 유지하며 이 한반도에서 뿌리를 내리고 살아왔다고 할 수 있다. 따라서 앞으로 우리의 말과 글을 제대로 건사해야만 장래에 펼쳐질 우리 민족의 역사를 이어갈 수 있다고도 할 수 있을 것이다.

그동안 학계에서는 우리말에 대한 연구를 끊임없이 진행해왔다. 그러나 현존하는 자료의 한계로 인해, 학계의 연구가 훈민정음 창제 이후에 집중되어왔던 것도 자명한 사실이다.

다행히 근래에 고려시대나 신라시대의 차자 표기인 구결 자료 등이 발견되어 고대 한국어에 대하여 좀 더 충실하게 기술할 수 있게 되었다. 그러나 한국어의 가장 이른 시기, 즉 상고시대의 한국어에 대한 기술은 현재까지 거의 없다고 해도 과언이 아닐 정도로 연구가 빈약하다. 이러한 상황은 당연히 자료의 부족에서 기인한다. 그러나 또 다른 원인이 있는데, 그것은 상고시대의 한국어 관련 자료가 설령 있다고 하더라도 국가나 민족의 귀속 문제로 인해 연구에 어려움을 겪고 있는 점이다. 이러한 상황의 가장 근본적인 원인은 우리 민족의 상고시대의 장이라 할 수 있는 곳이 대부분 현재 중국의 영토이기 때문이다. 이러한 이유로 그동안 고조선어에 대한 연구는 제한적인 자료로 인해 일부 현전하는 몇몇 어휘들에 한정하여 논의돼왔다.

한편 그동안 중국에 의한 동북공정은 매우 노골적인 모습을 보이고 있으며, 근래에 와서는 우리의 상고시대 역사라 할 수 있는 고조선의 역사까지 자국의 역사로 편입하려고 시도하고 있다.

이들의 움직임에 대응하기 위해, 또한 우리말의 옛 모습을 제대로 파악하기 위해 고조선어에 대한 체계적인 연구는 당연한 일일 것이다.

이에 이 글에서 본격적인 고조선어의 연구를 위해 그동안 학계에서 논의되어온 고조선어 관련 연구 성과를 정리하여, 고조선어에 대한 학계의 논의 내용과 관점, 연구 태도 등을 알아보고자 한다.

이 글에서 조사하여 정리하고자 하는 학계의 논의 내용은 원칙적으로는 언어학 분야에 국한되어야 한다. 그러나 자료의 부족 등의 이유로 실제 언어학적인 관점에서 고조선어를 다룬 논의는 거의 없다고 해도 무방할 것이다. 따라서 고고학, 역사학, 인류학, 민속학 등 여러 분야에서 일구어온 가능한 많은 고조선 관련 연구 논문과 저서를 조사 대상으로 삼았으며, 각 논저에서 고조선어와 관련된 기술을 정리하였고, 이 중에서 언어학적인 관점에 부합되는 내용만을 정리 대상으로 제한하였다. 기본적으로 언어학적인 관점에서 고조선어를 언급한 논의를 조사 대상으로 하였고, 그 외 고조선어의 모습을 기술하는 논의들도 조사 대상으로 처리하였다. 실제로 학위논문과 학술논문을 포함한 200여 편의 고조선 관련 논문들과 100여 권의 고조선 관련 저서의 논의 내용을 조사하였고, 그중에서 고조선어 관련 논의 내용들을 추출하여 정리하였다. 다만 자료를 조사하여 정리하는 과정에서 필자의 관점에 비추어 비논리적인 기술로 판단되거나 중복되는 논의 등은 제외하였고, 고조선어를 논의하기에 적절한 내용만을 정리 대상으로 삼았다.

조사한 논저의 논의 내용들을 '고조선어의 언어학적 계통에 대한 연구', '고조선 관련 국명과 지명에 대한 연구', '고조선 관련 왕명·인명에 대한 연구', '고조선 관련 기타 어휘에 대한 연구'라는 주제별로 분류하여 제시하고자 한다.[1] 다만 이 글은 기존 연구 결과물들에 대한 평가를 하는 것이 목적이 아니기 때문에, 가급적 발간 연도순으로 나열하는 방식을 택하여 기존 논의들을 소개하고자 한다.

---

1 '고조선'이라는 개념이 학자마다 다른 의미로 사용되고 있는 실정이다. 본래 '고조선'이라는 용어는 『삼국유사』에서 처음 사용한 것으로, 단군왕검이 건국한 이른바 '왕검조선'만을 일컫는 말이었다. 그러나 최근에는 '단군조선', '기자조선', '위만조선'까지 모두 포괄하는 용어로도 사용되고 있다.
한편 이 글은 고조선어 관련 논의 내용들을 정리하는 것이 그 목적이기 때문에, '고조선'의 의미를 '단군조선', '기자조선', '위만조선'을 모두 지칭하여 포괄적 개념으로 다루고자 한다.

2. 고조선어의 언어학적 계통에 대한 연구

고조선어의 언어학적 계통에 대한 논의는 비교적 근래에 들어 이루어지고 있는 듯하다. 초기 한국어 계통에 대한 논의에서는 '고조선어'에 대한 언급이 거의 없었고, 고아시아어에 대한 논의나 중국 사서(史書)의 내용을 인용하는 것이 대부분이었던 것으로 보인다.

여기에서는 우선 한국어의 계통에 대한 그동안의 연구에 대해 간략히 살펴보고, '고조선어'의 계통을 명시적으로 다룬 논의들을 소개하고자 한다.[2]

1) 외국 학자의 한국어 계통론 논의

19세기에는 방대한 어족을 수립하는 풍조가 유행하였다. 유라시아 대륙에 걸친, 많은 언어를 포괄하는 우랄·알타이어족의 가설이 제기된 것도 이러한 풍조에 의한 것이라 하겠다.

20세기에 들어 이 가설은 비판을 받아 우랄(Ural)어족과 알타이(Altai)어족으로 분리되기에 이르렀다. 우랄어족은 핀란드·우그리(Finno-Ugric) 제어, 곧 핀란드어, 에스토니아어, 헝가리어를 포함하고, 알타이어족은 튀르크 제어, 몽골 제어, 만주-퉁구스 제어 등을 포함한다.

19세기와 20세기 교체기에 우랄·알타이어족설 외에도 한국어의 계통에 관한 여러 가설이 제기되었는데, 일본어, 중국어, 아이누어, 드라비다 제어, 심지어는 인구어족에 결부시키려는 시도까지 있었다. 그중 가장 유력한 주

---

2 그동안의 한국어 계통에 대한 연구 논저들은 김양진(2008)에 체계적으로 잘 정리되어 있다. 이에 대한 자세한 연구 논저 목록은 김양진(2008)을 참고할 것.

장이 우랄·알타이어족설과 일본어 동계설이었다. 우랄·알타이어족이 우랄어족과 알타이어족으로 분리된 후에는 한국어의 계통에 대한 논의에서 알타이어족 계통설이 우세한 실정이다.

　가장 먼저 한국어의 계통에 대해 언급한 이는 람스테트(G. J. Ramstedt)이다. 람스테트는 그의 여러 논저[3]에서 알타이어족을 튀르크어, 몽골어, 퉁구스어의 세 어파로 분류하고, 한국어를 제4어파로 분류하였다. 람스테트는 알타이어족설을 수립하는 과정에서 한국어의 위치를 다른 세 어군과 동등한 것으로 취급하였다. 분화되기 이전의 알타이 조어, 즉 원시 알타이어 또는 공통 알타이어를 설정하고, 거기에서 네 어파가 분파되었으며 그중 하나가 한국어라는 것이다. 람스테트의 이론에 따르면 한국어는 퉁구스어나 튀르크어와 가깝고, 몽골어와는 그보다 먼 관계에 있는 것이 된다.

　포페(N. Poppe)[4]는 람스테트보다 좀 더 정밀한 친족관계를 수립하고자 하였다.

　포페는 넷 또는 다섯 어파가 동시에 분파된 것이 아니라, 몇 번의 분파 단계를 거친 것으로 추정하였다. 포페는, 한국어가 퉁구스 제어와 가장 가까우며, 또한 상고 중국어의 영향을 많이 받은 것으로 보고 있으며, 이러한 이유로 알타이 공통조어에서 한국어가 매우 일찍 분리된 것으로 보고 있다. 즉 알타이 공통조어에서 원시 한국어가 맨 먼저 분리되고, 그 뒤로 '튀르크어-몽골어-퉁구스어'의 공통어 시대가 꽤 오래 존속되다가, 그 다음 튀르크어의 선조가 분리되고, '몽골-퉁구스' 공통어가 존속되다가, 마지막으로 이들도 분리되었다는 것이다.

3　G. J. Ramstedt(1928; 1939; 1949) 등.
4　N. Poppe(1960; 1965) 등.

그 외에 서양 선교사들에 의해 남방 드라비다어, 인도 범어와의 관계를 언급한 남방기원설[5]과 19세기 말부터 20세기 초 사이에 일본어의 계통을 밝히려는 노력의 일환으로 한국어의 계통을 언급한 한·일 동계설[6] 등이 있다.

2) 국내 학자의 한국어 계통론 논의

유럽의 역사비교언어학자들이 알타이 제어와 한국어 계통에 관한 연구를 진행하는 동안, 한국에서는 그다지 뚜렷한 연구 성과를 이루지 못했던 것으로 보인다. 해방 이후 한국어의 계통 문제는 주로 알타이 제어와의 비교연구에 관심이 집중되었던 것으로 보이며 대표적으로 이숭녕(1956), 김방한(1963), 김선기(1968: 1973) 등이 있었다.

한편 본격적인 한국어의 계통에 관한 연구는 이기문(1967)에서 비롯된 것으로 보인다. 이어 이기문(1975)에서는 한국어가 알타이 제어와 구체적인 언어 사실에서 유사성이 있음을 밝히면서 이 방면의 연구 성과를 제시하였다.

김방한(1978)에서는 음운론과 형태론의 몇 가지 과제를 한국어와 알타이 제어와 비교하여 구체적인 연구 성과를 이루었으며, 김방한(1981: 1982)에서는 한국어의 저층에 '원시 한반도 언어'라는 어떤 언어가 있을 것이라는 가설을 제기한 바가 있다. 이어 김방한(1983)에서는 한국어와 알타이 제어의 음운 대응을 통해 두 언어를 비교연구하여 괄목할 만한 연구 성과를 이룬 바 있다.

---

[5] Ch. Dallet(1874), H. B. Helbert(1895; 1906), A. Eckardt(1966) 등.

[6] W. C. Aston(1879), E. H. Parker(1880), 高橋二郎(1889), 白鳥庫吉(1895), 金澤庄三郞(1910) 등

한편 박병채(1980: 60-61)에서는 그동안 한국어의 계통에 관한 학설에 대해 다음과 같이 기술하였다.

"Ural-Altai 계통설을 거쳐 최근에는 Altai 계통설이 일반화되어 있고, 한편 한·일 동계설도 꾸준히 운위되고 있다. 실제로 한국어의 계통에 대한 내외 학자들의 많은 비교언어학적 연구는 괄목할 만한 진전을 보여준 것이 사실이다. 그러나 아직도 개연성만을 인정할 뿐 회의적인 견해도 적지 않다. 한국어를 Altai어족에 귀속시킨 장본인인 람스테트조차도 한국어의 계통에 대하여 자신을 갖지 못했으며(람스테트가 1950년 5월 23일부 이즈이[Izui] 교수에게 보낸 서간에서 '서문도 음운법칙에 관한 설명도 없이 출판하게 된 한국어 어원 연구는 그 전부가 미지의 것에 대한 하나의 시험적인 것이다.'라고 한 점에서 짐작된다), 또한 포페는 람스테트의 한국어 어원 연구에 대한 서평에서 한국어가 Altai어족에 귀속됨을 인정하면서도 그의 계보도에서는 한국어가 다른 Altai제어에 비하여 관계가 소원함을 들어 Altai 제어에서 먼저 분기해 나왔음을 보여주고 있다. 그러므로 우리는 그들의 연구가 아직도 결코 입증 단계까지 도달하지 못하였음을 알 수 있다. 이와 같이 한국어의 계통이 혼미를 거듭하고 있는 것은 물론 한국어 자체를 비롯하여 Altai 제어의 문헌적인 언어 자료가 영성하다는 데 이유가 있다. 헤르츠베르크(Hertzenberg)는 「인구어 학자의 입장에서 본 알타이어학」이라는 논문에서 Altai어학이 인구어학을 따라가지 못하는 것은 무엇보다도 고대 언어 자료의 결핍에 그 원인이 있다고 지적하면서, 인구어학에서 이룩한 성과가 Altai어학에서 이용될 수 있는가 혹은 이용되어야 할 것인가를 연구해야 한다고 강조한 것은 저간의 실정을 지적한 것이며 새로운 방법론을 모색하는 데 있어 경청할 만한 말이라 할 수 있다."

남풍현(2009: 17-18)에서는 상고 한국어(삼국시대)에 대해 다음과 같이 기술하였다.

"이 시대의 국어는 종래부터 국어가 북방계와 남방계가 있었던 것으로 보아왔다(河野六郎, 1945, 「朝鮮 方言學 試攷－鋏語考－」, 『河野六郎著作集 1』 및 김형규, 1949, 「『삼국사기』의 지명고」, 『진단학보』 16). 그러다가 이기문(1972, 『국어사개설』 개정판)에 의하여 한국어의 형성시대로 구분되어 고대 한국어의 영역에서 분리되어왔다. 그 근거는 『삼국사기』에 실린 지명에 나타나는 언어 현상에 둔 것이었다. 그러나 이 지명이 남방계와 북방계의 언어를 반영한다고 보기는 어려운 면이 있다. 당시 고구려의 영역이 만주의 북방에까지 미치고 있었고 그들이 하나의 언어를 사용하였다고 보면, 이 광대한 지역에 분포된 언어는 남방계와 북방계로 나누어도 무방할 것이다. 그러나 삼국이 통일되고 나서 고대 한국어를 형성하여 오늘에 이어지는 지역은 대동강 이남이다. 이 지역은 고조선의 땅이었고 옛 삼한의 영역에 드는 곳이니 한계(韓系)의 언어가 사용되던 곳이다. 이에 따라 고구려의 언어 가운데 이 지역의 언어는 고대 한국어에 흡수된 것으로 보아야 하므로 한국어사에서는 북방계의 언어가 따로 존재한다고 보기가 어려운 것이다. 거의 흔적을 남기지 않고 사라진 언어를 한국어사의 시대 구분에서 다루는 것은 문제를 어렵게만 만드는 결과가 된다."

3) 한국어 계통론과 고조선어와의 관계에 대한 논의

김정배(1972: 23-24)에서는 단군조선이 신석기시대이며 고아시아족이 그 주민이고 곰 숭배가 특징이라는 점을 감안하여 다음과 같은 내용을 추정하였다.

즉 한반도에는 현재 유물의 흔적밖에 없지만 시베리아에 존재하는 고아시아족이 알타이족에게 밀려났음은 인류학에서 거의 정설로 되어 있는데, 이

것을 한국의 민족과 언어의 기원에서는 어떻게 취급해야 하겠느냐는 것이다. 선사고고학적으로 신석기문화의 유문토기는 우리나라의 주요 강변과 해안지대에서 발견되는데, 그것은 바로 고아시아족이 남긴 유물이다. 이 유문토기인은 뒤에 들어오는 무문토기인에게 밀려나 흡수돼 버리고, 무문토기인이 한반도의 거석문화를 남기는 민족으로 성장해 나감으로써, 신석기문화는 종말을 맞았다. 그러므로 만약에 언어학적으로도 이와 같이 분명한 양자의 구별이 가능하다면, 현재의 알타이어 계통만이 한국어와 관련된다고 보는 것도 좀 더 고려해볼 여지가 있다는 것이다.[7]

강길운(1981: 4-9)에서는 8세기보다 천 년 이상 앞선 시대의 이들 알타이 제어가 서로 매우 친근한 말이었음이 틀림없다고 하였다. 한국어는 선사시대의 기층어가 길약어·아이누어였더라도, 고대의 삼조선(三朝鮮)은 퉁구스계의 단군조선어, 몽골계의 기자조선어, 터키계의 위만조선어의 제어가 서로 방언적 차이를 가지고 있기 때문에 거시적으로 보았을 때 지배층의 삼조선어는 단일어나 다름없다는 것이다. 일찍이 고조선·삼한시대 이전의 선사시대에 아이누어를 쓰는 인종이 남쪽에 살고 있었던 듯하고, 북쪽에는 길약어를 쓰는 인종들이 살고 있었던 듯한 흔적을 언어에서 찾아볼 수 있다고 주장하였다. 길약어는 지금 사할린과 그 맞은편인 캄차카 반도의 헤이룽강(黑龍江) 하류에 살고 있는 인종들이 쓰고 있는 말인데, 이 길약어 어휘들이 고

---

[7] 송기중(2000: 175)에서는 "우랄알타이어족 시대부터 정착된 우리 민족과 북방 제 민족의 연원적 관계에 대한 관념은 아직도 우리 문화 연구자 다수의 뇌리 속에 확고히 정착되어 있는 것으로 관찰된다. 신화를 비롯하여 샤머니즘 등 풍속에서 우리 것과 북방 민족의 것 사이에 유사성이 확인될 수 있고, 그것은 학술적으로 연구 가치가 있지만, '본래 그 민족과 우리 민족이 같은 근원에서 분파한 결과로 유사하다.'는 설명은 현 시점에서는 신중히 제시되어야 할 것이다."라고 하여 이러한 관점의 연구들이 가질 수 있는 문제점에 대해 언급하고 있다.

구려 지명에서 더러 발견될 뿐만 아니라 현 한국어의 음운·문법·기초 어휘와 매우 깊이 관련이 있다고 추정한다.

이성규(2012: 276)에서는 고조선시기의 영역에 현재 한국어의 근간이 되는 신라어의 이전 단계 언어뿐만 아니라 백제어, 고구려어의 이전 단계 언어도 포함된다고 보고 있다. 또한 부여어, 여진어, 선비어의 이전 단계 언어도 일부 포함된 것으로 여겨지기 때문에 현재의 한국어만 가지고 고조선어에 대하여 설명하는 것은 한계가 있다고 설명하고 있으며, 따라서 고조선의 영역과 존재 시기가 좀 더 구체화되어야 고조선어에 대한 언어 연구도 더욱 구체화될 수 있다고 기술하였다.

4) 고조선어와 한어(漢語)의 관계에 대한 논의

박종연(2012: 209-212)에서는 고조선, 부여, 진한과 관련된 기록을 인용하여 중국과 의사 소통하는 데 통역이 필요했다는 점을 밝히고 있다. 우선 고조선의 통역 관련 기록으로는 단군조선에서 고려 말까지의 역사를 편년체로 기록한 『동국통감』 「외기·기자조선」에 "함허자(涵虛子)는 또한 말하기를 '기자가 중국에서 5천 명을 데리고 조선에 들어왔는데, 그 가운데 시서(詩書)·예악·의무(醫巫)·음양·복서(卜筮)의 무리와 백공기예(百工技藝)가 모두 따라갔었다. 이미 조선에 이르자 언어가 통하지 않아 통역하여 그것을 알게 하였으며…"[8]라는 기록이 있다. 또한 『삼국지』 「위서·동이전」 부여 단락의 "통역자가 말을 전할 때는 모두 무릎을 꿇고 손으로 땅을 짚고 조용히

---

8 『東國通鑑』 「外記·箕子朝鮮」 "涵虛子亦曰: 箕子率中國五千人入朝鮮, 其詩書禮樂醫巫陰陽卜筮之流百工技藝, 皆從而往焉. 旣至朝鮮言語不通, 譯而知之…."

말했다."⁹라는 기록을 근거로, 고조선과 유사한 언어를 갖고 있으면서 지리적으로 가까운 위치에 있었던 부여와 관련된 역사적 기록을 통해 한(漢)과의 외교관계에서 '통역자[譯人]'가 있었다는 사실을 간접적으로 확인할 수 있다고 하였다. 또한 『삼국지』「위서·동이전」한(韓) 단락의 "왕망(王莽) 지황(地皇) 연간에 이르러, 염사치(廉斯鑡)가 진한의 우거수(右渠帥)가 되었는데, 낙랑의 토지가 기름지고 백성들이 넉넉하고 즐겁게 산다는 말을 듣고는, 망명하여 항복하고자 하였다. 그 읍락을 나오면서 밭에서 참새를 쫓는 한 남자를 보게 되었는데, 그 언어가 한인(韓人)과는 달랐다. 이에 물으니, 남자가 말하였다. '우리는 한(漢)나라 사람으로, 이름은 호래(戶來)인데, 우리 1천5백 인은 벌목을 하다가, 한(韓)의 습격을 당하여 모두 머리가 깎이고 노비가 된 지 3년이나 되었다.'라고 하였다. 염사치가 말하기를 '우리들은 한나라 낙랑에 투항하려 하는데, 그대도 가지 않을 텐가?'라고 하자 호래가 '좋다.'고 하였다. 그리하여 염사치는 호래를 거느리고 떠나가 함자현(含資縣)에 이르렀는데, 현(縣)이 낙랑군에 알렸으며, 낙랑군은 염사치를 통역으로 삼아 금중(岑中)으로부터 큰 배를 타고 진한으로 갔는데, 호래도 함께 갔다. 함께 항복한 무리 1천 인을 얻었으나, 5백 인은 이미 죽어 있었다. 염사치가 진한에 말하기를 '그대들은 5백 명을 돌려보내시오. 그렇지 않으면 낙랑에서 1만 병사를 배에 태우고 와서 그대들을 공격할 것이오.'라고 하였다. 진한이 말하기를 '5백 명은 이미 죽었으니, 우리가 마땅히 보상을 하겠소.'라 하고, 1만5천 명과 변한의 포 1만5천 필을 내놓으니 염사치는 이를 거두어 곧 돌아왔다."¹⁰

---

9 『三國志』「魏書·東夷傳」"譯人傳辭, 皆跪, 手據地竊語."
10 『三國志』「魏書·東夷傳」韓 "至王莽地皇時, 廉斯鑡爲辰韓右渠帥, 聞樂浪土地美, 人民饒樂, 亡欲來降. 出其邑落, 見田中驅雀男子一人, 其語非韓人. 問之, 男子曰: '我等漢人, 名戶來, 我等輩千五百人伐材木, 爲韓所擊得, 皆斷髮爲奴, 積三年矣.' 鑡曰:

에서 진한의 수장이었던 염사치가 통역자로서도 활약하고 있다는 점에 주목하였다.

한편 『삼국지』「위서·동이전」한(韓) 단락의 "유주 부종사(部從事) 오림(吳林)이 본래 낙랑이 한국(韓國)을 통치했다 하여 진한 8국을 분할하여 낙랑에 붙이려 했는데, 관리가 통역하여 전하는 과정에 잘못이 있어 신지가 격분하여 한(韓)이 대방군 기리영(崎離營)을 공격하였다. 이때 대방 태수 궁준(弓遵)과 낙랑 태수 유무(劉茂)가 군을 일으켜 토벌했는데 궁준이 전사했으나 낙랑, 대방이 마침내 한을 멸망시켰다."[11]에서도 한(漢)과 한(韓) 사이에 통역이 있었다는 점을 주목하였다.

즉 박종연(2012)에서는 지금까지 남아 있는 문헌적 자료가 턱없이 부족하여 고조선시기의 통역과 관련된 구체적인 관직이나 통역 사실을 확인하기 어려우나, 당시의 역사적인 정황을 살펴볼 때 고조선어와 중국어의 통역사에서 맹아기라고 부를 수 있으며, 한(漢)과의 활발한 교류와 정치적 상황을 고려한다면 고조선에 통역을 담당한 사람이 존재했을 것이라는 사실에 의심의 여지가 없다고 주장하였다. 이러한 박종연(2012)의 논의는 한편으로 당시 고조선어, 부여어, 삼한어와 한어(漢語)가 단순한 방언상의 차이가 아닌 통역이 필요할 만큼 아주 이질적인 언어 관계였음을 보여주는 논의라고 할 수 있다.

---

[11] '我當降漢樂浪, 汝欲去不?' 戶來曰: '可' (辰)鑷因將戶來(來)出詣含資縣, 縣言郡, 郡即以鑷爲譯, 從芩中乘大船入辰韓, 逆取戶來. 降伴輩尙得千人, 其五百人已死. 鑷時曉 謂辰韓: '汝還五百人, 若不者, 樂浪當遣萬兵乘船來擊汝.' 辰韓曰: '五百人已死, 我當出贖直耳.' 乃出辰韓萬五千人, 弁韓布萬五千匹, 鑷收取直還.'

『三國志』「魏書·東夷傳」韓 "部從事吳林以樂浪本統韓國, 分割辰韓八國以與樂浪, 吏譯轉有異同, 臣智激韓忿, 攻帶方郡崎離營. 時太守弓遵·樂浪太守劉茂興兵伐之, 遵戰死, 二郡遂滅韓."

이연주(2009: 459-460)에 따르면 『방언(方言)』에서 조선이라는 지명이 모두 26번 언급되었는데, 주로 '북연(北燕)', '열수(洌水)'라는 지명과 기타 지명이 병기되었다고 하였다. 그리고 이러한 지명의 병기로부터 다음과 같은 사실을 알 수 있다고 하였다. 첫째, 조선과 열수는 동일한 언어권이었다. 둘째, 조선 지역에서 사용된 어휘는 당시 중국의 다른 지역과 상당히 달랐다. 셋째, 조선, 열수와 북연 지역은 언어적으로 상당히 가까웠다. 넷째, 그러나 북연 지역은 조선, 열수 지역과 달리 동제해대(東齊海岱) 지역, 제(齊), 초(楚), 양(梁), 송(宋), 조(趙), 위(魏), 진(秦), 진(晉), 심지어 오(吳), 월(越) 지역과도 공통 어휘가 사용되어 이들 지역과 접촉이 있었음을 보여준다. 특히 북연 지역은 바다를 건너 지금의 산둥(山東)반도에 위치한 동제해대 지역과의 공통 어휘가 다른 지역보다 월등히 많아 당시에 바다를 통한 교류가 있었음을 짐작하게 한다. 따라서 『방언』에 나오는 지명을 통해 서한 이전 시기 동북지역에 대표적인 두 가지 언어권, 즉 조선어권과 연(燕) 방언권이 있었음을 추측해볼 수 있으며, 조선어권에는 『방언』의 조선, 열수 지역과 북연 지역이 포함되며, 연 방언권에는 『방언』의 연 지역과 대(代) 지역이 포함된다고 한다. 또한 이연주(2009: 462)에서는 『방언』에 나타난 북연과 조선 지역이 정치적으로는 일찍이 전국시기에 분리되었는지 모르지만 문화적으로는 당시까지 상당 부분 동질성을 유지하고 있었던 것으로 보이며, 이는 고대 사회에서 통치 세력이 바뀌었어도 통치 세력의 언어가 토착 세력의 언어를 대체하지 못했거나 아니면 언어 교체가 일어난다고 하더라도 정치적 통합 이후 상당한 기간이 걸렸음을 시사한다고 기술하고 있다. 또한 고대 한국어와 연관이 있을 것으로 보이는 북연, 조선, 열수 지역의 어휘들은 고조선의 어휘들로 추정되며 또한 고구려어의 조어일 것이라고 추측하였다.

3. 고조선 관련 국명과 지명에 대한 연구

고조선 관련 국명과 지명에 대한 연구에서는 대부분 몇몇 어휘에 국한하여 논의를 하고 있다. 고조선 관련 국명에 대한 논의들은 대부분이 '조선', '발조선(發朝鮮)'에 대해 다루고 있으며, 고조선 관련 지명에 대한 논의들은 대부분이 '아사달(阿斯達)', '험독(險瀆)', '패수(浿水)' 등에 대해 기술하였다. 이 장에서는 앞에서 언급한 어휘들을 다룬 논저를 중심으로 그 내용들을 제시하고, 국내 학계에서 다룬 중국 학계의 논의 내용도 일부 제시하고자 한다.

1) 고조선의 국명에 관한 연구

(1) '조선'의 의미에 대한 논의

국사편찬위원회(1990: 65)에서는 조선이라는 명칭의 유래에 대하여 다음과 같은 여러 설을 제시하면서 아직 정설이 없다는 입장을 취하고 있다.

- 『사기집해(史記集解)』 「조선열전(朝鮮烈傳)」에서는 장안(長晏)의 말을 인용하여 "조선에는 습수(濕水)·열수(洌水)·산수(汕水)의 세 강이 있었는데 이것이 합류하여 열수(洌水)가 되었다. 낙랑의 조선은 이로부터 그 명칭을 취하였을 것이다."라고 하였고, 『사기색은(史記索隱)』에서는 '선(鮮)'의 음은 '산(汕)'이므로 산수(汕水)가 있음으로써 그 명칭을 얻었을 것이라고 하였다.
- 『신증동국여지승람(新增東國輿地勝覽)』에서는 "동쪽 끝에 있어 해가 뜨는 지역이므로 '조선'이라고 불렀다."고 하였다.
- 『동사강목(東史綱目)』에서는 "선비(鮮卑)의 동쪽에 있으므로 조선(朝鮮)이라고 칭하였다."고 하였다.

- 신채호(1910/1972: 351-369)와 정인보(1947/1983: 51-52)에서는 '조선'을 같은 음을 지닌 만주어의 '주신(珠申)'에서 온 것으로 해석하였다. 『만주원류고(滿洲源流考)』 부족조(部族條)에는 원래 만주어로 '소속(所屬)'을 '주신(珠申)'이라고 하였는데, '숙신(肅愼)'은 '주신(珠申)'이 전음된 것이라고 기록되어 있다. 이에 근거하여 '소속(所屬)'이 '관경(管境)'과 그 뜻이 통하는 것으로 해석하여 '주신(珠申)'이 국호의 의미를 지녔을 것으로 인식하였다. 그리고 옛 문헌에 보이는 '조선(朝鮮)'과 '숙신(肅愼)'이 동일한 뜻을 지닌 다른 호칭이었던 것으로 받아들여 결국 '조선(朝鮮)'의 명칭은 '주신(珠申)'에서 왔을 것이라고 하였다.
- 양주동(1965/1975: 380-391)에서는 태양숭배 신앙을 가지고 이동하면서 도처에 '밝'이나 '새'라는 지명을 남겼을 것으로 보고, '조(朝)'를 '밝'으로, '선(鮮)'을 '새'로 해석하여 '조선(朝鮮)'을 '밝새'로 보았다.
- 이병도(1954: 26-28)에서는 '조선(朝鮮)'을 '아사달'의 한자 표기일 것으로 보았다. 『삼국유사』에 고조선의 도읍지가 아사달로 기록되어 있는 것에 근거하여 '아사달'이 도시명인 동시에 국명이었을 것으로 보고, '아사달'의 '아사(阿斯)'는 일본어에 '아사'가 아침이라는 말인 것으로 보아 한국 고대어의 아침이라는 말일 것이며, '달(達)'은 '양(陽)달' 또는 '음(陰)달'의 달과 같이 땅을 뜻하는 것으로, 결국 '아사달'은 '조양(朝陽)' 또는 '조광(朝光)'의 땅이라는 뜻이며 이것이 한자로 '조선(朝鮮)'이라고 표기되었을 것으로 보았다.

『성호사설류선(星湖僿說類選)』「논사(論史)」에서는 "'조선(朝鮮)'이란 한사군의 통칭으로서 마치 중국을 제주(齊州)라고 이른 것과 같으니, 아마도 역대의 국호는 아닌 듯하다."라고 기술하고 있다.[12] 다산 정약용은 "조선(朝鮮)의 칭

호가 멀리 단군숙신(檀君肅愼)의 이름으로 주나라 역사 기록에 실려 있다."고 하였다.[13]

신채호(1948/1972: 366-369)에서는 『만주원류고』에 의거하여 '숙신'은 만주어로 '주신(珠申)'인데, '주신'과 '조선'은 발음이 통하므로 '숙신'은 '조선숙신'[14]을 가리킨 것이라고 설명하였다. 또한 신채호(1948)에서는 '해부루', '해모수' 등 왕성(王姓)을 '해(解)'라 함은 태양에서 뜻을 취함이요, 신라에서 왕호를 '불거내(弗矩內, 불그레)'라 함은 태양의 광휘에서 뜻을 취함이고, 천국을 '환국(桓國)'이라 함은 광명에서 뜻을 취한다고 보았다. 대개 조선족이 최초에 서방 파미르 고원 혹은 몽골 등지에서 광명의 본원지를 찾아 동방으로 나와 불함산[今 白頭山]을 명월이 출입하는 곳, 곧 광명신의 서숙으로 알아 그 부근의 토지를 '조선'이라 칭하니 '조선(朝鮮)'도 고대어의 광명이란 뜻인데, '조선'은 후세에 이두자로 '조선(朝鮮)'이라 쓰는 것으로 보고 있다. 또한 신채호(1948/1986: 68-69)에서는 『관자(管子)』의 '발조선(發朝鮮)'과 『사기』의 '발식신(發息愼)'을 동일한 것으로, '조선(朝鮮)'을 만주어의 '주신(珠申)'과 동의어로 해석하여, 조선의 국명에 대한 숙신기원설을 주장하였다.[15]

---

12 『星湖僿說類選』「論史」"朝鮮者 四郡之通名 如中國之爲齊州 恐非歷代之國號."
13 『與猶堂全書』第1集 卷8 詩文集對策 地理策 "朝鮮之號 遠自檀君肅愼之名載在周乘."
14 傅斯年은 「夷夏東西說」에서 肅愼과 朝鮮의 관계에 대하여 '朝鮮이라는 말은 六經에는 보이지 않는다고 하면서 司馬相如의 '上林賦'에 '齊는… 숙신과 경계를 이루고 있다(斜與肅愼爲界).'라는 구절을 인용하여, 서한 때 제나라의 경계는 조선으로, 혹은 전국시대 이래로 조선이 '古肅愼'이었을 것이라는 의견을 제시하면서, 고숙신은 조선을 가리키고 읍루와는 관계없는 별개의 것이라고 하였다.
15 이에 대해 김기수(1998: 3)에서는 그 주장처럼 '조선'이라는 국명이 '숙신'에서 유래하였다면 '조선'이라는 국명이 사용된 이후에는 '숙신'이라는 명칭이 사용되지 않아야 하나, 고조선이 존재했던 기간은 물론이고 고조선이 붕괴한 이후에도 '숙신'이라는 명칭이 계속 사용되었기 때문에 이 숙신기원설을 부정하고 있다.

양주동(1937; 1939)에서는 '조선(朝鮮)'에서의 '조(朝)'는 그 본뜻으로서 '아ᄉ'는 '아침', '아들'의 의미를 갖는다고 하고 '조선(朝鮮)'이 '작다[小]', '아들[子]'의 뜻을 갖는다고 하고, 또, '예(穢)', '신(新)', '조(朝)'는 그 차자의 훈과 같이 '식볽'으로 해독된다고 하였다. 이는 다시 '빛'이라는 의미로 확대되어서 '블[火]', '붉[明]', '벌[國·原]'과 동계어로서 가장 원시어라고 하였다.

리지린(1963: 210-213)에서는 '조선(朝鮮)'이 '습수(濕水)·열수(洌水)·산수(汕水)'에서 유래하였다는 장안의 견해를 긍정적으로 평가하면서, '습(混)' 자와 '숙(肅)' 자의 음이 통한다고 보아, '숙신(肅愼)'과 '조선(朝鮮)'은 이자동명(異字同名)이며, 조선의 옛 이름이 '숙신'이라는 견해를 제시하였다. 중국인들이 오랜 옛날부터 고조선을 '숙신', '직신' 등으로 불러왔고, 자기들의 음에 맞추어 글자를 사용하였으며, 고조선과 접촉이 빈번해지면서 우리 측의 자료에 근거하여 조선 사람이 사용한 국호를 사용하게 되었다고 주장하였다.

이병도(1976/1983: 40-41)에서는 '조선'이라는 국명은 '아사달'을 한자로 고상하게 옮긴 것이라는 견해를 피력하였다. 고조선의 첫 도읍지가 '아사달(阿斯達)'로 기록되어 있는 점에 착안하여 '아사달'을 '조광(朝光)', '조양(朝陽)', '동쪽의 해가 뜨는 곳(東表日出之地)'을 의미하는 우리의 옛말이라고 보고, 이것을 한자화하여 '조선(朝鮮)'이라는 국명을 만든 것으로 이해하였다.[16]

이기동(1988: 105)에서는 북한 학자들의 의견을 제시하였다. 북한 학자들은 먼저 예맥족의 선주족으로서 조이(鳥夷)의 존재를 거론하는데, 조이는 중국 고전에 전설상의 인물인 순임금의 원정 대상으로서 처음 나타나며, 리지린의 주장에 따르면 이는 황해 연안, 발해만, 한반도에 거주하던 고대의 종

---

16 김기수(1998)에 따르면, 이병도(1976/1983)의 이러한 주장이 남한 학계의 통설로 되어 있다고 한다.

족이었다고 한다. 그리고 조이의 선조들이 룽산문화(龍山文化)를 이룩했다고 한다. 나아가 리지린은 고조선이 형성되기 이전의 원주민이 다름 아닌 조이였다고 주장한다. 그런데 대체로 기원전 2000년경에 예맥족이 남하하여 조이와 혼합하게 되었다는 것이다. 리지린은 숙신족도 그 혼합의 산물로 보았으며, 이는 뒤에 고조선의 주민으로 편입되어 고조선 서쪽에 살았다고 한다. 그는 '숙신'이란 명칭 자체가 '조선'의 고대 명칭이라고 주장하였다.

강길운(1990: 56-61)에서는 여러 가지 분석을 통해 '조선'이 본래 국호로 만들어진 말이 아니라 부족명과 같이 두루 쓰일 수 있는 보통명사로 출발되었을 것으로 보면서, 다음과 같이 주장하였다. 강길운(1990)은 '조선'의 명칭에 대한 기존의 의견들[17]에 대해 반대하면서 '조선'이라는 말의 뿌리를 당시의 우리말에서 찾아야 한다고 주장하였다. '조선'은 원래 국명이 아니라 보통명사인 퉁구스족이라는 부족명으로서 '숙신(肅愼)', '주신(珠申)', '주진(珠眞)', '주선(州鮮)', '여진(女眞, jušen, 만주어)', 'těosuńg(퉁구스족, 길약어)' 등과 동음이기(同音異記)로 보아야 한다고 주장하면서, 그 어원은 'teoden(전전하는 것→ 만주어로 '유목민'의 의미)'과 동근어(同根語)였을 것으로 추정하였다.

천소영(1990: 30)에서는 '조선'이라는 국호의 기원에 대해 다음과 같이 기술하였다.

"'조선'이란 국호의 기원이 '아사달'인 만큼 이 어사의 해석을 둘러싸고 지금까지 갖가지 견해가 제시되었다. 이병도(1955: 1-8)에서는 조산(朝山), 조광

---

[17] 『史記』의 張晏의 해석(潮水와 汕水, 두 물의 이름을 합하여 지은 지명), 『東國輿地勝覽』에서 '동쪽에서 해 뜨는 관경을 형용한 것'이라는 해석, 『星湖僿說』에서는 '朝는 동방의 뜻이고 鮮은 선비산의 약칭이므로 조선은 선비산 동방의 나라'라는 해석, 崔南善의 해석('朝'는 '첫'의 뜻이고 '鮮'은 '새다', '싱싱하다'의 뜻을 가진 意譯語), 李丙燾(1976/1983)의 해석('해 뜨는 곳').

지산(朝光之山)으로 풀이하였고, 양주동(1943: 103-104)에서는 자산(子山), 소악(小岳)으로, 박병채(1989: 39-40)에서는 '앗달'로 읽고 그 의미를 백악(白岳), 백산(白山), 남산(南山), 양지(陽地)로, 그리고 이병선(1982: 36)에서는 '*asatara'로 읽고 대읍(大邑), 왕읍(王邑)의 뜻으로 각각 풀이하였다. 이와 같이 '아사'의 의미를 조(朝), 자(子), 소(小), 백(白), 남(南), 양(陽) 등으로 다양하게 풀이한 것은, 고대어 '아사'의 동음이의어 '조(朝)'와 한자 대역인 '조선(朝鮮)'의 의미 해석에 지나치게 구애된 탓이라 여겨진다. '아사달'은 본시 '모성(母城)' 혹은 '대읍(大邑)'이란 의미의 지명어로서, '조선(朝鮮)'은 이 지명어의 아역(雅譯, 漢譯)으로 보아야 할 것이다. 따라서 '조선'의 국명 해석에 있어 '아사달'이란 지명어와 직접적인 대응자를 찾거나, '조(朝)' 또는 '선(鮮)'의 개개의 한자에 대한 의미 해독에 지나치게 구애될 필요는 없다고 본다."

이강식(1994: 6)에서는 『사기』의 "제나라는 동쪽에 큰 바다가 있고 남쪽에 낭야산이 있으며 성산에서 유람하고 지부산에서 활을 쏠 수 있다. 발해에서 배를 띄우고 맹저에서 노닌다. 옆으로는 숙신과 이웃하고 있다."[18]라는 기록과 "지금 제나라를 천자를 위한 동쪽의 번국이 되어 밖으로 숙신과 사사로이 왕래한다."[19]라는 기록을 근거로, 숙신이 연과 연접하지 않고 제와 연접하였다는 것은 숙신이 중국 내에 있었음을 의미하며, 이 숙신이 바로 고조선의 다른 이름이라고 보고 있다.

김기수(1998: 3-4)에서는 고조선인들이 습수(濕水)·산수(汕水)·열수(洌水)가 합류하는 열수(洌水) 가에 살았기 때문에 '조선'이라는 명칭이 생겼다는 장안(張晏)의 견해[20]에 대해, 조선의 국명에 대한 장안의 견해가 기록되어 있는

---

18 『史記』 "且齊東陼鉅海 南有琅邪 觀乎成山 射乎之罘 浮勃澥 游孟諸 邪與肅愼爲鄰."
19 『史記』 "今齊列爲東藩 而外私肅愼."

『사기』 조선전은 고조선이 아닌 낙랑군 조선현에 대한 명칭 유래를 설명하고 있으므로 조선의 국명이 낙랑군 조선현에 있었던 강 이름에서 유래되었다는 견해는 신빙성이 없다고 하였다.

(2) 국명 '조선'의 성립 과정에 대한 논의

방동인(1984: 17)에서는 관중(管仲)의 저서로 알려진 『관자』에 '조선'이라는 명칭이 나타나고 있다는 점에서 적어도 기원전 7세기경에 '조선'이라는 국호가 성립했을 것으로 보고 있다.

서영수(1988: 21-22)에서는 단군신화에 나타나는 고조선이 웅녀로 대표되는 신석기문화인과 환웅으로 상징되는 청동기문화인의 결합에 의한 초기 국가의 모습을 보이는데, 이러한 시대부터 고조선이 '조선'이라는 한자어로 그들의 국명을 표시하였을 것으로는 생각되지 않기 때문에 '조선'이라는 명칭의 기원에 대해서 다음과 같이 살펴보았다. 즉 고대에는 그들이 사는 지역이나 도읍명을 국호로 삼는 경우가 일반적이라는 점을 고려하면, 단군왕검 시대의 고조선은 '아사달'로 불리었을 가능성이 높다고 기술하였다. 단 '아사달'이라는 국호가 언제부터 '조선'으로 바뀌었는지 정확히 알 수 없으나, 『관자』에 '조선'의 명칭이 나타나는 것으로 보아, 늦어도 기원전 7세기경에는 조선이라는 국호가 성립하였을 것으로 보았다. 한편 '아사달'이 '조선'으로 바뀐 이유에 대해서는 '아사달'은 '아침의 땅'을 의미하는 우리말로 이를 아역(雅譯)한 것이 '조선'이 되었다는 견해와 고조선인들이 습수와 산수가 합류하는 열수 가에 살았기 때문에 '조선'이라는 명칭이 생겼다는 견해 중에서 어느 것이

---

20 『史記』朝鮮傳 "張晏曰 朝鮮有濕水·洌水·汕水, 三水合爲洌水, 疑樂浪·朝鮮取名於此也."

옳은지 단정할 수 없으나, 분명한 것은 '서라벌 → 徐羅伐 → 新羅'와 같이 고조선의 국호도 '아사달 → 阿斯達 → 朝鮮'으로 바뀌었으며, 고조선인들이 후대에 '조선'으로 불리던 열수 유역에 살았다는 점은 사실이라고 주장하였다.

김도용(1991: 6)에서는 이전의 연구들에서 '고조선'이라는 명칭이 단군·기자·위만조선을 총칭하는 것으로 기술해왔지만 이러한 의견에 반대를 표명하고 있다. 그 근거로 『삼국유사』에 '고조선'조가 있으면서 '위만조선'에 관한 기록도 따로 기술되었다는 점에서 『삼국유사』에서 말하는 '고조선'은 '위만조선'이 제외된 개념임을 제시하였다. 한편 『삼국유사』에 '조선'의 명칭이 어디에서 유래했는지 밝히지 않고 있는데, '조일선명(朝日鮮明)'에서 또는 『삼국유사』 단군기의 "아사달에 도읍하였다(立都阿斯達)."에서 유래했다는 의견들은 마치 '신라(新羅)'라는 국호가 "왕의 덕업이 나날이 새로워지고 사방의 영역을 두루 망라한다(德業日新網羅四方)."에서 유래했다는 것과 동일한 발상이라고 지적하였다.

송호정(1999: 27)에서는 고대 '조선'이라는 명칭의 기원에 대해서 분명한 것은 그것이 처음에는 지역 명칭이면서 종족적 특성도 가지고 있었다고 주장하였다. 따라서 고조선사를 설명할 때 '조선'의 명칭이 등장하는 단계부터 국가 형성을 이야기하는 것은 기본적으로 잘못된 접근이라고 기술하였다. 또한 송호정(1999: 81)에서는 결국 문헌에 처음으로 등장하는 종족적·지역적 개념으로서 '조선'이란 본래 오늘의 서북한 지방을 가리키는 지역(종족)의 이름이며, 그 주민은 '예', '예맥'으로 불린 종족의 일부였다고 주장하였다.

(3) '발조선(發朝鮮)'의 명칭에 대한 논의

최지연(1993)에서는 정인보(1983)의 의견을 인용하여 '조선'의 명칭에 대해 기술하였다. 즉 '조선'이라는 명칭은 '관속(官屬)된 토경(土境)'으로 보고 한 통치권 안에 있는 많은 국가를 총괄하는 명칭으로 보았다. 이에 따라 '발조선', '진번조선(眞番朝鮮)', '예맥조선(濊貊朝鮮)', '낙랑조선(樂浪朝鮮)' 등을 모두 조선족의 총칭으로 파악하였다.

송호정(2012)에서는 선진(先秦) 문헌에 기록된 '조선'과 관련된 내용에 주목하였다. 송호정(2012: 224)에 따르면, 선진 문헌 가운데 고조선 관련 내용이 기록되어 있는 것은 『관자』, 『산해경』, 『전국책』, 『상서』 등으로 이들 문헌에 '조선'이라는 나라는 단편적으로 소개되어 있기 때문에 '조선'의 역사상에 대한 해석은 많은 논란이 있어왔다고 한다. 예를 들어, 만주 일대에 넓은 영토를 가진 나라로 해석하는가 하면 일정한 국가로 보기 어렵다는 주장에 이르기까지 다양한 논의가 있었다. 특히 정약용, 신채호, 정인보와 해방 후 북한 학계에서는 중국 선진 문헌에 '숙신'이나 '동이'로 표현된 세력도 '조선'과 같은 실체로 볼 수 있다는 주장을 하지만, 그 기록이 워낙 단편적이어서 더 이상의 논의는 기대하기 어렵다. 한편 송호정(2012: 226)에 따르면 선진 문헌 가운데 '조선'에 대해 최초로 기록하고 있는 책은 『관자·경중(輕重)』의 「규탁(揆度)」과 「경중갑(輕重甲)」이다.

환공이 관자에게 다음과 같이 물었다. "나는 이 세상에 보물이 일곱 군데에 있다고 들었습니다. 이에 관해 알고 있습니까?" 관자가 대답했다. "첫 번째 보물은 음산(陰山)에 있는 보석이요, 두 번째 보물은 연의 자산(紫山)에 있는 은이요, 세 번째 보물은 발(發)·조선(朝鮮)의 반점이 박힌 짐승가죽입니다."[21]

---

21 『管子·輕重』卷11 揆度 "桓公問管子曰 吾聞海內玉幣有七筴 可得以聞乎 管子對曰 陰山之礝䃣 一筴也 燕之紫山白金 一筴也 發朝鮮之文皮 一筴也."

환공이 "사방 오랑캐가 복종하지 않으니 이들이 천하에 시행되는 정령을 거역하여 과인을 상하게 할까 걱정됩니다. 과인이 정사를 하면서 이를 위한 방도가 있겠습니까?"라고 물으니, 관자가 "오(吳)와 월(越)이 조회하지 않는 것에 대해서는 그들의 주옥과 상아를 사들이고, 발(發)과 조선(朝鮮)이 조회하지 않는 것에 대해서는 그들의 문피와 가죽옷을 사들이고, 우씨(禺氏)가 조회하지 않는 것에 대해서는 그들의 백벽을 사들이고, 곤륜지허(崑崙之虛)가 조회하지 않는 것에 대해서는 그들의 구림(璆琳)과 낭간(琅玕)을 사들이십시오. 쥐었으나 손에 있는 것이 보이지 않고 머금었으나 입에 있는 것이 보이지 않는 까닭에 1천 금에 달하는 것이 주옥입니다. 이와 같이 한다면 8천 리 밖에 떨어져 있는 오와 월로 하여금 조회하게 할 수 있습니다. 한 마리 표범의 가죽은 1천 금에 달하는 값어치를 갖고 있습니다. 이와 같이 한다면 8천 리 밖에 있는 발과 조선으로 하여금 조회하게 할 수 있습니다.²²

송호정(2012: 227)에서는 위 내용의 '발(發)'과 '조선(朝鮮)'을 국명으로 보고 있다. 그 근거를 다음과 같이 설명한다. 즉 『일주서(逸周書)』 왕회해(王會解)에 보면 연나라 사람을 '발(發)'이라 하며,²³ '발(發)'은 일명 '북발(北發)'이라고 기록되어 있고, 『사기』 「오제본기」에는 '북발산융식신(北發山戎息慎)'이 기록되어 있고,²⁴ 『한서』 「무기(武紀)」에도 '북발(北發)'이라 기록되어 있다.²⁵ 그런데

---

22 『管子·輕重』卷23, 輕重 甲 第80. "桓公曰, 四夷不服, 恐其逆政游於天下而傷寡人. 寡人之行, 爲此有道乎. 管子對曰, 吳越不朝, 請珠象而以爲幣乎. 發, 朝鮮不朝, 請文皮毤服而以爲幣乎. 禺氏不朝, 請以白璧爲幣乎. 崑崙之虛不朝, 請以璆琳, 琅玕爲幣乎. 故夫握而不見於手, 含而不見於口, 而辟千金者, 珠也. 然後八千里之吳越可得而朝也. 一豹之皮, 容金而金也. 然後, 八千里之發, 朝鮮可得而朝也."

23 『逸周書』「王會解」"燕人發."

24 『史記』「五帝本紀」"北發山戎息慎."

「규탁」편에 '발(發)'이 '조선(朝鮮)'과 연이어 언급되고 있는 것으로 보아 북발은 마땅히 조선 부근에 있었던 것으로 보이며, 다만 더 이상 발(發)의 자세한 위치는 알기 어렵다고 기술하였다. 그 이유는 발(發)과 함께 나오는 조선의 위치가 너무 일반적으로 서술되어 있기 때문이라는 것이다. 또한 송호정(2012)에서는, 『관자』「경중」편의 두 기록에 따르면 조선이 단지 하나의 지명으로 기록되었을 뿐이며 그 위치나 명칭의 기원에 대한 어떤 언급도 없다고 기술하였다. 한편 송호정(2012)에서는, 초기 고조선과 관련하여 『관자』「경중」편 기록에서 주목해 보아야 할 부분은, 한 권의 책 내용 안에 '요동'이라는 명칭과 '조선'이라는 명칭이 구분되어 등장하는 점이라고 기술하였다. 그 이유는 기록에 따르면 관중이 활동하던 기원전 7세기에는 요동과 조선이 분명하게 구분되는 지역이었음을 알 수 있고, 따라서 『관자』 기록을 통해 초기 고조선은 요동이나 요동과 인접한 지역에 있었고 요서 지역에는 존재하지 않았음이 분명하며, 나아가 요동과 구분되어 인접한 지역에 조선이 존재하고 있었을 가능성이 매우 높다고 보았다.

(4) 중국의 '조선' 명칭에 대한 논의

조원진(2009: 416-417)에 따르면, 『역경』에 나오는 '명이(明夷)'를 조선으로 해석하는 것이 현재 중국 학계에서 나타나고 있는 특징이라고 한다. 그것은 현존하는 선진 문헌 중 조선의 국명이 처음 나타나는 문헌이 기원전 7세기의 상황을 다룬 『관자』로서, 기자가 활동한 상말주초(商末周初)와 4~5세기의 시대적인 차이가 있기 때문이다. 따라서 '명이'를 조선으로 해석하여 선진 문헌에 보이지 않는 기자가 조선으로 동래했다는 기록으로 보고자 하는 것이다.

---

25 『漢書』「武紀」 "海外肅愼北發渠搜氏羌徠服."

그러나 조원진(2009)에서 '명이'는 일반적으로 태양이 지중에 들어간 상태로 군자가 곤경에 처한 상황을 비유한 것이므로 지명이 될 수 없기 때문에, 결코 '조선' 명칭의 근원이 될 수 없다고 기술하였다.

기수연(2010: 18)에 따르면 동북공정 시기를 거치면서 중국 학계의 기자조선 연구에서 주목할 만한 점은 '조선'을 국가명이 아닌 지역 개념으로 보는 견해들이 제기됐다는 것이다. 『주역』「명이(明夷)」편의 "기자가 갔던 곳을 명이(明夷)라고 하고 혹은 맹이(萌夷), 우이(嵎夷)라고 한다."라는 기록과 『상서』「요전」의 "동쪽 끝의 땅은 우이(嵎夷)라고 부른다."라는 기록을 근거로, '조선'과 '우이', '맹이'가 같은 개념이며 기자가 간 '조선'은 나라 이름이 아니라 지역 명칭이었다고 주장하였다. 조선이라는 명칭이 기자가 가기 전에는 자연지리적인 개념이었으나, 주나라 무왕이 은나라의 신하인 기자를 조선에 봉한 후에 행정지리적인 개념인 기씨 조선으로 바뀌었다는 것이다. 그러나 기수연(2010: 20)에서는 중국 사서에서 '조선'이라는 명칭이 가장 먼저 보이는 『관자』「경중갑」편에도 "한 마리 표범의 가죽도 제대로 가격을 매겨야 한다. 그런 후에야 8천 리의 발조선이 조회하게 될 것이다."라고 하였는데 '조회하다'라는 표현을 볼 때 조선은 지역명이라고 보기는 어렵다고 기술하면서, 중국 학계에서 기자가 간 '조선'을 나라명이 아닌 지역명으로 보는 것은 근거가 미약할 뿐만 아니라 단군조선을 배제하고 한민족의 시작을 기자조선으로 연결하려는 의도가 있는 것으로 주시해야 할 부분이라고 주장하였다.

조우연(2012)에서는 단행본을 중심으로 중국 학계의 기자조선 연구를 정리하여 소개하였다. 이 글에서 '조선' 명칭과 관련하여 우리의 관심을 끄는 것은 먀오웨이(苗威)의 2006년 저서와 리더산(李德山)과 롼판(欒凡)이 2003년에 쓴 공저이다. 조우연(2012: 486-489)에 따르면 먀오웨이(2006)에서는 한반도의 최초 국가로서 '기자조선'을 다루고 있다고 한다. 먀오웨이는, 기자가 최초로 건국한 나라의 국명은 '조선'이 아닌 '진국(辰國)'이며 한반도 남부 '진국'의 주민은 중국 연해 지역의 동이족 유민으로 그러한 사회적 배경 때문에 기자가 그들의 지역으로 들어갔다고 주장한다. 후에 '진국' 집단은 중원 지역과 왕래가 잦고 문명 발전 수준이 비교적 높은 북쪽의 대동강 유역으로 이주하여, 현지의 양이(良夷) 집단과 융합되며 국호를 '조선'으로 바꾸었다는 것이다. 먀오웨이(2006)에서는 '조선'이라는 명칭의 기원과 관련해서 네 가지 주장을 소개하고 있다.

첫째는 하천의 이름에서 기원하였다는 설명인데, 『사기집해』의 장안의 말을 인용한 이른바 "조선에는 습수, 열수, 산수가 있는데 세 강물이 합쳐서 열수가 되며 아마도 낙랑, 조선이라는 이름을 여기서 취한 것이 아닌가 한다(朝鮮有濕水, 洌水, 汕水, 三水合爲洌水, 疑樂浪, 朝鮮取名於此也)."라는 해석이 대표적이다. 둘째는 동방이라는 지리적 위치에서 기원하였다는 설명인데, 『동국여지승람』의 이른바 '동방의 해가 뜨는 땅(居東表日出之地)'이라는 해석이 대표적이다. 셋째는 '아사달'이 곧 '조선'이라는 해석이다. 넷째는 역경의 '명이(明夷)'가 곧 조선이라는 해석인데, 중국의 대부분 학자들은 이 설을 따르고 있다. 먀오웨이(2006)에서는 이들 네 해석 중 '아사달'설에 대해 비판한 것은 물론이고, '명이'설을 집중 비판하였다. 특히 '명이'란 '빛을 가리다'라는 뜻으로 '조선'과는 전혀 상관없다는 것이다.

먀오웨이(2006)에서는 '조선'의 의미와 관련하여 동이족의 태양숭배 관념을 언급하면서, 한반도로 이주한 동이의 한 갈래인 양이 집단에서 그러한 관념을 유지하고 있었을 뿐만 아니라, 기자의 유민도 동이족의 한 갈래로서 비슷한 태양 숭배 관념을 가지고 있었고, 그러한 관념이 '조선'이라는 국호에 반영되었다고 보았다.

한편 조우연(2012: 489-490)에서는 먀오웨이(2006)에 대해 중국에서 출판된 첫 고조선 종합연구서이며 중국의 여타 연구자들에 비해 한국, 일본 등 국외의 문헌과 고고학 연구를 비교적 충실히 검토하고 그것을 토대로 나름대로의 고조선 역사를 정리했다고 평가하면서도, 먀오웨이(2006)에서 서론 가장 첫 머리에 '고조선'의 정체성, 즉 귀속 문제를 언급하면서 고조선이 중국인이 건립한 고대 국가라고 밝힌 점에 대해, 역사 연구에서 '귀속 문제'와 같은 지극히 정치적인 요소를 바탕으로 기술함으로써 결국 이 논저의 학술적 가치를 떨어뜨렸다고 비판하였다. 또한 설사 기자나 위만이 중국인 이주 집단이라고 하더라도 소수 지배자의 '정체성'을 근거로 해당 역사의 귀속 문제를 논한다는 것은 편협적일 수밖에 없으며, 문화적인 측면에서 고대 중국 문화가 주변 지역에 미친 영향의 의미를 다양하게 고려하지 않은 채 중국 문화를 수용한 지역과 집단은 곧 중국사의 범주로 간주되어야 한다는 단순한 도식으로 접근하고 있는 점도 수긍하기 어렵다고 비판하였다.

조우연(2012: 490-492)에 따르면 리더산과 롼판의 공저에서는 '고조선'의 명칭과 관련하여 '고(古)'를 붙인 이유는 현재의 조선과 구별하기 위한 것이며, 고조선은 고연족(古燕族), 고죽족(孤竹族), 기족(箕族), 산융족(山戎族), 동호족(東胡族), 숙신족(肅愼族) 등과 마찬가지로 중국 고대의 소수 민족이라고 주장하였다. 또한 '고조선'을 기자가 건국한 고대 국가로 보거나, '조선'을 단지 지역명으로 보고자 하는 견해를 비판하고, 기자에 앞서 '고조선족' 집단이 존재하였음을 주장하였다.

한편 조우연(2012: 492)에서는 리더산과 롼판의 공저에 대하여 '민족사'의 관점에서 중국 고대 민족의 한 갈래인 '고조선족'의 국가인 기자조선을 다루고 있으며, 이는 동이 집단의 한 갈래인 '고조선족'에게 중국 민족으로서의 정체성을 부여하였다고 기술하였다. 따라서 기자집단은 은의 혈통을 이은 중국 민족이고, 그들이 이주한 고조선 지역의 주민도 중국 민족이기 때문에,

기자조선을 포함한 고조선의 역사는 중국 민족의 역사 범주에 속한다고 주장한다는 것이다. 그러나 조우연(2012)에서는 '민족'이라는 집단의식의 근대성과 허구성을 상기한다면 이러한 접근 자체가 일종의 사상누각에 불과하다고 비판하였다.

2) 고조선 관련 지명에 대한 연구

(1) '아사달'에 대한 논의

정인보(1947/1983: 39-40)에서는 『성경통지(盛京通志)』의 「산천조(山川條)」에서 '장백산(長白山)'을 토착어로 '거얼민상젠아린(歌爾民商堅阿隣)'이라 하고 '장백산'이 곧 '불함산', '태백산', '도태산(徒太山)', '백산(白山)'이라고 기록된 점과 『삼국유사』에서 '백악산 아사달(白岳山阿斯達)'이 연속해서 나오는 점 등을 통해 '아사(阿斯)'가 곧 '아리[長]', '센[白]'의 의미라고 하였다. 또한 '달(達)'은 '대', '재'의 의미라고 하였고, 이를 토대로 더 나아가서 고조선으로부터 고구려까지의 국도 명칭이 평양(平壤)이었는데, 평양은 '대지광원(大地廣原)'의 의미인 '벌=平'과 대수(大水)를 의미하는 '내·라=壤'이 결합하여 만들어진 지명이라고 하였다. 아울러 평양이 '백악산 아사달'로서, '평양'이란 명칭이 생기게 된 것은 단군조선의 처음 도읍지가 광대한 평원이 있는 쑹화강(松花江) 근처이기 때문이라 하였다.

안재홍(1947/1991: 58-61)에서는 '아사(阿斯)'가 '아씨'의 표기로서 이는 흉노족이 황후를 '알씨(閼氏)'라고 하는 것과 통하는 것이고 '달(達)'은 '땅[地]'의 의미라고 하면서, '아사달(阿斯達)'을 한역(漢譯)할 경우 그 표기는 '성모산(聖母山)', '성모역(聖母域)', '성녀산(聖女山)', '신모악(神母岳)'이 된다고 하였다. 따라서 '아사달'이라는 용어 자체에 고대 사회 단계의 일면이 반영되어 있었다고 하였다. 즉 '아사달'은 여계 시대의 혈족 및 씨족 등이 거주하고 있던 중심지였다는 것이다. 또한 안재홍(1947/1991: 61-71)에서는 '백악(白岳)', '평양(平壤)' 등을 최남선(1927/1973)에서 말하는 '붉'과 유사한 음인 '빈아=붉'으로 보았다. 안재홍(1947/1991)에서는 '백악산=아사달=평양'이 같은 곳에 대한 이칭(異稱)이라고 하면서, 이중 '아사달'은 단군조선이 성립하기 전, 여계 시대의 명칭이라고 하였다. '빈아'라는 명칭은 '백악산', '부여', '평양', '패수', '백아강(百牙岡)' 등으로 다양하게 표기되었는데, 이는 다시 '부루(夫婁)', '발(發)', '부리(夫里)' 등의 어휘로 변하였다고 하였다. '빈아'의 의미에 대해서는 '백두산' 최고봉의 명칭이 '포태산(胞胎山)'인 점, 『금사(金史)』 등에 '배달(倍達)'이라는 지명이 상견되는 점, '아사달'이 '아씨땋'으로 해석되는 점 등을 통해 '빈땅', 즉 '복지(服地)', '잉양(孕壤)'으로 해석하였다.

신채호(1948/1986: 78)에서는 '아사달'에 대해 다음과 같이 기술하였다.

"『삼국유사』에 전하는 단군의 도읍지인 아사달은 이두문에 'ᄋᆞ사대'로 독(讀)한 바, 고어에 소나무를 'ᄋᆞ스'라 하고, 산을 '대'라 한 것이니, 지금 하얼빈의 완다산(完達山)이다. 이곳은 북부여의 옛 땅이니, 왕검의 상경(上京)이요, 지금의 가이펑현(蓋平縣) 동북쪽 안시(安市)의 고허(古墟)인 '아리라'가 중경(中京)이요, 지금의 평양인 '펴라'가 단군의 남경(南京)이니, 왕검 이래로 형편을 따라 상경 중 하나를 골라 서울로 한 것인데, 그 본 도읍은 북부여의 땅 'ᄋᆞ스대'였다."

양주동(1965/1975: 6-7)에서는 '평양'의 원래 명칭은 '볼ᄂᆡ(벌내)'로서 이는 열수(洌水, 벌내)의 명칭에 의한 것이라고 하면서, 이러한 사실은 평양의 이칭인 백아강(百牙岡)을 통해서도 알 수 있다고 하였다. 양주동(1965/1975)에 의하면, '백(百)'은 '붉'의 차음이다. '태백산(太白山)' 등에 대해 '천(天, 한볼)'을 가장 광명한 국토로 생각함과 동시에 자신들의 거주지를 그렇게 여기는 '동방의 고대 민족'들이 거주지 및 하늘의 연장이라고 사유한 '고산(高山)'에 '태백산(한 붉뫼)' 류의 지명을 도처에 남겨놓았다고 보았고, 이를 통해 '백'을 '박'으로 해석하였다. 또한 양주동(1965/1975: 104)에서는 '아사(阿斯)'를 '앗'으로, '달(達)'을 '산'으로 해석하여 아사달을 '앗달'이라고 재구하였다. 아사달이 '앗달'로 해석됨은 '앗달'과 음과 훈이 유사한 구월산이 종래 아사달로 비정되고 있는 점을 들고 있다. 아사달의 의미는 '자(子)'의 고훈(古訓)이 '앗'이고 그의 음전형(音轉形)이 '앙'이라는 점을 통해, '자산(子山) · 소악(小岳)'이라고 하였다.

이병도(1976/1983)에서는 '평양(平壤) = 백악(白岳) = 백아강(百牙岡) = 백악산 아사달(白岳山 阿斯達)'의 입론을 토대로 '백악(白岳)'이 '백산(白山)'이나 '박산(朴山)'과 마찬가지로 '박(park)' 계통의 차자로서, '조산(朝山)', '조광지(朝光地)', '양원(陽原)', '양곡(陽谷)' 등의 의미인 '아사달(阿斯達)'과 상통하는 것이라고 하였다. 한편 이병도(1976/1983: 40-41)에서는 '아사달'의 의미를 파악하기 위하여 일단 연칭되어 있는 '백악'의 의미를 파악하는 것이 필요하다고 보면서, 이를 '붉산(山)', '붉뫼', '붉 들'의 차자로 보았다. 또한 고대에는 국가의 중심지명과 국가명이 동일하였다는 점, 종래 조선의 의미를 '조명(早名)', '동쪽의 해가 뜨는 땅(東表日出之地)'으로 해석한 점 등을 통해 '아사(阿斯)'가 '조(朝)', '조광(朝光)', '조양(朝陽)', '조선(朝鮮)'의 의미를 가지고 있고, '달(達)'이 '산악(山岳) → 곡지(谷地)'의 의미를 가지고 있는 것으로 보아, '아사달'을 '조광지(朝光地)', '양지(陽地)', '양원(陽原)'의 뜻으로 해석하였다.

이병선(1982/1988: 38-54)에서는 '아사'가 한국어의 '아츰', 일본어의 'asa(朝)'와 관련이 있다는 점에 착안하여 다양한 음운의 전화 과정을 증명하면서 이를 '대(大)' 또는 '왕(王)'의 의미가 있는 것으로 보고, '달'은 고구려 지명 중에서 '산', '고(高)'에 대응된다는 점을 토대로 하여 '읍(邑)'의 의미로 해석하였다. 이러한 의미를 갖는 '아사'와 '달'이 결합하여 생성된 아사달의 의미에 대해서는 '왕이 도읍한 곳', '대읍(大邑)'이라고 하였다.

이성학(1986: 3)에 의하면 『고려사』「김위제(金謂磾)」전에서 서경(西京)의 또 하나의 이름을 '백아강(百牙岡)'이라 하였으며 이 '백아강'은 '백악(白岳)'의 다른 표기이며 따라서 '평양(平壤)'의 다른 이름인 '백아강(百牙岡)'은 즉 '백악'이라 하여, 이 '백악'의 유의어이며 상수어(相隨語)인 '아사달'을 '평양'과 동일한 것이라 보았다. 따라서 이성학(1986)에서는 '아사달', '백악', '평양'은 이명동처(異名同處)로 해석되어, 단군왕검이 건도한 지역명에 관하여 전기에서 "위서에서 말하기를 아사달에 도읍을 세우고(魏書云…立都阿斯達)"와 "고기에서 말하기를 평양성에 도읍을 세웠다(古記云…都平壤城)."라고 하여 표현상의 차이는 있으나 '아사달'이 평양 부근에 있었던 것으로 기록하고 있으므로 지리적 장소는 동일한 것으로 파악하였다. 또한 이성학(1986: 4-5)에서는 앞의 기록에서 '장당경(藏唐京)'과 '평양성(平壤城)', 후술할 '왕검성(王儉城)' 등에 있어 도읍명의 '경(京)'과 '성(城)' 자에 대한 의미를 생각해보면, 전자의 경우는 전기한 『삼국유사』「신라 시조 혁거세왕」조 "나라의 이름은 또는 서벌이라 하였다(國號…又徐伐)."의 '서벌(徐伐)'에 대한 주에서 "지금 민간에서 경(京) 자의 의미를 서벌이라고 하는데 여기에서 연유한 것이다(今俗訓京字云徐伐 以此故也)."라 하였으며 그리고 신라의 오소경명(五少京名)에도 '경(京)' 자를 사용하는 등으로 미루어볼 때 왕도 및 왕실과 깊은 관계가 있는 곳을 뜻하는 명칭이며, 후자는 도읍 방어책(防禦策)의 모습을 표시하고 있다고 보았고 따라서 이 시대의 건도에 대한 특징성을 표현하고 있다고 기술하였다. 한편 이성학(1986: 8)에서는 고조선시대의 도읍지에 대해 전기에서 "위서에서 아사달에 도읍을 세웠다."와 "고기에서 평양성에 도읍이 있다."나 "고기에서 백악아사달로 도읍을 옮겼다."는 기록 중 준왕이 위만에게 축출당할 때의 도읍지는 전술한 '평양'이며, "위씨 조선의 도읍지인 왕검성, 즉 평양"과는 전술한 바와 같이 동어이처(同語異處)로 보고 있다. 이성학(1986: 13)에서는 신라의 건도를 『삼국유사』 권1 「신라 시조 혁거세왕」조의 "오봉 원년 갑자에 남자는 왕이 되었다. …나라 이름은 서라벌 또는 서벌이라 하였다(五鳳元年甲子男立爲王…國號徐羅伐又徐伐)." 및 『삼국사기』 권 제34 「잡지(雜志)」 제3 「지리일(地理日)」의 "지금 신라는 국호가 서나벌 혹은 사로라 한다(今按新羅…國號曰徐那伐或云斯慮)." 등의 기록에서 '경(京)' 자를 훈독하여 '서벌(徐伐)'이라 한 것과 도읍이 '서라벌'의 뜻이 있는 것과 같이 '고구려' 또는 '소부리(所夫里)'도 동일하게 도읍이란 뜻으로 보고, 이와 같이 국읍의 뜻을 도읍지명으로 하였으며 따라서 국호와 도읍명이 동일하게 된 것으로 보았다. 따라서 신라는 이러한 뜻에서 국호와 국도명이 동일하며, 이것은 마치 고대의 'Babylonia'와 'Rome' 등의 경우와 같이 국명이 도읍명에서 기원된 것과 같고 지금도 국명과 국도명이 동일한 'Mexico', 'Panama' 등을 같은 사례로 볼 수 있다고 기술하였다.

천소영(1990: 29-30)에서는 '아사달'에 대해 다음과 같이 기술하였다.

"'아사달'은 '아사달(asa-tar)'의 차음 표기로, '아사+달'로 분석된다. 그런데 '아사'는 때로 '어사', '아(어)시'로도 표기되었는바, 이는 '대(大)' 혹은 '모(母)'의 뜻으로, '아침[朝]'의 고대어형 '아사'와는 동음이의어의 관계에 있는 것으로 추정된다. '아사/어사'는 지명 표기에서 '아사(阿斯)' 외에도 '어서(於斯)/오사(烏斯)/오차(烏次)/오생(烏生)/아차(阿次)/야차(也次)/아술(阿述)' 등으로 차음되었다. '야차홀(也次忽)=모성군(母城郡)(『삼국사기』「지리」4), 於斯內縣=斧壤(『삼국사기』「지리」4)[cf. 부양현(斧壤縣)>광평현(廣平縣)(「지리」2)]'의 예에서 '야차(也次)/어사(於斯)'는 '모(母)' 또는 '광(廣)'과의 대응을 보이고 있다. (중략) 이는 상기 지명어가 원래 '대(大)·광(廣)·모(母)'의 의미로 쓰인 것은 사실이나, 지명 개칭 시에 각 지명의 특성을 살리는 과정에서 동음이의어 관계에 있는 여러 대응자를 임의로 골라 쓴 것으로 풀이된다. 따라서 '아사달'은 '모성(母城)

혹은 '대읍(大邑)'을 뜻하는 보통명사의 지명어로 보아야 할 것이며, 이 어사에 기원을 둔 '조선'은 앞서 말한 바처럼 모(母)·대(大)의 '아사'와 동음이의어 관계에 있는 '아사[朝]'와 결부시켜 한역한 국명일 것이다. 곧 조선은 '조일조명(朝日朝明)'의 의미를 부여하여 민족의 신생과 국가의 욱일(旭日)·창성을 표상한 것으로, 이는 마치 '신라'의 국호가 초기 '사로/서라벌'의 지명어에서 비롯되어 후일 "덕을 쌓아 새로워지니 사방을 망라하게 되었다(德業日新 網羅四方)."는 의미와 맥이 통한다고 하겠다."

한편 '아사달'의 '달(達)'에 대해 천소영(1990: 27-28)에서는 '달' 혹은 '다ㄹ(tarV)'는 높은 지역, 곧 고원을 뜻하는 고구려의 대표적인 지명어로, 『삼국사기』 「지리지」에서만 14개의 용례를 보이며, '다ㄹ'는 고구려 지명에서는 '달(達)' 자로 차음되었는데, 이 '달(達)'은 중고한어 't'ât'으로 재구되나 국어 한자음은 'tar'로 읽혔다고 기술하였다. 또한 '달'은 고원지대의 취락지를 뜻하는 지명어이나 그 본래의 의미는 '높은 곳'을 지칭하는 어사로 보이며, 이는 '달홀(達忽)＞고성군(高城郡)(『삼국사기』 「지리」 2), 달을성현(達乙城縣)＞고봉현(高峰縣)＞고양(高陽)(『삼국사기』 「지리」 2)'의 용례에서 보듯이 '달'이 어두에 와서 수식어로 쓰일 때는 '고(高)'와 대응하고, '식달(息達)＞토산현(土山縣)(『삼국사기』 「지리」 2), 매시달(買尸達)＞산산현(蒜山縣)(『삼국사기』 「지리」 2)'의 용례에서 피수식어, 곧 지명접미어로 쓰일 때 '산(山)' 혹은 '봉(峰)'과 대응하기 때문이라고 하였다. 그런데 '달'이 지명접미어로 쓰일 때 '산(山)'과 대응하더라도 '달'이 곧 산을 뜻하는 동의어로 쓰인 것은 아니며, 이는 지명을 개칭할 때 표기법상의 관례를 따른 것으로서 '달'은 높은 지역에 성을 쌓고 사람들이 모여 사는 취락지를 일컫는 어사였다고 설명하였다. 따라서 '달(達)'이 '홀(忽)' 또는 '성(城)'과 대응 표기된 것은 '달' 혹은 '다ㄹ'가 고원지대의 집단취락지를 나타내기 때문이며, 고대의 취락지는 대개 '성'으로 둘러싸여 있기 때문에 '달(達)'

이나 '홀(忽)'이 모두 '성(城)'으로 대응 표기할 수 있으며, 두 어사의 차이가 있다면 '달(達)'은 산성을 뜻하고 '골/고리[忽]'는 곡성(谷城)을 나타낸 것이라고 주장하였다.

최지연(1993: 214-215)에 의하면, 정인보(1947/1983: 39-40)에서는 단군의 국가 도읍 문제에 대해서 언어학적인 방법을 동원하여 해명하고 있다. 즉 정인보(1947/1983)에서는 단군이 터를 잡은 곳을 '백두산'으로 보고, '평양'을 국도를 칭하는 고어로서 '평(平)'은 '벌'의 뜻으로 '양(壤)'은 대수(大水)인 '내'로 해석하여(평양=벌내), 처음 그 이름이 쑹화강(松花江) 유역에서 비롯된 것을 계승하였다고 보았다.

이강식(1994)에서는 아사달의 의미에 대해 논의하기 위해 진한의 옛 수도인 '부소량(扶蘇樑)'을 언급하고 있다. 이강식(1994: 26-27)에서는 부소량을 '부소도'로 읽어야 한다고 보는데, 그 이유는 『삼국유사』에서 신라인들이 '량(梁)'과 '탁(涿)'을 '도(道)'로 읽기 때문이라고 한다. 따라서 '사탁부(娑涿部)·사량부(娑梁部), 점탁부(漸涿部)·점량부(漸梁部), 모량부(牟梁部)'도 모두 '사도부, 점도부, 모도부'로 읽어야 하고, '량(樑)'도 '도'로 읽어야 한다고 주장한다. 이강식(1994)에서는 또한 부소도는 부소도(扶蘇塗)로 해석이 되며, '부소도'의 '부'는 산스크리트어의 'Pur', 즉 도시에 해당하는 말로 보고, 'Pur소도'는 '도시소도'로서 가장 번창한 '소도도시'를 의미한다고 보고 있다. 그 근거로 진한의 수도 이름이 된 것은 진한의 수도에서 삼신제천(三神祭天)의 종교 행사가 가장 크게 봉행되어 '소도시[市]'가 되었다는 점을 제시하고 있다. 이강식(1994)에 의하면 이맥(李陌)은 『태백일사』에서 '부소도'를 '아사달'로 보았는데, 이 역시 이강식(1994)의 주장과 같은 논리라고 보고 있다. 또한 『삼국유사』의 「고기」에 보면 '아사달'에 주를 달기를 "『경』에서 말하기를 무엽산이라 한다(『經』云 無葉山)."라고 하였는데, 여기서 무엽산은 아사달을 연구하는 데 주요한 해법을 제공한다고 보면서 다음과 같은 설명을 기술하고 있다. 즉 '무(無) → 아(阿), 엽(葉) → 사(斯), 산(山) → 달(達)'에 해당하기 때문에 '무(無)'에 해당하는 '아(阿)'는 바로 산스크리트어의 'a'인 것이다. 산스크리트어에서 이 쓰임은 매우 자주 나타나는데, 대표적으로 소승불교에서 부처의 제자로서 최고의 경지에 오른 이를 '아라한(阿羅漢, arhat, arhan)'이라고 하고 이를 '무학(無學)'으로 번역하며, 이는 '배운 것이 없는 이'라는 뜻이 아니고 '더 이상 배울 것이 없는 이'라는 뜻이다. 그러므로 아사달은 '아소도(阿蘇塗)'로서 '더 이상 큰 소도가 없는 소도', 즉 '상(上)소도'로 봐야 한다는 것이다. 따라서 이강식(1994)에서는 '부(扶)소도'와 '아(阿)소도'는 결국 같은 뜻을 다르게 표현한 것이라고 보고 있다.

오강원(1995: 98-99)에서는 아사달은 '아사'와 '달'이 결합하여 만들어진 지명이며, '아사'의 정확한 의미에 대해서 확연하게 알 수는 없으나, 『고기』에서 '아사달'이 '백악산'과 연칭되어 있는 점으로 보아 '백악산'과 유사한 의미 또는 동일한 것에 대한 다른 표기라고 보고 있다. 한편 이병도(1976/1983: 36)에서는 김위제(金謂磾)가 고려 숙종에게 상소한 내용 중에 '서경'을 '백아강(百牙岡)'이라고 한 것을 근거로, '백아강'이 '붉엄뫼'의 한자 표기로서 '백악(白岳)'의 다른 표기라고 하였다. 오강원(1995)에서는 이병도(1976/1983)의 해석을 따른다면 '아사달' 또한 '박달'의 의미가 될 수 있으나 이에 동의하지 않고 '아사달'을 독립된 하나의 지명어로 보고 있다. 또한 오강원(1995: 125)에서 현재 한반도의 지명에서 '아사달'에 관련된 지명은 거의 발견되지 않고, 다만 『동국여지승람』의 견해대로 '구월산(九月山)'을 '아사달'과 관련지을 경우에 전국에서 5개만이 확인된다고 하면서 '아월(阿月)', '아달(阿達)'을 제시하였다. 이러한 극소수의 분포만으로는 어떠한 특징을 거론하기가 힘들지만, 황해도 지역에 관련 지명이 3개가 있는 것으로 보아 이 지역이 '아사달'이라는 지명과 관련이 있는 것으로 보기도 하였다.

정연규(2000)에서는 '아사달'이 '궁홀산(弓忽山)', '방홀산(方忽山)', '궐산(闕山)' 등으로도 표기되어 있음에 착안하여 '구월산'이라는 기록의 존재에 대해서 고대 국어에서 '아사달'에 해당되는 상고음을 [a-si-dar], [a-sa-dara] 정도로 추정하였다. 그리고 [아시다라], [아사다라]는 '구월(九月)'에 음운 대응될 가능성이 있고, 여기서 '구(九)'의 음을 *[아소/아사]에서 *[아시/아사]로 확장하면서 어두 자음을 음상(音像)에 있어서 유사한 형태소로 생각하였다. 또 '월(月)'은 [달]로 음독되므로, 고대 어형을 *[다라]로 추정하면 [아사다라/아시다라]가 되며, 이는 동음이의 관계에 있는 [아사]와 [다라]의 합성, 즉 '아침'과 '산·구릉' 등의 뜻이 합성된 지명이라 보았다. 또한 '아침'은 다시 '동(東), 신(新)' 정도의 의미와 관련성을 확보할 수 있고, 그러한 의미에서 국호 '조선'은 바로 '아침의 땅[asa + tar]'이라고 서술하였다. 한편 정연규(2000)에서는 고조선의 건국 신화와 관련된 국호와 지명의 관계 속에서 '신시(新市)'에 대응되는 '아사달'의 관련성을 생각해볼 때, 이는 '조선'과 더불어 '아사달'로 훈차·음차된 동일 지명의 이표기일 것으로 파악하면서 [아]의 재구형 *[아사/아시]와 '아사(阿斯)'가 음차의 관계를 그리고 '조(朝)'가 훈차의 관계를 유지하는 것으로 보았다.

김남중(2000: 39)에서는 언어학적인 고찰을 통해 '아사달=조선'을 주장하는 견해도 있지만 '조선'과 '아사달'이 동시에 언급되어 있다는 점을 들어 구분되는 명칭이라고 보았다. 또한 김남중(2000: 49-50)에 따르면 '아사달'은 '궁홀산(弓忽山)' 또는 '금미달(今彌達)'이라고도 불렸는데, 특히 '궁홀(弓忽)'과 '왕험(王險/王儉)'은 함께 '왕성(王城)'의 의미를 지니고 있다고 한다. 한편 '험(險: kəm/həm)'은 만주어 '경(京)'에 해당하는 'gemun'과 대응되므로 '왕험'은 '왕성'의 의미를 지니며, '궁홀'의 '홀'은 '골(骨)'로도 읽히는데 '성(城)'을 뜻하며, 또한 '궁(弓)'은 '웅(熊)'의 음인 '곰'의 표기라고 보았다. 또한 '곰'은 '왕'의 뜻을 지니므로 '궁홀'은 '왕성'의 의미를 지니는데, 결국 '왕험'[26]과 '궁홀'은 같은 의미라고 주장하였다. '왕험'은 『사기』 등 중국 측 사료에, '궁홀'은 우리 측 사서에 기재되어 있는 동일한 명칭으로, 기록 시기 및 기록자의 발성 구조 차이에 의해 다르게 기록된 것으로 파악하였다.

김은정(2003)에서는 '아사달'의 '아사'는 [아ᄉ]의 음상을 한 '사람[人]'의 의미를 가졌을 것으로 보고, 『삼국사기』「지리지」의 '모(母)', '광(廣)', '부(斧)'는 모두 이 '[아ᄉ]에 대응되는 차자라고 보았고, '모(母)'는 아마도 중세어의 '[어시]'를 음사한 것으로 추정하였고, '부(斧)'는 그 중세형이 '도치'로 '땅, 지역, 흙' 등을 의미하는 중세 국어의 '터'를 표기한 것으로 추측하였다. 다만 '광(廣)'은 그 대응 어휘를 짐작하기 어렵다고 기술하면서, 처음에 단순한 보통명사인 '사람[人]'이라는 어휘가 특정 부족을 가리키는 부족명이 되면서 이것이 다시 그들이 사는 '땅, 주거 지역' 등의 의미로 확장된 것으로 추측하였고, 국어에서는 이와 관련된 직접적인 형태를 찾을 수가 없다고 기술하였다. 따라서 '아사달'의 '아사'인 '아ᄉ'의 뜻은 일차적으로 '사람[人]'을 의미했을 것으로 추정하였고, 이후 '아사/아시'는 곧 '히[太陽]'와 '하늘'에서 '아침[朝]'과 '밝음[明]'으로, 그리고 '천신(天神, 檀君)'의 존재로 확산된 것으로 보았다. '아사/아시'가 '신(新)/동(東)', '금(金)/철(鐵)'의 의미가 되기까지는 의미의 확산이 필요한데, '아사/아시'가 '신(新)/동(東)'의 의미를 갖는 경우는 고구려의 '주몽'이 '동명(東明)'으로 기록된 것을 통해서 확인할 수 있다고 보면서 '동(東)'이 '신(新)'의 의미를 포함하게 되었으며 이는 '아사/아시'가 '히시'의 변이형을 가지

---

26 김남중(2000: 50)에서는 '험독(險瀆)'은 '검터'의 한자식 표기인 '왕검(王儉)'으로도 이해하는데, '검'은 '험'으로도 발음되므로 결국 '왕험'과도 같다고 기술하고 있다.

면서 가능했던 것으로 기술하였다. 또한 『후한서』 「고구려」전의 주를 보면 고구려는 '북부'를 '후부(後部)'로 여기고 '남부'를 '전부(前部)'로 여김을 알 수 있는데, 이 민족의 의식 속에는 '북'을 뒤로하고 '남'을 앞으로 하여 북방에서 끊임없이 남방으로 진출해온 역사가 있다고 기술하였다. 이는 국명의 개신 과정에서도 보이는데, 부족국가 형태의 소집단 형태에서 국가의 형태를 갖추거나 혹은 새로이 나라를 세우거나 이동을 한 경우에 대부분 전(前) 지명에 '북(北)'이 접사되고 후(後) 지명에 '동(東)' 혹은 '남(南)'이 첨가되며, '옥저(沃沮)/동옥저(東沃沮)', '북부여(北夫餘)/동부여(東夫餘)/남부여(南夫餘)'의 경우가 그 예라고 보았다. 또한 '동부여(東夫餘)'는 '새[新] + 부여(夫餘)'로 해석될 수 있고 신라의 '동경(東京)'도 '신도시'를 의미하는 '새[新]'의 뜻을 가지므로, 결국 '동(東)'의 의미가 '신(新)'의 뜻을 가지게 되고 '새'로 훈독되기 위해서는 민족의 이동과 정착이 이루어진 다음이어야 가능하다고 기술하였다. 그러나 고조선이 청동기문화를 기반으로 한 초기 집단공동체라고 생각할 때, '신시(新市)'를 '아사/아시' + '달'로 훈독하면서 '아사/아시'의 의미를 '희[太陽]', '새[新]'에서 더 나아가 고조선시기에 이미 '식[鐵]'로 훈독하는 것은 부적절하다고 보았다.

한편 김은정(2003)에서 '아사달'의 '달'은 비교적 해석의 틀이 정착된 것으로 보았다. 한국어에서 '양달', '응달' 등에 후부지명소(後部地名素)로 남아 있는 '달'은 고구려의 '홀(忽)', 백제의 '기(其)·지(支)·지(只)', 그리고 신라의 '벌(伐)'에 대응하는 어휘로서 고구려어에서는 그 기록을 찾을 수 있는 몇 안 되는 부여계 언어라고 보고 지명소(地名素) '달(達)'이 대체로 '쪽, 방향, 장소, 땅' 등을 나타내는 것으로 간주해왔는데, 논의에 따라서는 '달'이 부여계 고구려 언어가 아니라 몽골어 [tala/tal]에서 보이는 '평야, 평평한 곳, 스텝, 쪽, 방향, 지방' 등의 의미를 가진 어휘로서, 곧 몽골어에서 차용된 것으로 보았다.

도수희(2004: 222)에서는 '고(高)·산(山)'의 뜻인 '달(達)'이 고조선의 지명인

'아사달(阿斯達>九月山)'에 들어 있으며, 이 '달'이 고구려의 성명 중 '비달홀(非達忽)', '가리달홀(加尸達忽)'에서 발견되는데, 이것이 한반도의 중부 지역에서 어두 위치에서는 '고(高)'의 뜻으로 쓰이고 어말 위치에 오면 '산(山)'의 뜻으로 쓰인 동음이의어 아니면 동음유의어였다고 주장하였다. 또한 남부 지역에도 대구를 지칭하는 달구불(達丘火), 전북 진안의 난달아(難等阿, 難珍阿), 목포의 유달산(儒達山)과 같이 '달'이 드물게나마 나타나며, 아마도 고구려의 명장 온달(溫達)의 '달(達)'도 '고(高)'의 뜻이었을 것으로 보고 있다.

오장록(2005: 11)에서는 아사달에 대하여 남성 신을 봉안한 '둥 집'의 이름 아사달은 이두문에서 'ᄋᆞ스대'로 읽는데 이는 고어에 송(松)을 'ᄋᆞ스'라 하고 산을 '대'라 한 것이므로, 지금 하얼빈(哈爾濱)의 완다산(完達山)을 '아사달'이라고 보았다. '아침'의 변천 과정(아ᄉᆞ>아ᄉᆞᆨ>아즉>아직>아츰>아침)을 고려하면 '아사'는 아침을 뜻하는 말이며, '들'은 산악, 평지, 곡지(谷地)의 뜻이 있으며 '달(達)'은 고구려어로 '산(山)'이라는 뜻으로서 지명에 많이 나온다고 기술하였다. 또한 '아사'는 '조선'이라는 국호에서 보듯이 아침과 깊은 관계가 있는 것으로 보아 '아사'는 '조(朝)·조광(朝光)·조양(朝陽)·조선(朝鮮)'의 뜻이고, '달' 은 원래 산악의 뜻이지만 곡지(谷地) 내지 땅의 뜻으로도 쓰였고, '양(陽)들[양지쪽]·음(陰)들[음지쪽]·빗들[傾斜地]'에서 '들'은 '땅'의 뜻이 있어, 아사달은 '조산(朝山)·조광(朝光)의 땅', '양지(陽地)·양강(陽岡)·양원(陽原)·양곡(陽谷)'의 뜻이 되는 동시에 '백악(白岳)'과 상통되는 말이라고 주장하였다. 한편 오장록(2005: 12-13)에서는 일연(一然)이 『삼국유사』에서 아사달에 '무엽산(無葉山)'이라고 주를 단 것에 대해 이 '무엽산'은 '백악'이라고 불리기도 한다고 설명하면서, '백악'이 우리나라 고유의 말을 차자(借字)한 것이라면 '붉산·붉들'로 '광명의 산, 양명(陽明)한 산, 환한 산'의 의미가 될 것이라고 하였다.

한편 오장록(2005: 36)에서는 '아사달'은 지금의 '금미달(今彌達)'인데 '금미달'은 '금달'의 한자 표기이고, '금'은 우리말의 '감', '검', '금'으로서 이는 '신'을 뜻하므로 '아사달'과 '금미달'은 차자 표기였을 가능성이 높다고 기술하였으며, '평양'은 우리말 '펴들내'의 한자 표기로 생각하여 '넓은 평야'라는 뜻으로 해석하였다.

(2) '험독(險瀆)'에 대한 논의

'험독'의 어원에 대해서는 김남중(2015)에 잘 소개되어 있다. 김남중(2015: 92-93)에 따르면 그동안 '험독'의 어원은 크게 두 가지 차원에서 검토되었다.

첫째는 응소(應劭)가 "물의 험함에 의거하여 험독(險瀆)이라 하였다(依水險故曰險瀆)."[27]라는 것이 대표적이다. 림건상(1963: 295-303)은 이러한 입장을 받아들여 왕검성이 강과 험한 산을 끼고 축성되었을 것으로 보았으며, 요양하 하구에서 멀지 않은 반산(盤山) 지방에 험독현(險瀆縣)이 있었다고 보았다. 오하라 도시타케(大原利武, 1933: 25-26)에서는 '독(瀆)'이 '구거(溝渠)'와 '오탁(汚濁)'과 4개의 큰 하천, 곧 '강하준제(江河淮濟)'를 의미한다는 점에서 험독이 탁한 하천을 이용한 '험지(險地)의 땅'이라고 보았다.

둘째는 '험독'을 고조선의 고대어와 관련 있을 것으로 보는 입장이 있다. 신채호(1929/2007: 356-357)에서도 '해성(海城)'을 '왕험성(평양)'인 '험독'으로 보았고, 신채호(1948/2007: 643-646)에서는 개평현(蓋平縣) 동북의 안시고허(安市古墟)인 '아리티(알티)'를 '아사달'과 관련하여 기자의 자손과 관련 있는 '불조선(朝鮮)'의 도읍으로 보았다.

정인보(1947/2012: 182-184)에서는 '험독'을 '왕검성'과 관련짓고 후에 개평(蓋平) 인근의 '해성(海城)'으로 이름이 바뀌었다고 보았는데, 고대에 '해'는 '개'

---

27 『漢書』「地理志」遼東郡 險瀆의 注: "依水險故曰險瀆."

와 발음이 같고 이를 고대 조선에서 최고 통치자의 칭호였던 '검'의 축약어로 보았다. 또한 '험독'은 곧 평양이며 낙랑으로, 조선 최고 통치자인 진한의 도읍이었다고 보았다.

리지린(1963: 83)에서는 '험독'의 '험'은 '검(儉)'의 오기 또는 변음이며 '독(瀆)'은 '두' 혹은 '도'로 발음되는 점에서 '터'와 통음된다고 보고, '험독(검독)'은 왕성의 의미를 지닌 '검터'이며 '왕검성'과 동일한 의미라고 보았다. 그러면서 리지린(1963: 88-89)에서는 고조선의 도읍지가 여러 곳이었다는 입장에서 개평에 있었다는 고구려의 개모성(蓋牟城)을 검성(儉城)의 와전음으로 보고, 이를 낙랑군의 왕검성으로 비정하였다.

서영수(1988)에서는 『사기』에 나오는 고조선 말기와 위만조선시대의 수도인 '왕검성'은 '패수'의 동쪽, '진고공지(秦故空地)'의 남쪽에 있는 것이므로 현재의 '평양'임이 확실한데, '패수'라는 명칭이 요동 지역에 그대로 남아 있었다는 점은 고조선의 중심 이동과 관계가 있는 것으로 추정한다. 또한 서영수(1988: 46-47)에서는 『한서』「지리지」에 인용된 응소의 요동군 험독현(險瀆縣)에 대한 주에서 응소가 인용한 "조선 왕의 옛 도읍이다."가 본래의 것이라고 파악하면서, 응소는 요동군 '험독'을 '조선 왕의 구도(舊都)'로 보고 낙랑군 '조선현'을 고조선과 위만조선의 도읍으로 보았다고 추정하였다. 따라서 서영수(1988)에서는 이러한 사실을 이해하지 못한 사람들이 '구도(舊都)'를 '만도(滿都)'로 고친 것이 분명하다고 기술하였고, 응소가 살았던 후한대까지는 요동군의 '험독'이 '고조선의 옛 도읍'이라는 전승이 남아 있었는데 남북조시대를 거치면서 이러한 사실을 이해하지 못한 후인들에 의해 『한서』「지리지」에 인용된 응소의 주석 '구도(舊都)'가 '만도(滿都)'로 고쳐졌으며 따라서 당대의 안사고(顏師古)가 본 것은 후대에 개작된 기록이라고 추정하였다. 또한 안사고 자신도 응소가 요동군 '험독'을 '위만의 도읍'이라고 주석한 내용이 논리적으로 이해되지 않았던 까닭에 대하여, "왕검성은 낙랑군 패수의 동쪽에 있다."라는 신찬의 설을 인용하면서 낙랑군에 있는 『사기』의 '왕검성'이 '험독'으로 불리기도 했음을 알 수 있다고 기술하였다. 상술한 내용을 근거로 서영수(1988)에서는 '험독'이 중국계 지명이 아니라 고조선의 도읍을 가리키는 조선계 지명임을 확인하였고, 고조선의 도읍이 요동의 '험독'에서 평양의 '험독'으로 옮겨진 사실을 알 수 있었으며, 『사기』에 기술된 고조선의 이동 사실을 더욱 구체적으로 파악할 수 있게 되었다고 기술하였다.

노태돈(1990: 21-22)에서는 응소의 주[28]는 다분히 '왕험성'과 '험독현'에서 '험(險)' 자의 동일성에 입각하여 '험(險)' 자의 뜻풀이에 바탕을 두고 파악하고 있으나, '왕험(王險)'은 '왕검(王儉)'이라고도 함에서 보듯이 한자어라기보다는 고조선어를 음사한 것으로 보는 것이 옳다고 보았다.

김남중(2015: 78-79)에 따르면, 응소가 『한서』「지리지」의 '요동군(遼東郡) 험독현(險瀆縣)'에 대해 "조선 왕 위만의 도읍지이다(朝鮮王滿都也)."라는 주를 남기면서 '험독'이 위만조선 및 고조선의 도읍과 관련하여 중요하게 다루어졌다고 하였다. 그동안 학계에서는 험독을 '검터'의 한자식 표현으로 보고 '왕검(험)성'과 동일한 의미를 지녔다고 보기도 하고, 신찬의 주와 안사고의 평가를 바탕으로 '왕험성'이 '낙랑군' 지역에 있었을 것이라고 추정하면서 '왕험성'과 '험독'[29]을 구별해서 이해하기도 하였다. 또한 『사기』「조선열전」의

---

28 『漢書』「地理志」遼東郡 險瀆縣條 "應劭曰 朝鮮王滿都也 依水險 故曰 險瀆 臣瓚曰 王險城在樂浪郡浿水之東 此自是險瀆也 師古曰 瓚說是也."
응소가 말하였다. "조선 왕 만의 수도다. 강의 (흐름의) 험함에 의지해 (수도를 세웠기 때문에) '험독'이라 하였다." 신찬이 말하였다. "왕험성은 낙랑군 패수의 동쪽에 있다. 이곳은 (왕험성이 아니라 원래의) '험독'이다." 사고가 말하였다. "찬의 설이 옳다."

29 '험독'의 어원에 대해서 김남중(2015)에서는, '험독'이라는 이름을 언제 처음 사용하였는지는 검토가 좀 더 필요할 것이나 고조선에서 사용하던 명칭을 한자화하는 과정에서 지

'도왕험(都王險)'에 대한 주에서 "조선 왕 위만의 도읍이다(朝鮮王滿都也)."가 아니라 "조선 왕의 옛 도읍이다(朝鮮王舊都)."라고 하여 약간 다르게 표현되어 있는데, 이를 통해 '험독'을 위만조선 이전의 고조선과 관련짓기도 하였다.

한편 김남중(2015: 94-98)에서는 여러 지명에서 물을 지칭하는 말 중에서 '독(瀆)'이라는 글자를 어떤 이유로 채택하였는가와 관련하여 다음과 같이 기술하고 있다. 김남중(2015: 94-98)에 따르면 물을 지칭하는 말에는 '구(溝), 수(水), 강(江), 천(川), 하(河), 해(海), 호(湖), 천(泉)' 등 여러 가지가 있고, 이러한 지명들이 『한서』「지리지」에 언급된 군현 중에서 많이 확인된다. 그러나 '독(瀆)'이 들어가는 군현은 임회군(臨淮郡)의 '염독현(鹽瀆縣)'과 요동군 '험독현(險瀆縣)'뿐이다. 이런 이유로 김남중(2015)에서는 '독(瀆)'이 지명에 흔히 사용되던 글자로 보기 어렵다고 보았고, '독'의 사용이 흔치 않았다는 점에서 '독'이라는 글자를 쓴 데에는 특별한 목적이 있다고 보았다. '독'은 기본적으로 '구(溝)'를 의미하는데, 『설문해자』에서는 '독'을 읍(邑) 중에 있는 '구(溝)'라고 하였다. 즉 '매우 좁고 작은 개울', '해자(垓字)'를 의미한다. 따라서 김남중(2015)에서는 '독'이 '개울(물)', '신성함', '동굴(구멍)'이라는 이미지를 지니고 있고 또한 '독'이 단순한 하천이 아니라 신성한 존재로 인식되면서 동굴과도 관련된 명칭이라고 보았으며, '험독'은 여기에 '험함'의 이미지가 더 포함되어 있는 것으로 파악하였다. 이러한 논의를 통해 김남중(2015: 101)에서는 일찍이 '험독'은 '신이 다스리는 땅'이라는 의미의 '검터'에서 유래했을 것이라는 주장이 제기된 바 있는데, 이 지역을 신성하게 여기며 토착 세력이 불렀던 이름을 한자로 표기하는 과정에서 비슷한 의미를 지닌 단어를 선택하여 '험독'이라 한 것으로 보았다. 즉 '험독'이라는 이름은 물길이 험하다는 지리적 상황뿐만

역 상황에 적합한 단어가 선택되었을 가능성도 고려할 필요는 있다고 기술하였다.

아니라, 타이쯔하(太子河) 일대 고조선 토착 사회의 상황과 관련하여 나타난 이름이라는 것이다.

(3) '패수(浿水)'에 대한 논의

서영수(1988: 43-44)에서는 '패수'는 조선계 지명으로 흔히 고조선의 수도 근처를 흐르는 강으로 이해하고 있으며, 평양 남쪽에 있는 후일의 '패수'는 대동강을 가리키는 것으로 보고 있다. 따라서 『한서』「지리지」에 나오는 '패수'는 모호하여 위치를 비정하기 어렵지만, 그것이 낙랑군에 속한 것으로 보아 『사기』의 '패수'와 다른 강이며, 후한대 이후에 이를 구별하기 위하여 요동의 '패수'를 '패수(沛水)'로 고쳐 부른 것으로 파악하였다.

노태돈(1990: 24-25)에 의하면 고구려의 수도가 평양 지역에 자리잡고 있던 시절의 '패수'는 대동강이었으며, 요동의 개평(蓋平) 지역에 흐르는 '어니하(淤泥河)'를 '패수'라 하기도 하였다. 이 외에도 '패수'라고 비정될 수 있는 강이 여러 개 상정될 수 있다. 따라서 노태돈(1990)에서는 '패수'라는 강 이름이 여러 곳에서 보이고 또 그렇게 비정할 수도 있는 것은 '패수'가 고유명사라기보다, 강을 만주어에서 '필랍(畢拉)', 솔론어에서 '필랍(必拉, 벨라)', 어룬춘어에서 '필아랍(必牙拉)'이라고 하는 예에서 보듯이, 고대 조선어의 강을 뜻하는 보통 명사에서 비롯한다는 리지린(1960)의 지적이 의미가 있다고 평가하였다. 또한 고대인의 거주지 이동에 따라, 옮겨 살기 이전 지역의 명칭을 새로운 정착지의 지명으로 계속 사용하였을 가능성도 있다고 기술하였다.

국사편찬위원회(1990: 73)에서는 무슨 연유로 여러 강의 명칭이 패수가 되었는지에 대해서 살펴볼 필요가 있다고 문제를 제기하면서 다음과 같이 기술하였다.

"퉁구스 계통의 언어를 보면 강을 만주어로는 필랍(畢拉, 중국음으로 삐라),

쏠론(率倫)어로는 필랍(必拉, 삘라), 어룬촌(鄂倫春)어로는 필아랍(必雅拉)이라고 하는데(『흑룡강지고(黑龍江志稿)』「방언조(方言條)」), 고대 한국어로는 펴라·피라·빌라 등이었다. 이러한 언어들은 그 어원이 같을 것임을 알게 한다. 이로 보아 패수는 고대에 조선족이 살던 지역의 강에 대한 보통명사인 펴라·피라·빌라가 향찰식으로 기록됨으로써 얻어진 명칭이었을 것으로 생각된다. 다시 말하면 패수는 고유명사가 아니었다. 따라서 문헌에 패수가 등장할 경우 그 '패수'가 어느 강을 지칭하는지 확인하는 작업이 선행되어야 한다."

한경호(2010)에서는 중고음(中古音)의 거성운(去聲韻) 중 특수한 위치를 점하는 '[태(泰)]·[쾌(夬)]·[제(祭)]·[폐(廢)]'의 네 운 중, 고조선시대부터 보이는 고유명사 표기의 '[태]·[쾌]' 운자(韻字) 가운데 '*-s'의 흔적을 보이는 예 셋을 찾아 그것이 반영하는 '-s' 운미의 시대적인 차이를 논하고 있으며, 특히 고조선시대의 지명인 '패수'에 대하여 그것이 후대에 나타나는 지명인 '마자수(馬訾水)'로 비정될 수 있음을 근거로 하여, 상고의 '[월(月)]' 부로부터 파생된 거성(去聲) 자인 중고 '[쾌]' 운(韻)의 '패(浿)'의 운미 '**-ts'가 '마자수(馬訾水)'의 '자(訾)'에 대응됨으로 보아, '[월]' 부 거성의 운미 '**-ts'가 서한대까지는 존재하였다고 주장하고 있다. 한경호(2010: 278-280)에서는 '패수'가 『사기』「조선열전」에 처음 등장한 이후로 중국의 반도 관련 기사에 자주 등장하는 지명이나, 그 비정에 대해서는 중설이 분분하여 정론이 없다고 기술하고 있다. 한경호(2010)에서는 '패수'를 '마자수', 즉 '압록강'으로 비정하는 시라토리 구라키치(白鳥庫吉)(1912/1937)의 논의[30]를 따라 다음과 같이 기술하고 있다.

---

30 오강원(1998)에 의하면 패수의 비정에 대한 기존의 논의는 '대동강설, 압록강설, 청천강설, 요하설, 대릉하설, 난하설(灤河說), 고려하설(高麗河說), 어니하설(淤泥河說), 사하설(沙河說)'의 아홉 가지로 나눌 수 있으며, 그중 가장 유력한 것은 압록강설과 청천강설이라 한다.

즉 당(唐) 두우(杜佑)의 『통전』 권186에는 "마자수는 일명 압록수로서, 동북 말갈백산에서 발원한다. 물 색깔이 오리 머리와 같으므로 속칭해 명명한 것이다."[31]라고 기록돼 있는데, 시라토리 구라키치(1896: 46-48)에서는 다음과 같은 이유를 들어 '마자수'를 '패수'로 비정하고 '패(浿)'가 하천을 의미하는 보통명사로 이해하였다.

첫째, '패(浿)'와 '마자(馬訾)'는 발음이 가까우며, 삼국시대의 '천(川)'을 뜻하는 단어 '매(買)·팔이(八伊)·미(米)'와 유연관계에 있다고 보았다. 둘째, 한국어의 '물'을 '수(水)'와 '천(川)'을 겸칭하는 만주어의 'muke(水)', 몽골어의 'mülen(江)'과 비교한 뒤, '수(水)'를 뜻하는 일반명사로부터 고유명사로 변한 'amur강(黑龍江)·강하(江河)·Volga' 등의 예를 들어 '수(水)·하천'을 뜻하는 일반명사로부터 고유명사로 전화할 수 있음을 논하였다. 셋째, 『동국여지승람』에서 '패수'를 동시에 '압록강·대동강·저탄수(猪灘水)'의 세 곳에 비정한 것을 들어, '패(浿)'는 한 곳에 대한 이름이 아니라 '천(川)'에 대한 일반명사일 수밖에 없다고 논하였다. 또한 시라토리 구라키치(1912: 309)에서는 『한서』 「지리지」에서 '패수'와 '마자수'의 이름이 동시에 나타나는 이유에 대하여, "『한서』에서는 이미 이 강을 패수라고도 일컬으면서 또한 마자수라고도 부르는 것을 기괴하게 여기며 난해하게 여기는 사람이 있다. 그러나 패수도 마자수도 모두 토어(土語)의 음역이 될 것이므로, 중국인이 전해 듣고 번역한 명칭에 차이가 생기는 것은 결코 이상하게 여길 것이 아니다. 또한 동일 하천이 상류와 하류에서 그 호칭을 달리하는 것은 왕왕 있는 일이므로, 혹은 패수는 압록강의 하류의 명칭이며, 마자수는 그 상류의 호칭이 될지도 모른

---

31 『通典』 卷186 "馬訾則移反水 一名鴨綠水 水源出東北靺鞨白山 水色似鴨頭 故俗名之."

다. 그것은 어찌되었든 패수와 마자수가 한대의 압록강의 명칭임에 대해 추호도 의문을 가질 바가 없는 것이다."라고 하였다. 이에 대해 한경호(2010)에서는 여기에서 '마자(馬訾)'가 '패(浿)'와 발음이 비슷하다는 점에 의거하여 둘을 연결 지은 시라토리 구라키치의 입장에 찬성하며, 이 둘은 다른 표기이거나 그것의 지역적 혹은 시대적 변형을 반영한다고 보았다. 결과적으로 한경호(2010: 287)에서는 고대 한국의 고유명사 자료를 통해 '[태(泰)]·[쾌(夬)]' 두 운(韻)의 운미 '**-ts' 및 '*-s'의 흔적을 발견할 수 있으며, '패수'와 '마자수'의 표기 교체를 통해서는 기원 전후에 일어난 '**-ts＞*-s'의 음운 변화를 확인할 수 있다고 기술하였다.

(4) 그 외의 지명에 대한 논의

『성호사설류선』「논사」에서는 "한수(漢水)의 남쪽은 또 별다른 지역으로서 당시에 삼한이니 오한(五韓)이니 하는 명칭이 있었으니, 한(韓)은 바로 국호이다. 진한은 진(秦)나라 사람이 와서 세운 나라이므로 한(韓)에 진(辰)을 더하여 구별한 것이고, 변진(弁辰)은 진한에서 또 나누어진 나라이므로 변(弁)을 더하여 진한과 구별한 것이다."라고 기술하였다.[32]

최남선(1927/1973: 44-45)에서는 우리나라에 '백(白)' 자가 붙는 지명이 많다는 점과 단군신화에 태백산(太伯山) 등이 나오는 사실을 언급하면서, '백(白)(붉, park)→붉은(parkan)'이 '신(神)', '천(天)', '태양'의 의미를 갖는 것이고, 태양과 관련이 있는 '백(白)'은 '붉', '붉은'을 한자로 음차한 것인데, '백산(白山)'이라 할 때의 의미는 '신산(神山)'이며, 이 계통의 어형 중 가장 오래된 형태의

---

32 『星湖僿說類選』「論史」"至漢水以南 又是別區 當時有三韓之名 則韓是國號也 辰爲秦人 故加辰以別之 弁辰者 從辰而又別之也."

것이 '불함(不咸)'이라고 하였다. 또한 이 신산은 국가의 성립과 관련이 있다고 보았다.

신채호(2006: 96)에서는 '삼일신(三一神)'에 대해 다음과 같이 기술하고 있다. "'삼일신'을 다시 우리 고어로 번역하면, '천일(天一)'은 '말한'으로 '상제'를 의미한 것이며, '지일(地一)'은 '불한'으로 '천사(天使)'를 의미한 것이며, '태일(太一)'은 '신한'으로서 '신'은 최고 최상이란 말이므로 '신한'은 곧 '천상천하, 유아독존'을 의미한 것이다. '말한', '불한', '신한'을 이두문자로는 '마한(馬韓)', '변한(卞韓)', '진한(辰韓)'이라고 적었다."

이병도(1971: 8)에서는 '예맥'을 우리말에 대한 고대 중국인의 음역으로 보면서 '예맥'의 현 중국음이 [Houei-mai]지만 고대음은 [*Khouei-mai]였을 것으로 추정하고, 일본에서 '맥' 자와 강대한 고려(고구려) '맥'을 '코마(コマ)'라고 훈독했음을 들어 예맥 자신의 칭호를 '개마' 혹은 '고마'라고 설명하였다. 따라서 그 뜻을 '상(上), 대신(大神), 신성(神聖)'을 의미하는 국어의 '금, 검, 금', 일본어의 '카미(カミ), 카무(カム)', 아이누어의 '카무이(Kamui, 熊神)'와 같은 말로 해석하면서, 근본적인 어의는 역시 '맥(貊)' 혹은 '웅(熊)'을 의미하는 말(고마=곰)로 생각하였다. 계속해서 "요컨대 중국 고전에 처음으로 나타나는 우리의 족명이 맥(貊, 貉)으로 쓰인 것은, 즉 맥(貊, 고마) 토템 종족인 것에 이유가 있는 것이고, 또 한대부터 예맥(穢貊) 혹은 예맥(濊貊)이라 서칭(書稱)한 것은 '고마' 혹은 '개마'에 대한 음역이라 할 수밖에 없다. 후세의 사가들이 흔히 예와 맥을 구별하여 두 개의 종족으로 분간하는 것은 큰 잘못이라고 하지 않으면 안 되겠다."고 논하였다.

유창균(1986: 95)에서는 『삼국사기』에서 '낙랑' 그 자체에 대한 구체적인 내용이 기술되지 않았는데 이는 『삼국사기』가 삼국의 건국을 기준으로 서술한 것이기 때문이라고 하며, 이에 비하여 『삼국유사』는 고조선 이래의 역사적 사실, 즉 민족의 흥망과 분합(分合)의 경향을 여러 문헌에서 수합하여 기술하고 있는 점에서 『삼국사기』에서는 볼 수 없는 실증(失中)한 사료적 가치를 인정할 수 있다고 보았다. 한편 유창균(1986: 97-98)에서는 『삼국유사』 회남자주(淮南子注)의 "동방의 이족은 아홉 종류가 있다(東方之夷九種)."와 『논어정의(論語正義)』의 "구이는 하나는 현토, 둘은 낙랑, 셋은 고려, 넷은 만식, 다섯은 부여, 여섯은 소가, 일곱은 동도, 여덟은 왜인, 아홉은 천비이다(九夷者 一玄菟 二樂浪 三高麗 四滿飾 五鳧臾 六素家 七東屠 八倭人 九天鄙)."를 근거로 낙랑이 동이족의 한 갈래이며 그 유래가 오래되었음을 알 수 있다고 보고, 적어도 이들은 현지에서 불리는 호칭을 대용표기(代用表記)한 것으로 이해하고 있다. 즉 '낙랑'은 옛 조선의 강성에 해당하는 지명임을 알 수 있고, '낙랑군'의 설치는 한무제의 원봉(元封) 3년에 있었다 하더라도 '낙랑'이라는 호칭은 그 이전부터 불리었으며, 조선의 영역에서 가장 대표가 될 만한 이름이었음을 짐작할 수 있다는 것이다. 유창균(1986: 99-100)에서는 '낙랑'은 '붉뇌', '낙선(樂鮮)'은 '붉신'이 된다고 하고, '낙랑(樂浪)'이 '붉뇌'로 해석됨은 '낙(樂)'의 의훈(義訓)인 '취(吹)·창(唱)'의 뜻이 '블'이기 때문이라고 하며, '낙랑'이 '블뇌'의 표기라는 양주동(1954/1957: 391)의 주장과 '낙랑'의 표기를 음차로 보고 '아라, 알라'의 전서에 해당하는 것으로 해석하는 진단학회(1971: 155)의 주장과 '낙랑'이 'nara'의 음차 표기라고 보는 이병선(1982)의 주장을 중고음의 분석을 통해 각각 비판하고 있다.

한편 유창균(1986: 104)에 따르면 중고음에서 볼 때, '낙(樂)'은 [ng-]와 [l-]의 양음자(兩音字)이며, 현행음에서 [ng-]은 [·-]로, [l-]은 [r-]로 읽고 있으나, [ng-]와 [l-]은 국어 음운의 특징으로 인해 어두에 오기가 어려운 것이다. 이런 음이 국어에 대용되었다고 한다면 당시의 국어가 어두에 이러한 음이 올 수 있었다는 것이 전제되어야 한다. 그렇지 않다면 이와 음성적으로 유사한 어떤 음을 전사한 것으로 봐야 할 것이다. 유창균(1986)에서는 성모 [l-]로 생각되는 자류(字類)들이 [l-]로 해석되는 경우와 그렇지 않은 경우가 있는데, 여기서 유추할 수 있는 것은 전자는 한어(漢語)로 볼 수 있고 후자는 우리말의 전사로 볼 수 있다고 기술하였다. 따라서 '낙(樂)'은 후자에 해당하는 것으로 [g-]나 [gl-]와 같은 음의 전사로 해석되며, 중고음에서 유추한 [·-]나 [n-]의 전사로는 보기 어려운 것이므로 '낙(樂)'은 [ga] 또는 [gala]와 같은 음의 전사로 추정하고 있다. 한편 유창균(1986: 105)에서는 '낙랑(樂浪)'이라는 이름은 '낙량(樂良)'이라고 써도 무방한데 굳이 '랑(浪)' 자를 쓴 것은 '낙랑(樂浪)'이라는 이름 그 자체가 발생적으로 물 이름과 관계가 있기 때문이라고 보았다. 왜냐하면 '랑(浪)'은 물 이름 이외에는 그다지 많이 쓰이지 않기 때문이다. 그렇기 때문에 이 물 이름을 접하지 않은 사람에게는 생소한 자로 생각되기 때문에 굳이 그 음가를 표시한 것으로 볼 수 있다고 하였다. 상술한 내용을 바탕으로 유창균(1986: 105-106)에서는 '낙랑'은 'gara'의 전사로 해석하였다. 즉 '낙'을 [gla-]로 보는 경우에는 'gla'가 바로 'g(v)ra'의 축약형으로, '랑'은 말미의 'ra'의 첨기로 볼 수 있기 때문에 '낙랑'을 'gəra'나 'gara'로 해석할 수 있다는 것이다. 또한 '낙랑'을 'gəra/gara'로 해석할 때, '랑'에 비추어 어원적으로는 'ᄀᆞᄅᆞ, ᄀᆞᄅᆞᆷ'과 대응시킬 수 있다고 보았다. 왜냐하면 '습수(濕水), 열수(洌水), 산수(汕水)'의 예에서 '량(良)'을 쓰지 않고 '랑(浪)'을 썼기 때문이다.

한편 유창균(1986: 107-108)에서는 삼한이 모두 조선의 유민임을 알 수 있고 그중에서도 '낙랑'이 변한과 연결되고 있는 사실에 주목하고 있다. '변(卞)'은 『후한서』를 비롯한 중국의 사서에서 '변(弁)'으로 적고 있다. '변(卞)'과 '변(弁)'은 동음이의어이다. 유창균(1986)에서는 이 '변(卞)·변(弁)'을 음차로 보고 있으며, 그 음이 '진번(眞番)'의 '번(番)'이거나 요동군의 번한(番汗)에서 유래하는 것으로 보고 있다. '진번'은 그 음으로 볼 때 '진(眞)=진(辰), 번(番)=

변(卞)'과 같은 대응이 가능하기 때문이다. 또한 삼국 중 하나는 '진한'이라 하고 하나는 '변한'이라 하였는데, 다같이 '진(辰)'을 내포하고 있는 점에서 본래 '진한인'과 '변진인'은 같은 종족일 가능성이 있다고 보았다. 따라서 유창균(1986: 109-111)에서는 '변한(番汗)'과 '낙랑(樂浪)'은 같은 말을 표기한 것이 아니라 하나는 지명이고 하나는 종족명에 해당하는 것으로 볼 수 있다고 기술하였다. 즉 이 번한 지방에 살고 있던 일파가 남하하여 그 지명에 따라 '변한'이라고도 하고 종족명에 따라 '가야'라고도 호칭한 것으로 추정하고 있다.

'가야'의 표기는 『삼국사기』 「본기」에서 '가야(伽耶)'로, 「지리지」의 하주(下註)에서는 '가락(伽落)·가야(伽耶)'로 되어 있어 글자가 일정하지 않다. 『삼국유사』의 기록에는 '가락(駕洛)·가야(伽耶)'로 표기되고 『동국여지승람』에는 '가락(駕洛)·가야(伽耶)'로 표기되어 있으며, 『일본서기』에는 '가라(加羅)'로 표기되어 있다. 유창균(1986)에서는 이 표기들을 모두 동음이기로 간주하였다. 그 이유는 이 표기들이 'gara'의 표기와 음성적으로 유사하기 때문이다. 유창균(1986)에서는 이러한 사실은 '가야'가 '낙랑'의 다른 기록임을 뜻하는 것이나, '가야'가 있었던 지역이 바로 '낙랑'의 고지에 해당함을 뜻하는 것은 아니라고 보았다. 즉 본래 '번한' 지역에 거주하던 낙랑인의 일부가 남하하여 가야 지역에 정착하게 되므로 이들을 '변한'의 옛 지명에 따라 '변한'으로 표기하게 되었고, 수로왕이 새로 나라를 창건함에 이르러서는 낙랑의 옛 이름에 따라 국호를 '가야'라고 정한 것으로 추정하며, 이러한 관점에서 가야를 낙랑의 유망민 중심으로 이룩된 집단으로 보고 있다.

천관우(1989: 149-150)에서는 모로하시 데쓰지(諸橋轍次)의 『대한화사전(大漢和辭典)』 및 칼그렌(Bernhard Karlgren)이 작성한 『중국 음운학 연구』에서의 중고음 연구를 이용하여 진번(眞番)의 '진(眞)', 진한(辰韓)의 '진(辰)', 그리고 진한의 다른 표기인 진한(秦韓)의 '진(秦)'의 중국음을 비교하면서,[33] 칼그렌의 중고음으로는 '진(眞)'·'진(辰)'·'진(秦)'이 각각 다소의 차이를 보이지만 음운의 전문적 연구가 아닌 경우에는 대체로 상통되는 것으로 보았다. 또한 진번의 '번(番)', 변한의 '변(弁)', 그리고 변한의 다른 표기인 '변한(卞韓)'의 '변(卞)' 음을 비교하였는데,[34] 각각 여러 음이 있기는 하나 '번(番)', '변(弁)', '변(卞)' 세 자에 공통된 것으로 '한(寒)' 운(韻)의 [p'an]이 있고『사기집해』에서 '번(番)'의 음을 '보한절(普寒切)'이라고 한 이유를 알 수 있고, 따라서 칼그렌의 중고음과 현대음은 '번(番)'에서는 '원(元)' 운의 음만을, '변(弁)'·'변(卞)'에서는 '산(霰)' 운의 음만을 채록한 것으로 보았다. 한편 천관우(1989: 191-192)에서는 '변한'이 바로 '가야'라고 할 때 그 이동 경로도 구진국계(舊辰國系)와 마찬가지로 죽령(竹嶺)·조령(鳥嶺)을 넘어온 것으로 보았고, '가야·가라'라는 말부터가 만주어 등에서 일족(一族)·동족(同族) 등을 의미하는 'hala, xala, kala'와 거기에 전화된 'kayas' 등과 관련되는 것이며 죽령·조령 일대에 '가야·가라'계 지명이 비교적 집중적으로 분포되어 있는 것 등이 이를 뒷받침한다고 주장하였다.

서영수(1988: 28)에 의하면『사기』「조선전」의 고조선 관계 기사에서 연·

---

[33] 천관우(1989: 149-150)에서 인용.

反切〈M〉	韻〈M〉	現代音〈K〉	現代音〈K〉	中古音〈K〉
眞…之人 切	眞	chen	chen	tsien
辰…承眞 切	眞	ch'en	ch'en	zien
秦…慈鄰 切	眞	ch'in	ts'in	dz'ien

[34] 천관우(1989: 149-150)에서 인용.

	反切	韻	現代音	現代音	中古音
弁	皮變 切	霰	pien	pien	b'ian
	薄宮 切	寒	pan		
卞	皮變 切	霰	pien		
	薄宮 切	寒			

진·한에 속하였던 '진번조선'은 모두 동일한 대상으로 연나라 장수 진개(秦開)에 의해 점령된 고조선의 서북 영토를 의미한다. 그런데 이병도(1976/1983)에서는 연나라에 점령된 지역은 만번한(滿番汗) 서쪽의 고조선 영토로 보면서, 진의 요동외요와 한의 후국(侯國)인 연에 속한 것은 고조선 본국으로 보는 모순을 보이고 있다. 그 결과 고조선과 연·진·한 국경인 '만번한·패수·진고공지(秦故空地)' 등의 위치 고증에도 오류가 생기게 된 것으로 보인다. 즉 서영수(1988)에서는 '만번한'은 요동에 있는 지명이고 『사기』의 내용으로 보아 연나라 시기의 요동은 오늘의 천산산맥(千山山脈) 동쪽을 넘지 못한 것으로 생각하였다. 이병도(1976/1983)에서는 『한서』「지리지」와 언어학적 추리에 의해 '패수'와 '만번한'을 청천강, 박천강 일대에 비정한 것은 재검토되어야 한다고 주장하였다.

노태돈(1990: 9)에서는 위만조선을 멸하고 설치한 이른바 한사군의 명칭은 한자어가 아니고 토착어를 음사한 것이므로, 낙랑군 외에 반도의 서북부 지역에 따로 낙랑이라는 이름의 소국이 존재하였을 수 있다고 보았다.

이강식(1994: 22)에 의하면, 『사기』「공자세가(孔子世家)」에 보면 공자가 35세 되던 해에 제나라에 갔는데 제나라 경공(景公)이 공자를 '니계(尼谿)의 전(田)'에 봉하려 하였으나, 그때 『안자춘추(晏子春秋)』의 저자로 알려진 안영(晏嬰)이 반대하여 이 일이 이루어지지 못하였다고 기록하고 있다. 이 니계라는 지명이 그 후 같은 「조선열전」에서 고조선의 '니계상(尼谿相) 참(參)'이라는 표현으로 나온다. 즉 기원전 517년에 니계는 중국 제나라의 땅이었으나, 그 후 408년 뒤인 기원전 109~108년에는 고조선의 땅으로 나온다.

이강식(1994)에서는 기원전 108년 니계상 참이 우거(右渠)를 죽이고 하나라에 의탁하였을 때 한무제가 니계상 참을 홰청후(澅淸侯)에 봉하였는데, 이 홰청후에 대하여 『사기집해』에서는 "위소가 말하기를 제나라에 속한다(韋昭

曰屬齊).”라고 주를 달았고『사기색은(史記索隱)』에서는 "참은 해청후이며, 위소는 현 이름이고, 제나라에 속하며, 고씨이다(參, 潅淸侯, 韋昭 云縣名, 屬齊, 顧氏).”라고 주를 달았고『한서』에서도 니계가 제나라에 속한다고 기록하고 있기 때문에 제나라의 니계와 고조선의 니계를 동일한 지명으로 보고 있다.

오강원(1995: 98-99)에서는『고기』와『본기』의 기록을 분석하여, '태백산'과 '신단수', '단군왕검'과 '신단수'가 긴밀히 연결되어 있기 때문에 '태백산＝신단수＝신시'의 등식이 성립될 수 있다고 보았다. 또한 '단(檀)'의 훈이 자작나무과의 낙엽교목인 '박달나무'라는 점에서 '신단수'에서 '박달(park-tar)'이라는 고조선의 고유 지명을 추출할 수 있다고 하였다. 결과적으로 '박달'은 '박'이라는 지명소와 '달'이라는 지명소가 결합하여 형성된 지명으로 보고, 이러한 관점은 '박달' 계통의 지명이『동국여지승람』에 상당수 기재되어 있다는 점에서도 확인된다고 하였다. 이러한 논의를 통해 오강원(1995)에서는 '백(白)'은 '박(park)'과 연결되고, '산(山)'은 '달(tar)'과 연결되며, 궁극적으로 '태백산과 '신단수'는 동일한 것을 지칭할 수도 있다고 보았다. 한편 오강원(1995: 95-97)에서는, '백두산'이 '불함산, 태백산, 장백산, 도태산' 등으로도 불리는데 이 중 '불함산'은 토착어를 그대로 한자화한 것으로 보고 '태백산'과 '장백산'은 원래의 명칭인 '백산'을 '태'와 '장'의 아어(雅語)로 수식한 것으로 보았다.『신당서』에서 "동쪽 끝 말갈(東末鞨)의 최남단에 태백산이 있는데, 도태산이라고도 한다.”라는 기록을 감안하여,『삼국유사』에서 인용한『고기』의 '태백산(太伯山)'은 '태백산(太白山)'의 다른 표기로 판단하였다. 또한 몽골어 중의 '부르칸(burxan, 부처, 神)'과 '불함산'을 관련지어 태백산 또는 백산의 의미를 '신(神)', '천(天)' 등으로 보았다. 또한 상술한 바와 같이 '신단수'는 '태백산＝신시'와 거의 동격의 의미를 가지며 '단군'은 '신단수'와 깊은 관련이 있고 '태백산'이 '박달'계의 지명으로 고증되며 '단수'가 박달나무의 뜻을 가지고 있으므로, '단군'은 그 일차적인 어의가 '박달 지역을 다스리는 임금' 또는 '박달의 임금'이 될 수 있다고 보았다. 지금까지의 내용을 바탕으로 오강원(1995)에서는 '박달'의 의미를 '백악산, 태백산, 아사달'과 동일한 것으로 보면서, 그 일차적인 어의는 최남선(1973)과 이병도(1976/1983) 등의 해석대로 '밝은 곳', '신성한 곳' 등이었을 것으로 보았고, 이차적인 어의는 '아사달'에 대한 이병선(1982/1988)의 견해처럼 '왕이 다스리는 도읍지'로 추정하였다.

임훈(2011: 15)에서는 『기자실기(箕子實記)』에서 『후한서』의 '낙랑'을 시어(詩語)로 인용한 것에 대해 이는 평양을 지칭하는 것으로 추정하고 있으며, 또한 『기자실기』에서 『삼국지』「위서·동이·한전주(韓傳注)」에 쓰인 '만번한(滿番汗)'이라는 용어를 인용하고 있는데 이 또한 압록강을 가리키는 옛 지명으로 보았다.

김남중(2014: 35-36)에 의하면 위만이 조선이라는 국명과 함께 도읍명으로 '왕검(王儉)' 또는 '왕험(王險)'을 사용하였다고 한다. 즉 『사기』 등 중국 사서에 '왕험(王險)'으로 기록되어 있으나 『삼국유사』에서는 '왕검(王儉)'으로 기록되어 있고, 『삼국유사』에 고조선을 세운 자가 '단군왕검'이라고 기록되어 있는데 위만조선의 도읍 이름도 '왕검'으로 기록되어 있다는 것이다. 이에 대해 김남중(2014)에서는 일연이 위만조선의 도읍과 고조선 시조의 이름을 같은 것으로 보았다고 파악하였다. 김남중(2014)에 따르면 '왕검'은 조선어였으므로 중국인들이 듣고 한자로 표현하는 과정에서 차이가 발생한 것은 당연하며, '검(險)'과 '험(儉)'의 일본어 발음이 모두 '켄(けん)'이라는 점에서 '왕검(王險)=왕험(王儉)'이라는 점을 뒷받침한다고 보았다. 또한 중국 사서에는 '왕험(王險)'으로, 『삼국유사』에서는 '왕검(王儉)'으로 기록된 점에 대해서는, 중국인들이 쉽게 함락시키기 어려운 '왕검성'의 지형을 염두에 두고 '험(險)' 자를 사용한 것이며 일연은 '고조선의 왕이 다스리는 곳'이라는 데에 주목하여 '검

(俊)'자를 사용한 것으로 파악하고 있다.

　김성한(2014)에서는 삼한 이전의 '진국'과 삼한의 '진왕'을 한(韓)의 성립과 관련하여 다음과 같이 논의하고 있다. 즉 김성한(2014: 281)에 따르면 진말한 초의 격동기에 중국으로부터 많은 사람들이 동방으로 피난하였는데, 전국시대 '연', '제', '조' 출신의 사람들은 고조선 지역으로, '진' 출신의 사람들은 한(韓) 지역으로 이주해왔다고 한다. 실제로 진나라 사람이 한지(韓地)로 들어왔을 당시는 아직 '한(韓)'이라는 지역명이 존재하지 않았고, 이후 고조선의 준왕이 위만에게 쫓겨나 남쪽으로 내려와 '한왕(韓王)'을 자칭하면서 '한(韓)'이라는 지역명이 처음 등장하게 되었다고 한다. 이에 대해 김성한(2014: 281-299)에서는 "조선후 준이 참람하게도 왕을 칭했는데 연나라에서 망명한 위만의 공격을 받아 나라를 빼앗겼다. 준왕은 그의 가까운 신하와 궁인들을 거느리고 도망하여 바다를 경유하여 한(韓) 지역에 거주하면서 스스로 한왕(韓王)이라 칭하였다."[35]라는 『삼국지』「동이열전」의 내용을 그 근거로 제시하고 있다. 한편 김성한(2014: 301-304)에서는 '한국'이라는 표현이 '한왕(韓王)'이라는 존재가 전제된 것이므로 '한왕'이 존재하기 이전에 '한국'이 존재했다고 보기는 어렵기 때문에 준왕이 '한지(韓地)'에 와서 '한왕(韓王)'을 자칭한 시점이 망인이 '한국'에 왔다고 하는 시점보다 뒤라고 보고 있으며, 『위략』의 "준왕의 자식과 친척들이… 한씨(韓氏)를 사칭하였다."[36]라는 기록에 대해 준왕과 그 후손들이 한 지역에 들어와 살았기 때문에 '한(韓)'을 성씨로 쓴 것이 아니라는 사실을 간접적으로 전한다고 보고 있다. 또한 『후한서』「동이열전」의 "준

---

35 『三國志』「東夷列傳」"侯準旣僭號稱王, 爲燕亡人衛滿所攻奪, 將其左右宮人走入海, 居韓地, 自號韓王."
36 『魏略』"其子及親留在國者, 因冒姓韓氏."

왕 이후에 절멸하였고 마한 사람이 다시 일어나 스스로 진왕을 세웠다."[37]라는 기록에 대해 '한(韓)'이라는 명칭은 준왕이 남천하여 '한왕(韓王)'을 자칭하면서 처음으로 쓰기 시작하였고, 그 이전에는 '진(辰)'이라고 불렸다고 보고 있다.

4. 고조선 관련 왕명과 인명에 대한 연구[38]

1) 단군과 왕검의 의미에 대한 논의

시라토리 구라키치(1894/1970: 1-14)에서는 단군을 불교적 설화를 가공한 것이라고 주장했으며, 단군왕검의 '왕검(王儉)'은 '왕험(王險)'으로 표시되어야 한다고 보았다. 이는 앞서 시라토리 구라키치(1894/1970: 33-34)에서 '왕검'이 평양의 고대 지명이라고 한 자신의 견해를 수정하는 주장이었다.

최남선(1928)에서는 단군신화에 원시문화적인 내용이 많이 담겨 있으며, 이는 토테미즘 시대에서 영웅 및 신의 시대로 진전하는 사실을 표현하는 일

---

37 『後漢書』「東夷列傳」 "準後滅絶 馬韓人復自立爲辰王."
38 이성규(2012: 278-279)에 따르면 官職名은 언어 연구에서 종족이나 부족의 기원을 분석하는 데 매우 중요한 역할을 하지만, 특히 위만조선의 언어 자료에 보이는 관직명은 대부분 한문 자료이고 漢의 관직과 동일한 음과 의미를 가지고 있다는 점에서 고조선어의 요소를 가지고 있지 않은 듯하다. 또한 관직명과 관련된 논의 자체가 거의 없다는 점도 이 글에서 다루지 않는 이유 중의 하나이다. 한편 이성규(2012: 298)에서는 위만조선의 관직명에서 한자어 관직명만 나타나고 고유어나 북방계 단어가 나타나지 않는 이유는 위만조선의 왕명이 단순한 인명이 아닌 직위(관직)를 나타내는 말이기 때문이라고 기술하고 있다. 위만조선의 관직명에 대해서는 노태돈(2000:97-117), 송호정(2003: 407-433)에서 위만조선의 관료와 정치구조에 대하여 기술하고 있다.

종의 원사(原史)라고 하였으며, 또한 최남선(1928/1973: 60-61)에서는 단군[39]이 무당의 일명인 '당굴'의 사음(寫音)으로 몽골어 'Tengri'[40]와 공통된 말로서 하늘을 의미하는 말에서 나온 군사(君師, 君은 정치적, 師는 종교적 長을 의미)의 호칭이라 하였다. 또한 최남선(1928/1973: 336)에서는 '당굴'은 본디 하늘을 칭하던 것으로서, 무릇 하늘과 같은 다른 사물에 대신 이름붙이는 말이 된 것이며, 무당을 '당굴'이라 함은 곧 하늘과 같은 권능자를 의미함에서 나온 것이고, 일변 국조, 씨조를 '당굴'로 생각함은 자연 숭배와 조상 숭배가 서로 결합한 원시 역사관에서 나온 것으로 보고 있다. 한편 최남선(1930: 104-105)에서

---

[39] 최남선(1930/1973: 344-345)에서는 '단군(壇君)'에 대해 다음과 같이 기술하고 있다.
"단군(壇君)은 고조선, 그 신정(Theocracy) 시대의 왕호로서, 본디 천(天) 또는 신(神)을 의미하는 말에서 점차 신인(神人)·천자 내지 신정적 주권자의 칭호로 된 것이다. 단군(壇君)이라는 자면(字面)은 원어 '단굴(Tan-kul)' 혹은 '당굴(Tan-gul)'을 사음(寫音)한 것으로서, 한문의 자의에 직접적인 관계가 없으며, 뒤에 '단(壇)'이 '단(檀)'으로 환용되고, 중국의 고서에는 천군(天君)·등고(登高) 등으로도 사음되어 있음은 어느 것이나 다 단군(壇君)이 단순한 한 기음(記音)이었기 때문이다. (중략) 고어 'Tangul'의 원어는 그 종교적 계통을 수승(受承)하여 오는 의미에 있어서 신직자(神職者), 곧 '무당'의 별칭으로서 시방도 행해지고 있으며, 비교언어학적으로는 돌궐어 및 몽골어의 'Tengeri' 또는 'Tangri'와 일본어의 '타케루(タケル)' 내지 한자의 '천(天)'과 '제(帝, 古音에 Tak가 있다고 하는)'가 각기 단군(壇君)과 어원을 한 가지로 하는 것이다."

[40] 전성곤(2006: 79)에 따르면 '텡그리(Taigar)'라는 '머리'의 의미를 가진 이 몽골어는 '천(天)'의 의미를 포함한다. 이러한 '텡그리(Taigar)'에 대해 시라토리 구라키치(1894/1970: 30)에서는 다음과 같이 기술하고 있다.
"'장이(撐犁)'의 '장(撐)' 자의 현재의 음은 '청(cheng)'으로, 한자음은 '탱(taing)'이고 안남(安南)어의 음은 '단(danh)'이다. 장이의 현재 음을 '청리(cheng li)'로 볼 수 있는데, 한국어 음과 안남어 음에 의거해서 이것을 '텡리(taingli)' 혹은 '단리(danh li)'라고도 발음하는 것이 원음에 가깝다. (중략) 몽골(Mongol)어에서는 '천(天)'을 '탕그리(tangri), 테그리(tegri), 텡게리(tengeri)'라고 호칭하고 토르코(Turk)어에서는 이것을 '탄그리(tangri), 텡그리(tengri), 테그리(tegri), 덴게리(tengeri), 텐가라(tangara), 탄그리(tangri)'라고 발음하는 것으로 보아 '장리(撐犁)·당리(撐犁)'는 '탄그리(tangri), 텡그리(tengri), 탄가라(tangara)' 등의 번역에 지나지 않음을 알 수 있다." 전성곤(2006: 81)에서 재인용.

는 단군 혹은 단군왕검이라는 호칭에서 '왕검(王儉: Wangon)'은 고어에서 주권자를 의미하는 '엉검(Omgom)', '알감(Algam)' 내지 '임검(Imgom)'의 음자(音字)라고 주장하였다. 한편 전성곤(2006: 83-84)에 따르면, 이 최남선(1930)의 기술은 도리이 류조(鳥居龍蔵, 1925: 85)에서 기술한 언어학적 해석에 바탕을 둔 것이라고 설명하고 있다.[41] 또한 전성곤(2006: 84)에 따르면 위 도리이 류조(1925)의 기술은 시라토리 구라키치(1910/1970)에서 설명하고 있는 '가한(可汗: khakan, kaan)'을 증명한 것이라고 한다. 시라토리 구라키치(1910/1970: 121)에서는 '가한(可汗)'이란 군주의 의미를 가진 호칭으로, 남북조시기에 이 호칭이 각지로 퍼져나간 것이라고 보았다.[42] 또한 전성곤(2006: 84)에 따르면, 시라토리 구라키치(1910/1970)의 '가한(可汗: khakan, kaan)'과 관련하여 최남선(1930/1973: 362)에서는 '단군(壇君)'에 대해 다음과 같이 기술하였다.

"'단군(壇君)'의 이름인 왕검의 어의(語義)인데, 이것도 내 생각으로는 역시 어떤 일개의 인격에 관한 명칭은 아니고, 실은 고조선에 있어서 주권 관계의

---

41 전성곤(2006: 83-84)에서 재인용.
"몽골·부리야트·알타이언·토로코·거란·키르기스(キルギース) 등에는 여자 샤먼을 부르는 일반 호칭이 있다. 그 말은 각각의 민족에 따라 약간 다르다. 즉 'Utagan, Udagan, Udaghan, Ubakhan, Utygan, Utiugan, Iduan(Duana)' 등의 호칭이 있다. 이에 반해서 남자 샤먼은 각각의 민족에 따라 크게 다르다. 부리야트에서는 '이운(iun)'이라 부르고, 몽골에서는 '부에(Buye)', 퉁그스에서는 '샤만(Samman)' 혹은 '한만(Hamman)', 타타르에서는 '감(Kam)', 알타이어에서는 '감(Kam)' 혹은 '감(Gam)', 키르기스에서는 '박사(Baksa)', 사모에드에서는 '타디베이(Tadibey)'라고 부른다. 특히 샤먼의 분화를 설명한 베리비키(Wierbicki) 씨는 알타이어 중에서는 '샤먼'을 '감(Kham)' 혹은 '가마(Kama)'라고 부른다."

42 전성곤(2006: 84)에서 재인용. 시라토리 구라키치(1910/1970: 121): "몽골의 군주가 가한(khakan) 혹은 가안(kaan)이라고 칭했고, 만주의 황제가 한(han)이라 불린 것은 분명히 여진황제의 존칭을 답습한 것이다. 야쿠트(Yakut)어에서는 군주를 간(Khan)이라 하고 황제는 宰相이나 귀족, 지방관리 등 최고의 작위로서 간(Khan)의 호칭을 수여했다."

원시 심리적 일표현(一表現)이라고 보는 것입니다. 단군의 고전(古傳)에도 최초에 나라를 세운 자가 호를 '단군왕검'이라 하였다고 하는데, 원래는 '단군왕검'이라고 연칭(連稱)하고, 단군이라는 것은 실은 그 약어(略語) 같습니다. 이 왕검(王儉)의 조선음 왕검(Wangön)의 왕(Wang)도 실은 조선음운에 흔히 볼 수 있는 'ㄹ·ㅁ·ㅇ(l·m·ng)' 공통에 의하여 '올(àr)'이 약간 변한 사음 아니면 '올'의 유어인 '엄·옴(öm·àm)'의 대자요, '검(儉, göm·köm)'은 동방 민족에 흔히 볼 수 있는 존자(尊者)의 미칭인 '가(加)·간(干)·금(今)·금(錦)·감(監)(kan·keam·kam)', 일본에서는 '카미(カミ)·키미(キミ)'의 전사(轉寫)에 불과한 것입니다."[43]

신채호(1948/2006: 92-93)에서는 '수두'에 대해 다음과 같이 기술하고 있다.

"조선족이 각 '아리라'에 분포하여 각 '불'을 개척하는 동시에 일대(一大) 공동의 신앙이 유행하였는데, 이른바 단군이 그것이다. 조선족은 우주의 광명을 그 숭배 대상으로 삼고 태백산(백두산)의 수림(樹林)이 광명신이 잠자고 쉬는 곳(捷宿所)이라고 믿었다. 그 뒤에 인구가 번식하여 각지로 흩어져 분포하게 되자, 각기 자기 거주지 부근에 수림을 길러서 태백산의 그것을 본떠 그 수림을 '수두'라고 불렀다. '수두'는 신단(神壇)이란 뜻으로, 매년 5월과 10월에 '수두'에 나아가 제사를 지냈는데, 한 사람을 뽑아서 제주를 삼아 '수두'의 중앙에 앉혀놓고 '하느님', '천신'이라 부르면서 여러 사람들이 제사를 올렸다. 그리고 '수두'의 주위에 금줄을 매어놓아 잡인의 출입을 금하였고, 전쟁이나 혹 기타 큰 일이 있으면 비록 5월이나 10월의 제사 때가 아니라도 소를 잡아 '수두'에 제사를 지내고, 소의 발굽으로써 그 앞에서 길흉을 점쳤다. 강한 적이 침입하면 각 '수두' 소속의 부락들이 연합하여 이를 방어하고, 가장

---

43 전성곤(2006: 84)에서 재인용.

공이 많은 부락의 '수두'를 제1위로 높여서 '신수두'라 불렀는데, '신'의 최고, 최상을 의미한 것이며, 기타 각 '수두'들은 그 아래에 부속하였다. 삼한사에 보이는 '소도(蘇塗)'는 '수두'를 음역한 것이고, '신소도(臣蘇塗)'는 '신수두'의 음역이다. '진단구변국도(震檀九變局圖)'에 나오는 '진단'의 '진(震)'은 '신'의 음역이고, '단(檀)'은 '수두'의 의역이며, '단군'은 곧 '수두 하느님'의 의역이다. '수두'는 곧 작은 단[小壇]이며 '신수두'는 큰 단[大壇]이나, 하나의 '수두'에 하나의 '단군'이 있었으므로, '수두'의 단군은 소단군(小檀君)이고 '신수두'의 단군은 대단군(大檀君)이다."

강길운(1981: 10)에서는 '단군'이란 한 개인이 1,908세를 살았다고 하면 신화가 되겠지만, 그것이 '부족장'을 뜻하는 말이므로 단군의 1,908년(壽 千九百八年)은 단군이란 이름의 추장들이 그 민족을 이끌어 나간 역년(歷年)이고, "나라를 1,500년간 다스렸다(御國千五百年)"는 국가를 세워 나간 역년을 의미한다면 신화가 될 까닭이 없다고 보았다.

이병선(1982/1988: 9)에서는 '단군'이 '붉 들-검'의 고형인 'pəkə-tərə-kəm'의 한자 표기라고 주장하였다. 이병선(1982/1988)에서는 이를 지명과는 연결 짓지 않고 'pəkə'를 '장(長)' 또는 '신(神)'의 의미로, 'tərə'를 존자(尊者)의 의미로 해석하였다.

서영수(1988: 38)에서는 '단군'은 하늘을 의미하는 몽골어 '뎅그리'와 통하는 것으로 제사장을 의미하는 삼한의 '천군'과 같은 말로 이해되며, '왕검'은 '임금'으로 해석하였다. 즉 '단군왕검'은 제정일치시대의 '군장'을 의미하는 것으로 보았다.

한상우(1992: 114-115)에서는 '단군'이라는 이름이 여러 가지로 해석됨에도 '탕게르(Tanger)', 즉 '하늘'과 관련된 것으로 보면서, 단군이 '천군'을 의미할 때는 하늘 임금, 하늘에서 온 주인을 의미하는 것이고, '칸(Kahn)'을 의미한다고 할 때 우리 이외에 '칸'이라는 용어를 사용한 몽골과 청에서는 이를 무당과 연관시키는 적이 없으며, 신라 관직의 고유한 명칭들이 모두 '칸(干)'이라는 의미를 띠고 있는데 크고 작다는 여러 가지 뜻을 가지고 있지만 이것을 모두 무당이라고 볼 수 없고, 더욱이 김수로왕의 이야기에서 간(干)이 부족장을 의미한다고는 밝히고 있지만 그들을 무당이라고 볼 근거는 없다고 기술하였다.

김기선(1995)에서는 '장군(cangun)'에 주목하였다. 김기선(1995: 28-29)에 따르면 '장군(cangun)'은 일반적으로 중국어 또는 여진어로 알려져 있다. 한편 『한서』「흉노열전」에 '탱리고도선우(撐犁孤塗單于, tsenli khoto canyui)'라고 기록되어 있으며 'canyui-'는 중국어로 'tan-jau~chen-ju', 'zian-jiu(*zian-giu)', 'tan-gwo', 'dian-giwo', 'jien-hiou' 등으로 전사되었다. 그러나 이에 대해 일부 내몽골 중국학자들은 'canyui-'를 'caniu~can-giu~can-gun'으로 기록하였고, 몽골의 지방장들에게 부여한 계급을 명명한 것을 중국 사서에서 '대장(大將, da jan)'으로 번역했다고 한다. 한편 몽골어의 'jangjun(장군)'은 여진어에 'tsien-hu', 만주어에 'canjun'의 형태로 나타나며 '하늘의 명령을 대표하는 지도자'를 의미한다고 한다. 김기선(1995: 30)에서는 이러한 자료와 고대 비석문 자료들을 연구하면서, 한국어의 '장군(cangun)'은 다른 알타이 제어들이 하나의 기원에서 출발하여 음성학적 변화 과정을 거쳐 이어져온 것이라고 보았다. 또한 고대 알타이 제어의 'tan-gwo'라고 하는 형태가 흉노어의 '*can-giu', 고대 한국어의 'can-gun', 고대 터키어의 '*sanuŋ~saŋgun', 여진어의 't'sien-hu', 거란어의 'can-gun', 일본어의 'tenno' 형태로 변천된 것을 고찰하면 최초의 뜻은 '하늘과 땅의 힘(천주)'으로 보이며 '하늘과 땅의 힘', '하늘의 위대한 사신', '하늘의 아들', '위대한 왕', '위대한 사람', '힘센 장군'으로 그 의미가 변화하는 과정을 겪은 것으로 보았다. 한편 김기선(1995: 30-44)에서는 흉노어의 'canyui-'의 고대 형태는 '*t'an-gwo'로 소급되는데, 여러 언어에서의 언어학적·문화학적 논의를 통해 한국어의 'tangun'은 흉노어의 'tanggwo(하늘)', 'cangiun(장군)'과 역사언어학적 차원에서 같은 맥락을 이루는 개념과 이해관계를 갖고 있다고 보았다.

김인락(1996: 17)에 따르면 '단군'이란 칭호는 몽골어에서 하늘을 뜻하는 '텡그리'와 뜻을 같이한다. 따라서 단군은 '하느님' 또는 '천군'으로서 종교의 최고 지도자에 대한 칭호이다. 중국에서 최고 통치자를 '하느님의 아들'이라는 뜻으로 '천자'라 한 것과 같다. 중국 발음으로 천군은 '티엔쥔', 단군은 '탄쥔'으로서 발음이 비슷하다.

노태돈(2000: 8-9)에서는 단군의 '단'이 『삼국유사』에서는 '단(壇)'으로, 『제왕운기』에서는 '단(檀)'으로 기술되어 있어 어느 쪽이 옳은가를 두고 논란이 있지만, '단군(檀君)'이든 '단군(壇君)'이든 간에 그것은 단군이 지닌 성격을 나타내기 위해 그 글자를 쓴 것이 아니라 '단군'의 음을 새긴 것이므로 어느 쪽이 옳은가를 논하는 것은 별 의미가 없다고 보았다. 또한 '단군'은 자연인의 이름이라기보다, 고조선 시기에 임금을 나타내는 칭호였다고 보는 것이 옳다고 기술하였다. 또한 노태돈(2000: 19)에서는 '단군'이란 칭호의 어원이 '당굴[巫, shaman], 천군(天君)' 등과 통하므로, 당시 '단군'은 정치적 군장인 동시에 제사장적인 성격을 지녔던 것으로 파악하였다.[44]

김영황(2013: 13-19)에서는 '단군(檀君)'이 '박달임금'을 이두식으로 표기한

---

[44] 노태돈(2000: 4)에서는 『삼국유사』는 고조선 멸망 때로부터 천수백 년이 지난 13세기에 저술되었고 그 이전 시기의 사서에서는 단군에 관한 직접적인 언급이 보이지 않기 때문에 단군신화가 과연 고조선 때의 산물인가에 대해 의문을 제기하면서, 구체적인 단군신화를 담은 기사 중에는 후대의 것이라고 판단될 수도 있는 요소가 적지 않다고 기술하였다.

것으로서 이와 관련된 『규원사화』에서의 기술을 근거로 '단(檀)'은 우리말의 '박달'을, '군(君)'은 우리말의 '임금'을 의역한 것이어서 '단군'을 곧 '박달나무의 임금'이라는 뜻으로 파악하고 있다. 한편 '왕검'을 '임금'의 옛 어형인 '님검'의 표기로 보는 것은, '왕(王)'을 '님검'의 의역으로 보고 '검(儉)'을 '검'의 음역으로 보는 것으로서 반의반음역의 표기법으로 해석한 것으로 보았다. 그런데 '검(儉)'은 추정되는 기초 한자음이 [giam]이니 '검'의 음역자로 보는 것은 이상할 것이 없으나, 광개토왕릉 비문보다 훨씬 이전의 기록인 『위서』에 이런 반의반음역이 있을 리가 없으므로, '왕(王)' 자를 본래 '임(壬)' 자와 헷갈린 것으로 보면서 '임검(壬儉)'을 '님검'에 대한 음역으로 인정하는 것이 더 자연스럽다고 보았다. 즉 '임(壬)'은 추정되는 기초 한자음이 [niəm]인 만큼 '님'의 음역자로 쓸 수 있으며, '임(壬)'을 '왕(王)'으로 잘못 쓰게 된 이유는 자형의 유사성과 함께 '님검'의 뜻이 '왕(王)'인 데서 오는 일종의 유추 작용과 관련되어 있다고 보았다. 또한 '님검'의 '님'은 '님자'의 '님'으로서 '주(主)'의 뜻이니 지명 표기에서 '님실'을 음역하면 '임실(任實)'로 되고 그것을 의역하여 '주곡(主谷)'이 되는 예를 확인할 수 있고, '님검'의 '검'은 신성한 대상 또는 신적 존재에 대하여 가리켜온 옛날 말로서 '검실'이라는 지명을 의역하여 '신곡(神谷)'이라고 한 데서 '검'과 '신(神)'의 대응을 찾을 수 있다. 결국 '님검'이란 '주신(主神), 주성(主聖)'의 뜻을 가진 옛날 말로서 개음절어만 존재하였던 때에는 '니미거머'일 수 있겠고, 그 후 '님검'을 거쳐 '임금'으로 되었다고 주장하고 있다. 즉 '임검(壬儉)'은 바로 '님검' 단계의 이두식 표기로, 의미상의 유추와 함께 자형상의 유사성으로 인하여 '왕검'으로도 쓰였다고 보았다. 한편 김영황(2013)에서는 '단군'의 경우 음역과 의역의 대응으로 인정되는 다른 표기가 없고, '단(檀)'과 '단(壇)'의 표기 변종이 있을 뿐이며, 『삼국유사』에서 인용한 『위서』와 『고기』에는 '단군(壇君)'으로 기록되어 있고 나머지는 모두 '단군(檀君)'

으로 기록되어 있으며, '단군왕검(壇君王儉)'이라는 표현도 『위서』에만 나오고 다른 문헌들에서는 쓰이지 않았다고 기술하였다. '단(壇)'과 '단(檀)'은 『당운』에서 다같이 '도간절(徒干切)'로 되어 있으므로 추정되는 기초 한자음은 [dan]이며, 홍기문(1964: 159-160)에서는 '단(壇)'과 '단(檀)'이 『집운』에서 '당간절(唐干切)' 또는 '시전절(時電切)'로 되어 있어 '단'과 함께 '선'으로 발음되고 이것이 '선인'의 선(仙)에 해당하는 음역에 쓰인 것으로 보았으나, 김영황(2013: 19)에서는 운서의 발음이 '단'보다 오래된 발음인지 확인할 수 없다고 비판하였다. 류렬(1990: 54)에서는 '단군(壇君)'으로 쓰든지 '단군(檀君)'으로 쓰든지 이것은 종교적으로 '하늘'을 의미하던 옛 낱말인 '다나구루'를 음역한 것이라고 주장하였다. 김영황(2013: 19)에서는 '단군'이 과연 '천군'으로 불릴 수 있는지, 그리고 '다나구루'의 어원상 문제점, '다나구루>단군'으로의 어형 변화를 수긍할 수 없는 점 등을 이유로 류렬의 설을 비판하였다. 한편 김영황(2013: 19)에서는, 리지린(1963: 114)에서 '단(壇)'과 '단(檀)'을 모두 '다'의 음역자로 보는 견해를 가장 타당성이 있다고 보았고, '단(壇)'이나 '단(檀)'이 모두 '다'의 음역이라면 그것은 한자음의 운미를 무시한 이두식 표기의 음역으로서 '아시다', '거머더'의 '다/더'와 같은 '지(地)'를 뜻하는 말일 것으로 추정하였으며, 다른 한편으로는 '단'의 음역으로 볼 수도 있다고 기술하였다. 그 근거로 고구려 지명에 '매단(買旦)'과 '수곡(水谷)'의 대응을 제시하였고, 『조선관역어』에서 '촌(村)'을 '탄(吞)'이라 한다는 기술에 대해서는 '단(旦), 탄(吞)'이 '단'의 음역자로서 '곡(谷)' 또는 '촌(村)'을 의미한다고 보았다. 따라서 의미적으로 볼 때 '단'의 음역으로 보기보다 '다'의 음역으로 보는 것이 더 타당성이 있으며, 음운사적으로도 개음절어 '다'로 보는 것이 옳다고 보았다.

한편 '군(君)'은 이두식 표기가 아니라 한문식 표현으로서 마치 광개토왕릉 비문에서 지명의 단위어들을 한자말로 표기한 것과 유사한 것이며, '군'을 우리말의 '님'에 해당하는 뜻으로 볼 수 있지만 이 경우에는 어떤 특정한 말의 의역으로 보기보다 존칭의 표시를 위한 한문식 표현으로 해석할 수 있으며, 결국 '단군(壇君)'은 '지상의 군주'라는 뜻으로 쓰인 것으로서 음역인 이두식 표기 '단(壇)'과 한문식 표현 '군(君)'의 결합으로 보았다.

전성곤(2006: 81-82)에서는, 최남선(1930/1973)의 '단군(壇君)' 관련 논의에 대하여 이는 고조선이 제정일치의 시대로서 '천'을 의미하는 말과 그것의 '신성성'이 연결하여 논한 것이며, 그 원어가 '단굴'이며 신직자 무당의 별칭이라고 보았다. 비교언어학적으로 이미 증명된 몽골어의 '텡게리'는 결론적으로 조선의 '단군(壇君: Tangul)'을 설명해주는 최적의 논증이 되었고, 또한 신성성도 증명되었다고 한다. 이렇게 함으로써 최남선은 시라토리 구라키치(1894/1970)에서 단군 부정과 관련된 '단(檀)'과 '단(壇)'을 둘러싼 논쟁에 종지부를 찍었으며, 한편으로 도리이가 제시하는 시베리아의 샤먼 개념과 시라토리의 비교언어학적 방법을 상호 중첩시키면서 단군의 재확인을 가능하게 끌어내고 그 위엄성에 의미를 다시 불어넣는 것에 성공했다고 한다. 즉 최남선은 이러한 구조적 틀 안에서 단군을 다시 가시화하기 위한 논리, 그리고 그 항목들의 기초적인 토대들을 끌어당기면서 기존의 '단군=조선'의 고유명사에서 '단군=샤먼·제사장'이라는 더 넓은 광역을 포함하는 '단군'을 창출했다고 기술하였다. 또한 전성곤(2006: 85)에 따르면, 시라토리가 제시한 단군 비판 논리였던 왕검 해석에 대하여 최남선은 이를 '단군왕검=천'을 상징하는 신성한 의미의 존칭어라고 확정하였고, 단군이 원래는 '무군(巫君)'이었음을 제시하였다. 따라서 원시적 사령자로서 조선의 '무당'이라는 호칭이 결부되었는데, 그것이 '단굴(Tangul)'이라는 언어였으며, 최종적으로는 '단군(壇君)'으로 수렴되는 정당한 논리에 도달하였다.

2) 기자와 그 외 왕명에 대한 논의

『성호사설류선』「논사」에서는 "기자가 동쪽에 봉해지자 단군의 후손이 당장경(唐藏京)으로 도읍을 옮겼다. 당장은 문화현(文化縣)에 있는데, 여기서도 단군이라 호칭하였으니, 단(檀)은 곧 국호이다. 『문헌통고』를 상고하건대 '단궁(檀弓)은 낙랑에서 생산된다.'고 하였으나, 단(檀)이 궁(弓)을 만드는 나무가 아니고 보면 국호인 '단'을 붙여 활의 이름을 지은 것이 확실하다. 기자가 봉작을 받아 자작(子爵)이 되었으니, 기(箕)도 곧 국호이다. 생각건대, 성토(星土)의 분야로 보아 기성(箕星)이 그곳에 해당하므로 국호를 기(箕)라 이른 것이다."라고 기술하고 있다.[45] 따라서 기자는 '기국(箕國)의 자작'이라는 뜻이지 고유명사, 즉 인물은 아니라는 것이다.

신채호(1948/2007)에서는 기자가 왕이 된 것이 아니라 훗날 그 후손이 고조선 일부 지역의 왕이 된 것이라고 보았고, 최남선(1929/1973: 366-374)에서는 기자조선을 고조선의 왕위를 차지한 '기'씨가 스스로 부르던 이름이라고 파악하였다.

정인보(1947/2000: 49-55)에서는 '기자'가 조선 최고의 존칭으로서 조선 전체를 다스리는 왕을 뜻한다고 보았으며, 정인보(1947: 1-125)에서는 신채호의 고조선에 관한 연구를 흡수하여 자신의 견해를 확립하고 '기자조선'에 대해서 신채호의 경우와 마찬가지로 '기자동래설'을 부인하면서 '기자'의 명칭이 임금을 뜻하는 토속어에서 유래한 것이라고 하였다.

안재홍(1947/1991)에서는 '기자조선'의 존재는 인정하되 '기자=개인설'을

---

45 『星湖僿說類選』「論史」"箕子東封 檀君之後 遷都唐藏京 唐藏在文化縣 而猶稱檀君 則檀是國號 按『通考』 檀弓出樂浪 檀非造弓木 則以國號也 箕子受封爲子爵 則箕是國號 意者星土分野 箕直其墟故云爾."

부정하고 '기자'가 지배자에 대한 토속적인 명칭의 한역에 지나지 않는다고 하였다. 또한 사료에 나오는 지배자들의 기본 명칭이 '기', '치' 등이었다고 분석하고 이와 연관될 수 있는 다양한 명칭들을 시대에 따른 지배계급의 권력 신장 및 분화 등으로 해석하였다. 또한 부여조선은 기원전 7세기경 내부적인 분열로 '크치조선(箕子朝鮮)'으로 불리게 되었고, 이들 세력이 중국의 동북 방면 지역으로 진출하는 등 큰 역할을 하였으나 진개(秦開)의 침략 이후 쑹화강(松花江) 유역에 한정되었으며, 고조선은 연나라 사람 위만에 의해 멸망하여 '금마저(金馬渚)'로 이동하였다고 보았다. 한편 안재홍(2014: 28-29)에서는 '기'에 대해 다음과 같이 기술하고 있다.

"조선은 '지'의 나라로 '지'는 수장이며, 대인이고, 시민인 것이다. 『후한서』에서 『예기』 「왕제」편을 인용하여 '東方曰夷 夷者柢也'[46]라고 하였는데 이 문장에서 '기'와 관련된 정보를 얻을 수 있다. '이(夷)'는 고대음이 '대'이고 '저(柢)'의 다른 발음도 '대'이니 '이자저야(夷者柢也)'를 '대는 대이다'라고 번역하면 문맥이 통한다. 또 '이(夷)'와 '대'가 '적(狄)'의 한자어 새김인 '되'와 유사하다는 측면에서도 공통점을 찾을 수 있으나, 사실 '이'는 '지'를 표음한 것이라 보는 것이 가장 타당하다. (중략) 따라서 '이(夷)'는 '사람'을 가리키는 것이다. 또 "'이(夷)'는 '지'이니, 즉 '저(柢)'이다"라고 설명된다. 그렇다면 '지'는 무엇인가? '지', '기', '치'는 서로 혼용되는 말[47]로 고문헌과 현대 용어에서도 비

---

46 '東方曰夷 夷者柢也'를 해석하면 "동방에 사는 민족을 '이'라 하는데 '이'는 뿌리이다." 정도이나 안재홍(2014: 28)에서는 '柢'를 뿌리라고 해석하지 않고 동방에 사는 민족명으로 해석하였다. 즉 "동방에 사는 민족은 '夷'라 하는데 이는 '柢'이다."라고 해석하고 있다.

47 안재홍(2014: 33-35)에서는 '기'의 의미에 대해 다음과 같이 기술하고 있다. "현대어에서 '長'은 '기'로 새김하는데 이로 보아 '기'는 고어에서 어른이라는 뜻을 가지고 있었으며, '수장' 또는 '군장'이란 뜻도 가지고 있었을 것으로 보인다. '군장'은 대인이라는 뜻으로 대인은 '크이'이다. '크이'는 '키' 또는 '기'의 촉음(促音, 사잇소리)이 될 수 있으니 '기'가 대

교적 많이 사용되고 있다. 고대 사회에서는 남녀를 통틀어 '수장'을 일컫는 말로 원시적인 혈족 단체의 족장, 씨족공동체의 수장, 부족 혹은 부족연맹체의 수장, 대인 등의 지도자를 일컫는 말이었다."

이병도(1976/1983)에서는 『잠부론(潛夫論)』에 위만에게 망한 자가 '한후(韓侯)'라 하였으므로 준왕의 성은 한씨라는 '한씨조선설'을 주장하였다. 즉 조선 왕조의 성은 '기씨'가 아니라 '한씨'이며, 중국인이 아니라 '한인(韓人)'이라는 것이다. 조선의 왕이 '한씨' 성을 칭한 것은 만몽어(滿蒙語)에 군장을 '한(汗, Han)' 혹은 '가한(可汗, Khahan)'이라 한 것과 관련된다고 하였다.

이기문(1982: 260-265)에서는 『일본서기』에서 백제의 왕을 'kisi'로 새긴 사실과 광주판 『천자문(千字文)』에 왕의 새김이 '긔ᄌ'라 적혀 있는 사실을 주목하였고, 이기문(1998: 50)에서는 『주서』에 백제의 왕호로 보이는 '건길지(鞬吉

인이라는 뜻임을 수긍할 수 있다. 그리고 현대어에서 '長'은 '기'와 '지'라는 의미가 혼용되고 있고 그 변형인 '丈(장)'을 '기'라고 하는 것으로 보아 고대 이래 '기', '지' 또는 '치'가 '공후' 또는 '공경' 등의 뜻으로 사용되어온 언어학상의 기원임을 짐작할 수 있다. 『삼국유사』의 주석에 보면 '伎伐浦(기벌포)'를 '長嵓(장암)'이라고 한다. '장암'은 '기바위'로 훈독할 수 있으니 '伎伐'은 '기불'과 동일한 뜻이 될 것이다. '長'의 새김인 '기'와 '지(支)', '지(伎)' 등의 발음이 '지', '기'와 발음이 완전히 일치되는 점도 증명될 수 있다. 그리고 '기벌포'를 또는 '只火浦(지화포)'라고도 하는데 '只火'도 역시 '기불'이다. (중략) 『후한서』「동이전」 서문을 다시 검토해보면 "東方曰夷 夷者柢也. 言仁而好生, 萬物柢地而出"이라고 하여 오행사상에 준한 철학적 해석을 시도한 바 있다. '夷'와 '柢'는 모두 현지 상황을 따른 표기로 '夷'는 사람을 일반적으로 지칭하는 '-이'를 표음 표기한 것이고, '柢'의 '지'는 수장 또는 임금과 같은 대인을 뜻하는 말에서 변형된 것이다. 『후한서』「동이전」에 등장하는 '臣智(신지), 樊柢(번저), 險測(험측), 邑借(읍차)' 등 수령의 호칭 중 '번저'의 '柢'와 '신지'의 '智'는 모두 '지'를 한자로 표기한 것임을 알 수 있다."
한편 이장희(2003: 234-235)에서는 6세기 신라 자료에서 보이는 인명접사를 논의하면서 '支·兮·只의 互用에 대하여 '只, 支, 兮'와 牙(아) 음계의 혼용은 이 시기의 한자음이 상고음을 반영함을 의미하며 '只, 支, 兮'가 8세기 중엽까지는 상고음을 유지한 것으로 보고 있다.

支)'의 '길지(吉支)'와 'kisi', '긔ᄌ'가 같다고 추정하였다.[48]

도수희(2004: 213-240)에 따르면, 우리말의 존칭접미사 가운데 가장 이른 시기의 것은 '지(智, 支)'이다. 이것은 '신지(臣智), 근지(近支), 견지(遣支), 진지(秦支), 한지(旱支), 건길지(鞬吉支)'와 같이 마한어에서 쓰였는데, 이 '지'는 더 이른 시기의 고조선어 '긔ᄌ(箕子), 긔준(箕準)'의 'ᄌ/주(ㄴ)'에까지 소급된다. 이것이 고구려어 '막리지, 어지지'로 쓰였고, 백제어 '건길지, 개지(皆次)'로 쓰였고, 신라어 '박알지(朴閼智), 김알지, 누리지(世里智), 거칠부지'로 쓰였고, 가라어 '좌지(坐知), 탈지(脫知), 도설지(道設智)' 등으로 쓰였다. 쓰인 빈도로 보면 고구려와 백제는 소극적인 편이었고, 신라와 가라(가야)는 그보다 적극적이었다. 이 존칭접미사 '-지'는 후대로 내려오면서 서서히 비칭으로 격하되기 시작하였다. 현대 국어의 사용 예를 들면, '거지/거러지, 이치, 그치, 양아치' 등과 같은 것들이다. 이 '-지(>-치)'는 인칭접미사의 제약에서 벗어나 '얼마치, 십 원어치, 내일치, 속엣치, 골치' 등과 같이 비인칭에까지 쓰임새가 확대되었다.

조원진(2009: 10)에 따르면 『사기집해』와 『사기색은』에서 '기자'의 '기(箕)'는 국명이고 '자(子)'는 작위를 일컬으며[49] '기자'의 이름은 '서여(胥餘)'라고 한다.[50] 따라서 조원진(2009)에서는 '기자'가 개인의 이름이 아니라 작위의 명칭이므로 '기자'의 작위를 계승한 인물은 모두 기자로 불렸을 것이고, 따라서 역사상 '기자'는 한 사람이 아니라 여러 사람이었다고 보고 있다.

---

48 이기백(1988)에서는 이기문(1982; 1998)의 주장을 수용하여, 광주판 『천자문』의 '긔ᄌ 王'은 방언이거나 箕子(기자)에서 비롯된 새김일 가능성이 높다고 보았고, 이러한 사실들에 근거해서 '기자'는 우리나라의 고유한 왕호일 것이라고 해석하였다.
49 『史記』 卷38 宋微子世家 第8 所引 『史記集解』, "馬融曰 箕 國名也 子 爵也."
50 『史記』 卷38 宋微子世家 第8 所引 『史記索隱』, "箕國 子爵也 司馬彪曰 箕子名胥餘."

최혜민(2016)에서는 '기자'와 관련된 초기의 논의에 대해 다음과 같이 평가하고 있다.

신채호(1908)에서 '기자'의 봉지는 조선이라고 하였는데, 조선은 곧 평양의 옛 이름이라고 하였다. 그 근거는 '정전(井田)의 화(畫)와 팔조(八條)의 설(說)'이 평양 이외에 나타나지 않기 때문이다. 그러나 이에 대해 최혜민(2016: 15)에서는 '기자 봉지'의 위치는 이후 저작들에서 요동 지역으로 옮겨가는데, 『독사신론(讀史新論)』 단계에서는 아직 심도 있는 고찰이 이루어지지 않은 듯하다고 기술하였다. 또한 정인보(1947)에서는 '기자'의 후예로 알려져 있는 '비왕(否王)'과 '준왕(準王)'이 모두 '단군'의 계보를 계승한 적자이며 '기자'와는 관계가 없다고 하였다. 그 이유는 『위략』의 '기자지후(箕子之後)'를 '기자 이후'라고 해석하여야 하는데 '기자의 후손'으로 해석하여 오해가 생겼기 때문이라고 하였다. 또한 '기(箕)'의 고음(古音)이 '개(蓋)'이고 '개'는 곧 조선의 최고 칭호인 '검(儉)'과 같으므로 '기자'라는 단어 자체가 고조선의 왕호였으며, 고조선 사회가 자체적인 발전을 이루어 기자조선으로 이어졌다고 하였다. 그러나 이에 대해 최혜민(2016: 45-46)에서는 중국이나 한국의 여러 기록에 '기자'의 무덤이 중국에 있다는 사실을 전하고 있는데, 이를 통해 보았을 때 '기자'가 조선에서 여생을 마쳤다고 단정할 수 없다고 하였다.

서영수(1988: 38)에 따르면 '한(韓)'은 정치적 대군장을 의미하는 알타이어 '한(汗, 칸)'과 통하는 말로 이해되고 있다. 중국인들이 이를 성씨로 오인하여 '한후(韓侯)' 또는 '한씨(韓氏)'로 기록하였던 것이며, 후대에는 민족 명칭으로 발전하였고, 『시경』 「한혁(韓奕)」편에 의하면 연나라 근처에 예족과 맥족을 다스리는 '한후(韓侯)'가 있었다고 한다.

서영수(1988: 38)에서는 고조선의 왕호가 시대에 따라 '단군왕검(하늘임금) → 한(韓, 한, 칸) → 왕(王, 중국식 왕호)'로 변천되었다고 설명하면서, 신라의 왕호가 '이사금·차차웅→거서간·마립간→왕'으로 변해간 것과 비교하였다. 한편 '군장호(君長號)'가 그 사회의 성격을 전부 나타내는 것으로 이해할 수는 없으나, 고대 사회의 경우 어느 정도는 그 사회의 성격을 대변하는 것으로 볼 수 있다고 기술하였다. 또한 이기백(1988: 17)에서는 서영수(1988)의 의견과 같이 신라에서 '거서간·차차웅·니사금·마립간·왕' 등으로 왕호가 바뀌어간 것처럼 고조선에서도 '단군왕검·기자·왕'으로 왕호가 바뀌어간 것으로 보고 있다.

3) 고조선 관련 인명에 대한 논의

강길운(1981: 15)에서는 '우거왕(右渠王)'의 '우거(右渠)'는 '거(渠)' 자로 미루어 '우(右)'를 뜻하는 말의 향찰임이 분명한데, '우(右)'를 뜻하고 말음절이 'K'나 'K+모음'으로 된 알타이 제어는 터키어밖에 없다고 주장하였고, 흉노는 왕명에 '좌·우'를 붙이는 버릇이 있다고 기술하였다.

일반적으로 위만조선을 건국한 '만'왕은 '위만'이라는 이름으로 알려졌는데, 서영수(1996: 91)에서는 동시대의 자료인 『사기』에 '조선 왕 만(滿)은 고연인(故燕人)'이라고만 되어 있을 뿐 만왕의 성씨에 대해서는 아무런 설명도 없다는 점을 근거로 사마천도 알지 못하였던 만왕의 성을 후대의 학자들이 언급하고 있는 점에 의문을 제기하였다. 서영수(1996)에서는 원래 '만(滿)'이나 '우거(右渠)' 등은 조선에서 임금을 존칭하던 고유어의 차자 표기일 것인데, 조선의 고유 문화에 대한 이해가 부족한 중국 학자들이 만왕을 중국계 유민으로 단정하고 후대에 동북지역에서 가장 흔한 중국계 성이었던 위씨(衛氏)를 임의로 관(冠)한 것이므로 이는 일종의 역사 왜곡이라고 기술하였다.

송호정(1999: 240-242)에서는 『사기』「조선열전」에 기록된 '상(相) 노인(路

人), 상(相) 한음(韓陰), 니계상(尼谿相) 참(參), 장군(將軍) 왕(王)'에 대해 논의하였다. 송호정(1999)에서는 '역계경(歷谿卿)'은 조선의 상(相)으로서 이름 자체에 토착어인 듯한 '역계(歷谿)'가 관명으로 칭해지고 있으며 진국(辰國)으로 간 뒤에 조선, 진번 등과 다시 교통이 없었다고 밝힌 것을 보면 그가 원래 조선의 토착 세력이었음을 알 수 있다고 기술하였고, '노인'과 '한음', '왕'의 경우는 그 성만을 놓고 본다면 아마도 유력한 망명자 또는 망명자 집단의 인물이라고 추정하였다. '노인'에 대해서는 『사기』「조선열전」에서 색은(色隱)의 주 '노인은 어양현인(漁陽縣人)'에 대해 그 설의 근거는 불명하지만 한(漢)에 노성(路姓)이 적지 않기 때문에 일단 신빙성이 있으며, '노인(路人)'의 경우 한자식 이름으로 '인(人)'이 어색하다 해도 아마 '노씨 성을 가진 사람'이라는 의미 정도로 표현된 중국계 인물이었을 가능성이 높다고 보면서, 다만 그 성만을 가지고 소속을 더 구체적으로 확정하기는 힘들다고 기술하였다. '한음'에 대해서는 『위략』의 '준왕이 남으로 한지(韓地)에 내려간 뒤 한왕(韓王)이라 칭했다.'는 기록과 고대 한국어에서 '크다', '가득하다'는 의미의 '한(韓)'이 사용되었다는 점에서 중국에서 비롯된 말이 아닐 가능성을 제기할 수 있지만, 중국에 '한성(韓姓)'이 적지 않고 또한 '한씨(韓氏)'라는 명문이 새겨진 벽돌 여러 개가 황해도 지역에서 발견된 점 등에서 '한씨'를 중국계 호족이라고 보는 것도 설득력이 있다고 보았다. 장군 '왕(王)'의 경우는 왕씨 성을 가진 중국인으로 추정하였다. 니계상 '참'에 대해서는 '참'이라는 인물은 성씨를 갖지 않으며, 조선의 일반적인 상(相)이 아니며, '재지(在地)의 니계(尼谿)'라는 재지 세력을 기반으로 한 '상(相)'으로 추정하였다. 그리고 '참'이 성을 칭하지 않은 것은 그가 토착인이라서 중국 성씨를 갖지 않았기 때문에 성명을 합쳐서 단지 '참'이라고만 기록했다는 주장이 설득력 있어 보이며, 만약 그렇다면 그의 칭호가 다른 사람과 다르게 '니계의 상(相)'인 것도 수긍할 수 있다고 보았다. '비왕(裨

王) 장(長)'의 경우 '비왕직(裨王職)'이 왕을 포함해 상(相) 및 장군 밑에 존재한 중하급 실무직임을 염두에 둔다면 아무래도 토착 고조선계 사람이 맡았을 가능성이 높으며, 이름 또한 토착계인 '참'처럼 외자의 이름을 갖고 있다는 점에서 토착인일 가능성이 높다고 보았다.

노태돈(2000)에 의하면 '환인(桓因)'은 범어의 'Sakrodevenam Indrah'라는 말을 한자로 음역한 '석가제환인타라(釋迦提桓因陀羅)'에서 그 어원을 찾아볼 수 있는데, 'Sakrodevenam Indrah'는 원래 고대 인도의 신화를 모은 『리그베다(Rig-Veda)』에서 나오는 비를 뿌리고 곡식을 자라게 하는 신이며, 뒤에 불교 신앙 체계에 수용되어 수미산 도리천에 거주하며 사방을 진호하고 선악을 주관하는 신으로 숭배되었다고 한다. 그런데 우리나라에 불교가 들어온 것은 4세기이므로 단군신화는 빨라도 그 이후에 성립된 것이라는 추정이 일단 가능하다고 보았고, 단군신화에 '풍백·우사·운사' 등의 도교적 용어도 적지 않게 보인다고 하면서 이 역시 단군신화가 후대에 만들어진 것이라는 주장의 근거가 된다고 보았다.

윤상열(2007: :369)에서는 '환인'이 한국 고유 신의 이름을 한자로 표시한 것으로서 천상적 존재를 뜻한다고 보았고, '환인'을 '제석'이라 한 것은 '일연'의 불교적 세계관에 따른 것으로 '제석'은 세계의 중심에 위치한 임금으로 신적인 존재를 뜻한다고 풀이하였다.

이성규(2012)에서는 『사기』「조선열전」, 『한서』「조선전」, 『삼국지』, 『위략』, 『삼국유사』「위만조선」에 기록된 위만조선의 관직명과 인명에 대해 논의를 하였다. 이성규(2012: 298)에 따르면 위만조선의 관직명에서 한자어 관직명만 나타나고 고유어나 북방계 단어가 나타나지 않는 이유는 위만조선의 왕명이 단순한 인명이 아닌 직위(관직)를 나타내는 말이기 때문이라고 한다. 따라서 이성규(2012)에서는 위만조선의 인명에 대해서만 자세히 논의하고 있다. 이성규(2012: 279-281)에서는 앞서 기술한 위만조선의 인명을 다음과 같이 제시하였다.

㉠ 친우거왕 계열: 우거, 위만, 장항, 성기, 장
㉡ 반우거왕 계열(조선): 노인, 최, 한음, 역계경
㉢ 반우거왕 계열(예): 남려
㉣ 반우거왕 계열(제): 참
㉤ 반우거왕 계열(?): 왕겹

그리고 위 인명 중에서 우거왕 계열이 조선이나 중국계가 아닌 별개의 종족일 가능성이 있다는 가정 하에 다음의 논지를 전개하고 있다.

'위만'은 『사기』와 『한서』에 '만(滿)'으로 표기되어 있고 『후한서』, 『삼국지』, 『위략』에 '위만(衛滿)'으로 표기되어 있고 『잠부론』과 『삼국유사』에 '위만(魏滿)'으로 나타나지만 '위만'의 진정한 이름이 무엇인지는 정확히 파악되지 않으며, 다만 지금까지의 논의로는 원래 '만(滿)'이었는데 후대에 '위(衛)'라는 성을 붙인 것으로 보고 있으며, '만'은 임금을 존칭하던 우리 고유어의 차자 표기로 보기도 한다[51]고 기술하였다. 다만 이성규(2012: 283)에서는 '연개소문(淵蓋蘇文)'의 '문(文)'이 북방 민족의 군장을 의미하는 '문(文)'이나 위만조선의 '만'과 관련이 있는 것으로 추측하고 있다. 한편 이성규(2012: 284-287)에서는 『사기』, 『한서』, 『삼국지』, 『위략』의 편찬 시기가 기원전 91년에서 기원후 280년 사이이므로 중국 상고음을 중심으로 '만(滿)', '위만(衛滿, 魏滿)'을

---

[51] 서영수(2007: 51)에서는 '만'이 우리 고유어의 차자 표기라고만 하고 구체적인 예는 들지 않았다.

분석하였다.

'위(衛)'는 상고음 [ɣĭwat], 중고음 [ɣĭwai], '위(魏)'는 상고음 [ŋĭwai], 중고음 [ŋĭwai], '만(滿)'은 상고음 [muan], 중고음 [muan]으로 보인다. '위(衛)'와 '위(魏)'의 어두음은 알타이어족 언어의 입장에서 보면 '위(衛, ɣ)'만이 가능하며, '만(滿)'은 상고음이 [*muan]으로 나타나는 것과 한자의 뜻으로 보아 당시에 소리와 뜻을 모두 취한 것으로 생각된다고 하였다. 한편 이 단어와 관련하여 시기적으로 비슷한 흉노의 왕 '두만(頭曼)'을 떠올릴 수 있는데, '두(頭)'의 상고음은 [dɔ], '만(曼)'의 상고음은 [mĭwan]이므로 흉노 왕 '두만(頭曼)'은 [*tümen]으로 재구하여 '만(萬), (군대의) 사단, 많다' 등의 뜻을 가지는 것으로 파악해왔다. 그렇지만 '두만'의 첫 번째 글자 '두(頭)'를 제외하고 '만(曼)'을 '만(滿)'과 비교하면 '*muan : *mĭwan'이 되어 연결의 가능성이 보이고, '두만'의 첫 음절에 있는 '두(頭)'도 차용 당시에는 '많은, 팽창'의 뜻으로 사용되고 또 우두머리를 의미하는 단어라는 것을 고려하면 당시 군장을 나타내는 데 어려움이 없을 것으로 보이며, 따라서 위만조선의 '만'과 흉노의 '두만'은 연결이 가능하며 위만조선의 '만'은 당시 군장을 나타내는 단어라고 추정하였다.[52]

---

52 이성규(2012: 285) 재인용.
A. RÓNA-TAS(1974: 499-504)에 따르면 'tümen'은 先투르크어에서도 'tümen'으로 나타난다. 그런데 이 단어의 기원을 살펴보면, 인도-유럽어족의 '*tēu(팽창)'이라는 접사가 토하라어(Tokhara)의 'man'에 연결된 것이다. 즉 先토하라어에서 '*teu-man'이 되고 토하라어에서 'tumane, tmāne'로 나타난다. 또 M. Базаррагчаа(1995: 16)에서는 이 단어가 몽골어에서 'üime-(복잡, 혼란)>tüime-(혼란, 복잡)>tütmen'으로 변한 것으로 보고 있다. 한편 『韓漢淸文鑑』에서는 '만(萬)'을 'tumen'(권4, 「數目」)으로 표기하고 있는데, 같은 책의 권15, 「地輿類」에는 '두만강(豆滿江)'을 '토문강(土門江)', 만주어로 'tumen ula'로 기록하고 있다. 그리고 '문(門)'의 상고음은 '*muən'으로 '만(滿)', '문(文)'과 유사하여 이 단어가 널리 사용되었음을 알 수 있다.

한편 이성규(2012)에서는 선비족 '우문선비(宇文鮮卑)'와 관련하여, '우문'이 『주서』의 기록에 의하면 '천군'이고 『고려사』의 기록에 의하면 '천자'이므로, '우문'이라는 성씨가 원래는 '천군'이나 '천자'를 가리키는 말이라고 파악하였다. '우(宇)'의 상고음은 [ɣĭwa], '문(文)'의 상고음은 [mĭuən]으로 '만(滿)'과 '만(曼)'의 상고음과 비슷하며 북방 민족들이 군장을 '문(文)'으로 불렀다는 사실에 의거하여, 위만조선의 '만'과도 연결이 가능한 것으로 판단하였다. 『주서』에 나타나는 '우문(宇文)'은 [*ɣĭwa-mĭuən]으로 재구되는데, 이것은 '위만(衛滿)'의 재구음 [*ɣĭwai-muan]과 거의 유사하며, 따라서 위만이 왕인 것이 분명하고 당시의 수장을 삼한에서는 '천군'으로 불렀다는 점을 고려하면 '우문'과 '위만'을 이표기 관계로 볼 수 있다고 기술하였다. 즉 위만조선의 첫 번째 왕의 이름이 '만'이라면, 이는 흉노의 '두만', 선비의 '(우)문'과 연결될 수 있으며, 『사기』의 '만'이 『위략』에서 '위만'으로 나타나는 이유는 후대에 중국 성을 붙인 것으로 볼 수도 있다고 추정하였다. 그러나 여기서는 준왕이 통치하던 시절에 명칭이 '만'이었고, 이는 국가의 수장인 왕보다는 낮은 단계 군장의 명칭으로 생각되며, 후대에 왕의 명칭으로 재인식되고 그에 따라 명칭도 북방 민족 왕의 호칭인 '두만'이나 '우문' 같은 두 음절 단어인 '위만'으로 변경된 것으로 추정하였다.

한편 이성규(2012)에 따르면 조승복(1987: 35)에서는 『사기』「조선열전」의 기록을 인용하여 '씨족의 생활공동체 혹은 생활공동체연합체의 우두머리직 또는 사람'의 뜻을 지닌 보통명사로 사용되었으며, 그 형태는 '우ㅅ가'(U/T/KΛ/)라는 세 개의 구성 형태소로 이루어져 있다고 기술하였다. 또 서영수(2007: 51)에서는 조선에서 임금을 존칭하던 고유어의 차자 표기로 기술하고 있다. 이성규(2012: 287-289)에서는 고구려의 '우거(優居)'[53]라는 인명을 제시하고 각각의 상고음 '우(右, ɣĭwə), 거(渠, gĭa)'와 '우(優, ĭu), 거(居, kĭa)'를 비교하면서 '우(右)'의 어두에 나타나는 [ɤ] 음이 후대에 일반적으로 약화되는 것을 고려한다면 두 단어가 매우 유사한 소리를 가지고 있으며, '우거(優居)'라는 명칭이 고구려시대에는 '대가(大加)'로 사용되었음을 알 수 있다고 기술하였다. 또한 '우문선비'의 후예로 추정되는 거란의 기록에서 '우거'와 연결되는 단어 '우월(于越)'[54]을 제시하면서, '우월'은 거란 시기의 벼슬 명칭이고 거란이 존재한 시기인 916년부터 1125년은 중고음 시기이므로 '우월'의 중고음을 [ɤĭu ɤĭwet]로 재구하였다. 이 재구음의 어말 모음과 자음을 무시한다면 [*ɤĭu-ɤĭ]가 되는데 이것은 '우거(右渠)'의 재구음 [*ɤiwə-gǐ]와 거의 유사하므로, 따라서 위만조선의 '우거'는 거란의 '우월'과 연결될 수 있다고 보았다.

한편 이성규(2012: 289-291)에서는 『원조비사(元朝秘史)』의 'üge'[55]라는 단어에 대해 Eldengtei·Ardajab(1986: 110)에서 '사촌형'으로 파악하지만, '우게(üge)'라는 단어는 다고르어에서 그렇게 사용되더라도 13세기 당시에는 높은 관직에 있던 사람을 부르던 말로 여기고 있으며, 따라서 테무진은 '우게(üge)'라는 관직을 가지고 있었던 것으로 보고 이 관직명이 거란어 '우월'에서 이어진 것으로 추정하고 있다. 따라서 이성규(2012)에서는 결과적으로 기원전 2세기 위만조선의 왕이었던 '우거'란 명칭이 거란어의 '우월'로 이어지고 13세기 타타르부의 'üge'라는 단어로 연결되며, 이 단어의 의미는 높은 관직

---

53 『삼국사기』 권16 「신대왕조」 "五年王遣大加優居主簿然人等, 將兵助玄菟太守公孫度討富山賊."

54 『遼史』 「國語解」 "于越貴官, 無所職. 其位居北南大王上, 非有大功德者不授."

55 박원길 외(2006: 73-74)에서 재인용.
"tende yisügei baɤatur tatar-un temüjin üge qaribuq_a terigürten tayar-i duuliju … tatar-un temüjin üge-i abčiraɤsan-dur törebe kemen temümjin ner_e ögküi teyimü(그리고 예수게이 용사가 타타르의 테무진 우게, 하리보하 등을 위시한 타타르를 정복하고… 타타르의 테무진 우게를 잡아왔을 때 태어났다며 테무진이라는 이름을 주었다)."

을 수행하는 사람을 이르는 말, 다시 말하면 한 집단(부족, 국가)의 우두머리를 나타내는 말로 보았다.

한편 '장항(長降)'은 『사기』 '건원이래후자연표(建元以來侯者年表)'와 『한서』 '경무소선원성공신표(景武昭宣元成功臣表)'에는 '장각(長㳿)'으로, 『한서』 「조선전」에는 '장항(長降)'으로 표기되어 있다. 이성규(2012: 291-293)에서는 『사기』 「조선전」 '색은(索隱)'에서 '장항'의 '항(降)'에 대해서 발음이 '각(各)'이고 '각(㳿)'은 '고락반(姑落反)'이라 하여 당시에 '각(各)'으로 발음된 것으로 추정하면서 '장각'의 재구형을 [*dǐaŋ-kak]로 보고, 입성운미(入聲韻尾)가 후대 한자음에서 대부분 탈락하는 것을 고려하여 제2음절의 받침 'k'가 탈락되는 것으로 보고 결국 [*dǐaŋ-ka]형을 재구하였다. 이 단어는 『사기』 '건원이래후자연표'에서 보는 바와 같이 고조선의 왕자로 생각되며 왕자는 왕 바로 아래 지위에 해당되는 관직으로서 비교적 높은 관직이라고 추정하면서, 고구려의 '상가(相加)'와의 관련성을 논의하였다. 즉 '장각'은 한자어 '장(長)'과 우리말 '가(加)'의 결합으로 볼 수 있고, 부여의 '상가'와 동일한 의미와 지위를 가진 것으로 기술하였다. 또한 이성규(2012: 293)에서는 비왕이 위만조선의 관직명이 분명하고, '장'은 비왕의 이름이며, '장'을 왕자 '장항'처럼 단순히 우두머리라는 표현의 한자어 '장(長)'이라고 설명하는 것이 지금으로서는 합리적이라고 기술하였다.

이성규(2012: 294-295)에서는 이름이 '성기(成己)'인지 '성이(成巳)'인지 불분명하나, 중화서국본 『사기』에 '성이(成巳)'로 기록되어 있으며, '성기(成己)'로 보면 상고음을 [*zǐeŋ-kǐə]로, '성이(成巳)'로 보면 [*zǐeŋ-ʎiə]로 재구할 수 있다고 기술하였다. 한편 이성규(2012)에서 '성기'는 관직명이 '대신'인데, 이와 관련하여 삼한의 군장 명칭인 '신지(臣智)'[56]를 거론할 수 있다고 보았고, '신지'의 상고음을 [*zǐeŋ-tǐə]로 재구하여 '성이(成巳, [*zǐeŋ-ʎiə])'와 비교하여 두 단어는 연결이 가능하다고 보았다. 한편 '신지'라는 단어는 『원조비사』에서 'sinči bayan'으로 나타나며, '신지(sinči)'를 'bayan(귀족, 부자)'이라고 한 것으로 보아 '대신'과 같은 의미를 가지는 단어로 보았다. 즉 이성규(2012)에서는 '성이'도 북방계인 선비나 흉노와 관련이 있는 인물로 추정할 수 있으며, '성이'라는 이름은 한자어 '대신'이라는 뜻이며, 이는 삼한의 '신지', 몽골어에서 귀족을 나타내는 'sinči'와 연결된다고 추정하였다.

5. 고조선 관련 기타 어휘에 대한 연구

1) '밝' 또는 '박'과 관련된 논의

최남선(1927/1973: 43)에 따르면 조선에는 '백(白, pǎik)' 자 또는 그와 유사한 음(또는 훈)을 그 명칭에 가지고 있는 산이 매우 많으며, 현재 반도 내에서만 보더라도 가장 북쪽에 있으며 가장 유명한 '백두산'을 위시하여 '장백(長白), 조백(祖白), 백(白), 소백(小白), 비백(鼻白), 기백(旗白), 부백(浮白)' 혹은 '백운(白雲), 백월(白月), 백암(白岩), 백마(白馬), 백계(白鷄), 백화(白華)' 등과 같은 명칭의 산을 도처에서 볼 수 있으며, 더욱이 '백(白)'의 음(또는 훈)의 전주가차(轉注假借)라고 인정할 수 있는 것까지를 합하면 역내 산악(山岳)의 십분의 몇으로써 헤아릴 정도로 다수를 보여주고 있다고 기술하였다. 또한 시방의 조선의

---

56 『三國志』 券30 「魏書·烏桓鮮卑東夷傳·韓」 "各有長帥 大者自名爲臣智 其次爲邑借 (마한에는 각각 長帥가 있어서 세력이 강대한 자는 스스로 臣智라 하고 그 다음은 邑借라 하였다)."

산명에 있어서 '백' 자의 어형은 실로 그 시대 문화의 중심 사실을 시현하는 귀중한 증빙인 것이며, 그 고의(古義)에는 '신(神), 천(天)' 등이 있고, 신이나 천은 그대로 태양을 의미하는 것이라고 기술하였다. 한편 최남선(1927/1973: 43)에서는 고대 조선에 태양을 숭배하는 신앙이 '밝다'라는 말로 나타나듯이 '백(白)'이라는 문자로 나타나며 그 종교적 의미가 함축되어 있다고 상정하였고, '백(白)'과 '밝'의 모음 변환에 대해 설명하기 위해 한국어와 일본어가 우랄알타이어 계통이라고 주장한 시라토리 구라키치(1896/1970)를 인용하였다.[57]

강길운(1990: 28-68)에서는 우리말 '박달'이 한자어로 나타날 때 '단수·백악(백산)·평양' 등으로 나타남을 감안하여 단군을 박달족의 통치자를 일컫는 '박달-간'으로 보고, '배달'은 '박달'이 와전된 것이므로 우리 민족도 배달민족이 아니라 박달민족이라고 해야 한다고 주장하였다.

윤명철(2002: 60)에서는 신화소인 '삼위태백', '태백산정' 등의 '태백'이 언어상으로나 의미상으로 '하늘' 혹은 '해'와 관련이 깊다고 기술하였고, '백(白)'은 '밝'의 뜻으로 해석되는데 역으로 '붉'은 '백(白)'으로 음사가 된다고 주장하였고, 흰 것은 '광명'을 나타내고 '광명'은 '밝음'을 나타내고 있으니 이 '백(白)' 자 속에 그 의미가 포함되어 있다고 기술하였다.

---

[57] 시라토리 구라키치(1896/1970: 103)에서 우랄알타이어의 특징 중의 하나로 기술한 '모음의 조정(母音의 整調)'을 인용하여 다음과 같이 설명하였다.
"토루코어는 'a·o·u·i'가 경음이기 때문에 그 말의 어두에 철자 'a'가 있으면 그 다음에 오는 모음은 'a·o·u·i' 중의 하나가 아니면 안 된다. 이에 반해서 첫 어두 철자가 'ä'라고 울리면 그 다음에 계속해서 오는 모음은 'ä·ö·ü·i' 중의 하나여야만 한다. 우랄알타이어족 중에서도 이러한 音法이 가장 엄격하게 행해지는 것이 토루코어이다. 이런 점에서 볼 때 조선은 어떠한가. 조선어의 모음 'o·ö·u·eu·a·ă·i'처럼 硬軟二種의 음이 병존하고 있는 것을 생각해보면, 옛날 이 언어에도 모음 조화가 있었던 것이 아닌가 싶다. 이조 초에 완성된 용비어천가 등의 고어를 보면, 모음 조화가 있었던 것이 더 한층 명백해진다."

김영황(2013: 17)에 따르면, '박달임금'의 경우에 음역의 대응이 없으므로 의역의 표기라고 할 아무런 근거가 없으며, 우리말 음운사에서 '박달'의 '박'과 같은 'ㄱ' 폐음절이 당시에 존재하였는지 의문이라고 보았다. 본래 개음절이었던 고대어에서 폐음절이 발생하게 된 과정을 보면 먼저 'ㄴ, ㅁ, ㄹ' 등의 폐음절이 생기고 그 후 일정한 시기가 지나서 'ㄱ, ㄷ, ㅂ' 등의 폐음절이 생겼다고 하며, 광개토왕릉비문에 반영된 이두식 표기를 분석해보면 그때까지만 해도 우리말에 'ㄱ' 폐음절이 존재한 흔적을 찾아보기 어렵다고 한다. 그리고 언어사적으로도 '박달'의 '박'이 '밝다'의 어근으로 된 일이 고대어에 없었으며, '밝다'의 중세적 형태는 '발ㄱ다'이며 이는 '불그다'와 기원을 같이하는 것으로서 '불'과 동족어 계열을 이루고 있는데 이 경우에 'ㄹ'의 탈락은 있을 수 없다고 한다. 따라서 '밝'이 '달'과 결합되어 '박달'로 되거나 '박'이 '밝다'의 옛날 말 어근으로 된다고 하는 주장은, 언어사적 견지에서 전혀 납득되지 않는다고 주장하였다.

2) '곰'과 관련된 논의

양주동(1975 :7-8)에서는 '곰[神]'의 어원은 '감[玄]'·'검[黑]'이나, 그 운전어(韻轉語)인 '김'은 '혀'에 명사첨미어 'ㅁ'을 부(附)한 것으로 관념된 듯하며, 상인해모수(上引解慕漱)의 '해모' 및 '개마산'의 '개마'는 곧 '김'이라고 기술하였다. 또한 '곰'은 '김, 검, 곰, 금' 등으로 호전(互轉)되는 '신(神)'의 고어로 '왕(王)'의 고훈(古訓)[58]에 잉용(仍用)되었으며, 차자로는 '해모(解慕), 개마(蓋馬), 건마(乾馬), 금마(金馬), 검(儉), 금(錦), 금(今), 묵(墨), 웅(熊)' 등이 있다고 기술

---

58 尼師今, 寐錦, 上監 등.

하였다. 또한 그 어원은 '유현(幽玄)'의 뜻인 '감, 검'일 것이며, 단군의 '웅녀탄생설'은 '금, 곰'의 유음(類音)에서 생긴 전설이라고 주장하였다.

도수희(1972: 140-141)에서는 백제의 왕명 '건길지(鞬吉支)'를 논의하였는데, 도수희(1972: 155)에서는 이 논의 내용을 정리하여 '건길지'는 남방계어(마한계)이며 '건+길지'의 복합어로서 '길지'는 귀인을 칭하는 존칭접미사이며 '건'은 '가(加), 감(邯), 웅(熊), 금(金), 현(玄)' 등과 같이 '감', 즉 '신(神)'의 의미이든지 아니면 '한(韓), 간(干)' 등과 같이 '한(大)'의 뜻임을 밝힐 수 있다고 하였다.

도수희(1974)에서는 현재 익산군 김마면의 고지명인 '금마저(金馬渚)'의 어원에 대해 논의를 하였다. 도수희(1974: 57-61)에서는 이 지명의 어원은 마한 시대 혹은 그보다 더 이른 시기에까지 소급될 가능성을 제기하였고, 그 출발점을 고조선의 '*Koma'로 제시하였다.[59] 도수희(1974: 76-80)에 따르면 사학자, 고고학자들은 기원전 3000년경에 한반도에 고아시아족이 알타이족보다 선재하였으며 단군신화까지 고아시아족이 남긴 이야기라 보고 있고, 이 고아시아족을 몰아내고 들어선 민족이 원시 알타이어족이라 주장한다. 한편 기원전 3000년경에 이미 동북 아시아, 특히 쑹화강과 헤이룽강 유역에서 생활하던 민족에게 '고마' 숭배 사상이 있었던 것만은 사학계의 공인된 사실이니 이러한 사학계의 규명 결과를 배경으로 '고마'어의 근원을 대략 기원전 3000년 전후로 추정할 수 있고, '고마'어가 동북 아시아를 기점으로 하여 거의 아시아 전역은 물론 핀란드, 라플란드로부터 북부 아메리카의 북안에 이

---

[59] 도수희(1974: 57)에서는 '金馬渚'의 발달 과정을 다음과 같이 추정하였다.

고조선	마한	백제(온조)	신라(신문왕)	고려(충혜왕)	이조(태종)
*Koma	韓馬(=馬韓)				
*kuma	> 乾馬(國)	> 金馬渚郡	> 金馬郡	> 益州	> 益山郡
	蓋馬(韓)				

르기까지 광범위하게 전파된 것으로 추정할 수 있다는 것이다. 또한 쑹화강과 헤이룽강 인근 지역에 산재한 알타이어족에서 '고마'계 어휘[60]들이 발견되기 때문에 '고마'어의 첫 단계 방사원점은 북부아시아 지역, 특히 쑹화강과 헤이룽강인 것으로 추측된다고 주장하고 있다. 따라서 이와 같이 알타이계의 언어에 '고마'계 어휘가 잔존한다는 사실은 알타이어족의 선조가 선재하였던 동북 아시아의 어느 지역이 '고마'어의 본거지였음을 알려주는 근거가 되며, 아울러 알타이 공통조어 시대에 혹은 그 이전부터 '고마'어가 존재하였던 것을 입증한다고 보았다. 그리고 이처럼 동북아에서 시발한 '고마'어가 이 어휘를 사용하던 알타이족의 이동에 따라 그 분포 지역이 확대된 것이므로, 아마도 한반도의 '고마'어 이식은 한민족의 반도 유입과 동 시기에 일어났을 것으로 추정된다고 기술하였다. 또한 그것을 지역적인 분포로 살펴볼 때 동북아의 '고마'어 발생 지역인 쑹화강과 헤이룽강 유역과 비교적 가까운 위치에 있는 백두산을 중심으로 한 남북의 고구려 영역에 더 적극적으로, 더 일찍이 퍼졌던 듯하다고 보았다. 그리고 그것은 고조선 단군신화의 웅녀를 비롯하여 고구려 영역 내에 선치(先置)되었으리라고 추측되는 개마국(蓋馬國), 웅한이(熊閑伊) 등을 비롯하여 일본 고문헌이 고구려를 'コマ(고마)'로 훈독하고 있다는 사실은 고구려에 선주민이 남긴 '고마'어의 세력이 강력하였음을 입증한다고 보았다. 더욱이 이른바 고구려의 전신으로 짐작하고 있는 '맥(貊)'족의 원의가 '고마'를 표상한 '웅(熊)'족이었다는 점과 일본 고문헌에서 동음이

---

[60] 도수희(1974: 77)에서 인용.
    Lamuts: Kuma 'the great seal'(바다표범)
    Tungus: Kuma 'the great seal'(바다표범)
              Kumaksa 'seal skin'(표범가죽)
              Kumaka 'a stag'(수컷, 수사슴) 'an elk'(뿔큰사슴)

자의 표기로 추정되는 '박(狛)'에 대하여 'ㄱㆍ(고마)'가 표기된 점에서 더욱 확실하다고 주장하였다.

강길운(1981: 11)에서는 '웅녀'를 통속어원설이 만들어낸 것이라고 보고 '고마>곰'의 어원을 다음과 같이 여러 가지로 추정하고 있다.

첫째, '첩'이란 뜻으로 볼 수 있다.[61] 둘째, '후방·북방'의 뜻이 있으므로 북방에서 온 여인과 결혼한 것으로 볼 수도 있다. 셋째, 곰 토템을 가졌던 맥족의 한 여인과 결혼한 것으로 볼 수도 있을 것이다. 호랑이 토템을 가졌던 예족과의 결합에서 단군이 예족이었기 때문에 우리 민족의 관습에 따라서 동족혼을 피하고 이족 간에 결혼이 성립된 것을 의미할 수도 있다. 넷째, 원시시대에 아이누계어를 쓰는 인종이 살고 있었던 것이라면, 아이누어로서 'Kamui(神·熊, 가무이)'가 있고 일본어에 'Kam(神, 감)'이란 말이 있으므로 '웅녀'는 '신녀'의 와전일 수도 있다. 이는 『제왕운기』의 「고기」에서 '환웅(桓雄)'을 '신웅(神雄)'이라고 표기한 기록과 좋은 대조를 이룬다. 즉 신남(神男)과 신녀(神女)가 결혼하여 신성한 단군 국조가 탄생되었다는 이야기가 될 것이다.

강길운(1981)에서는 첫째에서 넷째까지의 해석 가운데서 어느 하나의 어원을 가졌던 말이 통속적인 어원 해석으로 '웅녀'의 뜻으로 오인되기에 이르자 신성해야 할 단군이 곰의 아들이 되어서는 난처하여, 여기에 화인설화(化人說話)가 조작·삽입되어 「고기」에 보이는 바와 같이 신화가 형성된 것으로 추정하였고, 단군신화에 나오는 여러 명사들을 알타이계 언어와 비교해보면 모두 퉁구스계 언어와 대응되는 것이 확실하니 단군조선의 언어는 다른 반

---

[61] 강길운(1981: 11)에서 '웅녀'와 관련하여 '妾(첩)'이라는 뜻으로 볼 수 있다는 견해는 적절하지 않다. '첩'을 뜻하는 한국어의 '고마'는 몽골어 'quma(첩)'에서 차용된 것으로 알려져 있기 때문이다.

증이 없는 한 퉁구스어를 공용어로 썼다고 보아야 한다고 주장하였다

천소영(1990: 123)에 따르면 왕명으로 쓰인 '고마'는 가야국의 4대 왕과 9대 왕의 왕명에서 발견된다. 천소영(1990)에서 가야국의 4대 왕은 거질미(居叱彌, 居叱旀)왕인데, 『삼국유사』의 "거질미는 금물(今勿)이라고도 한다."[62]의 기록으로 보아 '거질미(居叱彌)=금물(今勿)'은 '고마'의 표기일 것이며, 9대 왕은 겸지왕(鉗知王)(『삼국유사』 16, 199, 200)인데 '겸(鉗)'이 '곰'의 표기이며, '-지(知)'는 인명의 접미어 'ti>ci'의 첨기라고 주장하였다. 또한 왕명에서 '현(玄)' 자 이름도 '고마'계 인명으로 추정하면서, 신라 38대 현성왕(玄聖王)(『삼국사기』 10; 『삼국유사』 132)의 왕명도 이 어형을 고려한 시호일 것으로 보았다. 신라 38대 라면 왕명이 이미 한자화된 이후이며 또한 당나라 현종(玄宗)을 비롯한 중국 왕명의 영향도 받았을 터이지만, 그 이전에 나온 많은 '현(玄)' 자형 이름의 용례를 보아서 '현성왕(玄聖王)'의 왕명 역시 '고마'계 이름에 포함시킬 수 있다고 보았다.

윤명철(2002: 101)에서는 '곰'이 언어학적으로 '고마', 즉 알타이어에서 신을 뜻하는 고어로, 이 '감'계의 언어는 '해'와 상대적인 의미와 기능을 상징한다고 하였다. 그리고 백두산의 또 다른 명칭인 '개마산', '개마대산'의 '개마'는 바로 '고마' 등 '감'계의 언어라고 기술하였다.

오장록(2005: 27-29)에서는 '웅(熊)'의 훈인 '곰'이 '신령(神靈)' 또는 '존장(尊長)'을 의미하는 '굼'과 음이 서로 가까우므로 '굼'과 '곰'은 서로 같은 어원을 갖는다고 보았고, '곰'은 우리말의 '굼·검', 일본어의 'kami·kamu', 아이누어의 'kamui(熊神)' 등과 같은 것으로서 곰 숭배 사상을 엿볼 수 있다고 기술하였다. 또한 『계림유사』에서 "호랑이를 감이라 한다(虎曰監)."라고 하여 호랑

---

62 『三國遺事』 197 "居叱彌 一云 今勿."

이는 '금'이라 했음을 알려준다고 기술하면서, '호(虎)'와 '웅(熊)'은 '신(神)'을 의미하는 순수한 고대 한국어의 이두식 표현이라고 주장하였다.

6. 한국의 고조선어 연구 경향과 문제점

결론에서는 본문의 내용들을 요약·정리하여 제시하고자 한다.

고조선어의 계통에 대한 논의의 출발점은 유럽의 역사비교언어학자들에 의한 알타이 제어 논의이다. 알타이 제어에 대한 논의는 이후 국내 국어학계에 직접적인 영향을 주었고, 국내 학자들에 의해 한국어의 계통에 대한 논의가 진행되었다. 그러나 한국어와 알타이 제어의 관계가 여전히 가설 수준에 머무르고 있고, 이로 인해 한국어 계통에 관한 국내의 연구들이 큰 성과를 이루지 못했던 것으로 보인다. 한편 한국어 계통론과 고조선어의 관계에 대한 논의가 시도되었으나 학술적으로 의미 있는 논의는 이루어지지 못한 듯하며, 이에 비해 근래에 들어 고조선어, 부여어, 삼한어, 고구려어의 관계에 대한 논의가 예전에 비해 좀 더 언어학적 관점에서 다루어지고 있는 것으로 보인다. 한편 최근에 중국어와 고조선어의 관계에 대한 중국 측의 논의가 활발한데, 아울러 이에 대한 국내 학자들의 비판적 논의도 활발하게 이루어지고 있다.

고조선어와 관련하여 가장 많이 논의된 것이 고조선 관련 국명, 지명, 인명이라고 할 수 있다. 국명의 경우에 여러 고대 문헌에서 그 흔적을 찾을 수 있으며, 지명 역시 많은 고문헌에 그 흔적이 남아 있는데 그 이유는 보수성이 강한 성격 때문인 것으로 짐작된다.

고조선의 국명에 대한 논의는 '조선'이라는 국명의 의미와 국명의 성립 과정에 대한 것들이 중심을 이루고 있으며, 이와 관련하여 중국 고대 문헌에서 찾을 수 있는 '발조선'에 대한 논의가 다루어졌다.

'조선'이라는 국명에 대한 논의는 역사학계와 언어학계에 의해 진행되었다. 역사학계의 대표적인 연구로는 신채호(1910/1972), 정인보(1947/1983), 이병도(1954) 등이 있으며, 대표적인 언어학계의 연구로는 양주동(1937; 1939), 천소영(1990) 등이 있다.

'아사달'은 '아침의 땅'을 의미하는 우리말로 이를 아역(雅譯)한 것이 '조선'이 되었다는 견해와 고조선인들이 습수와 산수가 합류하는 열수 가에 살았기 때문에 '조선'이라는 명칭이 생겼다는 견해가 있는데, 이 중 전자의 주장이 한국 학계에 통설로 수용되고 있다.

'조선' 국명의 성립 과정과 '발조선'에 대한 논의는 주로 역사학계에 의해 논의가 주도되었고, 현재의 대표적인 논의로는 서영수(1988), 송호정(1999; 2012) 등이 있다.

한편, 현재 중국 학계에서는 『역경』에 나오는 '명이(明夷)'를 조선으로 해석하고 '조선'을 국가명이 아닌 지역 개념으로 보는 견해들이 제기되고 있는데, 이는 단군조선을 배제하고 한민족의 시작을 기자조선으로 연결하려는 의도로 보인다. 중국에서 최근에 제기되는 또 하나의 견해는 고조선을 고연족(古燕族), 고죽족(孤竹族), 기족(箕族), 산융족(山戎族), 동호족(東胡族), 숙신족(肅愼族) 등과 마찬가지로 중국 고대의 소수민족이라고 주장하는 것이다. 이는 동이 집단의 한 갈래로서 '고조선족'에게 중국 민족의 정체성을 부여하고, 따라서 기자 집단은 상나라의 혈통을 이은 중국 민족이고 그들이 이주한 고조선 지역의 주민도 중국 민족이기 때문에, 기자조선을 포함한 고조선의 역사는 중국 민족의 역사 범주에 속한다는 것을 주장하는 것으로, 이러한 최근 중국 학계의 주장은 한국 학계에서 주시해야 할 부분이다. 근래 중국에 의한

'조선' 연구에 대해서는 조우연(2012)을 참고할 만하다.

고조선 관련 지명에 대한 대부분의 연구들에서 다루고 있는 주제는 '아사달(阿斯達)', '험독(險瀆)', '패수(浿水)' 등이다. 이 중에서 가장 많이 논의된 것은 '아사달(阿斯達)'이다. '아사달(阿斯達)'에 대한 논의는 일제강점기부터 안재홍(1947/1991), 신채호(1948/1986) 등의 역사학계에 의해 주도되었고, 이후 이병도(1976/1983)에서는 '평양=백악=백아강=백악산 아사달'의 입론을 토대로 '아사달'을 '조광지(朝光地)', '양지(陽地)', '양원(陽原)'의 뜻으로 해석하였다. 한편 언어학계에서도 '아사달(阿斯達)'에 대한 논의가 집중되었는데 대표적으로 양주동(1965/1975), 천소영(1990), 도수희(2004) 등이 있다. 초기 역사학계와 언어학계에서의 논의들은 고문헌의 기록 등을 근거로 논의를 진행하였지만, 대체로 언어학적인 논거를 제대로 제시하지 못하였다는 문제점이 있다. 다만 도수희(2004) 등에 이르러 그동안 지명과 관련한 논의의 연구 결과를 바탕으로 초기 연구의 문제점을 보완하고 있지만, 논의의 자의성은 여전히 개선되어야 할 것으로 보인다. 이후 학계의 논의들이 앞에서 언급한 연구들의 결과물을 토대로 이루어지고 있다는 점에서 문제점을 다소 내포하고 있다.

'험독(險瀆)'에 대한 논의는 주로 역사학계에 의해 진행되었다. 신채호(1929/2007), 정인보(1947/2012) 등에 의해 논의가 시작되었고, 이후 서영수(1988)와 노태돈(1990)에 의해 기존 논의들을 보완하고 있는 상황이다. 최근 김남중(2015)에서 '험독'에 대한 기존 논의들을 정리하였다.

고조선 관련 지명 중에서 많은 논란을 일으키는 것이 바로 '패수(浿水)'이다. '패수'는 고조선의 영역을 증명할 수 있는 척도라는 점에서 매우 중요한 지명이다. 따라서 '패수'에 대한 기존 학계의 논의는 여러 관점에서 이루어졌는데, 한편으로는 학술적 가치를 갖지 못하는 논의도 많다는 점에서 기존 논의를 이용할 때 주의를 요한다.

'패수'에 대한 대표적인 논의로 리지린(1960), 서영수(1988), 노태돈(1990) 등이 있다. 리지린(1960)에서는 '패수'가 고유명사라기보다 강을 만주어에서 '필랍(畢拉)', 솔론어에서 '필랍(必拉, 벨라)', 어룬춘어에서 '필아랍(必牙拉)'이라고 하는 예에서 보듯이 고대 조선어의 강을 뜻하는 보통명사에서 비롯한다는 주장을 제기하였고, 서영수(1988)와 노태돈(1990)에서는 리지린(1960)에서 제기한 논의를 바탕으로 '패수'는 조선계 지명으로 흔히 고조선의 수도 근처를 흐르는 강으로 이해하고 있으며, 노태돈(1990)에서는 '패수'라는 강 이름이 여러 곳에서 보이는 이유에 대해 고대인의 거주지 이동에 따라서 옮겨 살기 이전 지역의 명칭을 새로운 정착지의 지명으로 계속 사용하였을 가능성을 제시하였다. 한편 한경호(2010)에서는 중국 중고음을 이용하여 '패수(浿水)'에 대한 논의를 하고 있다. 논의에 있어서 몇몇 문제가 없지는 않으나, 기존의 문헌을 기술하는 것에서 벗어나 새로운 관점에서 논의를 전개하였다는 점은 주목할 만하다.

고조선 관련 왕명·인명에 대한 그간의 연구 중에서 가장 언어학적으로 의미 있는 연구 성과를 도출한 것은 '단군'의 의미에 대한 논의로 생각된다.

비교언어학적 차원에서 '단군'과 몽골어 '텡게리'의 연관성을 처음 언급한 것은 시라토리 구라키치(白鳥庫吉, 1894/1970)에 의해서이다. 다만 시라토리 구라키치(白鳥庫吉, 1894/1970)에서는 '단군 부정'과 관련된 '단(檀)'과 '단(壇)'을 둘러싼 논쟁을 유발하였는데, 이러한 논쟁은 최남선(1930/1973)에 의해 반박되었다. 최남선(1930/1973)에서는 '단군(壇君)' 관련 논의에 대해 고조선이 제정일치의 시대로 '천'을 의미하는 말과 그것의 '신성성'을 연결하였고, 일본인 언어학자의 연구 결과를 이용하여 기존의 '단군=조선'의 고유명사에서 '단군=샤먼·제사장'이라는 더욱 넓은 광역을 포함하는 '단군'을 창출하였다. 이후 대부분의 논의들이 이러한 최남선(1930/1973)의 논의에 바탕을 두고 있다.

고조선 관련 왕명과 관련하여 '기자'에 대해서도 많은 논의가 있고, 이 논의 역시 역사학계에 의해 시작되었다. 신채호(1948/2007), 정인보(1947/2000)에서는 '기자동래설'을 부인하면서 '기자'의 명칭이 임금을 뜻하는 토속어에서 유래한 것으로 보았고, 안재홍(1947/1991)에서는 '기자조선'의 존재는 인정하되 '기자=개인설'을 부정하고 '기자'를 지배자에 대한 토속적인 명칭의 한역이라고 보았으며, '기'의 의미에 대한 논의를 하였다. 이병도(1976/1983)에서는 기자조선 왕의 성은 '기씨'가 아니라 '한씨'이며, 중국인이 아니라 '한인(韓人)'이라는 주장을 제기하였다. 이기문(1982)에서는 『일본서기』에서 백제의 왕을 'kisi'로 새긴 사실과 광주판 『천자문(千字文)』에 왕의 새김이 '긔즈'라 적혀 있는 사실을 주목하였고, 도수희(2004)에서는 가장 이른 시기의 우리말 존칭접미사로 '지(智, 支)'를 확인하면서, 이 '지'는 이른 시기의 고조선어 '긔즈(箕子), 긔준(箕準)'의 'ᄌ/주(ㄴ)'에까지 소급한다고 보았다.

고조선 인명에 관한 대표적인 논의로는 송호정(1999), 노태돈(2000), 이성규(2012) 등이 있는데, 특히 이성규(2012)의 논의가 주목할 만하다. 이성규(2012)에서는 『사기』「조선열전」, 『한서』「조선전」, 『삼국지』, 『위략』, 『삼국유사』「위만조선」에 기록된 위만조선의 관직명과 인명에 대해 논의를 하였는데, 위만조선의 관직명에서 한자어 관직명만 나타나고 고유어나 북방계 단어가 나타나지 않는 이유는 위만조선의 왕명이 단순한 인명이 아닌 직위(관직)를 나타내는 말이기 때문이라고 주장하였다. 이런 이유로 위만조선의 인명에 대해서만 자세히 논의하였고, 특히 중국 상고음을 중심으로 논의를 진행하였다는 점에서 기존 논의와 다른 연구 방법을 채택하고 있다. 다만 중국에서조차 중국 상고음에 대한 논의가 정밀한 결과를 도출하지 못하고 있다는 점과, 한국어와 알타이 제어의 연관성에 대한 논의가 아직 가설에 머무르고 있다는 점에서 북방계 제 민족의 어휘와 비교 논의를 하는 것이 언어학적으로 타당할지에 대해서는 의문으로 남는다.

그 외 고조선 관련 어휘에 대한 연구로 '밝, 박' 또는 '곰'을 들 수 있는데, 이 중에서도 '곰'에 대한 논의가 언어학적 방법으로 이루어졌다. 대표적인 논의로는 양주동(1975), 도수희(1972: 1974), 천소영(1990) 등이 있으며, 이후의 논의들은 앞서 언급한 연구들을 기반으로 하고 있다. 이들 논의가 언어학적으로 의미가 있는 이유는 지명어 연구 결과를 바탕으로 논의를 하고 있기 때문이다. 즉 지명은 해당 지명이 가지고 있는 지리적 특성이나 기능 등에 의해 형성되는데, 그 보수성이 매우 강해 현재도 전국적으로 옛 의미를 간직하고 있는 지명이 많다. 따라서 현재로서는 고대 어휘를 연구함에 있어서 가장 좋은 논의의 근거가 된다. 특히 인접국의 고대 문헌이나 어휘 비교를 통해 더 많은 자료를 확보할 수 있다는 점에서 지명 연구는 많은 가능성을 가지고 있다. 물론 초기 지명의 연구에서 언어학적으로 다소 문제점이 없다고 할 수는 없지만, 이러한 문제점만 보완한다면 고대 어휘 연구에 더 많이 활용할 수 있을 것으로 보인다.

이 글에서는 그동안 고조선어와 관련된 국내 학계의 연구 성과를 정리하여 제시하고자 하였다. 기술(旣述)한 바와 같이 상고시대의 한국어에 대한 기술(記述)은 매우 빈약한 상태였고, 이러한 상황은 당연히 자료의 부족에서 기인한다.

이러한 상황에서 중국의 동북공정에 대응하기 위해, 또한 한국어의 옛 모습을 파악하기 위해 고조선어에 대해 체계적으로 연구하는 것은 당연하다고 할 수 있다. 그러나 자료 부족 등의 이유로 실제 언어학적인 관점에서 고조선어를 다룬 논의는 고조선어의 실체를 파악하기에 매우 부족한 상황이다. 이에 더하여 고조선어에 대한 초기의 연구는 논리적으로 확실히 입증할 수 있는 자료를 거의 제시하지 못했으며, 더욱이 근래에 와서는 이러한 초기 연구에 대한 검증 없이 이를 토대로 재논의를 하고 있다는 점은 심각한 문제라 할 수 있다. 또한 비학문적인 글이 다수 생산되어 고조선어의 실체를 밝히는 데 많은 문제를 양산하고 있는 실정이다.

이 글은 이러한 상황에서 수많은 논저들을 확인하고 정리하는 과정을 통해 작성하였으나 부족한 필자의 능력으로 인해 많은 옥고를 놓쳤을 가능성도 있다. 이는 전적으로 필자의 능력 부족에 의한 것이다. 다만 부족한 능력에도 가능하면 고조선어를 언급한 모든 논저를 확인하고자 하였으며, 확인한 자료 중에서 학술적 가치를 지닌 논의만을 담고자 노력하였다.

고조선어에 대한 그동안의 논의들은 주로 역사학계에 의해 주도되었다. 물론 그 출발점이 일제강점기에 민족적 자긍심을 고취하기 위한 하나의 방편으로 시작되었다는 점에서 이해할 수 있는 측면이 있지만, 언어학적인 논의가 매우 부족한 것은 안타까운 현실이다.

역사학계에 의한 논의는 주로 고대 문헌에서 고조선과 관련된 기술에 대한 관점의 차이에 따라 이루어진 것으로 보인다. 언어학계의 논의는, 역사학계에 의한 것에 비교할 수는 없지만 현재의 상황에서 가급적 깊고 넓게 논의하고자 노력한 것으로 보인다. 그러나 역사학계에 의한 고조선어 논의는 언어학적인 연구 방법이 결여되어 있다는 점에서, 언어학계에 의한 논의는 언어학적 논거가 매우 부족하다는 점에서 많은 문제점을 내포하고 있으며, 근래에 와서는 이런 문제점을 내포한 선행 연구들을 검증 과정 없이 수용하여 재생산한다는 점에서 그 문제의 심각성을 확인할 수 있다.

따라서 앞으로 고조선어에 대한 연구는 기존 논의들의 문제점을 보완하고, 아울러 부족한 자료를 메꿀 수 있는 다양한 방면의 연구 방법 등을 개발하여, 우리말의 옛 모습을 정확히 비출 수 있기를 기대해본다.

참고문헌

姜吉云(1981), 「고조선삼국에 대한 비교언어학적 고찰: 한민족의 뿌리」, 『언어』 2, 충남대학교.
_____(1990), 『고대사의 비교언어학적 연구』, 새문사.
국사편찬위원회(1990), 『中國正史 朝鮮傳 譯註 一』, 신서원.
기수연(2010), 「중국 학계의 고조선, 한사군 인식에 대한 비판적 검토」, 『고조선단군학』 23, 고조선단군학회.
김기선(1995), 「연지, 단군의 어원 고찰: 한국어의 연지, 단군을 몽골어, 흉노어와 비교해 본 의미의 고찰」, 『몽골학』 3-1, 한국몽골학회.
김기수(1998), 「古朝鮮 硏究의 동향과 國史敎科書의 서술 변천」, 창원대학교 석사학위논문.
김남중(2000), 「衛滿朝鮮의 領域과 王儉城의 位置」, 전남대학교 석사학위논문.
_____(2014), 「위만조선의 성립과 발전 과정 연구」, 서강대학교 박사학위논문.
_____(2015), 「險瀆과 고조선의 관계」, 『한국사학보』 61, 한국사학보.
김도용(1991), 「고조선의 제 문제」, 『고고역사학지』 7, 東亞大學校博物館.
金芳漢(1963), 「Altai어에 있어서의 補充法에 關한 考察」, 『東亞文化』 1, 서울대학교 동아문화연구소.
_____(1978), 「알타이諸語와 韓國語」, 『東亞文化』 15, 서울대학교 동아문화연구소.
_____(1981), 「기층에 관하여」, 『한글』 172, 한글학회.
_____(1982), 「'溝漊'와 '烏斯含'에 관하여」, 『언어학』 5, 한국언어학회.
_____(1983), 『韓國語의 系統』, 民音社.
金善琪(1968), 「한·일·몽 단어 비교—계통론의 길돌—」, 『한글』 142, 한글학회.
_____(1973), 「'慰禮城'의 어원」, 명지대학 주최 동아일보사 후원 제일회 백제문화학술강연회 강연 요지.
김성한(2014), 「漢 郡縣을 둘러싼 한국고대사의 몇 개 문제—문헌 자료를 중심으로—」, 『인문학연구』 97, 충남대학교 인문과학연구소.
김양진(2008), 「한국어 계통론 연구 논저 목록」, 『국어사연구』 8, 국어사학회.
김영황(2013), 「'檀君'에 대한 해독에서 제기되는 문제」, 『중국조선어문』 (1), 길림성민족사무위원회.
김은정(2003), 「古代國家 國名의 特性—濊·貊·古朝鮮을 중심으로」, 『崇實語文』 19, 崇實語文學會.
김인락(1996), 「古朝鮮時代의 基礎醫學」, 『한국 한의학연구소 논문집』 2, 韓國韓醫學硏究所.

김정배(1972), 「고조선의 민족구성과 문화적 복합」, 『백산학보』 12, 백산학회.
金亨奎(1949), 「三國史記의 地名攷」, 『진단학보』 16, 진단학회.
盧泰敦(1990), 「古朝鮮 중심지의 변천에 대한 연구」, 『韓國史論』 23, 서울대학교 인문대학 국사학과.
_____(2000), 「역사적 실체로서의 단군」, 『韓國史市民講座』 27, 일조각.
도수희(1972), 「백제 왕칭어(王稱語) 소고 – '어라하(於羅瑕), 건길지(鞬吉支), 구드레, 구다라'를 중심으로 – 」, 『百濟硏究』 3, 충남대학교 백제연구소.
_____(1974), 「'金馬渚'에 대하여」, 『百濟硏究』 5, 충남대학교 백제연구소.
_____(2004), 「고구려어에서 조명해본 고구려 역사」, 『인문언어』 6, 국제언어인문학회.
류렬(1990), 『조선말력사(1)』, 사회과학출판사.
리지린(1960), 「고조선 국가 형성에 관한 한 측면의 고찰 – 한자 사용 시기에 대하여」, 『력사과학』 1960-2, 조선과학원 력사연구소.
_____(1963), 『고조선 연구』, 과학원출판사. 재수록: 리지린(1989), 『고조선 연구』 번각본, 열사람.
림건상(1963), 「고조선의 위치에 대한 고찰」, 『고조선에 관한 토론 논문집』, 과학원출판사.
박병채(1980), 「'한민족의 기원'에 대한 언어학적 측면에 대하여」, 『민족문화의 원류』, 한국정신문화연구원.
_____(1989), 『국어발달사』, 世英社.
박원길 외(2006), 『몽골비사의 종합적 연구』, 민속원.
박종연(2012), 「歷史文獻에 나타난 中國語 通譯에 관한 고찰(1): 韓國古代時期를 中心으로」, 『中國語文論譯叢刊』 31, 中國語文論譯學會.
방동인(1984), 「韓國上古時代의 境域 認識(I)」, 『정신문화연구』 7, 한국학중앙연구원.
서영수(1988), 「古朝鮮의 위치와 강역」, 『韓國史市民講座』 2, 일조각.
_____(1996), 「衛滿朝鮮의 形成過程과 國家의 性格」, 『韓國古代史硏究』 9, 한국고대사학회.
_____(2007), 「고조선의 발전 과정과 강역의 변동」, 『고조선의 역사를 찾아서 – 국가·문화·교역 – 』, 학연문화사.
宋基中(2000), 「東아시아 諸民族의 分布와 言語學的 分類」, 『口碑文學硏究』 11, 한국구비문학회.
송호정(1999), 「古朝鮮 國家 形成 過程 硏究」, 서울대학교 박사학위논문.
_____(2012), 「先秦文獻에 기록된 古朝鮮 사회와 주민집단」, 『역사와 담론』 61, 湖西史學會.

申采浩(1908), 「扶餘王朝와 箕子」, 『讀史新論』, 대한매일신보.
_____(1929), 「平壤浿水考」, 『朝鮮史硏究艸』, 조선도서주식회사. 재수록: 丹齊申采浩先生全集編纂委員會 編(2007), 「平壤浿水考」, 『朝鮮史硏究草』, 『丹齊申采浩先生全集』 2, 독립기념관 한국독립운동사연구소.
_____(1948), 『朝鮮上古史』, 종로서원. 재수록: 丹齊申采浩先生 紀念事業會 編(1972), 『朝鮮上古史』(『改訂版 丹齊 申采浩 全集』 상권), 螢雪出版社. 재수록: 申采浩(1986), 『朝鮮上古史』, 일신서적공사; 丹齋申采浩全集編纂委員會 편(2007), 『조선사』(『丹齋申采浩全集』 제1권 역사), 독립기념관 한국독립운동사연구소.
_____ 저, 박기봉 옮김(2006), 『朝鮮上古史』, 비봉출판사.
安在鴻(1947), 「阿斯達과 白岳·平壤·夫餘辨」, 『朝鮮上古史鑑』 上卷, 民友社. 재수록: 安在鴻選集刊行硏究會 편(1991), 「阿斯達과 白岳·平壤·夫餘辨」, 『民世安在鴻選集』 3, 지식산업사.
_____(1947), 「箕子朝鮮考」, 『朝鮮上古史鑑』 上卷, 民友社. 재수록: 安在鴻選集刊行硏究會 편(1991), 「箕子朝鮮考」, 『民世安在鴻選集』 4, 지식산업사.
_____ 저, 김인희 역주(2014), 『조선상고사감: 한국고대사를 비춰 보는 거울』, 우리역사연구재단.
梁柱東(1937), 「稽古襍俎: 近者硏究의 主題」, 『朝光』 3-1, 조광사.
_____(1939), 「鄕歌註釋散考-上代語法에 關한 若干의 基本的 見解」, 『震檀學報』 10, 震檀學會.
_____(1942/1943), 『朝鮮古歌硏究』, 博文書館.
_____(1954/1957), 『訂補版 古歌硏究』, 博文出版社.
_____(1965/1975), 『增訂 古歌硏究』, 일조각.
吳江原(1995), 「고대 주요 지명어의 분포와 그 특징에 관한 일고찰(1): 고조선 문제와 관련하여」, 『강원사학』 11, 강원사학회.
_____(1998), 「古朝鮮의 浿水와 沛水」, 『강원사학』 13·14 합집, 강원사학회.
오장록(2005), 「三國遺事 古朝鮮條 內容에 대한 考察」, 麗水大學校 석사학위논문.
유창균(1986), 「'낙랑'의 어원에 대한 일고찰」, 『한국전통문화연구』 2, 효성여자대학교 한국전통문화연구소.
윤명철(2002), 「단군신화와 고구려 건국신화가 지닌 정체성 탐구」, 『고조선단군학』 6, 고조선단군학회.
윤상열(2007), 「고조선의 천하관에 관한 시론」, 『사학연구』 88, 한국사학회.
이강식(1994), 「『神誌秘詞』에 기록된 古朝鮮 3韓組織의 構造와 機能(II)」, 『경주대학교 논

문집』 6.
이기동(1988), 「북한에서의 고조선 연구」, 『한국사 시민강좌』 2, 일조각.
李基文(1961), 『國語史槪說』, 民衆書館.
_____(1967), 「한국어형성사」, 『한국문화사 대계』 9(언어·문학사 상), 고려대학교 민족문화연구소, 고대민족문화연구소출판부.
_____(1972), 『改訂版 國語史槪說』, 塔出版社.
_____(1975), 「韓國語와 알타이諸語의 比較硏究」, 『綜合學術會의 論文集-光復30周年 紀念-』, 대한민국학술원.
_____ 編(1977), 『國語學論文選 10, 比較硏究』, 民衆書館.
_____(1982), 「百濟語 硏究와 관련된 몇 問題」, 『百濟硏究』, 충남대학교 백제연구소.
_____(1998), 『新訂版 國語史槪說』, 태학사.
이기백(1988), 「고조선의 국가 형성」, 『韓國史市民講座』 2, 일조각.
李丙燾(1954), 『國史大觀』, 보문각.
_____(1955), 「阿斯達과 朝鮮-特히 그 名稱에 대하여」, 『서울대학교 論文集』 2, 서울대학교.
_____(1976/1983), 『韓國古代史硏究』, 博英社.
이병선(1982/1988), 『韓國古代國名地名硏究』, 아세아문화사.
李聖學(1986), 「韓國 古代都邑의 歷史地理性」, 『사회과학연구』 2, 경북대학교 사회과학연구소.
李崇寧(1956), 「接尾辭 -k(g), -ŋ에 對하여: 特히 古代七耳其語와의 比較에서」, 『서울대학교 論文集』 4, 서울대학교.
이성규(2012), 「위만조선의 왕족 인명 연구」, 『고조선단군학』 27, 고조선단군학회.
이연주(2009), 「揚雄『方言』에 수록된 조선 어휘 고찰」, 『中國語文學』 54, 영남중국어문학회.
이장희(2003), 「6세기 신라 금석문의 인명 접사 연구」, 『언어과학연구』 26, 언어과학회.
임훈(2011), 「『箕子實記』에 나타난 이이의 箕子 인식」, 한국교원대학교 석사학위논문.
전성곤(2006), 「최남선의 '불함문화론' 다시 읽기」, 『역사문제연구』 16, 역사문제연구소.
정연규(2000), 『언어 속에 투영된 한민족의 상고사』, 한국문화사.
鄭寅普(1947), 『朝鮮史硏究』 上, 서울신문사. 재수록: 鄭寅普(1983), 「始祖檀君」, 『朝鮮史硏究』 上, 『薝園 鄭寅普全集』 3, 연세대학교출판부; 鄭寅普 저, 朴成壽 편역(2000), 『鄭寅普의 조선사연구』, 서원; 정인보 저·문성재 역주(2012), 『오천년간 조선의 얼, 조선사연구 上』, 우리역사연구재단.
趙承福(1987), 「고조선어 右渠에 대한 관견」, 『韓國學國際學術會議論文集: 國內外에 있

어서 韓國學의 現在와 未來』, 仁荷大學校 韓國學硏究所.
조우연(2012), 「중국학계의 '箕子朝鮮' 연구와 그 비판에 대한 검토」, 『고조선단군학』 26, 고조선단군학회.
조원진(2009), 「箕子朝鮮 硏究: 遼西地域 商周 靑銅禮器를 中心으로」, 단국대학교 석사학위논문.
진단학회 편(1971), 『한국사 고대편』, 을유문화사.
천관우(1989), 『고조선사·삼한사연구』, 일조각.
천소영(1990), 『고대국어의 어휘연구』, 고려대민족문화연구소.
崔南善(1927), 「不咸文化論」, 『朝鮮及朝鮮民族』, 朝鮮思想通信社. 재수록: 六堂全集編纂委員會 編(1973), 「不咸文化論」, 『六堂崔南善全集』 2, 玄岩社.
崔南善(1928), 「壇君及其硏究」, 『月刊 別乾坤』, 개벽사.
_____(1929), 「朝鮮史의 箕子는 支那의 箕子가 아니다」, 『怪奇』 2, 東明社. 재수록: 崔南善(1973), 『六堂崔南善全集』 2, 玄岩社.
_____(1930), 「壇君小考」, 『朝鮮』 186, 朝鮮總督府. 재수록: 崔南善(1973), 「壇君小考」, 『六堂崔南善全集』 2, 현암사.
_____(1930), 「古朝鮮に於ける政治規範」, 『朝鮮學報』 1-1, 朝鮮學報社. 재수록: 六堂全集編纂委員會 編(1973), 「古朝鮮에 있어서의 政治規範」, 『六堂崔南善全集』 2, 玄岩社.
최지연(1993), 「정인보의 고대사 인식」, 『숙명한국사론』 1, 숙명여자대학교.
최혜민(2016), 「신채호의 기자·기자조선 인식」, 경희대학교 석사학위논문.
한경호(2010), 「고대 한반도 고유명사 표기에 나타난 [泰]·[夬]韻의 韻尾 *-s의 흔적에 대하여」, 『진단학보』 109, 진단학회.
한상우(1992), 「한국적 사유체계의 지속성에 대한 연구」, 『종교연구』 8, 한국종교학회.
홍기문(1964), 『조선신화연구』, 사회과학출판사.

高橋二郞(1889), 「朝鮮語考」, 『如蘭社話』 13.
金澤庄三郞(1910), 『日韓兩國語同系論』, 三省堂書店.
大原利武(1933), 「遼東郡考」, 『滿鮮に於けろ漢代五郡二水考』, 近澤書店.
苗威(2006), 『古朝鮮硏究』, 香港亞洲出版社.
白鳥庫吉(1894a), 「朝鮮の古傳說考」, 『史學雜誌』 5-12, 東京帝國大學史學會.
_____(1894b), 「檀君考」, 『學習院輔仁會雜誌』 28, 學習院大學. 재수록: 白鳥庫吉(1970), 「檀君考」, 『白鳥庫吉全集』 3, 岩波書店.

_____(1895),「朝鮮古代地名考」,『史學雜誌』第6編 第10·11號·第7編 第1號. 재수록: 白鳥庫吉(1970),『白鳥庫吉全集』3, 岩波書店.

_____(1896),「高句麗の名稱に就きての考」,『國學院雜誌』2-10. 재수록: 白鳥庫吉(1970),「高句麗の名称に就きての考」,『白鳥庫吉全集』3, 岩波書店.

_____(1910),「東胡民族考」,『史學雜誌』21-7, 東京帝國大學史學會. 재수록: 白鳥庫吉(1970),「東胡民族考」,『白鳥庫吉全集』4, 岩波書店.

_____(1912),「漢の朝鮮四郡疆域考」,『東洋學報』2-2. 재수록: 白鳥庫吉(1970),「漢の朝鮮四郡疆域考」,『白鳥庫吉全集』3, 岩波書店.

_____(1937),「朝鮮古代諸國稱考」,『史學雜誌』48-7.

_____(1970),「蒙古民族の起源」,『白鳥庫吉全集』4, 岩波書店.

鳥居龍蔵(1925),『人類學上より見たる我が上代の文化(一)』, 叢文閣.

李德山·欒凡(2003),『中國東北古民族發展史』, 中國社會科學出版社.

河野六郎(1945),『朝鮮方言學試攷-「鋏」語考-』, 東都書籍. 재수록: 河野六郎(1975),『河野六郎著作集』1, 平凡社.

Aston, W. C.(1879), "A Comparative Study of the Japanese and Korean Language", *JRAS New Ser. 2.*

Базаррагчаа, М.(1995), *Монгол угийн гарлыг мөшгөх нь.III,* Улаанбаатар.

Dallet, Ch.(1874), *Histoire de l'église de corée.*

Eckardt, A.(1966), "Koreanisch und Indogermannisch", *Untersuchungenüber die Zugehörigkeit des koreanischen zur indogermanischen Sprachfamilie,* Heidelberg.

Eldengtei·Ardajab(1986), "Mongɤol-un ni ručatobčiyan-seiregülültayilburi-", *Öbör Mongɤol-un surɤan kümüjil-ün keblel-ün quriy_a.*

Helbert, H. B.(1895), "The origin of the Korean people", *The Korean Repository 2.6-7,* The Trilingual Press.

Helbert, H. B.(1906), *A Comparative Grammar of the Korean Language and the Dravidian Language of India,* Seoul.

Parker, E. H.(1880), "Chinese, Corean and Japanese", *The China Review XIV,* 4.

Poppe, N.(1960), "Vergleichende Grammatik der altaischen Sprachen", *Otto Harrassowitz,* Wiesbaden, Germany.

_____(1965), "Introduction to Altaic Linguistics", *Otto Harrassowitz,* Wiesbaden, Germany.

Ramstedt, G. J.(1928), "Remarks on the Korean Language", *Mémoires de la Société Finno-Ougrienne LVIII*, Helsinki, Suomalais-Ugrilainen Seura.

_____(1939a), "Über die Stellung des Koreanischen", *Journal de la Société Finno-Ougrienne*, Helsinki, Suomalais-Ugrilsinen Seura.

_____(1939b), "A Korean Grammar", *Mémoires de la Société Finno-Ougrienne LXXXII*, Helsinki, Suomalais-Ugrilainen Seura.

_____(1949), "Studies in Korean Etymology", *Mémoires de la Société Finno-Ougrienne XCV*, Helsinki, Suomalais-Ugrilainen Seura.

RÓNA-TAS, A.(1974), "Tocharische Elemente in den altaischen Sprachen", *Sprache, Geschichte und Kultur* 5(Schriften zur Geschichte und Kultur desalten Orients), Tagung der P. I. A. C..

3장

고조선어와 역사
안재홍의 '기, 지, 치 이론'과 기자조선의 존재 여부

김인희

1. 세간의 웃음거리가 된 안재홍의 '기, 지, 치 이론'
2. 왕을 지칭하는 고유어 '기', '크치'의 존재 여부
3. 고조선시기 '크치'와 '크치국'의 존재 가능성
4. 삼한과 삼국시기 왕명·관직명으로 사용된 '기'
5. 언어학 자료의 활용과 역사 연구

1. 세간의 웃음거리가 된 안재홍의 '기, 지, 치 이론'

민세(民世) 안재홍(安在鴻)은 1891년 12월 30일 지금의 평택시 고덕면 두릉리에서 출생하였으며 1965년 3월 1일 75세로 북한의 평양에서 별세하였다. 9번의 투옥으로 7년 3개월간 옥살이를 하였으며 1950년 9월 21일 북한의 '모시기 공작'에 의해 월북하였는데, 이승만에 의해 자진월북자로 분류되어 수십 년 동안 금기의 인물이 되었다. 안재홍의 삶은 한국 근현대사의 격동과 함께하였으며, 그는 조선시대 말의 국권 침탈 과정과 일제에 의한 합병, 광복, 한국전쟁, 분단이라는 한국사에서 가장 고단한 시기를 거쳐야 했다.

그렇기 때문에 안재홍은 한 분야에 안주한 것이 아니라 다방면에서 자신에게 주어진 역사적 책무를 다하려 하였다. 일반적으로 민족운동가, 언론인, 역사가, 정치가로 알려져 있으나 그의 삶의 총체적인 목적은 민족의 독립이었다. 신간회가 해소되면서 정치 활동이 불가능해진 1930년대 이후부터는 역사와 관련된 글을 쓰기 시작하였다. 안재홍은 일제 식민주의학자, 국내의 민족주의학자와 공산주의학자의 비판을 극복하기 위하여 역사사회학적 방법론, 인류학적 방법론, 언어학적 방법론을 동원하여 고대사를 연구하였다.

안재홍의 역사 연구 중 다른 학자와 차별되는 가장 큰 특징은 언어학적 방법론으로서, 그중 가장 강력하게 주장한 것이 '기, 지, 치 이론'이다. 안재홍은 『조선상고사감』[1]의 제1장을 시작하면서 "'기, 지, 치 이론'에 대한 어설픈 견해를 『조선일보』에 발표하였다가 세간의 웃음거리가 된 적이 있으며 당시의 원고를 수정하여 싣는다"고 밝히고, "이와 같이 첫 장에 다루는 이유는 '기, 지, 치 이론'이 한국 상고사의 문을 여는 열쇠이기 때문"이라고 밝히고 있다.

이 글에서는 안재홍이 조선 상고사 연구의 핵심이라고 주장한 '기, 지, 치 이론'의 내용은 무엇이며, 세간의 웃음거리가 된 이유는 무엇인지 『조선상고사감』의 제1장에 수록된 '기, 지, 치 이론'을 중심으로 살펴보고자 한다. 먼저 안재홍의 '기, 지, 치 이론'의 핵심 내용을 정리하면 다음과 같다.

첫째, 신석기시기부터 이미 수장을 지칭하는 '기'라는 용어가 존재하였다.

둘째, 고조선시기 수장인 '기'는 사회 변혁의 핵심 세력이었다.

셋째, 기자조선 단계에 이르면 '기'는 정치적 세력을 확장하여 우리말에서 '큰 기'를 뜻하는 '크치'라 불렸다.

넷째, 문헌상의 '기자(箕子)'는 '크치'를 한자로 차자 표기한 것으로 상나라의 기자가 고조선 땅으로 와서 제후가 된 것으로 오인되었다. 즉 기자는 고조선의 제후에 봉해지지 않았으며 기자조선은 존재하지 않았다.

다섯째, 고문헌상의 한자로 표기된 다양한 국가들은 '크치국'을 말하며 이들은 주나라 말에서 한나라 초까지 한반도를 비롯한 중국 동북, 화북지역에 분포하였다.

---

[1] 『조선상고사감』 상권은 1947년에, 하권은 1948년에 민우사에서 발간되었다. 이후 2014년에 김인희에 의해 역주본 『한국 고대사를 비춰 보는 거울, 조선상고사감』이 우리역사연구재단에서 발간되었다.

여섯째, 삼한과 삼국시기까지 '기'는 왕명과 관직명에 지속적으로 사용되었다.

안재홍이 이와 같은 주장을 한 이유는 기자조선을 부정하고, 고조선부터 삼국시기에 이르는 고대 국가들은 계승성과 통일성을 가지고 있으며, 이들 국가가 한반도를 비롯한 중국 동북지역에 걸쳐 분포한 강대한 국가였음을 증명하기 위한 것이었다. 안재홍의 주장이 타당성이 있는지 알아보기 위해서는 다음 세 단계를 거쳐야 한다.

첫 번째, 과연 안재홍의 주장처럼 '기', '크치'는 고대 사회에서 수장을 지칭하는 용어로 사용되었는가 하는 것이다. 만약 왕을 지칭하는 우리말이 '크치'라면 일단 안재홍의 주장에 대해 계속적인 논증을 진행할 수 있는 기반이 마련된다.

두 번째, 안재홍은 고조선이 기자조선 단계에 이르면 왕의 칭호에 있어 '크치'라 부르게 되었으며 기자(箕子)는 '크치'를 한자로 표기한 것이라고 한다. 여기서 더 나아가 기자조선은 '크치조선'을 한자로 표현한 것이라 하는데, 이러한 주장이 논리적으로 타당한 것인지 살펴보아야 한다. 만약 안재홍의 주장이 맞는다면 그동안 논란이 되어온 기자조선설을 부정하는 중요한 근거가 될 수 있을 것이다.

세 번째, '기'는 삼한과 삼국시대에 이르러서도 사라지지 않고 왕명과 관직명으로 계속 사용된다고 하는데, 만약 이 설이 맞는다면 당시 한반도와 중국 동북지역에 존재한 고대 국가들이 상당한 문화적 통일성과 정치적인 연계성을 가지고 있었다고 볼 수 있다. 이는 고대 한민족의 형성 과정을 연구하는 데 중요한 시사점을 주리라 생각된다.

2. 왕을 지칭하는 고유어 '기', '크치'의 존재 여부

"우리 차자 표기는 중국의 음사 표기를 도입하여 우리의 인명, 관직명, 지명 등 고유명사를 음차 표기하는 데에서 비롯되었다. …백제, 고구려, 신라, 가라의 왕명이 대략 서기 500년 전후까지는 거의가 음차 표기되었다."[2] 따라서 고문헌상의 인명, 관직명, 지명과 같은 고유명사는 한자로 음차 표기되었을 가능성이 있으며, 안재홍의 주장처럼 '기자' 또한 우리말이 한자로 차자 표기되었을 가능성이 있다.

안재홍은 조선이 '기'[3]의 나라라고 전제하고 '기', '지', '치'는 서로 혼용되는 말이며 고대 사회에서 수장(首長)을 일컫는 말이라고 하였다.[4] 안재홍은 '기'가 수장을 일컫는 말임을 증명하기 위해 공(公)이 우리말 '기'로 새김됨을, 고문헌상의 관직·인명·지명 중의 '기'가 우리말의 수장, 군장이라는 의미를 가지고 있음을 들고 있다. 단군왕검시기 '기'의 무리는 정치사회학적 지위가 높아져 '큰 기'인 '크치'로 불렸으며 이것이 한자로 '기자(箕子)'라고 기록되었다고 한다.

안재홍은 '크치'라는 말을 고문헌 자료를 통해 다음과 같이 증명하였다. "『삼국사기·지리지』의 '왕봉현은 개백이라고 한다(王逢縣 一云皆伯).'라는 문장에서 …개백(皆伯)은 '커맏'의 이두로 대(大)의 커가 왕(王)의 왕과 호용되었음을 알 수 있다. …같은 책의 '왕기현은 개차정현이라고도 한다(王岐縣 一云

---

2 도수희(2004a), 「지명, 왕명과 차자 표기」, 『구결연구』 13, 구결학회, 245-248쪽.
3 원문에서는 '지'라고 표기하였는데, 안재홍은 '기, 지, 치'를 동일한 것으로 보고 있기 때문에 문장의 통일성을 위하여 '기'라고 표기하였다.
4 안재홍 저, 김인희 역주(2014), 『한국 고대사를 비춰 보는 거울, 조선상고사감』, 우리역사연구재단, 28-29쪽.

皆次丁縣).'라는 문장에서 차정(次丁)은 'ㅅ지', 즉 '찌'의 표음으로 '기'와 발음이 같다."⁵라고 하였다. 간단히 정리하면 개차정(皆次丁)이라는 말에서 볼 수 있듯이 '개'는 '크다'라는 뜻이고 '차정'은 '기'의 한자 표기로 고대 한국어에서 왕은 '큰 기'라는 의미로 '크치'로 불렸다는 것이다. 그러나 안재홍은 '큰 기'가 왜 '크치'라고 불렸는지 전혀 설명을 하지 않고 있는데, 안재홍이 일본어에 능숙하였다는 점을 감안해볼 때 『일본서기』에서 백제의 왕을 '키시'라 부른다는 사실에 근거하여 '크치'라는 말을 연상해내었을 가능성이 있다.

현대 언어학자들은 고구려어에서 왕은 '긔ᄌ/기ᄎ' 또는 '긔/기'라고 발음되었을 것이라고 한다. 근거로는 『삼국사기』 지명에 보이는 개차(皆次)와 개(皆), 고대 일본어에서 '왕(王)' 또는 '군(君)'을 '키시(きし)'로 독음하였다는 것, 광주본(光州本) 『천자문』⁶과 일본 대동급기념문고(大東急記念文庫) 소장 『천자문』⁷의 왕(王)에 대한 독음이 '긔ᄌ/기ᄎ'임을 들고 있다.

고구려의 지명어 개차(皆次)가 왕을 뜻하는 용어였다는 것에 대해서는 유창균(1980),⁸ 이기문(1982),⁹ 이병선(1982),¹⁰ 김방한(1983),¹¹ 손희하(2006)¹²에

---

5   안재홍 저, 김인희 역주(2014), 369쪽.
6   이기문(1972), 「한자의 釋에 관한 연구」, 『동아문화』 1, 서울대 동아문화연구소, 248-249쪽.
7   藤本幸夫(1980), 「朝鮮本 『千字文』 の系統」, 『朝鮮學報』 94, 84쪽.
8   유창균(1980), 『한국 고대 한자음의 연구』 I, 계명대출판부, 290쪽.
9   이기문(1982), 「백제어 연구와 관련된 몇 문제」, 『백제연구』 개교 기념 특집호, 충남대 백제연구소, 254-267쪽.
10 이병선(1982), 『한국 고대 국명, 지명 연구』, 아세아문화사, 160-161쪽.
11 김방한(1983), 『한국어의 계통』, 민음사, 103-106쪽.
12 손희하(2006), 「고구려어 재구를 위한 기초적 연구-'王' 자의 고대 새김 재구를 중심으로-」, 『동북아역사논총』 14, 동북아역사재단, 201-225쪽.

서 지적한 바 있다. 『삼국사기』의 지명어 중에 왕을 개차(皆次) 또는 개(皆)로 차자 표기한 예들을 보이면 다음과 같다.

(1) ① 壬岐縣(王岐縣, 玉岐縣) 一云皆次丁.(『三國史記』卷第三十七 雜志 第六 地理四 高句麗·百濟高句麗 牛首州)
② 王逢縣 一云皆伯 漢氏美女迎安臧王之地 故名王逢.(『三國史記』卷第三十七 雜志 第六 地理四 高句麗·百濟高句麗 漢山州)
③ 遇王縣, 本高句麗皆伯縣.(『三國史記』卷第三十五 雜志 第四 地理二 新羅 漢陽郡)

왕기현(王岐縣)을 개차정(皆次丁)으로, 왕봉(王逢)을 개백(皆伯)이라 하여, 고구려어에서 왕을 지칭하는 용어는 개(皆) 또는 개차(皆次)였음을 알 수 있으나, 정확히 왕이라는 말이 개(皆)와 대응하는 것인지 아니면 개차(皆次)와 대응하는 것인지는 알 수 없다. 손희하(2006)에서는 "개차(皆次)는 고려 초에 개성에서도 사용하였으며 16세기 한글 문헌 『천자문』(광주본, 병자본)과 『천자문』(대동급기념문고본)에 보이는 '긔/기'가 이의 후대형으로 보인다."[13]고 하였다. 『천자문』에 보이는 왕(王) 자의 독음은 다음과 같다.

(2) ① 王 긔즈왕『千字文』(광주본) 6ㄱ〉
② 王 긔즈왕『千字文』(병자본) 4ㄴ〉
③ 王 기즛왕『千字文』(大東急記念文庫본) 6ㄱ〉[14]

---

13 손희하(2006), 213-217쪽.

손희하(2006)에서는 "왕(王) 자의 고구려 새김은 '*긔지/*기치'로 재구할 개연성이 크다."[15]고 하였으며, 이기문(1972)[16]과 최학근(1980)[17]도 『천자문』(광주본)을 근거로 왕(王)이 '긔ᄌ'로 발음되었을 것으로 보았다. 따라서 고구려시기 왕을 의미하는 용어는 개(皆)보다 개차(皆次)에 가까웠을 것으로 보인다.

『구당서』에 보면 "고구려의 풍속은 음사(淫祀)가 많아 영성신, 태양신, 가한신, 기자신(箕子神)을 섬긴다."[18]라는 기록이 있다. 음사는 비합리적인 제사로 마땅히 지내서는 안 되는 제사를 말한다. 만약 위의 문장에 등장하는 신이 기자라면 중국 문헌에서 기자에 대한 제의를 음사로 규정하지는 않았을 것이다. 따라서 기자신은 고구려에서 고구려 왕이 사망한 후에 신으로 모셔지는 상황을 본 중국인이 중국의 기자로 착각하여 기록한 것으로 보인다.

연구자들은 "고구려어와 백제, 신라의 관직명이나 왕명에 보이는 '기차(耆次)', '근지(近支)', '길지(吉支)', '길사(吉師)', '길사(吉士)', '길차(吉次)', '거서간(居西干)'의 '거서(居西)' 등이 '개차(皆次)'의 음상과 의미가 유사하여 자주 비교해 오고 있다."[19] 건길지(鞬吉支)를 학자들은 일반적으로 '건 + 길지'의 구조를 갖

---

14 손희하(2006), 211쪽에서 재인용.

15 손희하(2006), 213-217쪽.

16 이기문(1972), 248-249쪽.

17 최학근(1980), 「천자문에 대해서」, 『국어국문학』 83, 국어국문학회, 215-219쪽.

18 『舊唐書』 "其俗多淫祀, 事靈星神日神可汗神箕子神."

19 손희하(2006), 213-217쪽. 도수희(1996: 23)에서는 「『삼국사기』의 고유어에 관한 연구」(『동양학』 26, 단국대 동양학연구원)에서 "居西를 ᄀᆞᆺ으로 추독하고 그것의 의미는 '처음, 시초'일 것으로 추정하였다. 따라서 居西干은 ᄀᆞᆺ한이며 그 뜻은 시조왕이다. 居西가 始初의 뜻이었을 가능성을 짙게 하는 증거는 시초의 뜻으로 '갓'이 지속적으로 현재까지 쓰여왔다는 점과 이 위호만이 1회용이었다는 점에 있다. 그것은 시조왕 혹은 첫째 왕이었다는 의미였기 때문에 제2대 이후의 왕을 거서간으로 부를 수 없었던 것이라 하겠다."라 하여 다른 학자들의 견해와 차이를 보인다.

는 것으로 파악하였다. 박병채(1968)에서는 '왕'에 대응하는 것을 개차(皆次)로 보고 개차(皆次)는, 즉 길지(吉支)와 동일한 것으로 보았다.[20] 이병도의 경우 "鞬=大=한=큰"과 "吉支=貴人"으로 풀이하였다.[21] 김방한(1986)은 '건'은 대(大), '길지'는 왕으로, 건길지는 군왕을 지칭하는 용어라고 하였다.[22] 김상윤(2012)도 "'건(鞬, koni)'은 '큰[大]'을, '길지(吉支, kisi)'는 군왕을 뜻한다."[23]고 하였다. 도수희(1972)는 '건(鞬)'의 의미에 대하여 "신(神)의 뜻이든지 아니면 한[大]의 뜻이며 '길지(吉支)'는 존칭접미사로 보아 나랏님, 신군님, 누릿님으로 해석하였다."[24] 안재홍은 "『양서(梁書)』에서 건길지(鞬吉支)는 왕호로 불리는데 건+길지의 형태이며 건(鞬)은 '큰'의 표음 표기이다. 이는 '큰기지'를 한자로 표현한 것으로 '큰기'는 '크치'의 다른 형태이다."라고 하였는데 '큰 수장(王)'이라고 파악하여 현대 언어학자들의 연구 성과와 일치한다.

'긔ᄌ/기츠'라는 명칭은 거란족과 몽골족에도 남아 있다고 한다. 유권종·이성규(2006)에서는 "거란의 시조는 奇首(gisi)이며, 칭기즈칸이란 명칭 중 '칭기'에 해당하는 činggis는 čing+gis의 구조를 이루고 있는데 gis는 왕 또는 통치자라는 뜻으로 고문헌에서는 '기자'라고 표기되었다. 따라서 기자는 우리 고유어일 가능성이 크며 고문헌상의 기자는 왕이나 군장 같은 통치자를 나타내는 단어로 사용되었다."[25]고 하였다.

---

20 박병채(1968), 「고대 삼국의 지명어휘고」, 『백산학보』 5, 백산학회, 78쪽.
21 이병도(1970), 「百濟近肖古王拓境考」, 『백제연구』 창간호, 충남대 백제연구소, 7쪽.
22 김방한(1986), 『한국어의 계통』, 민음사, 105쪽.
23 김상윤(2012), 「三國의 固有語 官職名語彙 小考」, 『어문연구』 72, 한국어문교육연구회, 54-55쪽.
24 도수희(1972), 「백제 王稱語 小考－於羅瑕, 鞬吉支, 구드래, 구다라를 중심으로－」, 『백제연구』 3, 충남대 백제연구소, 141-155쪽.

고대 일본의 문헌을 통해서도 '왕'을 '크치'라 불렀을 가능성을 엿볼 수 있다. "『일본서기』에 의하면 건길지는 konikisi 혹은 kokisi라고 하는데 무녕왕[嶋王]을 semikisi라 부른 경우도 있는 것으로 보아 왕을 kisi라 하였음"[26]을 알 수 있는데 kisi는 '크치'와 발음이 유사하다.

언어학자들이 재구한 삼국시기 발음인 'ᄀᆞᆽ/기ᄎᆞ'가 '크치'와 발음이 유사한 것으로 보아 일단 삼국시기에 왕을 '크치'라 불렀음을 확인할 수 있다. 이는 현대 언어학이 등장하기 전까지 누구도 주장하지 않은 것으로 안재홍의 선구적인 업적이라 할 수 있다. 그러나 삼국시기에 왕을 '크치'라 불렀다고 하여 고조선시기 또한 왕을 '크치'라 불렀거나 '크치조선'이 존재하였음을 증명하는 것은 아니므로, 이에 대한 연구를 좀 더 진행해보도록 하겠다.

3. 고조선시기 '크치'와 '크치국'의 존재 가능성

1) 고조선시기 '크치'의 존재 가능성

안재홍은 "기자(箕子)는 '크치'를 한자로 표기한 것이며 기자조선은 고조선인에 의해 건국된 크치조선을 한자로 표기한 것뿐이므로 기자가 동래하였다는 주장은 설득력이 없다."라고 주장한다. 그러나 위에서 살펴본 바와 같이 '크치'라 불리는 왕명이 삼한과 삼국에 존재하였다고 해서 고조선시기 왕을

---

25 유권종·이성규(2006), 「알타이어 문헌 자료를 통한 기자동래설에 대한 비판적 검토」, 『동아시아고대학』 14, 동아시아고대학회, 818-821쪽.
26 김방한(1996), 『한국어의 계통』, 민음사, 105쪽.

'크치'라 불렀으며 '크치'가 다스리는 '크치조선'이 존재하였다고 단정내릴 수는 없다. 이를 증명하기 위해서는 '크치'가 '기자(箕子)'로 표기된 예들이 있는지, 크치조선이 실제로 존재하였는지 확인하여야 한다.

안재홍은 조선의 왕을 뜻하는 말인 '크치'를 중국인들이 한자로 '기자'라고 적었다고 주장하였다. 그러나 이기문(1972)과 최학근(1980)은 중국인 기자의 영향으로 '크치'라는 말이 등장하였다고 한다. 이기문(1972)는 『천자문』 광주본의 왕(王)에 대한 해석에서 "'王 긔ᄌ왕'의 긔ᄌ는 아마도 기자(箕子)일 듯하며 소위 기자동래설에서 연유한 것으로 생각된다."[27]고 하였다. 최학근(1980)도 역시 "왕(王) 자는 조선찬 『천자문』(128)에는 기ᄎ왕, 광주간(光州刊) 『천자문』(6)에는 긔ᄌ왕으로 되어 있는데 이는 천자문 또는 한자를 우리 민족에게 전했으리라고 믿어지는 기자를 특별히 기리는 의도에서이었을까?"[28]라고 하였다. 이기문(1972)과 최학근(1980)의 주장은 기자가 동래하여 왕이 되었기 때문에 기자의 이름을 따서 왕을 긔ᄌ 또는 기ᄎ왕이라 부른다는 것으로 안재홍의 "한국어 '크치'를 기자로 한자 표기하였다."라는 설과 정반대 주장이다.

일반적으로 언어학자들은 긔ᄌ가 왕이라는 의미의 한국 고유어라고 주장하나 구체적인 내용에서는 약간씩의 차이가 존재한다. 이기문(1982)은 기존의 견해가 잘못되었음을 인정하고 후에 "왕을 의미하는 말이다."[29]라고 수정하였다. 김방한(1983)은 "『천자문』에 등장하는 긔ᄌ-왕, 기ᄎ-왕은 '왕'을 의미하는 말이다."[30]라고 하였다.

---

27 이기문(1972), 248-249쪽.
28 최학근(1980), 218쪽.
29 이기문(1982), 260쪽.
30 김방한(1983), 103-106쪽.

손희하(2006)와 김양진(2010)의 경우, 고유어임을 인정함과 동시에 '기자'가 긔ᄌ의 차자 표기라고 주장하여 안재홍의 의견과 일치하고 있다. 손희하(2006)에서는 "『김상철세계이행권(金相轍世系履行券)』「세계(世系)」에서 경상남도 산청군에 7개의 기자릉이 있다고 한 것으로 보아 '기자(箕子)'는 고유명사라기보다는 보통명사로 볼 수밖에 없으며 이는 바로 '왕(王)'자의 새김에 나오는 '긔ᄌ/기ᄎ'를 차자 표기한 것으로 보인다."[31]고 하였다. 그러나 기자릉이 여러 곳에 존재하는 것은 조선시대 기자에 대한 숭배로 인하여 여러 곳에 무덤을 조성한 것이므로 기자가 보통명사임을 증명하지는 못한다. 중국의 경우에도 치우 숭배로 인하여 여러 곳에 치우 무덤이 존재한다. 즉 기자가 우리말의 왕을 뜻하는 긔ᄌ를 차자 표기한 것이라 볼 수 없다. 김양진(2010)은 "고려사나 광주『천자문』등의 기록에서 '긔ᄌ'가 '왕(王)'을 나타내던 일반명사임이 확인됨에 따라 이때의 '기자'가 단순히 '기씨 성을 가진 위인'의 의미가 아니라 '긔ᄌ[王]'라는 일반명사의 차자 표기일 가능성이 높다."라고 하였다.[32] 김양진(2010)의 견해 또한 한계를 가지고 있는데, 후대 문헌에 등장하는 '긔ᄌ'라는 말을 이용하여 고조선시기에 동일한 언어가 존재하였을 것으로 추측하고 있기 때문이다.

위와 같은 연구에도 고조선시기에 '크치'라는 말이 실제로 존재하였는지 확실한 논증이 이루어지지 않은 이유는, 연구의 대상으로 남아 있는 고조선 언어가 극소수일 뿐만 아니라 고조선어에 대한 연구도 본격적으로 이루어지지 않았기 때문이다. 따라서 현재 연구 성과로 보아 삼국시기에 '크치'가 왕

---

31 손희하(2006), 211-212쪽.
32 김양진(2010), 「초기 한민족 형성기의 차자 표기 자료를 통해 살펴본 한민족어」, 『어문논집』61, 민족어문학회, 268쪽.

이라는 의미로 사용되었음은 확인할 수 있으나, 고조선시기에도 '크치'가 왕이라는 의미로 사용되었는지는 확인하기 어렵다는 사실을 알 수 있다.

2) 고조선시기 '크치국'의 존재 가능성

안재홍은 고조선시기에 '크치'가 존재하였음을 증명하기 위해 '크치국'에 대하여 구체적인 설명을 하였다. 안재홍이 주장한 크치국과 그 근거를 표로 정리하면 다음과 같다.

번호	국가명	근거
1	대인국(大人國)	대인(大人)은 수장이라는 의미로 '크치'가 다스리는 나라이다.
2	군자국(君子國), 곤지국(昆支國), 근지국(近支國)	'큰지국'의 한자식 표기.
	고죽국(孤竹國)	'큰지국'의 한자 표기.
3	불사국(不死國)	『예기·왕제』편과 『후한서·동이전』에서 "따라서 천성이 유순하여 도로써 다스리기 쉬워 군자에 이르렀으며 불사국이라 한다(故天性柔順 易以道御, 至有君子 不死之國焉)."라고 한 것으로 보아 불사국도 군자국이고 역시 '큰지국'이다.
4	기자조선(箕子朝鮮)	'크치조선'을 한자로 잘못 표기한 것.
6	마한 월지국(月支國)	월지의 '지(支)'는 건길(鞬吉), 견지(遣支)와 비슷한 것으로 '기'를 표음한 것.
7	진한(辰韓), 진국(辰國)	'큰지'의 한자 표기인 신지(臣智)와 진왕(辰王)의 의미가 동일하다.
8	변진 기저국(己柢國), 근기국(勤耆國)	'크지' 또는 '큰기'국(國)을 한자로 표기.
9	가야 금관국(金官國)	'큰기'의 이두식 표현.

안재홍은 대인국(大人國)에 대하여 "대인(大人)은 수장이라는 의미로 '크치'가 다스리는 나라"라고 하여 대인(大人)을 '거인'이 아니라 '수장'이라는 의미로 해석하였다. 물론 대인(大人)은 지위가 높은 사람이나 걸출한 인물을 지칭하는 말이기 때문에 수장이라 해석할 수도 있다. 그러나 국내외 학자들은 모두 대인(大人)을 정치적인 의미의 수장이 아닌 신체가 거대한 거인이라는 의미로 번역하고 있다. 『산해경』「대황동경(大荒東經)」의 "有大人之國 有大人之市 名曰大人之堂. 有一大人 踆其上 張其兩耳[33]"는 "거인의 나라가 있는데 그곳에는 거인들이 모이는 시장이 있으며 이를 대인당이라 한다. 한 거인이 그 위에 쭈그리고 앉아 두 팔을 벌리고 있다."라고 번역하는 것이 자연스러울 것이다. 만약 대인(大人)을 수장이라는 의미로 해석하면 "수장의 나라가 있는데 그곳에는 수장들이 모이는 시장이 있으며…"라고 하여 의미가 통하지 않는다. 위의 예는 자신의 논리를 주장하기 위하여 고문헌상의 문장을 자의적으로 해석한 예라 할 수 있다.

군자국(君子國), 곤지국(昆支國), 근지국(近支國), 고죽국(孤竹國), 기저국(己柢國), 근기국(勤耆國), 월지국(月支國), 금관국(金官國)은 모두 발음의 유사성에 근거한 것이다. 금관국(金官國)의 금관은 '큰기[大公]'의 이두 표현이라 하는데, 시간적인 차이를 인정하지 않고 현대어 '큰기'가 금관(金官)과 발음이 유사하다는 점을 근거로 들고 있다. 불사국의 경우 군자국 사람들은 죽지 않으므로 불사국도 군자국이니 곧 크치국이라는 주장으로 논리적 비약이 심하다.

결론적으로 '크치'는 왕을 뜻하는 고유어이며, 문헌 자료로 볼 때 삼한과 삼국시기 왕명이나 관직명으로 사용된 예들이 발견된다. 안재홍은 크치국의 존재를 통해 크치라는 수장이 고조선시기에 존재하였음을 증명하고자 하였

---

33 원문에는 '耳'라 되어 있음. 王念孫, 畢沅, 郝懿行이 '臂'로 바꾸었음.

으나 논증 과정에 발음이 유사한 국명들을 무리하게 끌어들이고, 이를 해석하는 과정에 고문헌의 자의적 해석, 논리적 비약, 언어학적 고증의 문제를 노출시키고 있어 설득력이 떨어진다. 삼국시기 왕명과 관직명이 '크치'와 유사한 발음으로 사용된 것으로 보아 고조선시기에 '크치'라 불리는 수장이 존재하였을 가능성은 있으나, 안재홍의 연구 방법은 이를 증명하지 못하였다.

4. 삼한과 삼국시기 왕명·관직명으로 사용된 '기'

안재홍은 '기'는 이미 신석기시기에 등장하였으며 이후 삼한과 삼국시대에 왕명과 관직명으로 사용되었다고 한다. 다음 도표는 안재홍이 제시한 왕명, 왕의 이름, 관직명, 귀족 이름에 사용된 '기'의 예이다.

표 1 _ 왕명 또는 왕의 이름

국가	왕명 또는 왕의 이름	근거
부여	위구태(尉仇台)	'우크치'의 한자식 표현으로 상대공(上大公)으로 한역할 수 있다. 부여어의 왕이란 의미를 한자로 표시한 것.
고구려	주몽(朱蒙)	주몽의 다른 이름은 상해(象解)로, 상(象)의 새김인 코끼리의 첫 음 '코'와 해(解)의 다른 발음인 '기'로 읽어, 상해는 '코기', 즉 '크기'로 볼 수 있다.
	어지지(於只支)	'우기지'의 한자식 표기이다.
마한	신지(臣智), 번저(樊祇)	번저의 '저(祇)'와 신지의 '지(智)'는 모두 '지'를 한자로 표기한 것.
	신운견지(臣雲遣支)	'신구큰지'로 '세고도 큰지', 즉 '강대한 수장'이란 뜻이다.
진한	검측(儉側)	'큰지'의 한자식 표기로 '견지(遣支)'의 다른 표기이다.

신라	남해왕(南解王)	'남기' 또는 '남기'로 읽을 수 있는데 산육신(産育神).
	알지(閼智)	알지는 '아지'로 현대어로는 '아기'인데 '아기'는 작은 공자(公子)라는 말로, 이는 '기'가 '공(公)'의 우리말 표현이라는 증거가 된다.
	차차웅(次次雄)과 자충(慈充)	차차웅(次次雄)의 첫 글자인 차(次)는 '지'를 한자로 표기한 것으로 수장 또는 원수라는 뜻이다. 차웅(次雄)은 '지웅', 즉 '중'을 한자로 표기한 것으로 중을 의미한다. 제사를 주관하는 신성한 직책을 가진 자들을 통틀어 지웅이라고 하였다. 자충은 차차웅과 같은 의미로 표기를 달리하였을 뿐이다. 자(慈)는 '지'의 한자식 표기이며 충(充)은 '중'의 한자식 표기임을 의심할 바 없다.
	춘추(春秋) 지(智)	『일본세기(日本世記)』에 "춘추 지는 대장군 소정방의 손을 빌어 백제를 협격하여 멸망하게 하였다(春秋智借大將軍蘇定方之手 使擊百濟亡之)."라고 하였는데, 춘추(春秋)라는 이름 외에 따로 지(智)라는 칭호를 붙이고 있다.
	세리지왕(世理智王)	신라 제14대 유례니질금(儒禮尼叱今)의 이칭. '세리'는 '누리'의 이두식 표기.
	수로왕(首露王)	'마로지(마로한)'의 이두식 표현.
백제	온조(溫祚)	온조는 구태(仇台)로 '크치'이다.
	건길지(鞬吉支)	'큰기지'를 한자로 표현한 것으로, '큰기'는 '크치'의 다른 형태이다. '큰기지'는 '큰기'의 윗사람으로 최고 지도자, 즉 왕호로 사용된 것임이 명확히 증명된다.
	우태(優台)	우태는 '크기'인 동명왕의 또 다른 작위명이다.
가야	도설지왕(道設智王)	'지(智)'는 '기'를 한자로 표기한 것.
	아시왕(阿豉王)	'아치'라는 뜻이다. 알지(閼智)의 '아지'와 같은 말이다.
	거등왕(居登王)	'커지', 즉 '크지'이다.
	금질(金銍), 겸지(鉗知), 구형왕(仇衡王), 구차휴왕(仇次休王)	'큰지' 또는 '크지'의 한자식 표기.

표 2 _ 관직명 또는 귀족의 이름

국가	관직명 또는 귀족 이름	근거
고구려	막리지(莫離支)	국사를 총괄하는 권위가 있는 관직임과 동시에 최고 등급의 영예로운 직책.
	패자(沛者), 평자(評者)	막리지와 한 계급 정도의 고하를 다툴 정도로 높은 관직.
	토졸(吐捽)	토(吐)는 새김이 '배알'이고, 졸(捽)은 '치'를 한자식 발음으로 표기한 것이다. 토졸은 '배아치'이다.
	알사(謁奢)	알사는 패자(沛者)의 위치에 있는 것으로 보아, '알'은 '뵈알'로, '사'는 '치례'의 첫 음 '치'로 읽어 '뵈치', 즉 '배치'가 된다.
	우태(優台), 우태(于台), 오졸(烏拙), 울졸(鬱折), 의사사(意俟奢), 을지문덕(乙支文德)의 을지(乙支)	'우치'를 한자로 표기한 것.
	고추가(古雛加), 고추대가(古雛大加)	고추는 역시 '크치'를 이두식으로 표기.
	오이(烏伊)	오이(烏伊)는 '우이'로 대인이라는 뜻이며 '우태', 즉 '우치'의 원형.
	마리(摩離)	막리지의 원형.
	처려근지(處閭近支)	처려(處閭)는 '골'의 이두식 표현이며 근지는 '큰지'의 한자 표현.
	힐지(纈支), 유사(儒奢), 실지(失支)	고구려의 하위 관직으로 '지, 치, 기'라는 칭호를 사용.
신라	무력지(武力智), 거망부지(居柒夫智), 가량지(加良智)	신라 진흥왕의 척경비에 등장하는 귀족의 이름으로 지(智)를 사용.
	알천공(閼川公), 임종공(林宗公), 술종공(述	'공(公)'은 '지(智)'와 같은 것으로 '귀하다'는 뜻이며 한자로 표기한 것.

	宗公), 호림공(虎林公), 염장공(廉長公), 유신공(庾信公)	
	알한지(謁旱支)	'뵈한기'로 읽어야 한다.
	파진찬(波珍湌)	'밭치한'의 한자 표기로 농경을 담당하는 관직.
	이척간(伊尺干)	척(尺)은 '치'의 한자식 표기로, 즉 '이치한'을 한자로 표기한 것이다. '이치'는 승정관(承政官)이라는 뜻이며 '한'은 높은 관직을 일컫는 말이다.
	이찬(伊湌)	'아치한'의 한자식 표기로 관청 아전의 수장이다.
	한산주궁척(漢山州弓尺), 하서주궁척(河西州弓尺)	'궁척(弓尺)'은 '활치'의 이두식 표현으로, 궁수 또는 활과 관련된 관직을 뜻하는 말이다.
	모지(謀支)	현대어로는 '꾀치'라고 부를 수 있으며 모사(謀士), 즉 참모관에 대한 이두식 표현이다.
	길(吉)	'길(吉)'은 '기'의 표음 표기이다.
	자분한지(子賁旱支), 제한지(齊旱支), 알한지(謁旱支)	지(支)로 끝나는 신라의 관직명으로, '기'를 한자로 표기한 것.
마한	읍차(邑借)	'ㅇ치'를 한자로 표기한 것.
백제	오간(烏干)	'우한'으로, 높은 관직이며 우태의 변형이다.
	마려(馬黎)	마리로, 막리지의 원형.
	옥지(屋智), 구추(句鄒)	옥지는 '우치'이고, 구추는 '크치'이다.
	곤지(昆支)	곤(昆)은 '큰'의 한자식 표기로, 곤지는 개인의 이름이 아니라 지위가 높은 관리를 나타내는 관직명이었다.
	아직기(阿直岐)	'아직(阿直)'은 '아치', 아직기는 '아치기'이며, 신라의 아찬과 같은 관리의 수장 또는 대신(大臣)을 일컫는 말이다.
	곤지(崑支)	개로왕의 동생 이름이 아니라 '큰기'의 한자 표기이다.

위의 도표에 제시된 내용은 한눈에 보아도 '기' 또는 '지'가 삽입되어 있거나 유사한 발음이 있는 왕명과 귀족명을 무작위로 나열하고 있음을 알 수 있다. 주몽의 경우 "주몽의 다른 이름은 상해(象解)로 상(象)의 새김인 코끼리의 첫 음인 '코'와 해(解)의 다른 발음인 '기'로 읽어 상해는 '코기', 즉 '크기'로 볼 수 있다."[34]고 하였다. 고구려시기에 코끼리라는 말이 존재하였는지를 증명하지 않은 상태에서 현대어 코끼리를 이용하여 주몽을 해석하고 있는데, 이는 언어학적인 측면에서 심각한 문제점을 노출하고 있다. 수로왕의 경우 "'마로지(마로한)'의 이두식 표현"이라고 하였는데 구체적인 근거가 제시되지 않아 설득력이 없다. 남해왕의 경우 현대어 '낳다'와 연계시키고 알지(閼智)도 현대어 '아기'와 연계시켜, 현대어를 고대어 재구에 직접 사용하는 문제점을 노출시키고 있다. 고문헌 중 '공(公)' 자가 들어간 인명이 모두 '지'를 한자로 표기한 것이라고 하는데, 이는 논리적 비약이 심각하다.

안재홍의 이러한 주장은 어떠한 논리적 원칙도 없으며 현대어를 고대어 재구에 직접 적용하고 논리적으로 비약이 심하며 상황에 따라 훈독·이두식 표현·유사한 발음과 같은 방법론을 적용하여, 현대 언어학의 입장에서 보면 상당한 문제점을 노출하고 있다.

그러나 안재홍이 주장한 내용 중 현대 언어학자들의 연구 성과와 비교해 볼 때 타당성이 있는 예도 발견되는데, 건길지의 경우는 앞에서 자세한 설명을 하였기에 생략하도록 하겠다.

안재홍은 '기'와 관련이 있는 '지'라는 발음이 삼국시기 왕명과 귀족명, 관직명에 계속적으로 사용되었다고 하였다. 안재홍은 '지' 발음 외에도 유사한 발음의 한자가 들어 있는 경우를 모두 예로 들고 있는데 그중 어지지, 신지,

---

34 안재홍 저, 김인희 역주(2014), 47-48쪽.

신운견지, 알지, 세리지왕, 건길지, 막리지는 현대 언어학자들의 견해와 일치한다. 도수희(2004)에서는 "우리말의 존칭접미사 가운데 가장 이른 시기의 것은 '지(智, 支)'이다. 이것은 신지(臣智), 근지(近支), 견지(遣支), 진지(秦支), 한지(旱支), 건길지(鞬吉支)와 같이 마한어에서 쓰였다. 그런데 '지'보다 이른 시기의 고조선어 긔즈(箕子), 긔준(箕準)의 'ᄌ/주(ㄴ)'에까지 소급된다. 이것이 고구려어 '막리지·어지지'로 쓰였고, 백제어 '건길지·개지[皆次]'로 쓰였고, 신라어 '박알지(朴閼智)·김알지·누리지(世里智)·거칠부지'로 쓰였고, 가라어 '좌지(坐知)·탈지(脫知)·도설지(道設智)' 등으로 쓰였다. 그 쓰인 빈도로 보면 고구려와 백제는 소극적인 편이었고 신라와 가라는 그보다 적극적이었다. 고구려어, 백제어, 가라어는 주로 왕명이나 최고 관직명에 쓰였는데, 신라어는 귀족명에서 쓰였고 심지어는 하위직에까지 쓰인 보편성을 보인다. 막리지는 국무총리에 해당하는 고구려의 최고 관직이며 어지지는 고구려 고국원왕의 이름이다. 그리고 건길지와 개지(개ᄌ)는 백제의 왕에 대한 존칭이다. 또한 신라 시조 박알지거서한(朴閼智居西干)과 세리지니사금(世里智尼師今)은 '지'가 어중에 끼어서 쓰이기도 하였다. 그러나 이 존칭접미사 '지'는 후대로 내려오면서 서서히 비칭으로 격하되기 시작하였다. 현대 국어의 사용 예를 들면 거지/거러지, 이치, 그치, 저치, 양아치 등과 같은 것들이다."[35]라고 하였다.

지금까지 살펴본 바와 같이 안재홍이 제시한 예들 중에 상당수는 문제점을 가지고 있으나 '기'와 관련이 있는 '지'라는 용어가 삼국시기에 지속적으로 사용되었다는 것은 상당한 타당성이 있음을 알 수 있다. 이 부분은 현대 언어학자들이 "초기부터 고구려, 백제, 신라는 왕명을 짓는 데 쓰인 소재가 동

---

[35] 도수희(2004b), 「고구려어에서 조명해 본 고구려 역사」, 『인문언어』 6, 국제언어인문학회, 235-236쪽.

일하고 왕에 대한 존칭접미사가 동일하며 나아가서 관직명도 거의 일치하는 부분이 많다."[36] 또는 "삼국의 직관명은 어휘 형성에서 삼국이 공통적으로 사용한 접두어나 접미어를 찾아볼 수 있으며 고구려나 신라의 대부분의 동궤어(同軌語) 관직명이 이사표기(異寫表記)로 이루어져 있다."[37]고 하여 안재홍의 견해와 일치한다.

현재 삼국의 왕명과 관직명에 사용된 지(智, 支)가 『삼국사기』에 보이는 개(皆), 개차(皆次)와 어떠한 관련성이 있는지 구체적으로 논의되지 않았다. 만약 지(智, 支)가 개, 개차의 후대 변이형으로 나타나는 것이 증명된다면 고대의 수장 집단을 지칭하던 '기'라는 용어가 삼국시대까지 지속적으로 사용되었다는 안재홍의 견해는 성립될 수 있을 것으로 보인다.

5. 언어학 자료의 활용과 역사 연구

안재홍은 식민지였던 조선이 독립하기 위해서는 역사의 서술이 필요하다고 생각하였고, 이러한 역사적 의무감으로 『조선상고사감』을 집필하였다. 1930년 1월 「조선상고사 관견(朝鮮上古史管見)」을 『조선일보』에 연재하면서 본격적으로 상고사에 대한 연구를 시작하였으며, 『조선상고사감』을 집필하던 1937년에서 1941년 사이에 2번의 수감 생활을 하기도 하였다. 그러나 많은 노력 끝에 출판한 『조선상고사감』은 현대 문법과 차이가 나고, 지나친 장

---

[36] 도수희(2004b), 236쪽.

[37] 김상윤(2012), 「三國의 固有語 官職名語彙 小考」, 『어문연구』 72, 한국어문교육연구회, 38쪽.

문에 다량의 한자를 사용하고, 논의의 전개 과정이 산만하여 현대인이 읽기에 쉽지 않다. 그뿐만 아니라 그가 가장 중요시한 언어학적 방법론은, 유사한 발음의 국명이나 인명을 무리하게 끌어들이고, 현대어를 고대어 재구에 직접 적용하고, 언어학적 해석이 지나치게 자의적이며 논리적 비약이 심하고, 상황에 따라 훈독·이두식 표현·유사한 발음과 같은 방법을 자의적으로 적용하여 현대 언어학의 입장에서 보면 상당한 문제점을 노출하고 있다.

이러한 한계가 있음에도 안재홍의 일부 주장은 선구적이며 상당한 설득력이 있다는 점에서 주목할 만하다.

첫째, 안재홍은 "'크치'는 고대 사회에서 왕을 지칭하는 용어로 사용되었다."라고 주장하였는데, 현대 언어학자들도 이에 동의하고 있다. 언어학자들에 의하면 삼국시기 고구려에서는 왕을 '긔ᄌ/기ᄎ' 또는 '긔/기'라고 발음하였을 것으로 보이는데 '긔ᄌ/기ᄎ'일 가능성이 더 높다고 하며, 『삼국사기』 지명에 보이는 개차(皆次)와 개(皆)가 왕을 뜻하는 용어라고 한다. 따라서 고구려시기에는 왕을 '크치'와 유사한 '긔ᄌ/기ᄎ'라고 불렀음을 알 수 있다.

둘째, 안재홍은 "기자(箕子)는 '크치'를 한자로 표기한 것이며, 기자조선은 '크치조선'을 한자로 표현한 것"이라고 한다. 그러나 현재의 연구 성과로 볼 때 왕을 지칭하는 '크치'라는 고유어가 고구려시기에 존재한 것은 사실이나, 관련 고조선어가 남아 있지 않아 고조선시기에도 '크치'와 유사한 왕을 의미하는 단어가 존재하였는지 알 수 없는 상황이다. 따라서 '기자'가 '크치'를 한자로 표기한 것일 개연성은 있으나 이 또한 뚜렷한 근거를 찾을 수 없다. 안재홍은 이를 증명하기 위해 '크치조선'이 존재하였음을 증명하고자 하였으나 위에서 설명한 바와 같이 방법론상의 문제로 인하여 설득력이 빈약하다. 따라서 안재홍의 크치조설설은 기자동래설을 부정하지 못한다.

셋째, 안재홍은 "'기'는 삼한, 삼국시기에 이르러서도 사라지지 않고 왕명과 관직명으로 계속 사용된다."고 하였는데, 현재 삼국의 왕명과 관직명에 사용된 지(智, 支)가 『삼국사기』에 보이는 개(皆), 개차(皆次)와 어떠한 관련성이 있는지 구체적으로 논의되지 않았다. 만약 지(智, 支)가 개, 개차의 후대 변이형이라는 것이 증명된다면, 고대의 수장 집단을 지칭하던 '기'라는 용어가 삼국시대까지 지속적으로 사용되었다는 안재홍의 견해는 성립될 수 있을 것으로 보인다. 그리고 이는 고조선과 이후 국가들이 상당한 계승성을 가지며 고대 한민족을 형성해갔음을 보여주는 것으로 고대 한민족 연구에 중요한 의미가 있다고 할 수 있다.

위의 연구를 통하여 안재홍이 주장한 바와 같이 고구려시기에 왕을 '크치'와 유사한 발음으로 지칭하였음을 알 수 있다. 비록 현재 고조선어가 남아있지 않아 '크치'가 과연 고조선시기에도 왕이라는 의미로 사용되었는지 알 수 없으나, 고구려시기까지 '크치'가 왕이라는 의미로 사용되었다면 고조선시기에도 사용되었을 가능성은 남아 있다. 만약 고조선시기 왕을 '크치'라고 지칭한 것이 확인된다면 안재홍의 말대로 기자동래설을 부정할 수 있는 중요한 증거로 사용될 수 있을 것으로 생각된다.

그리고 940년에 편찬을 시작하여 945년에 완성된 『구당서』의 기자신(箕子神)에 대한 기록을 통해서도 고조선에 크치라는 이름의 왕이 존재하였을 가능성을 볼 수 있다. 기록에서 기자신에 대한 제사를 '음사'로 규정하였는데, 이는 당나라 지식인들이 고구려의 기자신을 중국의 기자가 아닌 것으로 보았기 때문이다. 앞에서 지적한 바와 같이 '기자신'은 고구려의 선대 왕에 대한 제사와 관련이 있을 것으로 보인다. 따라서 고구려 사회에 기자에 대한 숭배가 없었고 당시 당나라 지식인도 이와 같이 파악하였다면 기자가 고조선으로 온 일이 없었을 가능성이 많으며, 안재홍의 말대로 기자는 고조선의 왕을 지칭하는 용어를 중국의 발음이 유사한 인물로 표기한 것일 가능성이 있다.

　고조선은 단편적인 기록으로 남아 있어 구체적인 양상을 알기 어려운 상황이다. 이러한 상황에서 언어학 자료를 활용한 역사 연구는 미해결의 문제를 해결할 수 있는 중요한 수단이 될 수 있다. 그러나 앞에서 살펴본 바와 같이 언어학적 방법론이 결여된 연구는 오히려 고대사를 혼란스럽게 만들 뿐이므로 주의를 요한다.

참고문헌

김방한(1983), 『한국어의 계통』, 민음사.
김상윤(2012), 「三國의 固有語 官職名語彙 小考」, 『어문연구』 72, 한국어문교육연구회.
김양진(2010), 「초기 한민족 형성기의 차자 표기 자료를 통해 살펴본 한민족어」, 『어문논집』 61, 민족어문학회.
도수희(1972), 「백제 王稱語 小考 - 於羅瑕, 鞬吉支, 구드래, 구다라를 중심으로 -」, 『백제연구』 3, 충남대 백제연구소.
_____(1996), 「『삼국사기』의 고유어에 관한 연구」, 『동양학』 26, 단국대 동양학연구원.
_____(2004a), 「지명, 왕명과 차자 표기」, 『구결연구』 13, 구결학회.
_____(2004b), 「고구려어에서 조명해 본 고구려 역사」, 『인문언어』 6, 국제언어인문학회.
박병채(1968), 「고대 삼국의 지명어휘고」, 『백산학보』 5, 백산학회.
손희하(2006), 「고구려어 재구를 위한 기초적 연구 -'王'자의 고대 새김 재구를 중심으로 -」, 『동북아역사논총』 14, 동북아역사재단.
안재홍 저, 김인희 역주(2014), 『한국 고대사를 비춰 보는 거울, 조선상고사감』, 우리역사연구재단.
유권종·이성규(2006), 「알타이어 문헌자료를 통한 기자동래설에 대한 비판적 검토」, 『동아시아고대학』 14, 동아시아고대학회.
유창균(1980), 『한국 고대한자음의 연구』 I, 대구 계명대출판부.
이기문(1972), 「한자의 釋에 관한 연구」, 『동아문화』 1, 서울대 동아연구소.
_____(1982), 「백제어 연구와 관련된 몇 문제」, 『백제연구』 개교 기념 특집호, 충남대 백제연구소.
이병도(1970), 「百濟近肖古王拓境考」, 『백제연구』 창간호, 충남대 백제연구소.
이병선(1982), 『한국 고대 국명, 지명 연구』, 아세아문화사.
최학근(1980), 「천자문에 대해서」, 『국어국문학』 83, 국어국문학회.

藤本幸夫(1980), 「朝鮮本『千字文』の系統」, 『朝鮮學報』 94.

4장

고조선어와 언어계통성

『방언』 수록 고조선어와
동북민족 언어의 비교연구

1절

양웅 『방언』에 수록된 고조선 지역 어휘와 이에 대한 중국에서의 연구[1]

이연주

1. 양웅 「방언」의 개요
2. 「방언」에 수록된 고조선 지역 어휘
3. 중국 학계에서의 연구 현황
4. 중국 학자들의 「방언」 연구에 대한 비판적 고찰
5. 「방언」 수록 고조선어의 중요성

1. 양웅 『방언』의 개요

『방언(方言)』은 한나라 성제(成帝) 때 촉군(蜀郡) 성도(成都) 사람으로 사상가이며 문장가였던 양웅(揚雄, 기원전 53~기원후 18)의 저술로 알려져 있으며,[2] 원제목은 『유헌사자절대어석별국방언(輶軒使者絶代語釋別國方言)』이다. 여기서 '유헌(輶軒)'이란 주(周)나라와 진(秦)나라 시기 제왕의 사자가 타는 가벼운 수레를 말하며, 자료가 수집된 과정을 밝힌 것이라고 할 수 있다. '별국방언(別國方言)'은 각 지방[國]의 말을 뜻하며,[3] 당시 방언 자료의 수집 지역을 밝힌

---

1 이 글은 이연주(2008; 2009)를 많이 참고하였으며, 중국에서의 양웅 『방언』의 조선 지역 어휘와 이의 성격에 대한 연구에 초점을 두고 이를 포괄적으로 고찰하였다.

2 후한 말에 쓰인 應劭(?~204?)의 『風俗通義・序』에 이에 대한 기록이 보인다(周秦常以歲八月遣輶軒之使, 求異代方言, 還奏籍之, 藏於秘室. 及嬴氏之亡, 遺脫漏棄, 無見之者. 蜀人嚴君平有千餘言, 林閭翁孺才有梗概之法, 揚雄好之, 天下孝廉衛卒交會, 周章質問, 以次注續, 二十七年, 爾乃治正, 凡九千字…). 이후 宋代에 들어 사람들이 『방언』이 양웅의 저작임을 의심하였으나 戴震, 盧文弨, 錢繹 등 청대의 『방언』 연구자들은 『방언』이 양웅의 저작이라는 응소의 견해가 옳다고 하였다.

3 상대 갑골문에 상 왕조의 지배하에 있지 않은 異國을 '方'이라 하였는데(예: 土方, 鬼方,

것이다. '절대어석(絶代語釋)'이란 사라진 옛 말에 대한 풀이라는 뜻이며, 이 책이 단순히 당시 각 지방에서 사용되던 방언 어휘를 수록하는 데 그치지 않고, 각 방언 중에 남아 있는 옛 말(어휘)을 함께 수록해 풀이하고 있음을 말해 준다. 따라서 책 이름을 그대로 해석하자면 '유헌사자(輶軒使者)가 각지를 돌며 수집하고 정리한 옛 말과 각지 방언을 풀이한 책'이라고 하겠다. 이 중 핵심이 되는 것이 '별국방언'이므로 이를 간략히 칭한 '방언'이 후대에 책 이름으로 통용되었다.

응소(應劭)의 『풍속통의(風俗通義)』 서문에 따르면[4] "주나라와 진나라 시기에는 매년 추수가 끝나면 전국 각지로 사자를 보내 각 지방의 시가나 민요, 방언 등을 채집하도록 하는 제도가 있었는데, 채집된 자료는 향(鄉)에서 읍(邑)으로, 다시 국(國)으로 보내져 최종 정리를 거쳐 통치자가 각 지역의 풍속과 민정을 살피는 데 이용되었다."[5]라고 한다. 이러한 자료들이 해마다 누적되어 모두 궁궐의 비각(秘閣)에 보관되었으나, 진나라가 멸망할 때 이 자료들은 거의 유실되었다. 이후 한나라에 들어 촉군 사람 엄군평(嚴君平)과 임공(臨邛) 사람 임여옹유(林閭翁孺)가 방언을 정리한 적이 있는데, 양웅은 『방언』을

羌方, 周方 등), 方國이란 어휘는 여기서 나온 것이다. 佟柱臣은 방국은 '王畿(도읍지에서 가까운 지역) 이외의 지역에 있는 다른 국가들'이라고 하였다(궈다순 외 저, 김정열 역 (2008), 「해제」, 『동국문화와 유연문명』, 동북아역사재단, 10쪽). 따라서 별국방언이란 周秦代의 이들 方國의 언어를 칭하는 것이라 이해할 수 있으며, 양웅은 『방언』을 편찬함에 있어 당시 한나라의 통치가 미치던 고대 방국 지역을 기준으로 삼아 방언 어휘를 조사한 것으로 생각된다.

4 이하 복지진 저, 김현철 외 역(1997), 『중국언어학사』, 신아사, 102쪽을 참고하였다.
5 이러한 기록은 『禮記·王制』에도 보인다: "大師에게 명령하여 백성들의 詩를 採錄해서 올리게 하여 백성들의 풍속을 살폈다(命大師陳詩以觀民風)."

저술함에 있어 이들의 작업을 기초로 하였던 것 같다.[6] 또 방언 어휘를 수집하는데 있어 양웅은 당시 전국 각지로부터 수도에 와 있던 효렴(孝廉, 대략 후대의 擧人과 같은 학자를 말한다)과 각지로부터 온 수도를 지키던 병사, 그리고 상계(上計)[7]들에게 이들이 온 지역의 방언[8]을 묻고는 돌아와 이를 기록하는 방식을 취했는데,[9] 이전 시기부터 전해지던 방언 자료도 함께 정리하고 확인하

---

6 「揚雄答劉歆書」에 "일찍이 선대에 왕명을 받은 사신이 유헌이라는 마차를 타고 돌아다니며 채집하여 올린 글이 모두 주나라와 진나라의 창고에 보관되어 있다가 이것이 파괴되면서 유실되어 볼 수 없다고 들었습니다. 오로지 촉나라 엄군평과 임공 땅의 임여옹유만이 훈고학을 매우 좋아하여 유헌을 타고 다니던 사신이 올린 글의 대강을 볼 수 있었습니다. 옹유는 저의 외가 쪽 가까운 친척이고 또 군평은 사사로이 저를 아껴 어릴 적에 그가 소장하고 있던 周代의 遺書를 저에게 주었는데, 군평이 소장하고 있던 기록은 천 자를 넘지 못했습니다. 그리고 옹유는 대체적인 條例를 정리했을 따름입니다."라고 하고 있다. 복지진 저, 김현철 외 역(1997), 140쪽을 참고함.

7 漢代에 전국의 각 郡國은 매년 말에 자기 군국 내의 治積에 관한 기록을 計簿를 작성하여 上計吏에게 주어 중앙 정부에 들어가 종합적으로 보고하는 업무를 수행해야 했던 것으로 알려진다.

8 「揚雄答劉歆書」와 「劉歆與揚雄書」에 양웅이 『방언』에서 수집한 어휘에 대해 어떻게 표현되고 있는지 살펴보면 殊言(다른 말), 異國殊語(다른 나라의 말), 殊語(다른 말), 異語(서로 다른 말), 異域之語(이역의 말) 등과 같이 표현되고 있다(殊言: "칙명으로 殊言 15권을 지었는데"[양웅답유흠서], 異國殊語: "홀로 古代 絶語와 異國殊語를 채집하여 15권으로 만들었으며"[유흠여양웅서], 殊語: "漢 왕실에서는 경전의 해석에 주의를 기울이고 (각지의) 殊語들에 힘을 쏟아"[유흠여양웅서], 異語: "이들이 모이면 저는 언제나 세 치의 가는 붓과 기름 먹인 비단 네 척을 손에 들고 수도의 말과는 다른 말(異語)을 물어 조사하였으며"[양웅답유흠서], 異域之語: "주군께서 위막 안에 앉은 채 면 지역의 말(異域之語)을 알게 되었고"[양웅답유흠서]). 이로부터 『방언』은 각 지역의 서로 다른 말(특히 어휘)을 수집·정리하였음을 알 수 있다.

9 「양웅답유흠서」에 "그러므로 온 천하의 상계와 효렴 및 内郡의 병사들이 모이면 저는 항상 붓을 잡고 목판을 가지고 그들의 각기 다른 말을 물어보는 돌아와 그것을 목판에 적었습니다. 그러기를 지금까지 27년이나 계속하였습니다(故天下上計孝廉和内郡衛卒 会者, 雄常把三寸弱翰, 齎油素四尺, 以问其异语, 归即以铅摘次于椠, 二十七年于 今矣)."라고 하고 있다. 복지진 저, 김현철 외 역(1997), 141쪽.

는 과정을 거쳤을 것으로 생각된다. 양웅이『방언』에 수집, 정리한 방언 어휘[10]는 서한 당시 중국의 영토 범위 내에 있던 전 지역에 걸친다고 할 수 있겠으며, 또 당시 변방 지역이었던 동북의 고조선과 남쪽의 구(甌) 지역도 포함되었다.

1)『방언』의 내용과 체제

지금 전해지는『방언』은 모두 13권이며 수록 글자 수는 11,900여 자[11]로, 각 권의 제목은 없으나 수록된 어휘 내용이 비교적 명확한 것은 권4 의복과 제도, 권5 기물(器具), 권8 금수, 권9 병기, 배와 마차(舟輿), 권11 곤충에 관한 것들이다.『방언』은 일반적으로 앞선 시기의 언어학 저작인『이아(爾雅)』의 형식을 따라 먼저 같은 뜻을 가진 어휘를 나열하고 상용 어휘(해석자)로 이

---

10 참고로, 魯國堯(1992)에 따르면, "19세기 말까지 중국어 방언이 의미하는 것은 각 지역의 언어를 가리켰으며, 중국어 각 방언을 포함할 뿐만 아니라 중국 경내의 소수민족 언어를 포함하고, 심지어 이민족 언어를 지칭하기도 했다. 방언이라는 명사는 중국에서 아주 오래 전부터 있었던 명사로 전에는 각 지역의 서로 다른 언어를 말했다."고 하였다. 또 "19세기 이전에 중국인의 마음속에 방언은 곧 언어였다."고 하였으며, "양웅이『방언』에서 수집한 어휘는 모두 서로 다른 지역의 말(異域之語)로 중국어 방언과 소수민족 어휘를 구분하지 않았다. 중국 고대에 語言, 語, 方言 등은 모두 유의어이며, 현대에서와 같이 엄격한 구별을 하지 않았다."고 하였다.

11 현재 전해지는『방언』은 13권이지만 유흠과 양웅이 주고받았던 서신에서는 15권이라 하였고, 최초로『방언』을 주해한 곽박(276~324)의『방언·주』서문에서도 '三五之編'이라 하여 금본『방언』과 다르다. 한편 수록된 글자 수도 응소의『풍속통의·서』에는 9,000자라고 하였으나, 곽박의『방언·주』에는 11,900여 자로 기록되어 있어 곽박 등 학자들의 손을 거쳐 후대에 증보가 있었던 것으로 추측된다. 복지진 저, 김현철 외 역(1997), 108쪽을 참고함.

들 어휘의 의미를 풀이한 다음[12] 각 어휘가 어느 지역에서 사용되는지를 밝혔다. 대표적인 예 한 가지만 들어보면 다음과 같다.

烈・枿, 餘也(烈・枿은 餘[나머지]의 뜻이다).(『이아』「석언(釋言)」)

烈・枿, 餘也. 陳鄭之間曰枿, 晉衛之間曰烈, 秦晉之間曰肄, 或曰烈(烈・枿은 餘[나머지]의 뜻이다. 陳鄭之間에서는 枿이라 하고, 晉衛之間에서는 烈이라 하고, 秦晉之間에서는 肄라고 하고 또 烈이라고도 한다).(『방언』권1)

이러한 형식이 가장 대표적이지만 『방언』에는 다른 형식도 존재하는데, "張小使大爲之廓(작은 것을 펼쳐 크게 하는 것을 廓이라 한다)."(권1)이나 "東齊之間壻爲之倩(동제 지역에서는 壻를 倩이라 한다)."(권3)과 같은 것이 그것이다. 이는 『이아』에 보이는 "女爲媛(女는 아름답다이다)."(「석훈」)이나 "鬼之爲言歸也(鬼之라는 것은 돌아감을 말한다)."(「석훈」)와 형식 면에서 비슷하다고 할 수 있다. 따라서 『방언』의 아고(雅詁)는 『이아』에 근거하고 있다고 보는 것이 일반적인 견해이다.[13]

한편, 『방언』은 수록 어휘가 통용되는 지역을 밝히고자 한 것 외에 훈고서인 『이아』와 차이점이 있는데, 이는 『이아』가 주로 고서 경적(經籍)에 있는 고훈(詁訓)을 모아놓은 것인 반면,[14] 『방언』은 당시 각지에서 사용되던 방언 어휘를 수집, 정리한 것이라는 점이다.

---

12 상용 어휘(해석자)로는 당시의 수도가 위치하고 있던 秦晉 지역의 방언이 가장 많이 사용되었다.

13 복지진 저, 김현철 외 역(1997), 115-120쪽에서 더 자세한 내용을 볼 수 있다.

14 『爾雅』에 수록된 어휘의 내원은, 첫째는 경전에서 자주 쓰이는 어휘이고, 둘째는 일상에서 쓰이는 낱말이며, 셋째는 각지의 풍속에 맞는 異語들이다. 그중 각지의 풍속에 맞는 이어들을 제외하면 자료의 대부분은 『역경』, 『시경』, 『상서』, 『춘추』 삼전, 『국어』, 『논어』와 같은 당시의 경전들에서 취한 것이다. 복지진 저, 김현철 외 역(1997), 86쪽.

2) 『방언』의 어휘 기록 방법

한편 『방언』은 당시 중국(한)의 강역 내에 속하던 각 지역에서 실제 사용되던 방언을 수집, 정리하다 보니 발음을 기록할 도구가 없는 상황이었다. 그리하여 양웅은 대담하게 한자를 일종의 발음 부호, 즉 음표를 사용하여 각지의 복잡한 방언 어휘와 발음을 기록하였다. 즉 『방언』에는 단순히 음을 기록하기 위해 사용된 글자로서 해당 글자의 의미와 이를 통해 기록된 방언 어휘 간에 어떠한 연관도 없는 단순 기음자(記音字)가 다수 사용되고 있다.[15] 『방언』에 보이는 이러한 기음자에는 차음자와 연면자(聯綿字), 역음자(譯音字)가 있다.[16] 또한 이는 양웅 이전 시기에 이미 만들어진 글자, 양웅이 음이 비슷하여 빌려 쓴 것으로 생각되는 글자, 이 밖에 양웅 자신이 만든 것으로 생각되는 글자가 있다.[17]

3) 『방언』에 사용된 지명

『방언』에서 사용된 지명은 크게 행정구역에 의거한 지명과 지리적 지명 두 가지로 구분할 수 있다. 양웅은 수집한 방언 어휘를 기록함에 있어 이들 어휘들이 통용되는 지역 범위를 나타내기 위해 전국시대의 국명, 주, 군, 현

---

15 王彩琴(2010: 196)의 분석에 따르면, 『방언』에는 풀이되는 어휘(피해석자) 중 이런 방식으로 기록된 글자, 즉 단순 記音字를 통해 기록된 글자가 모두 512개, 이를 위해 사용된 記音字는 519개이다.
16 王彩琴(2006: 121)의 분석에 따르면, 『방언』의 차음자는 모두 306자이다.
17 王彩琴(2006: 120)에 따르면, 羅常培(3. 가. 참고)는 이 중 두 번째와 세 번째를 모두 표음부호라고 했으나, 자신은 단지 두 번째 것만이 진정한 표음부호라고 여기며 다른 두 유형은 의미와 연관이 있다고 생각한다고 했다.

등 서한 당시의 행정구역명, 산이나 강 이름과 같은 지리적 경계 등 다양한 수단을 이용하였다. 이 밖에도 함곡관(函谷關)을 경계로 하여 '관동(關東)' 혹은 '자관이동(自關而東)', '관서(關西)' 혹은 '자관이서(自關而西)'라고 하였으며, 변방의 국명으로 조선(朝鮮)과 구(甌)를 사용하였다.[18] 다음은 고대의 나라 이름, 고대의 주 이름, 서한 당시의 군 이름, 현 이름 또는 읍 이름 등 행정구역이 방언 지명으로 사용된 예이다. 괄호 안의 숫자는 해당 지명이 『방언』에 나온 횟수를 나타낸다.[19]

① 고대의 나라 이름[20]이 지명으로 사용된 것에는 진(秦, 109), 촉(蜀, 3), 진(晉, 107), 위(魏, 62), 조(趙, 35), 한(韓, 10), 주(周, 18), 연(燕, 21: 별도로 북연이 44), 조선(朝鮮, 26), 대(代, 6), 정(鄭, 12), 제(齊, 60: 별도로 동제가 62), 노(魯, 27), 송(宋, 79), 위(衛, 31), 진(陳, 72), 초(楚, 129: 별도로 남초가 62), 오(吳, 27), 월(越, 13: 별도로 동월이 1), 구(甌, 2) 등이 있다.

② 주 이름[21]이 지명으로 사용된 것에는 기주(冀州, 2), 연주(兗州, 6), 청주

---

18 양웅은 방언지역을 구분하는 데 당시의 행정구역보다 그 이전 戰國 시기의 나라 이름을 더 자주 사용하였다. 이는 진한시기에 들어 제국의 영토가 크게 확장되고 행정구역의 재편이 일어났지만, 당시의 언어 상황은 여전히 전국시기와 비슷한 형국이었음을 말해준다.

19 李恕豪(2002: 41-61)를 참고함. 『방언』에서 사용된 지명 가운데 秦(109), 晉(107), 楚(129)처럼 특별히 많은 어휘를 수록한 지역도 있고, 甌(2), 蜀(3)처럼 그렇지 않은 지역도 있다. 또 권마다의 빈도도 다르다. 이러한 빈도의 차이는 아마 당시 양웅이 만난 조사 대상자의 한계로 인한 측면도 있을 것이고, 또 양웅이 접하기 쉬웠던 방언과 그렇지 못했던 방언의 차이도 있을 것이다.

20 춘추전국시기에는 나라 이름이었지만 서한시기에는 하나의 군이나 현이 된 경우도 있다. 예를 들면 朝鮮과 代가 이에 해당한다.

21 李恕豪(2002: 57)는 『방언』에 사용된 州 이름이 서한(13개 주)의 주 이름이 아니라 고대(9개 주)의 주라고 했으며, 이를 행정구역에 의한 분류가 아닌 지리적 분류에 묶었다. 그러나 『방언』에서 사용된 주 이름은 모두 12개인데, 정황상으로 보아 양웅이 고대의 주와

(青州, 11), 서주(徐州, 14), 양주(揚州, 28), 형주(荊州, 22), 예주(豫州, 2), 양주(梁州, 15), 익주(益州, 15), 옹주(雍州, 2), 양주(涼州, 1), 유주(幽州, 1) 등이 있다.

③ 서한 당시의 군 이름이 지명으로 사용된 것으로는 삼보(三輔, 1), 양(梁, 8), 평원(平原, 2), 패(沛, 1), 동해(東海, 1), 단양(丹陽, 1), 회계(會稽, 1), 계림(桂林, 4) 등이 있다.

④ 당시의 현 또는 읍 이름이 지명으로 사용된 경우는 빈(邠, 3), 기(冀, 3), 농(隴, 7), 당(唐, 1), 적현(翟縣, 1), 완(宛, 2), 야(野, 1), 영(郢, 6), 비(邳, 1), 도(陶, 1) 등이 있다.

고대에 산이나 강은 사람들의 통행을 가로막고 교류를 차단하는 자연적인 경계였다. 따라서 이러한 자연·지리적 경계는 언어를 달라지게 만드는 주요한 요인이었다. 『방언』에 보이는 지리적 경계로는 관(함곡관을 말함)이 자주 등장하며, 또 양자강이나 황하 등 하천과 호수가 나온다. 다음은 지리적 경계가 방언 지명으로 사용된 예다.[22]

① 관(함곡관)이나 산(효산 또는 화산을 말함)[23]으로 지역을 구분한 예로는 관서(87), 관동(47), 산(10), 대(岱, 29),[24] 숭악(嵩嶽, 2), 형(衡, 2), 구의(九嶷, 3) 등이 있다.

② 강(양자강) 또는 하(황하), 호수 등으로 지역을 구분한 예로는 강회(江淮,

서한의 주를 혼용해서 사용한 것으로 생각된다.

22 李恕豪(2002), 61-72面을 참고함.
23 李恕豪(2002: 62)는 『방언』에 사용된 산은 崤山, 華山을 지칭하며 관은 函谷關을 지칭하는데 산과 관은 동일한 지역을 가리킨다고 했다. 『방언』에서는 산보다 관이 자주 쓰였다. 한대 방언에 있어서 함곡관은 방언을 구분 짓는 주요한 지리적 기준이 되었으며, 이는 교통의 불편이 방언의 차이를 초래한다는 것을 말해주고 있다
24 岱는 泰山을 가리키며, 항상 海(東海)와 함께 쓰였고 또 대부분 海岱東齊가 함께 쓰였다. 李恕豪(2002), 64面을 참고함.

33), 강상(江湘. 20), 강면(江沔. 4), 강원(江沅. 2), 원상(沅湘. 4), 원풍(沅澧. 3), 상담(湘潭. 3), 원부용유(沅濆湧幽. 1), 폭(瀑. 1), 영(靈. 1), 하음(河陰. 1), 하내지북(河內之北. 1), 자하이북(自河以北. 3), 하제(河濟. 4), 하분(河汾. 1), 여(汝. 12), 영(潁. 14), 기(淇. 1), 사(泗. 2), 기(圻·沂. 1), 한(漢. 4), 열수(洌水. 21), 오호(五湖. 2), 강호(江湖. 1), 대야(大野. 1) 등이 있다.

이 밖에도 동북(東北. 1), 동남(東南. 1), 서남(西南. 6) 등이 다른 지명과 함께 방언지역을 나타낸 예도 있다.

양웅은 이들 명칭을 이용하여 개별 방언 어휘가 통용되던 지역 범위를 표시하였는데, 어휘에 따라 이들 지명이 독립적으로 또는 병기되어 이를 나타냈다. 예를 몇 가지 들어보면 다음과 같다.

黨·曉·哲, 知也. 楚謂之黨, 或曰曉, 齊宋之間謂之哲.(권1-1)

당(黨)·효(曉)·철(哲)은 알다[知]의 뜻이다. 초나라 지역에서는 당(黨)이라고 하고, 효(曉)라고도 하며, 제나라와 송나라 지역에서는 철(哲)이라고 한다.

墳, 地大也. 靑幽之間凡土而高且大者謂之墳.(권1-24)

분(墳)은 땅이 큰 것을 의미한다. 청주(靑州)와 유주(幽州) 지역 사이에서는 대개 땅이 높고 또 큰 것을 분(墳)이라고 한다.

劍削, 自河而北燕趙之間謂之室, 自關而東或謂之廓, 或謂之削, 自關而西謂之鞞.(권9-7)

칼집[劍削]은 황하로부터 북쪽 지역의 연나라와 조나라의 사이에서는 실(室)이라고 하고, 함곡관의 동쪽에서는 혹 곽(廓)이라고 하거나 또는 삭(削)이라고 하며, 함곡관의 서쪽에서는 병[鞞]이라고 한다.

斟·協, 汁也. 北燕朝鮮洌水之間曰斟, 自關而東曰協, 關西曰汁.(권3-7)

짐(斟)·협(協)은 화합하다, 잘 어울리다[汁]의 뜻이다. 북연과 조선, 열수에 걸친 지역에서는 짐(斟)이라고 하고, 함곡관으로부터 동쪽에서는 협(協)이라

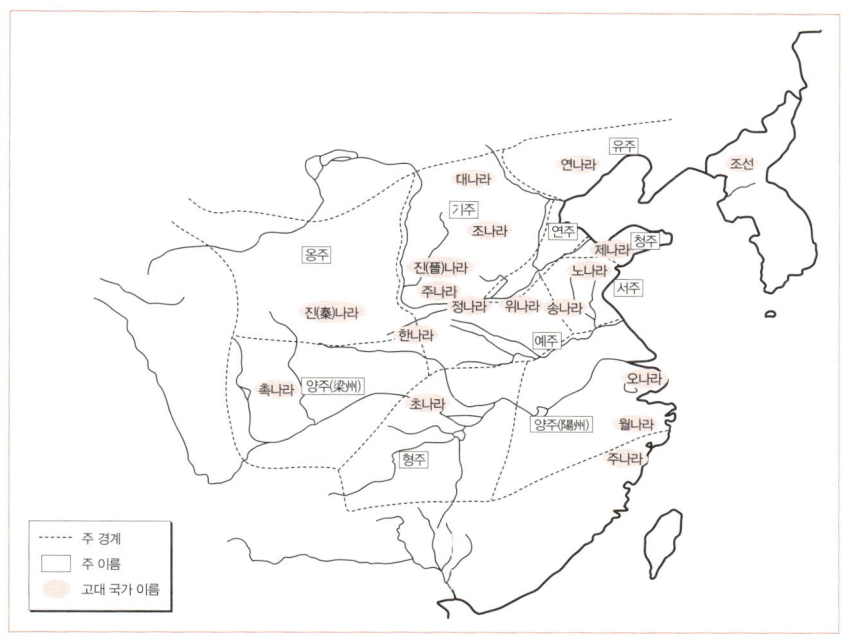

그림 1 _ 『방언』 지명도
출처: 리수하오(李恕豪, 2003: 72)

고 하며, 관서에서는 즙(汁)이라고 한다.

4) 후대의 『방언』 연구

양웅의 『방언』은 진대(晉代)에 이르러 곽박(郭璞)에 의해 『방언·주(注)』가 나오게 되는데, 곽박은 진대 언어로 양웅이 기록한 『방언』의 어휘를 주석하였으며, 『방언』에서 일부 후세에 잘 이해하기 어려웠던 부분들을 명료하게 밝혔고, 어전(語轉) 현상에 주목하여 설명을 덧붙이기도 했다. 『방언』에 대한 또 다른 뛰어난 주해서로는 청대 대진(戴震)의 『방언소증(方言疏證)』이 있다.

2. 『방언』에 수록된 고조선 지역 어휘

『방언』에는 조선 지역에서 사용되는 것으로 기록된 어휘가 26회(32개) 수록되어 있다. 이들 어휘는 다음과 같다.[25]

훤(喧)[*hjuanx](1-8): 어린아이가 그치지 않고 계속 우는 것, 매우 슬퍼하다.[26]

우(盱)[*hwjag](2-5): 검고 아름다운 눈. 검은 눈동자.

양(揚)[*raŋ](2-5): 검은 눈동자.[27]

책(策)[*tshrik](2-8): 작다. 뾰족하다.[28]

엽유(葉褕)[*rap][*rug](2-29): 연약하다. 부드럽다.[29]

요선(搖扇)[*grjagw][*hrjan, *hrjanh](2-34): 신속하다. 빠르다.[30]

녈(涅)[*nit](3-6): 바뀌다. 변화하다. 부화하다.

와(譁)[*ŋwrag](3-6): 변화하다.[31]

짐(斟)[*tjəm](3-7): 어울리다.[32]

자(茦)[*tshjigh](3-12): 자(莿)로도 씀. 풀이나 나무가 사람을 찌르다.

---

25 어음은 李方桂의 상고음을 표기하였다. 각 어휘 뒤 괄호 속 숫자는 대진의 『方言疏證』을 토대로 이연주·이연승(2012)에서 부여한 항목별 번호를 나타낸다.
26 喧·唏·㕟·㤊, 痛也. 凡哀泣而不止曰喧, 哀而不泣曰唏. 燕之外鄙朝鮮洌水之間, 少兒泣而不止曰喧.
27 䫌·䥝·盱·揚·䑋, 雙也. 燕代朝鮮洌水之間曰盱, 或謂之揚.
28 私·策·纖·葰·稺·杪, 小也. 燕之北鄙朝鮮洌水之間謂之策.
29 揄鋪·㠟䡾·䩜縷·葉褕, 毳也. 燕之北郊朝鮮洌水之間曰葉褕.
30 速·逞·搖扇, 疾也. 燕之外鄙朝鮮洌水之間曰搖扇.
31 蔫·譁·譁·涅, 化也. 燕朝鮮洌水之間曰涅, 或曰譁. 雞伏卵而未孚, 始化之時謂之涅.
32 斟·協, 汁也. 北燕朝鮮洌水之間曰斟.

장(戕)[*tsrjaŋh](3-12): 찌르다.³³

로(癆)[*liəgw](3-13): 약물에 중독되다.³⁴

앙각(䩕角)[*ŋaŋ][*kruk](4-40): 거친 신. 신의 일종.³⁵

전(銚)[*tiənx](5-1): 솥.

병(鉼)[*pjiŋx](5-1): 솥.³⁶

장(瓺)[*thrjaŋh, *drjaŋ](5-11): 장군(물·간장·술 등 액체를 담는 데 쓰는 그릇). 목이 긴 병.³⁷

조(斛)[*thiagw](5-26): 삽. 가래. 쟁개비.³⁸

단(椴)[*duanh](5-31): 나무 말뚝. 짧은 말뚝.³⁹

수(樹)[*djugh](5-35): 침상 앞의 가로대.⁴⁰

시(偍)[*drjigx, *djigx](6-30): 다니다.⁴¹

국(掬)[*kjəkw](7-12): 나누다. 나누어 서로 떨어뜨리다.⁴²

박(膊)[*phak](7-15): 햇볕에 말리다.⁴³

규영(嫢盈)[*gwjidx][*riŋ](7-18): 화내다. 성내다. 꾸짖다.⁴⁴

---

33 凡草木刺人, 北燕朝鮮之間謂之茦, 或謂之戕.
34 凡飲藥傅藥而毒, 北燕朝鮮之間謂之癆.
35 屝·屨·麤, 履也. 東北朝鮮洌水之間謂之䩕角.
36 鍑, 北燕朝鮮洌水間或謂之銚, 或謂之鉼.
37 䅫, 燕之東北朝鮮洌水之間謂之瓺.
38 𣂪, 燕之東北朝鮮洌水之間謂之斛.
39 橜, 燕之東北朝鮮洌水之間謂之椴.
40 牀, 其杠, 北燕朝鮮之間謂之樹.
41 偍·用, 行也. 朝鮮洌水之間或曰偍.
42 斯·掬, 離也. 燕之外郊朝鮮洌水之間曰掬.
43 膊·曬·晞, 暴也. 燕之外郊朝鮮洌水之間, 凡暴肉, 發人之私, 披牛羊之五藏, 謂之膊.

한만(漢漫)[*hanh][*muanh](7-25): 번민하다.

진현(䀴眩)[*thjin][*gwian](7-25): 의식을 잃고 쓰러지는 병. 번민하다.[45]

수식(樹植)[*djugh][*djək](7-31): 서다. 세우다.[46]

비(貔)[*phjiəg](8-2): '비(狉)'와 동자(同字). 호랑이와 유사한 맹수.[47]

포(抱)[*bəgwx](8-4): 알을 품은 닭. 품다.[48]

가(豭)[*krag](8-5): 돼지.[49]

복부(鵅鴓)[*pjək][*phjiəg](8-9): 뻐꾸기.

역(鵙)[*gwək](8-9): 뻐꾸기.[50]

독여(蝳蜍)[*dəkw][*rag](11-18): 거미.[51]

이 중 단음절 어휘는 23개[52]이며 이음절 어휘는 9개[53]로, 단음절 어휘가 우세하지만 이음절 어휘도 적지 않다.

한편 『방언』에서 이들에 지명이 병기된 상황을 살펴보면 다음과 같다. 비교를 위해 같은 동북에 속하는 북연과 연대 지역에 대해서도 함께 살펴보았다.

44　嫈嫇, 怒也. 燕之外郊朝鮮洌水之間, 凡言呵叱者, 謂之嫈嫇.

45　漢漫·䀴眩, 懣也. 朝鮮洌水之間煩懣謂之漢漫, 顚眴謂之䀴眩.

46　樹植, 立也. 燕之外郊朝鮮洌水之間, 凡言置立者謂之樹植.

47　貔, 北燕朝鮮之間謂之貊.

48　雞, 北燕朝鮮洌水之間謂伏雞曰抱.

49　豬, 北燕朝鮮之間謂之豭.

50　鳲鳩, 燕之東北朝鮮洌水之間謂之鵅鴓. 燕之東北朝鮮洌水之間謂之鵙.

51　鼅鼄, 鼄蟊也. 北燕朝鮮洌水之間謂之蝳蜍.

52　咺(1-8), 盱(2-5), 揚(2-5), 策(2-8), 涅(3-6), 譁(3-6), 斟(3-7), 萊(3-12), 壯(3-12), 癆(3-13), 鏐(5-1), 鉼(5-1), 瓯(5-11), 斛(5-26), 椴(5-31), 樹(5-35), 徥(6-30), 摵(7-12), 脾(7-15), 貊(8-2), 抱(8-4), 豭(8-5), 鵙(8-9).

53　葉褕(2-29), 搖扇(2-34), 嫈嫇(7-18), 漢漫(7-25), 䀴眩(7-25), 鵅鴓(8-9), 蝳蜍(11-18), 靰角(4-40), 樹植(7-31).

1) 조선열수(朝鮮洌水) 지역

『방언』에 조선(朝鮮)이라는 지명은 모두 26번 언급되었으며, 열수(洌水)라는 지명은 21번 언급되었는데 모두 조선과 함께 병기되었다. 지명의 병기 상황은 다음과 같다.[54]

① 북연조선지간(北燕朝鮮之間, 5): 3-12, 3-13, 5-35, 8-2, 8-5

② 조선열수지간(朝鮮洌水之間, 2): 6-30, 7-25

③ 연지북교조선열수지간(燕之北郊朝鮮洌水之間, 1): 2-29

④ 연지북비조선열수지간(燕之北鄙朝鮮洌水之間, 1): 2-8

⑤ 동북조선열수지간(東北朝鮮洌水之間, 1): 4-40

⑥ 연지동북조선열수지간(燕之東北朝鮮洌水之間, 4): 5-11, 5-26, 5-31, 8-9

⑦ 북연조선열수지간(北燕朝鮮洌水之間, 4): 3-7, 5-1, 8-4, 11-18

⑧ 연지외교조선열수지간(燕之外郊朝鮮洌水之間, 4): 7-12, 7-15, 7-18, 7-31

⑨ 연지외비조선열수지간(燕之外鄙朝鮮洌水之間, 2): 1-8, 2-34

⑩ 연조선열수지간(燕朝鮮洌水之間, 1): 3-6, 연대조선열수지간(燕代朝鮮洌水之間, 1): 2-5

이를 보면, 조선과 열수는 ①의 북연조선지간(5)을 제외하면, 모두 조선열수지간으로 명시되어 조선과 열수가 함께 병기되어 있다. 또 조선열수와 병기된 지명들을 세부적으로 살펴보면 북연, 연, 연대(燕代), 동북(東北), 연의 동북, 연의 외교(外郊), 연의 외비(外鄙), 연의 북교(北郊), 연의 북비(北鄙) 등이

---

54 괄호 안 숫자는 해당 지명이 『방언』에 언급된 횟수이다.

163
4장 고조선어와 언어계통성

있는데, 이 중 ⑩의 연(1), 연대(1)를 제외한 나머지를 연의 북부, 즉 북연으로 통칭하면 조선열수라는 지명은 대부분 북연과 함께 병기되었음을 알 수 있다. 이는 당시 조선열수 지역과 북연 지역에서 많은 공통 어휘가 사용되었으며, 더 나아가 이 지역이 동일 언어권이었을 가능성을 추측하게 한다.

한편 조선열수 지역의 어휘는 북연과 자주 공통으로 사용되었지만, 그 외에 연대와 공통으로 사용된 어휘 2개를 제외하면 중국 내지의 다른 지역과는 공통으로 사용된 어휘가 전혀 없다. 이런 점으로 미루어보아 당시 조선열수에서 사용되던 언어는 연을 포함한 중국 내지의 방언들과 상당히 달랐던 것으로 짐작된다.

2) 북연(北燕) 지역

북연은 전국시기 연의 북부 또는 동북부 지역을 말하며, 조선열수와 인접해 있던 지역이다. 『방언』에는 북연(22)이라는 지명 외에도 연지북비(燕之北鄙, 6), 연지북교(燕之北郊, 5), 연지외교(燕之外郊, 5), 연지동북(燕之東北, 4), 연지외비(燕之外鄙, 2)가 나오는데, 이를 모두 북연에 포함시키면 북연은 『방언』에 모두 44번 나온다. 북연은 다음과 같은 지명과 함께 병기되었다.

① 북연 단독(13): 북연(北燕, 3-10, 3-20, 7-7, 7-9, 7-13, 8-10, 8-15, 11-15, 11-18), 연지북비(燕之北鄙, 6-7), 연대지북비(燕代之北鄙, 1-18), 연지북교(燕之北郊, 7-10, 7-24)

② 조선열수와 병기(21): 북연조선열수지간(北燕朝鮮洌水之間, 3-7, 5-1, 8-4, 11-18), 북연조선지간(北燕朝鮮之間, 3-12, 3-13, 5-35, 8-2, 8-5), 연지북비조선열수지간(燕之北鄙朝鮮洌水之間, 2-8), 연지북교조선열수지간(燕之北郊朝鮮洌水之間, 2-29), 연지외교조선열수지간(燕之外郊朝鮮洌水之間, 7-12, 7-15, 7-18, 7-31),

연지동북조선열수지간(燕之東北朝鮮洌水之間, 5-11, 5-26, 5-31, 8-9), 연지외비조선열수지간(燕之外鄙朝鮮洌水之間, 1-8, 2-34)

③ 연(燕)과 병기(2): 동북조선열수지간(東北朝鮮洌水之間, 4-40), 청유지간(靑幽之間, 1-24)[55]

④ 동제해대(東齊海岱)와 병기(4): 해대동제북연지간(海岱東齊北燕之間, 5-4), 동제북연해대지교(東齊北燕海岱之郊, 7-15, 7-19), 연지북비동제북교(燕之北鄙東齊北郊, 7-22)

⑤ 제지북비연지북교(齊之北鄙燕之北郊, 3-5), 연지북비제초지교(燕之北鄙齊楚之郊, 1-12), 양송제초북연지간(梁宋齊楚北燕之間, 5-24)

⑥ 조위지교연지북비(趙魏之郊燕之北鄙, 2-2)

⑦ 진진지북비연지북교적현지교(秦晉之北鄙燕之北郊翟縣之郊, 1-16)

⑧ 연지외교월지수구오지외비(燕之外郊越之垂甌吳之外鄙, 7-30)

지명의 병기로 볼 때 북연과 조선열수 지역은 공통 어휘가 상당히 많았음을 알 수 있다. 북연과 조선열수지간에서만 사용된 것으로 기록된 22개 어휘(위 ②)에는 짐(斟, 3-7), 전(鍖, 5-1), 포(抱, 8-4), 독여(蝳蜍, 11-18), 장(壯, 3-12), 로(㾕, 3-13), 수(樹, 5-35), 비(貊, 8-2), 가(椵, 8-5), 책(策, 2-8), 엽유(葉楡, 2-29), 국(挶, 7-12), 박(膊, 7-15), 규영(嬰盈, 7-18), 수식(樹植, 7-31), 장(瓯, 5-11), 조(鮂, 5-26), 단(椴, 5-31), 복부(鳲鵴, 8-9), 역(鷅, 8-9), 훤(咺, 1-8), 요선(搖扇, 2-34) 등이 있다. 반면 북연과 연에서(방위명 동북은 북연과 연을 포괄하여 칭하며, 주 이름인 유는 연을 포괄한다) 공통으로 사용된 어휘(위 ②)에는 앙각(䩨角, 4-40, 조선열수 지역과 제, 해대 지역에서도 사용), 분(墳, 1-24) 등이 있다.

이로부터 북연이 언어적으로 조선열수 지역과 매우 가깝고 연과는 거리가

---

55 靑은 齊, 海岱 지역을, 幽는 燕 지역을 포괄하는 지명이다.

있었음을 추측해볼 수 있다. 그러나 다른 한편으로 북연 지역은 비교적 고립된 특성을 보이는 조선열수 지역과 달리 동제(東齊), 해대(海岱) 지역, 제, 초, 양, 송, 조, 위, 진(秦), 진(晉), 심지어 오, 월 지역과도 병기되어 이들 지역과 언어 접촉이 있었음을 보여준다. 특히 다른 지역보다 바다를 건너 지금의 산동반도에 위치한 동제해대(東齊海岱) 지역과 공통 어휘가 많이 쓰여 당시 바다를 통한 교류가 있었음을 짐작하게 한다.[56]

3) 연대(燕代) 지역

『방언』에 나온 연(燕)은 모두 21번으로, 이에는 연과 북연을 통합하여 지칭하는 유(幽)가 1번, 동북(東北)이 1번 포함되어 있다.

① 연(燕, 2-2, 7-11, 11-13)

② 연제지간(燕齊之間, 3-3, 5-25, 6-46), 연제(燕齊, 7-21), 연대동제(燕代東齊, 1-20), 제연해대지간(齊燕海岱之間, 9-19), 청유지간(青幽之間, 1-24)

③ 연조지간(燕趙之間, 2-2, 11-11), 연조지교(燕趙之郊, 7-3), 자하이북연조지간(自河而北燕趙之間, 9-7)

④ 연조선열수지간(燕朝鮮洌水之間, 3-6), 연대조선열수지간(燕代朝鮮洌水之間, 2-5), 동북조선열수지간(東北朝鮮洌水之間, 4-40)

⑤ 조위연대지간(趙魏燕代之間, 1-3, 1-7), 연대지간(燕代之間, 1-15), 진위연

---

56 북연 지역은 전국 후기 연의 장수 진개가 동호와 조선을 침공하기 전에는 조선과 동호의 영토였으며, 기원전 7세기 무렵부터 랴오둥반도와 산둥반도를 연결하는 먀오다오열도(廟島列島)를 이용하여 제와 조선 사이에 활발한 교역 활동이 있었다. 이를 통해 육로상의 중간 지대인 연을 경유하지 않고도 양국이 직접 상호 교류할 수 있었다. 박경철(2015), 451쪽을 참고함.

위(晉衛燕魏, 1-5)

연(燕)은 서주 초에 건국되어 전국 말에 진(秦)에 멸망당했다. 『방언』에서는 연과 북연이 거의 병기되지 않아 당시 이 두 지역에서 쓰이던 언어가 달랐을 가능성을 짐작하게 한다. 연과 북연은 전국 후기(기원전 283)에 정치적인 통합이 이루어졌지만 언어상으로는 여전히 통합 이전의 상태를 유지했던 것으로 추측된다. 그 후 이 두 지역은 진(秦)을 거쳐 한대(漢代)가 되어서도 언어적 차이가 계속된 것으로 보인다. 병기된 지명으로 볼 때, 연나라는 지리적으로 가까웠던 제(齊)나라와 가장 긴밀했고, 역시 지리적으로 가까웠던 조(趙)나라와 대(代)나라와도 관계가 밀접했음을 알 수 있다.

한편 『방언』에 나온 대(代)는 모두 6번으로, 이 중 연과 5번, 조와 3번 병기되었다. 또 연과 병기된 대는 조선열수, 동제(東齊), 조위(趙魏) 등과도 병기되었다.

① 연대지간(燕代之間, 1-15), 연대동제(燕代東齊, 1-20), 연대조선열수지간(燕代朝鮮洌水之間, 2-5), 조위연대지간(趙魏燕代之間, 1-3, 1-7)

② 조대지간(趙代之間, 13-141)

지명의 병기로 볼 때 대는 연 방언과 아주 밀접한 관계를 보이며 이로써 연과 대가 동일 방언권이었다고 생각된다. 그러나 대는 기원전 476년 조나라에 멸망당했으며, 조나라는 여기에 대군(代郡)을 설치하였다.[57] 따라서 『방언』을 통해 정치적으로 조나라에 통합되어 조나라의 통치를 받았던 대가 언어적으로는 조나라보다 연나라와 더 가까웠다는 것을 볼 수 있다. 이러한 언어 상황은 진나라를 거쳐 한나라에 이르기까지 계속되었다. 이는 고대 사회에서 통치 세력이 바뀌어도 통치 세력의 언어가 토착 세력의 언어를 쉽게 대

---

57 李恕豪(2002: 47)가 『史記·趙世家』를 참고로 기술한 내용을 인용함.

체하지 못했거나, 언어 교체가 일어난다 하더라도 상당히 오랜 시간이 걸렸음을 추측하게 한다.

3. 중국 학계에서의 연구 현황

1) 서한시기의 방언지역 구분

『방언』에 나오는 지명들은 '제송지간(齊宋之間)', '청유지간(靑幽之間)', '자하이북연조지간(自河而北燕趙之間)', '북연조선열수지간(北燕朝鮮洌水之間)', '자관이동(自關而東)'처럼 대부분의 경우 여러 지명이 함께 병기되어 있다. 지명이 빈번하게 병기된 지역들은 언어 체계에 있어서 밀접한 관계가 있을 가능성을 시사한다. 따라서 지명 간 병기 상황을 분석하여 이를 몇몇 큰 카테고리로 묶으면 당시의 대략적인 방언지역 현황을 구분할 수 있고 이로부터 당시의 언어 상황을 유추해볼 수 있다. 현대에 들어 중국 학자들은 이러한 방법으로 『방언』에 기반하여 서한시기의 방언지역을 구분하고자 하는 노력을 꾸준히 해왔다. 이는 일종의 방언지리학적 방법이라고 할 수 있는데, 이와 같은 방언지리학적 방법을 이용하여 서한시기의 방언지역 구분에 대해 연구한 것에는 린위탕(林語堂, 1933)을 필두로, 뤄창페이(羅常培)와 저우쭈모(周祖謨)의 공저(1958), 파울 세뢰이스(Paul L. M. Serruys, 1959), 딩치전(丁啓陣, 1991), 리수하오(李恕豪, 2002), 화쉐청(華學誠, 2003) 등이 있다. 이들 각각에 대해 살펴보면 다음과 같다.

린위탕(1933): 한대 방언을 다음의 14개 지역으로 나누었다.[58]

(1) 진(秦), 진(晉) 방언 - 진(秦), 서진(西秦), 진(晉)

(2) 양(梁)과 서부 초(楚) 방언 – 양(梁)(西南蜀, 漢, 益이라고도 한다)

(3) 조(趙), 위(魏) 및 하북(河北) 방언 – 조(趙), 위(魏)

(4) 송(宋), 위(衛) 및 위(魏)의 일부 방언 – 위(衛), 송(宋)

(5) 정(鄭), 한(韓), 주(周) 방언 – 정(鄭), 한(韓), 주(周)

(6) 제(齊), 노(魯) 방언 – 제(齊), 노(魯), 노는 또 宋, 衛 및 魏의 일부와 가깝다)

(7) 연(燕), 대(代) 방언 – 연(燕), 대(代)

(8) 연대북비조선열수(燕代北鄙朝鮮洌水) 방언 – 북연(北燕), 조선(朝鮮)

(9) 동제해대지간(東齊海岱之間), 회사(淮泗) 방언 – 동제(東齊), 서(徐)(夷語의 혼입)

(10) 진(陳), 여영(汝潁), 강회(江淮, 楚) 방언 – 진(陳), 여영(汝潁), 강회(江淮), 초(楚)

(11) 남초(南楚) 방언 (蠻語의 혼입)

(12) 오양월(吳揚越) 방언 (揚은 淮, 楚와 가깝다)

(13) 서진(西秦) 방언 (羌語의 혼입)

(14) 진진북비(秦晉北鄙) 방언 (狄語의 혼입)

린위탕의 분류에 있어 특기할 점은 연, 대의 북비와 조선열수 지역, 즉 북연과 조선을 하나의 방언구로 간주한 점이며, (9) 동제해대지간, 회사 방언 (동제, 서)에 이어(夷語)의 혼입(混入), (11) 남초(南楚) 방언에 만어(蠻語)의 혼입, (13) 서진(西秦) 방언에 강어(羌語)의 혼입, (14) 진진(秦晉)의 북비(北鄙) 방언에 적어(狄語)의 혼입이 있음을 명시하고 있다는 점이다.

뤄창페이·저우쭈모(1958): 한대 방언을 7개 지역으로 분류하였다.[59]

---

58 林語堂(1933),「前漢方音區域考」,『語言學論叢』, 上海開明書店, 35-44面.
59 羅常培·周祖謨(1958),『漢魏晉南北朝韻部演變研究』第一分冊, 科學出版社, 72面.

(1) 진진(秦晉), 농기(隴冀), 양익(梁益) 지역

(2) 주정한(周鄭韓), 조위(趙魏), 송위(宋衛) 지역

(3) 제노(齊魯), 동제(東齊), 청서(青徐)

(4) 연대(燕代), 진(晉)의 북비(北鄙), 연(燕)의 북비(北鄙)

(5) 진초강회지간(陳楚江淮之間)

(6) 남초(南楚)

(7) 오월(吳越)

특기할 점은 이들이 연대, 진(晉)의 북비, 연의 북비 지역을 한데 묶어 하나의 방언지역으로 분류하고 있다는 점과 조선 지역을 연의 북비로 포괄하며 별도로 명시하지 않고 있다는 점이다.

파울 세뢰이스(1959): 벨기에 출신 학자 파울 세뢰이스는 한대 방언을 다음과 같이 6개 지역으로 분류하였다.[60]

(1) 서부 방언: 진(秦), 진진(秦晉), 양익(梁益), 서남(西南), 관서(關西)

(2) 중부 방언: 관동(關東) ① 서부: 주정낙한(周鄭洛韓)
　　　　　　　　　　② 동부: 송(宋)-위(衛, 梁)-노(魯), 제위(齊魏)

(3) 북부 및 동북부 방언: 연(燕), 연대북연(燕代北燕), 조선열수(朝鮮洌水), 진(晉)과 조(趙)

(4) 동부 방언: 동제(東齊), 해대(海岱), 서(徐), 회(淮)

(5) 동남 방언: 오(吳), 양(揚), 월(越), 구(甌)

(6) 남부 방언: 초(楚) ① 북초(北楚), 진초(陳楚), 여영(汝潁)
　　　　　　　　　　② 초회(楚淮), 강회(江淮)

60　Paul L.-M. Serruys(1959), *The Chinese Dialects of Han Time According to Fang Yen*, Berkeley and Los Angeles: University of California Press, pp. 77-99.

③ 남초(南楚): 남초(南楚), 형(荊), 상원(湘沅), 강원(江沅), 강풍(江灃)

파울 세뢰이스의 분류에서 특기할 점은 조선열수 지역을 포함하여 연, 연대북연, 진(晉)과 조 지역을 묶어 북부 및 동북부 방언지역으로 구분하되, 연, 대, 북연, 조선열수 지역을 차(次)방언구로 인식했다는 점이다.

딩치전(1991): 한대 방언을 다음과 같이 8대 방언지역으로 구분했다.

(1) 연조(燕朝) 방언(대표 지역: 北燕朝鮮洌水)

(2) 조위(趙魏) 방언

(3) 해대(海岱) 방언(대표 지역: 齊海岱)

(4) 주락(周洛) 방언(대표 지역: 關東周洛)

(5) 오월(吳越) 방언

(6) 초(楚) 방언(대표 지역: 楚鄭)

(7) 진진(秦晉) 방언

(8) 촉한(蜀漢) 방언

딩치전의 분류에서 특기할 점은, 연에서 조선에 걸친 연조 지역 중 북연 조선열수가 『방언』에 나타난 지명 병기 면에서 대표 지역임을 인지하면서도, 연과 북연을 연으로 통칭한 후 이를 조선과 한데 묶어 연조 방언으로 구분한 것이다.

리수하오(2002): 여러 학자들의 선행 연구들을 참고한 후 한대 방언을 다음과 같이 12개 지역으로 분류하였다.[61]

(1) 진진(秦晉) 방언: 진(秦), 진(晉), 양익(梁益)

(2) 주한정(周韓鄭) 방언: 주(周), 한(韓), 정(鄭)

---

61 각 방언구의 차방언지역에 대해서는 華學城(2003), 74面에서 정리한 것을 참고하였다.

4장 고조선어와 언어계통성

(3) 조위(趙魏) 방언: 조(趙), 위(魏)

(4) 위송(衛宋) 방언: 위(衛), 송(宋)

(5) 제로(齊魯) 방언: 제(齊), 노(魯)

(6) 동제해대(東齊海岱) 방언: 동제(東齊), 해대(海岱)

(7) 연대(燕代) 방언: 연(燕), 대(代)

(8) 북연조선(北燕朝鮮) 방언: 북연(北燕), 조선(朝鮮)

(9) 초(楚) 방언: 초영(楚郢), 북초(北楚), 강회(江淮)

(10) 남초(南楚) 방언: 강상(江湘), 원풍(沅澧), 구의상담(九嶷湘潭)

(11) 남월(南越) 방언

(12) 오월(吳越) 방언: 오(吳), 월(越), 구(甌)

리수하오의 분류에서 특기할 점은 린위탕의 경우와 같이 북연과 조선 지역을 하나의 북연조선 방언구로 묶어 연대 방언지역과 구분하고 있다는 점이다.

화쉐청(2003): 리수하오의 한대 방언구 구분을 그대로 받아들이고 있지만, 전국시대의 방언지역 경우 이를 다음과 같이 구분하였다.

(1) 진진(秦晉) 방언지역

(2) 주한정(周韓鄭) 방언지역(한대 조위 방언구 포함)

(3) 위송(衛宋) 방언지역

(4) 제로(齊魯) 방언지역(한대 동제해대 방언구 포함)

(5) 연조(燕朝) 방언지역(한대 북연조선 방언구 포함)

(6) 형초(荊楚) 방언지역(한대 남초 방언구 포함)

(7) 오월(吳越) 방언지역(한대 남월 방언구 포함)

이 밖에도 장부톈(張步天)은 한대 방언을 관동서(關東西: 關中을 秦晋, 周洛 두 지역으로 나눔), 하남(河南: 陳宋鄭, 魏衛 두 지역으로 나눔), 제로(齊魯: 東齊, 齊魯, 江

淮海岱 세 지역으로 나눔), 병삭(幷朔), 연대(燕代), 양옹(涼雍), 양익(梁益), 초(楚: 北楚, 荊楚, 南楚 세 지역으로 나눔), 오양(吳揚), 민광(閩廣)과 같이 구분하고 북연조선을 따로 구분하지 않았다.[62] 또 가오광신(高光新, 2010)은 서한시기의 하북(河北) 방언을 구분함에 있어 이를 제(齊), 위(衛), 조(趙), 연대(燕代), 북연(北燕)의 5개 지역으로 구분하고, 고조선은 이에 포함하지 않았다.[63]

『방언』의 경우 어휘별로 다양한 사용 지역들이 교차하여 나타나는 관계로 이들 자료를 종합하여 몇몇 큰 방언구를 나눈다는 것은 쉽지 않은 작업이다. 따라서 이들 각 학자들은 방언구를 구분할 때 당시의 정치적·경제적 상황이나 역사적·문화적·지리적 요소 등 비언어학적 요소들을 함께 고려하고 있다. 그 예로 리수하오(2002)는 위 12개 지역 가운데 위(衛)와 송(宋)은 비교적 큰 차이를 보이지만 이 두 지역의 역사, 문화, 집단의 유래 등 각종 요인들을 고려하여 하나의 방언구로 묶었고, 구의상담(九嶷湘潭) 방언의 경우도 남초(南楚) 방언과 그다지 공통적 특성이 없는데도 단순히 지리적으로 가깝다는 이유로 하나의 방언구로 묶었다. 또 조(趙)는 단지 위(魏)의 북부 지역과 유사할 뿐 위(魏)의 남부 지역보다는 오히려 진, 송과 공통점이 많은데도 조와 위를 하나로 묶었으며, 제(齊)와 노(魯)를 하나의 지역으로 분류했지만 실제로 노는 위(衛), 송과 더 가깝다고 밝히고 있다.[64] 반면 딩치전은 린위탕이 서한시기의 방언지역을 구분할 때 동제를 제로부터 분리하고 북연을 연(燕)으로부터 분리하고 남초를 초(楚)로부터 분리한 데 반해, 당시의 사회 상황에서 상대적으로 독립된 행정구역은 그 언어 내부의 일치성도 비교적 높다고 주장하며

---

62 張步天(1992), 「洞庭地區古代方言初探」, 『益陽師專學報』 3期, 67-70面; 楊春宇·王媛(2015)에서 재인용함.
63 高光新(2010), 15面.
64 李恕豪(2002), 38-39面.

동제, 북연, 남초는 차방언으로 구분하였다.[65]

한편 화쉐청(2003)에 따르면,[66] 『방언』에 토대를 둔 한대 방언 연구는 린위탕이나 파울 세뢰이스 등과 같이 『방언』 속에 일부 비한어의 존재(린위탕이 말한 혼입된 이어, 만어, 강어, 적어 등)는 인정하지만 이를 별도의 방언지역으로는 구분하지 않는 경우와 저우전허(周振鶴)와 여우루제(游汝杰)의 공저(전광진·이연주 역, 2005 참조)처럼 소수민족 언어지역을 인정하는 경우,[67] 그리고 뤄창페이·저우쭈모나 딩치전처럼 당시의 방언지역을 완전히 한어 지역으로 보는 경우로 대별된다.

---

65 이상 魏錦(2010), 75面을 참고함. 이처럼 각 학자들은 몇몇 인접 지역의 구분과 次방언의 구분에 있어 견해 차이를 보이는데 이러한 차이는 비교적 중부 방언 사이에서 많이 나타나며, 북연조선 방언의 경우 동제해대, 오월 등과 더불어 독립성이 비교적 강한 지역이라는 데 대해서는 기본적으로 이견이 없는 듯하다.

66 華學城(2003), 109-112面.

67 華學城은 이와 관련하여, "周振鶴·游汝杰(2005)가 만든 한대 방언구역 추정도에서는 실제로 두 유형을 포함하고 있다. 하나는 한어 방언지역으로 모두 9개가 있는데, 즉 북연, 조, 제, 진진, 여영, 오, 촉, 초, 남초이다. 다른 하나는 소수민족 언어지역으로 전부 6개가 있는데, 조선, 북적, 서융, 월, 동제, 회이다."라고 하고 있다. 이 지도는 周振鶴·游汝杰(2005: 149)에 수록되어 있다. 관련하여 이들이 "『방언』과『설문』의 관련 자료를 근거로 하자면, 한대의 방언구역을 이 지도와 같이 도시해보더라도 무방할 것 같다."고 했지만, 여기서 북연은 한어 방언지역으로, 조선은 소수민족 언어지역으로 구분하고 있는 것으로 보아 조선 지역이 소수민족 언어지역이라는 것이지, 이를『방언』을 토대로 한 한대 당시의 비한어 방언구로 간주하는 것은 아닌 것으로 보인다. 실제로 이들은, "『방언』과『설문』에 실려 있는 자료의 일부는 아마도 중국어의 방언이 아니라 당시 소수민족의 언어인 것도 있는 것 같다. 이를테면, 『방언』에 등장하는 동제, 청서의 夷, 羌狄, 甌, 東胡와『설문』에 나타난 朝鮮, 南越, 匈奴 등이 있다."고 하고 있다. 周振鶴·游汝杰 저, 전광진·이연주 역(2005), 148面.

2) 『방언』의 조선(조선열수) 지역

『방언』에 수록된 조선 지역 어휘를 검토할 때 당연히 가지게 되는 의문은 양웅이 『방언』에서 조선 또는 조선열수지간이라고 칭한 지역이 구체적으로 어느 지역을 칭하는가 하는 점이다. 『방언』의 조선 지역을 포함한 동북지역 어휘에 대해 논한 중국 학자들의 연구에서 이 부분에 대해 깊이 있게 고찰한 내용은 드물지만, 『방언』에 사용된 지명에 대해 해설하는 과정에서는 대체로 조선을 옛 전국시대 (동북의) 나라[國] 이름 중 하나로 보고 있다. 예를 들면 다음과 같다.[68]

고대의 나라 이름이 지명으로 사용된 것에는 진(秦), 촉(蜀), 진(晉), 위(魏), 조(趙), 한(韓), 주(周), 연(燕), 조선(朝鮮), 대(代), 정(鄭), 제(齊), 노(魯), 송(宋), 위(衛), 진(陳), 초(楚), 구(甌), 동월(東越) 등이 있다.

한편 더 구체적으로 조선 지역이 어느 지역을 의미하는가와 관련하여 개별적으로 언급한 내용으로는 다음과 같은 것들이 있는데, 대체로 옛 문헌상의 기록을 토대로 말하고 있다.[69]

딩치전(1991)은 『한서·지리지』에 낙랑군과 관련하여, "낙랑군은 무제 원봉 3년에 개척하였다. 유주(幽州)에 속하며, 25개의 현이 있는데, 조선, 남감, 패수…"라고 한 것과 이에 대한 응소의 주(注)에 "낙랑군은 옛 조선국이다."라고 한 것을 인용하며, 이로써 조선은 나라 이름이기도 하면서 한나라의 현

---

68 李恕豪(2002), 43面.
69 한편 晉代 학자로 『방언·주』를 저술한 곽박은 『방언』 권1(권1-8)의 주에서 燕之北鄙朝鮮洌水之間에 대해 "朝鮮은 지금의 樂浪郡이다. 洌水는 遼東에 있다."고 한 기록이 있다. 이는 주목할 내용이지만, 당시 낙랑군과 열수의 위치를 두고 역사학계에서 논란이 있는 만큼 이 글에서는 단지 이러한 기록이 있음을 언급하고자 한다.

이름으로도 기록된 것을 볼 수 있다고 하였다.[70]

리수하오(2002)는 『전국책·연책(燕策)』에 "연의 동쪽에 조선, 요동이 있다."는 구절과 『한서·지리지』에 기록된 "현도, 낙랑은 한 무제 시기에 설치된 군으로 조선, 예맥(濊貉), 구려(句驪), 만이(蠻夷)이다."를 인용하고, 『방언』의 조선은 대략적으로 오늘날의 랴오닝(遼寧)과 지린(吉林)의 일부 지역 및 조선 북부 일대를 말한다고 하였다. 한편 『사기·조선열전』과 『한서·서남이양월조선전(西南夷兩粵朝鮮傳)』을 근거로 들어, "전국시기 조선은 연에 속했으며 진나라시기에는 요동외요(遼東外徼)에 속했다. 따라서 진의 영토의 일부이다."라고 하였다. 또 광의의 북연은 조선을 포함할 수 있다고 하였다.[71]

천류(陳榴, 2005)는 『방언』에서 말하는 조선이 국명이나 민족명이 아니라 낙랑군 소속의 일개 현이며, 그 정확한 위치는 알 수 없다고 하였다.

주가오(朱皋, 2016)는 양웅 시기 옛 고조선 지역에 한사군이 설치되었던 것을 들어 『방언』에서 말하는 '조선열수지간(朝鮮洌水之間)'의 열수는 현재의 대동강이며, '조선열수지간'은 실상 한반도 중부 낙랑군 서쪽의 광대한 지역에 해당하며, 포함하는 방언지역 범위는 매우 넓어 연나라 및 한반도 지역을 아우르고 있다고 하였다.

주리(朱麗, 2010)는 『방언』의 조선열수는 오늘날 랴오닝, 지린의 일부 지역 및 북한 북부 일대에 해당된다고 하였다. 북연은 『방언』에서 구분한 하나의 지역으로, 전국시대에 연나라 장수 진개가 동호를 물리치고 확장한 지역을 '북연'이라고 했으며, 연의 일부이다. 넓은 의미의 연은 『방언』의 북연, 조선을 포함한다고 할 수 있다고 하였다.

70　丁啓陣(1991), 17面.
71　李恕豪(2002), 161-162面을 참고함.

양춘위·왕위안(楊春宇·王媛, 2015)은 열수는 오늘날 북한의 대동강을 말하며, 조선열수는 북한 대동강 서북 지역, 당시 낙랑군 일대를 말한다고 하였다.

이상을 종합해보면, 『방언』의 조선 또는 조선열수 지역과 관련하여 중국의 연구는 대체로 고조선에 해당하며 한대에 낙랑군이 설치되었던 지역으로 보고 있음을 알 수 있다. 다만 이 중에는 천류의 경우처럼 『한서·지리지』상 낙랑군 지역의 현에 대한 기술을 바탕으로 낙랑군 지역 중 조선현 지역으로 국한해보는 경우도 있고, 딩치전처럼 조선이라는 명칭이 훗날 낙랑군이 설치되었던 지역을 의미할 수도 있고 낙랑군의 일개 현을 의미할 수도 있음을 지적하기도 한다. 또한 리수하오의 경우처럼 한대 낙랑군 지역과 더불어 현도군이 설치되어 있었던 지역을 포괄하는 것으로 보고, 대략적으로 북한 북부 일대와 함께 오늘날의 랴오닝과 지린의 일부 지역이 이에 포함되는 것으로 주장하기도 한다. 한편 조선열수지간의 열수는 대체로 한반도의 대동강을 의미하는 것으로 받아들이고 있으며, 따라서 앞과 연관할 때 조선열수지간은 대동강 서북 지역으로 당시의 낙랑군 지역만을 의미하는 것으로 이해되기도 하지만, 지리적으로 한반도 북부와 현 랴오닝, 지린의 일부 지역을 포함하는 광대한 지역으로 간주되기도 한다.[72] 그러나 이상과 관련하여 중요한 점은 중국 학자들의 연구에서 조선 또는 조선열수지역이란 전국시대 후기부터 양웅이 『방언』을 저술한 서한시기에 걸쳐 중국의 직접 또는 간접적인 지배가 미쳤던 지역으로 이해되고 있는 것이라 하겠다.

---

[72] 관련하여 주가오(2016)가 조선열수지간의 방언지역 범위가 매우 넓어 연나라 및 한반도 지역을 아우르고 있다고 한 데서 연나라는 북연 지역을 의미하는 것으로 보면 되겠으나, 주리(2010)가 넓은 의미의 연은 『방언』의 북연, 조선을 포함한다고 할 수 있다고 한 데서 연이 조선을 포함한다고 한 것은 이해하기 어려운 부분이다.

3) 『방언』에 수록된 조선 지역 어휘의 성격

이와 관련한 연구로는 주가오(2016), 양춘위·왕위안(2015), 주리(2010), 리수하오(2002) 등이 있다. 이들 각각에 대해 살펴보면 다음과 같다.

주가오(2016)는 『방언』에 기록된 조선어가 현대 한국어와 조금도 가깝지 않다고 하면서 이는 시간이 흐르면서 한국의 언어가 변한 것도 있겠지만 그보다는 다음의 원인에 기인한다고 보았다.

첫째, 양웅이 방언을 조사한 방식과 관련이 있다. 그가 조사한 대상은 수도로 온 관리, 천거된 효렴, 수도를 지키러 온 사병 등이다. 그는 이러한 각기 다른 지역, 다른 계층, 직업의 사람들이 제공한 구두 언어를 기록하였고, 그것들을 각 세부 항목으로 나누어서 정리하였다. 그러나 당시의 이런 효렴들은 한(漢) 문화의 영향을 많이 받았거나 이들 자체가 한인(漢人)이었을 것이다. 따라서 그들이 제공한 구두어는 진짜 조선열수의 방언을 대표한다고 할 수 없을 것이다.

둘째, 당시의 조선열수지간은 이미 한사군에 속하고 거주민들의 성분도 매우 복잡하였으며, 많은 한인(漢人)들이 낙랑군 일대로 이주한 바 있는데 이런 한인들은 옛 연, 조, 제, 노 등지에서 왔다. (당시 조선열수지간의) 서면어는 비록 한자이지만 구두어는 매우 복잡했다. 어떤 사람들은 사용된 언어가 고구려어라고 주장하고, 또 어떤 사람들은 퉁구스어라고 주장한다. 또 많은 한인들은 중국어를 사용했을 것이다. 따라서 당시 이 지역은 어떤 통일된 언어를 형성하지 못했을 것이며, 보편적으로 사용되던 단어들은 고유한 조선어와 그 후 한어의 혼합물이었을 것이다.

셋째, 한 무제가 출병하여 조선을 점령하고 한사군을 설치, 한나라의 직할 군현으로 만들어 한 무리의 내지(內地) 한인들이 낙랑군으로 이주하여 개

발을 시작했으며, 낙랑(지금의 평양)을 중심으로 한 한인 사회를 형성, 군현시기에 토착 한인 계층을 이루고 많은 중하급 관리를 제공하여 그 지방에 영향을 미쳤으며, 따라서 낙랑, 대방 두 군은 토착 한인이 주체가 된 사회가 형성되었다.

이상 주가오의 주장을 요약해보면, 당시 조선열수지간은 거주민의 성분이 복잡해서 아마도 어떤 통일된 언어를 형성하지 못했을 것이며, 따라서 이 지역에서 보편적으로 사용되던 단어들은 고유한 조선어와 그 후 한어의 혼합물일 것이고, 양웅이 이 지역의 방언 어휘를 수집하는 과정에서 만난 사람들이 한(漢) 문화의 영향을 많이 받았거나 이들 자체가 한인이었을 것이라고 보았다. 그러므로 『방언』에 수록된 조선 어휘는 조선열수 지역의 토착 방언이 아닌, 당시 이 지역에 형성되었던 토착 한인 사회, 또는 한 문화의 영향을 많이 받은 계층이 사용하던 어휘들이었을 가능성이 높다는 것이다.

리수하오(2002)는 북연조선 방언은 중국 내지 백성들의 언어, 특히 연나라와 제나라 일대의 방언이 장기간의 혼합과 변화로 이루어진 하나의 새로운 한어 방언이라고 볼 수 있다고 하였다. 이 방언의 전신은 이민들이 이 지역으로 가지고 들어온 것이다. 따라서 북연조선 방언은 한어 방언의 일종이며, 같은 시기 이 일대에 유행하던 토착 민족의 언어와는 같지 않다. 주나라 초기에 소공(召公) 석(奭)이 북방에 봉해져 연나라를 세운 이후 연 방언(제, 동제도 포함되나 연이 위주)은 오랜 시간 동안 부단히 북연조선 일대로 침투되었고, 그리하여 북연조선 방언에 많은 다른 역사층의 연 방언 어휘가 누적되었으며, 이는 북연조선 방언의 모습을 변화시켰다. 초기의 북연조선 방언과 연 방언은 가까웠고 마땅히 동일 방언구에 속했을 것이다. 그러나 북연조선 방언이 장기간 동북의 변방 지역에 고립적으로 존재했기 때문에 내지와의 접촉이나 내왕이 적어 비교적 많은 초기 연(연 및 일부 제, 동제)의 어휘를 보존한 반면,

전국 중기 이후에 연나라는 장기간 고립 상태를 타파하고 중원의 각 나라들, 특히 조나라, 제나라와 왕래하고 접촉하면서 날로 밀접해짐으로써 조나라와 제나라 방언이 끊임없이 연 방언을 침식하고 밀어내 연 방언이 자신의 어휘 특징을 소실하게 만들었다. 이리하여 연 방언은 점차 조(趙) 방언과 제(齊) 방언, 특히 조 방언과 가까워졌고 북연조선 방언과 멀어졌으며, 서한 말기에 이르러서는 연과 북연조선이 두 개의 다른 방언이 되었다.[73]

주리(2010)는 고대 유연어(幽燕語)의 존재를 설정하고, 북연과 조선 지역을 구분하여 연 방언이 이들 지역으로 확산·침투된 과정을 연에서 북연, 북연에서 조선 지역으로 나누어 설명하고 있다. 그러나 결과적으로 북연과 조선 지역의 방언을 연 방언의 특징이 전파되어 형성된 방언으로 보는 점과 서한 시기에 이르러 북연(북연조선) 방언이 연 방언과 다른 방언이 된 것을 이들 지역의 지리적 편벽과 고립에서 기인하는 것으로 보는 점에서는 리수하오와 별반 다르지 않다. 그에 따르면, 역사적으로 볼 때 연과 동북의 북연은 처음에는 모두 고대 유연어를 말했다.[74] 북연 방언의 형성은 연 방언이 동북지역

---

73 李恕豪(2002), 261-265面을 참고함.
74 幽燕語라는 명칭의 사용은 고대에 幽燕 지역이 동일 방언지역이었음을 전제한다. 관련하여 幽州는 당시 행정구역의 하나로 여러 자료를 찾아볼 때 시대별로 변화가 있지만, 대체로 오늘날의 허베이성 북부와 랴오닝성 서부 일대를 포함하는 지역을 일컬었던 것으로 보인다. 중국 고대 문헌인 『周禮』 職方氏에 "東北을 유주라 한다."는 기록이 있고 또 『爾雅』 「釋地」편에 "燕을 유주라 한다."는 말이 있어 유주란 중국의 동북 내지 연 지역을 칭했던 것임을 알 수 있으며, 이들 문헌이 대개 전국 혹은 진한시기에 편찬되었다고 추정됨에 따라 양자 모두 전국시대 연국의 통치 지역을 가리키는 것으로 이해된다. 유연이라는 지명은 이에서 유래한다 하겠다. 그러나 최근 들어 중국에서는 '동북' 내지 '유연'을 단순히 지리적인 단위로 생각하지 않고 고대 중국에 '동북'이라는 문화적 일체성, 혹은 공통성을 내포하는 하나의 문화 영역, 즉 東北文化區가 존재하였다는 생각을 갖고 있는 것으로 보이며, 유연어라는 명칭의 사용도 이와 관련이 있지 않나 생각된다. 궈다순·장싱더 저, 김정열 옮김(2008), 「역자 해제」, 5-6쪽을 참고함.

으로 확장하고 침투된 것에서 유래하며, 기타 일부 방언의 북연 방언에 대한 확산과 영향도 연 방언을 중개로 삼은 경우가 많았다. 또한 북연 지역의 인구는 역사적으로 토착 소수민족 이외에 대부분 연나라와 제나라 일대로부터 온 이민에 의한 것이다. 북연 방언은 이로 인해 중국 내지인들의 언어, 특히 연나라와 제나라 일대의 방언이 장기적인 혼합과 변화를 거쳐 형성된 일종의 새로운 한어 방언이며, 북연은 연 방언의 특징을 이어받은 이후에 계속해서 동북 방향으로 전파하였다. 한편 지리적으로 조선열수 지역은 북연보다 더 편벽된 곳이며 기타 지역과 격리되고 고립되어 있기 때문에, 조선열수 방언은 경제·문화적으로 더 선진적인 북연 지역의 영향을 받았고 기타 한어 방언지역과는 관계가 소원하였다. 또한 진한 때 육상과 해상으로 조선으로 간 한족이 대단히 많았다. 『방언』에서 조선열수 지역과 북연의 병기가 가장 많으며 다른 지역과의 병기는 상대적으로 아주 적은데, 이로부터 북연 방언이 조선열수 방언에 직접적으로 영향을 미쳤음을 알 수 있다. 『방언』에 수록된 조선열수 지역의 사용 어휘 중 북연 지역과 지명이 병기된 어휘들은 북연 방언이 조선열수 방언에 직접적으로 영향을 준 예이다. 한편 시간이 흐르면서 연 방언은 더 선진적인 조나라와 제나라 방언의 영향을 받아 그들과 더 가까워졌으며, 지리적으로 비교적 편벽되어 고립되었던 북연은 상대적으로 초기 연 방언의 특징을 유지하고 있었다. 그래서 연 방언과 북연 방언의 거리는 점점 멀어져서 서한 말기에 가면 연 방언과 북연 방언은 서로 다른 방언이 되었다. 주리의 주장에서, 북연과 조선 지역이 지명의 병기 빈도가 매우 높은 것을 연의 영향을 받은 북연 방언이 조선열수 방언에 직접적 영향을 미친 것으로 해석하는 점이 주목된다.

양춘위·왕위안(2015)의 주장 역시 리수하오나 주리의 주장과 크게 다르지 않다. 이들에 따르면, 유연(幽燕) 방언의 경우에 언어 내부적 요인과 유주(幽

州) 치소(治所)의 변천, 연나라의 교체 등 외부적 요인으로 인하여 역사적으로 언어 접촉과 변화·발전을 거쳤으며, 이를 바탕으로 고대 유연 방언이 연대(燕代) 방언과 북연조선열수 방언으로 발전해간 과정을 도출해낼 수 있다.[75] 일반 방언의 경우 서로 접촉이 일어나면 낙후 지역이 점진적으로 선진 지역의 문화를 흡수하게 된다. 북연조선 문화는 연 지역의 문화보다 낙후되어 있었고, 따라서 역사적 이민이나 문화의 전이로 볼 때 북연조선 방언은 모두 연대 방언의 확산과 밀접한 관계가 있다. 『삼국지』 등의 문헌에 조나라, 연나라, 제나라 등 지역에서 북연으로 이민한 사실이 기록되어 있음에 근거하여 볼 때 한대 전후 북연조선 방언은 현지의 지역 방언과 연, 대, 제, 조 방언 사이에 융합이 일어난 결과라 할 수 있으며, 조, 연, 제 방언이 북연으로 확산되는 과정에 형성된 일종의 혼합 방언이라고 확정할 수 있다. 그러나 연에 비해 위치가 편벽되었던 북연은 연 이전 또는 연 초기 방언과 접촉했던 특징을 보전하고 있는 반면, 연대 방언은 지리적으로 중원과 더 가까웠기 때문에 조, 제 방언의 영향을 더 많이 흡수하였으며, 따라서 양웅이 『방언』을 저술한 시기에 이르러 연대 방언과 북연 방언의 분기는 이미 커졌다.

  이상을 종합해 보면, 주가오(2016)의 경우 양웅 『방언』에 수록된 조선 지역 어휘의 성격을 양웅 당시의 옛 조선 지역, 특히 한사군 지역의 언어 상황에 대한 추측과 양웅이 방언 어휘를 수집한 자료원에 초점을 두고 살펴보고 있는 반면, 리수하오(2002), 주리(2010), 양춘위·왕위안(2015)의 경우 연과 북연조선 지역 간의 지리적·역사적 관계와 문화의 전이에 따른 언어의 확산이

---

75 朱麗가 말하는 고대 幽燕語나 楊春宇·王媛(2015)이 말하는 고대 幽燕 방언과 관련해서는 하나의 개념적 설정이 아닌가 이해되며, 이를 통해 북연조선열수 방언의 뿌리를 고대 한어 방언에 연결하고 있는 것으로 생각된다.

라는 가설을 통해 이를 설명하고 있다. 이 중 후자의 경우를 보면, 이들은 북연과 조선 방언(또는 이들 방언지역)을 구분하여 언급하거나 북연조선 방언으로 합쳐 말하는 등 세부에 있어 조금씩 차이가 있지만, 북연조선 방언을 한어 방언의 일종으로 간주하고 이를 중국 내지 백성들의 언어, 특히 연과 제 등 지역의 방언이 문화의 전이나 역사적 이민 등의 과정을 통해 동북으로 확장·침투함으로써 형성된 것으로 보는 데 기본적으로 의견을 같이한다.[76] 더불어 이들은 북연과 조선 지역이 연 지역에 비해 지리적으로 좀 더 편벽되어 있음을 들어, 초기에 근접했던 연과 북연 또는 북연조선 방언이 연 방언의 경우 시간이 지나면서 중국 내지의 타 방언과 활발한 접촉을 통해 초기 자신의 어휘 특징을 소실한 반면에, 북연 또는 북연조선 방언의 경우 연 초기 방언과 접촉했던 특징을 잘 보전함으로써 연 방언과의 사이에 분기가 크게 일어나고 양웅 시기에 이르러서는 이미 두 개의 서로 다른 방언이 되었다는 주장을 펴고 있음을 볼 수 있다.

4) 조선 지역 어휘의 내원

『방언』에 수록된 조선 지역 어휘의 내원과 관련한 중국의 연구에 대해 『방언』 이전의 문헌에 수록된 어휘와의 연관성 연구, 기음자(記音字) 연구, 전어(轉語) 연구, 그리고 기타로 나누어 살펴보기로 한다.

---

[76] 丁啓陣(1991: 6)은 이와 관련하여 『방언』을 통해 원래 한어 방언이었던 넓은 범위 내의 상황 이외에도 아마도 있었을 것으로 추정되는 접촉과 부단한 이민으로 인해, 예컨대 연, 대, 북연, 조선열수와 같은 원래 비한어 지역에 세워졌던 한어 세력의 범위를 관찰할 수 있다고 하였다.

(1) 『방언』 이전의 문헌에 수록된 어휘와의 연관성 연구[77]

○ 우(盱, 2-5), 양(揚, 2-5): 검은 눈동자. (燕朝鮮洌水之間)

'양(揚)'은 『시경』에서 '눈을 들다'의 의미로 사용되었으며,[78] '우盱'는 『역(易)』에서 '위를 바라보다'의 의미로 사용되었다.[79] 이를 토대로 '바라보다'와 '검은 눈동자'가 의미상으로 연관이 있으며, 조선 지역 어휘 '우(盱, 2-5)'와, '양(揚)'이 중국어에서 왔다.

○ 녈(涅, 3-6): 바뀌다. 부화하다. (燕代朝鮮洌水之間)

『논어』에 '녈(涅)'이라는 글자가 나오는데 이는 '염색하다'의 의미이다.[80] 관련하여 염색하면 원래의 색이 바뀌므로 '염색하다'와 '바뀌다'가 의미상으로 연관이 있으며, 따라서 조선 지역 어휘 '녈(涅)'이 중국어에서 왔다.

○ 자(茦, 3-12): 찌르다. (北燕朝鮮之間)

『이아』에 나오며,[81] 『설문』에도 유사한 내용이 있다.[82]

○ 조(臿, 5-26): 삽, 가래, 쟁개비. (燕之東北朝鮮洌水之間)

『이아』에 '삽(貄)'을 '조(臿)'라고 한다는 기록이 있으며, 곽박 주에 "모두 추

---

77 이에 대해서는 『揚雄方言校釋匯證』(華學誠, 2006)에서 종합적으로 기술하고 있는 관계로 이를 참고하여 기술하였다. 아래 (3), (4)도 동일.

78 『詩經·猗嗟』 "美目揚兮."

79 『易·豫』 "盱豫悔." 孔穎達疏: "盱謂睢盱." 朱熹本義: "上視也."

80 『論語』 "涅而不緇." 孔安國注: "涅, 可以染皂."

81 『爾雅』 "茦, 刺." 「注」云: "草刺針也. 關西謂之刺, 燕北朝鮮之間曰茦, 見『方言』."

82 『說文』 "莿, 茦也." 『설문』은 동한의 허신(58~147)이 저술하였으며, 『방언』보다 조금 늦은 시기의 책이지만 오랫동안 한자의 의미를 풀이한 가장 권위 있는 자전으로 간주되어 왔기 때문에 후대에 많은 사람들이 『설문』에 근거하여 글자의 의미를 해석하였다. 『이아』는 저자와 편찬 시기에 대해 논란이 있지만 일반적으로 『방언』보다 이른 시기의 문헌이며, 『방언』이 『이아』의 영향을 받은 것으로 알려지고 있다.

(鍬), 삽(鍤)의 옛 글자"이다.[83] 『설문』에 '조(斛)'는 고대의 농기구를 말한다.[84]

○ 앙각(䩸角, 4-40): 거친 신발. (東北朝鮮洌水之間)

『급취편(急就篇)』[85]에 '앙각(印角)'이라는 어휘가 '신발'로 기록되어 있으며,[86] 『설문』에도 '완각(䩸角)'이 '신발'이라고 기록되어 있다.[87]

○ 국(掬, 7-12): 헤어지다. 흩어지다. (燕之外郊朝鮮洌水之間)

원래 판본에 '국(掬)'으로 되어 있지만, 청대 노문초(盧文弨)의 『중교방언(重校方言)』에서 '국(掬)'에 '헤어지다, 흩어지다'의 의미가 없기 때문에 이는 고문헌에 '분열하다, 흩어지다'의 의미로 사용된 '파(播)'[88]의 오자이다.

○ 수식(樹植, 7-31): 서다. 세우다. (北燕朝鮮之間)

『좌전』에서 '수(樹)'는 '세우다'의 의미로 사용되었으며,[89] 『주례』에서 '식(植)'은 '세우다'의 의미로 사용되었다.[90]

○ 가(豭, 8-5): 돼지. (北燕朝鮮之間)

『좌전』에서 '가(豭)'는 '수퇘지'를 말했다.[91] 『사기』에서도 '가(豭)'는 '수퇘지'

---

83 『爾雅』"斛謂之䂿." 郭璞「注」云: "皆古鍬鍤字."
84 『說文』"斛, 古田器也."; "䂿, 斛也. 古田器也."
85 『急就篇』은 서한 元帝(기원전 48~33) 때 黃門令인 史游가 아이들에게 글자를 가르칠 목적으로 만든 識字 교본으로, 양웅의 『방언』보다 약간 이른 시기의 책이다.
86 『急就篇』卷二 "靸鞮印角褐襪巾." 顔師古注: "印角, 屨上施也. 形若今之木履而下有齒焉. 欲其不蹶, 當止其角舉足乃行, 因爲名也."
87 『說文』"䩸, 䩸角, 鞮屬."
88 『書』에 '播'는 '분열하다, 흩어지다'의 의미로 사용되었으며(『書·禹貢』: "又北播爲九河, 同爲逆河, 入於海." 舊題孔氏傳: "北分爲九河."), 『周禮』에서도 '播'가 '흩어지다'의 의미로 사용되었다.
89 『左傳』成公二年 "樹德而濟同欲焉." 杜預注云: "樹, 立也."
90 『周禮·山虞』"植虞旗于中." 鄭注: "植猶樹也."
91 『左傳』哀公十五年 "既食, 孔伯姬杖戈而先, 大子與五人介, 輿豭從之." 孔穎達疏:

를 나타냈다.

중국에서 '수퇘지'를 의미하던 어휘가 조선에 들어가 '돼지'를 통칭하는 어휘로 의미가 확대되어 사용되었다.

(2) 기음자

기음자(記音字)란 『방언』에서 단순히 음을 기록하기 위해 사용된 글자를 말한다. 왕차이친(王彩琴, 2011)에서 『방언』에 나오는 조선 지역 어휘 중 기음자로 해석한 글자들은 다음과 같다.[92]

○ 명사: 병(鉼), 비(貏), 복부(鵩䴗), 독여(蝳蜍)

○ 동사: 포(抱), 와(譁), 박(膊)

○ 형용사: 엽유(葉褕), 요선(搖扇), 한만(漢漫), 진현(䀎䀏)

이를 다시 분류하면, 와(譁), 병(鉼)은 '음전(音轉) 관계가 있는 차음자'이며, 진현(䀎䀏), 복부(鵩䴗), 독여(蝳蜍)는 '음전 관계가 있는 연면자(聯綿字)'[93]이다. 비(貏)는 역음자(譯音字)이다.[94]

"豶, 是豕之牡者."

92 王彩琴(2011)에서 記音字로 분류한 것을 나열하였다. 王彩琴은, 『방언』에서 단순히 음을 기록하기 위해 사용된 글자로서 이를 통해 기록된 어휘와 해당 글자 사이에 아무런 연관이 없는 것을 기음자라고 하였다. 『방언』의 記音字에 대해서는 王彩琴(2011)이 가장 포괄적으로 연구하였다.

93 『중국대백과전서』에 따르면 聯綿字란 두 개의 글자를 합친 것으로 각각 분리해서 사용되지 않는 이음절어를 말한다.

94 王彩琴(2011)은, 역음자란 한자로 어휘의 독음을 기록한 이민족 어휘(외래어)를 말한다고 하고, 차음자란 기음자 가운데 연면자와 역음자를 제외한 단순히 방언 어휘의 독음을 기록한 글자를 말한다고 했다. 『방언』에 수록된 역음자의 잘 알려진 예로는 '李父', '李耳', '於䖘', '伯都'가 있는데, 연구에 따르면 '李父', '李耳'는 암수 호랑이를 가리키는 土家族 어휘와 대응되고, '於䖘'은 고대 彝语이며, '伯都'는 고음이 prakta로 오늘날 桃坪

한편 왕차이친(2011)에 소개된 『방언』에 처음 보이는 신출자로는 장(瓺), 독여(螪蜍)가 있으며, 이 중 장(瓺)은 표의자로 간주되고 있다.[95]

이들 기음자의 경우, 이를 통해 기록한 해당 지역 어휘의 음을 일정 부분 유사하게 반영하고 있을 것으로 짐작되지만, 중국 학자들의 경우 아래에서 보듯 이 중 일부를 중국어 어휘의 전어로 해석하려는 경향을 보이고 있다.

(3) 전어

양웅은 『방언』에서 '전어(轉語)'나 '어지전(語之轉)'이라는 용어를 사용하여 동일한 어휘가 시간과 공간의 차이로 발음이 달라진 현상을 설명하였다. 즉 동일한 어휘의 방언음 차이를 양웅은 다른 한자로 기록하면서 '전어'라고 표시하였다. 『방언』 이후에 '전어'라는 용어는 후대의 학자들에게 발음이 비슷하고 의미가 통하는 낱말을 풀이하는 훈고 용어로 널리 사용되었다. 조선 지역의 어휘 가운데 중국 학자들이 중국어의 '전어'로 간주한 어휘는 다음과 같다.[96]

○ 와(譁, 3-6): 변화하다. 화(化)의 전어. (燕朝鮮洌水之間)

○ 전(錪, 5-1): 솥. 정(鼎)의 전어. (北燕朝鮮洌水之間)

○ 장(瓺, 5-11): 장군. 목이 긴 병. 장(長)의 전어. (燕之東北朝鮮洌水之間)

羌語의 pzida, 僜語의 boda와 유사하여 장면어계 언어의 어휘에서 왔을 것으로 추정되고 있다.

95 『揚雄方言校釋匯證』(華學誠, 2006)에 瓺은 『광아·석기』에 "瓺은 병이다."라고 했다는 내용과 丁惟汾의 『方言音釋』에 "목이 길어서 瓺이라고 한다."고 했다는 내용이 소개되어 있다. 丁惟汾의 해석은 瓺을 형성자가 아닌 회의자로 본 것인데, 이를 한자어로 보고 있음을 말해준다. 『방언』 속 어휘의 내원을 한자어에서 찾으려는 시도를 보여준다.

96 이에 대한 고금학자들의 주장을 정리해놓은 『揚雄方言校釋匯證』(華學誠, 2006), 186, 330, 354, 526, 557, 749面을 참고하였다.

○ 한만(漢漫, 7-25): 번민하다. 번만(煩懣)의 전어. (朝鮮洌水之間)

○ 진현(眅眩, 7-25): 번민하다. 전현(顚眴)의 전어. (朝鮮洌水之間)

○ 복부(鵖鴔, 8-9): 뻐꾸기. 포곡(布谷)의 전어. (燕之東北朝鮮洌水之間)

○ 독여(蝳蜍, 11-18): 거미. 지주(蜘蛛)의 전어. (北燕朝鮮洌水之間)

(4) 기타

한편 『방언』보다 후대의 문헌에 해당 글자가 수록되어 있지만 이를 인용하며 중국어의 글자와 『방언』의 조선 어휘 간에 연관성을 찾아보려는 노력도 보인다. 일부를 소개하면 다음과 같다.[97]

○ 규영(嫢盈, 7-18): 화내다. 성내다. 꾸짖다.

"규영(嫢盈)은 노하다, 화내다[怒]의 뜻이다. 연(燕)의 외곽 지역, 조선열수(朝鮮洌水)에서는 꾸짖는 것을 규영(嫢盈)이라고 한다."[98]

규영(嫢盈)은 『방언』에 원래는 위영(魏盈)이었으나 대진이 『방언소증』에서 이를 주석하며 '위(魏)'를 모두 '규(嫢)'의 오류라고 하였으며, 『옥편』에 "규(嫢)는 성(盛)한 모습"이라고 한 바 규영은 기(氣)가 성해 화를 내며 꾸짖는 것을 의미한다고 하였다. 다만 이 어휘의 문헌에서의 용례는 알려진 바가 없다.

○ 시(偨, 6-30): 걷다.

『방언』 권2에도 '시(偨)'가 나오는데(2-6), "규(嫢), 생(笙), 추(揫), 섬(摻)은 가늘다[細]의 뜻이다. 함곡관으로부터 서쪽 진진(秦晉) 지역에서는 가늘면서 모양이 있는 것을 규(嫢)라고 하며, 또 시(偨)라고도 한다."[99]고 하였다. 『설문』

---

97 위와 같음.
98 "嫢盈, 怒也. 燕之外郊朝鮮洌水之間, 凡言呵叱者, 謂之嫢盈."
99 "嫢·笙·揫·摻, 細也. 自關而西秦晉之間凡細而有容謂之嫢, 或曰偨."

에서 "시(彶)와 시시(彶彶)는 걷는 모습"이라고 풀이하였으며,[100] 시(彶)는 천천히 걷는 동작을 묘사한 것으로 보인다.

4. 중국 학자들의 『방언』 연구에 대한 비판적 고찰

1) 북연조선 지역 방언의 성격

앞서 『방언』 시기 조선 방언(북연조선 방언)의 성격과 관련한 중국에서의 연구를 살펴보는 과정에서, 중국 학자들이 대체로 이를 연 방언이 동북으로 확장·침투하는 과정을 통해 형성된 한어 방언의 일종으로 간주하고 있음을 보았다. 또한 이 과정에서 북연 방언이 먼저 연 방언의 특징을 이어받은 후 계속하여 조선 지역으로 전파하였고, 『방언』 시기에 이르러 북연조선 지역 방언과 연 방언(또는 연대 방언)이 서로 다른 방언이 된 것은 북연과 조선 지역이 연 지역보다 지리적으로 더 편벽되고 고립되어 초기 연 방언의 특징을 잘 보전한 반면에 연 방언은 중국 내지의 타 방언과 활발하고 계속적인 접촉을 통해 초기 자신의 어휘 특징을 소실하여 양 지역 방언 간에 분기가 크게 일어난 때문이라고 주장하는 것을 볼 수 있었다. 더불어 양웅 『방언』에 수록된 조선 지역 어휘에 초점을 두고 이야기하는 경우에도 이를 당시 조선열수 지역에 형성되었던 토착 한인(漢人) 사회 또는 한(漢) 문화의 영향을 많이 받은 계층이 사용하던 어휘였을 가능성이 높은 것으로 보고 있음을 보았다. 따라

---

100 그러나 『설문』에 이것이 조선 어휘라는 언급은 없다. 조선 어휘 '彶'가 『설문』에 수록된 것인지 아니면 중국 어휘가 조선 지역에서 사용된 것인지 명확하지 않다.

서 중국 학자들은 『방언』에 수록된 조선 지역 어휘에 대해 연구함에 있어 일차로 그 내원을 한어에서 찾으려는 경향을 강하게 보인다 할 수 있다. 그리고 이는 중국 학계가 『방언』 자체를 기본적으로 한어 방언에 대한 기술로 보는 시각과 연결되어 있다 하겠다.[101] 물론 양웅의 『방언』이 기본적으로 양웅 당시 한나라 영토 내 한어 사용 지역의 방언 상황을 조사했을 가능성을 쉽게 부정할 수는 없다. 그렇기는 하지만 연 방언이 동북으로의 확장과 침투를 통해 북연조선 방언을 형성했다거나 북연조선 지역이 지리적 편벽성으로 인해 같은 방언권이었던 연 지역과 언어학적으로 분기가 일어나 서로 다른 방언권이 되었다는 것은 어디까지나 하나의 가설일 뿐, 언어학적으로나 『방언』에 수록된 구체적인 어휘 자료를 통해서 뒷받침하기 어렵고 실제로 중국 학자들이 이에 대해 구체적으로 제시한 것도 별로 없다. 따라서 앞서 '2. 『방언』에 수록된 조선 지역 어휘'에서 살펴본 바와 같이 『방언』에 나타난 지명 병기를 분석할 때 북연조선 지역이 연과 내원적으로 구분되는 독립된 방언구일 가능성이 높아 보임에도 이를 이처럼 다분히 자의적으로 해석하는 것은 설득력이 떨어진다고 할 수 있다. 다만 이를 논박하고 북연조선 지역이

---

101 이와 관련하여 화쉐청(2003: 112)은 "양웅의 목적은 한어 방언에 대해 기술하는 것이었지만, 객관적으로 일부 소수민족 어휘를 기록했으며 이러한 어휘들은 민족 융합 이후 원래 異族 언어 어휘의 잔존 성분(기층 성분)이거나 또는 한족과 소수민족이 잡거하는 지역에서 언어 접촉으로 인해 한어로 침투된 차용어일 것이다. 어떤 상황이든지 『방언』에 있는 이런 개별적인 자료를 가지고 비한어 지역을 구분하는 것은 적절치 않다. 왜냐하면 이는 양웅이 『방언』을 저술한 목적에 부합하지 않으며, 『방언』의 실제에도 부합하지 않기 때문이다. 설사 한대에 오늘날 많은 소수민족 지역이 있는 것과 마찬가지로 한대에도 많은 소수민족 지역이 존재했다고 하더라도 말이다."라고 하고 있다. 이 말은 『방언』이 서한 당시 한나라 영토 내의 한어 사용 지역(한족과 소수민족이 잡거하고 있는 일부 지역을 포함함)의 방언 상황을 조사한 것이며, 소수민족 지역의 언어 상황을 조사한 것이 아니라는 말이라고 할 수 있다.

내원적으로 연과 독립된 방언구라고 주장하더라도 이를 뒷받침하기 위한 논리 전개 과정에서 중국 학자들과 마찬가지로 역사적 사실과 이에 대한 해석에 일정 부분 의존해야 함은 어쩔 수 없는 한계로 인정되어야 할 것이다.

이러한 인식하에 참고로 역사적으로 조선과 연을 비롯한 동북지역 국가들과의 관계를 보면, 일찍이 기원전 7세기 이후 중원 국가와 조선 사이에 활발한 접촉과 교류가 있었으며,[102] 기원전 3세기에 있었던 진개의 동호·조선 침공(기원전 282~280)과 북연 지역의 연으로의 복속, 진의 중국 통일 이후 이 지역에 요동외요(遼東外徼)를 설치한 것과 진한 교체기를 전후로 중국 내지로부터 당시 조선 지역으로의 대규모 이민,[103] 한 무제 시기 조선을 멸하고 이 지역에 한군현 설치(기원전 108) 등 많은 사건이 있었다. 아울러 기원전 6~4세기에 걸쳐 요서 지방에서 연을 포함한 중원 세력과 조선을 포함한 북방계 제 세력과의 상관성이 더욱 뚜렷해졌다거나[104] 진개의 동호·조선 침공을 전후

---

102 『管子』와 『爾雅』에서 보듯 적어도 기원전 7세기경부터 조선과 산둥 지역의 齊 사이에 활발한 해상 교통과 상업 왕래가 있었고, 조선과 같은 계통의 요동 지역 주민들이 구운 소금을 가지고 연과 교역하고 있었던 것으로 보인다. 『관자』 "조선에서 나는 문피가 그 하나요(發朝鮮文皮, 一筴也).";『이아』 "동북에서 나는 좋은 물건 가운데는 斥山(지금의 산둥성 榮成市 해안)의 문피가 있다(東北之美者, 有斥山之文皮焉).";『관자』 "연 땅에는 요동의 구운 소금[煮]이 있다(燕有遼東之煮)." 김한규(2004), 142-143쪽과 박경철(2015), 449-450쪽 등을 참고함.

103 『위략』 "(진이 전국을 통일한 지) 20여 년이 지나 陳勝과 항우가 起兵을 하여 천하가 어지러워지자, 연, 제, 조의 백성들이 괴로움을 견디다 못해 차츰 (조선의) 準王에게 망명하였다. 준왕은 이에 이들을 서방에 거주하게 하였다." 박준형(2015), 380쪽에서 재인용; 『삼국지』 30 동이전 예조 "陳勝 등이 군사를 일으켜 천하가 秦에 반기를 드니, 연, 제, 조의 民 가운데 조선 땅으로 피난한 자가 수만이었다." 김한규(2004), 130쪽에서 재인용.

104 연이 북방 토착 세력의 압박에서 어느 정도 벗어나 다시 중원 제국의 일원으로 재편입되고(燕復修召公之法) 요서 지방에 대한 영향력이 증대됨으로써, 기원전 6~4세기에

한 시기에 요동 지역 제 집단들의 사회적 복합도가 지속적으로 제고되어 이 지역에서 연의 세력과 영향력이 일정하게 확산되었을 것으로 추측된다는 사학계의 연구가 있으며,[105] 한 무제 시기 옛 조선 지역에 설치한 한군현은 구조선 지역과 중국 간의 활발한 인적 왕래와 문화 교류, 물적 교환을 촉진시키는 매체의 역할을 적극적으로 수행한 것으로 알려져 있다.[106]

그러나 설령 그렇다 하더라도 역사학계의 연구 결과를 볼 때 이러한 접촉과 교류, 정치적 영향력의 확산이나 복속이 방언권의 통합을 가져올 정도는 아니었던 것으로 생각된다. 예로 서한시기를 보더라도 한(漢)나라 영토 내의 모든 지역에 대해 한나라가 강력한 정치적 통제력을 행사했던 것은 아니고, 또한 어느 시기에 특정 지역이 한나라의 통치하에 있었다고 해서 그 지역의 언어 상황도 한화(漢化)되었다고 할 수 있는 것은 아니다.[107] 그리고 설령 양

걸쳐 요서 지방에서 연을 포함한 중원 세력과 조선을 포함한 북방계 제 세력의 상관성이 더 뚜렷해졌다. 박경철(2015), 447쪽.

105 "이곳 주민들의 연의 문화 등에 대한 수요와 이 지역의 문피, 구운 소금 등 특산물에 대한 연 측의 경제적 동기가 상승 작용을 하면서 이 지역에서 연의 세력과 영향력이 일정하게 확산되었을 것으로 추측된다." 박경철(2015), 466쪽.

106 김한규(2004), 198쪽을 참고함.

107 역사적으로 중국은 내부 지역 및 변경의 소수민족을 다스리는 데 강압적 통제보다 다양한 회유[羈縻]제도를 채택한 경우가 많았으며, 이는 서한시기의 邊郡(또는 外郡) 제도, 당대의 회유부주[羈縻府州], 원과 명대의 土司제도에서 보듯, '古俗', 즉 고유한 정치·사회 질서를 존속시켜 본래의 군장이 통치할 수 있도록 허용한 경우가 많았다. 예로, 한나라가 조선을 멸망시키고 이 지역에 설치했던 한사군의 경우 김한규(2004: 184, 190)에 따르면, "예맥 조선은 군현 설치 이전에도 중국이 아니었지만, 군현이 설치된 뒤에도 여전히 중국에 포함되지 않았다. 이곳에 처음으로 설치된 '초군' 4개는 모두 전형적인 변군 혹은 외군이었고, 이들 외군에서는 다른 외군과 마찬가지로 중국 내의 군현, 즉 內郡과 달리 군현제의 기본 원칙, 즉 황제의 직접적·개별적 인민 지배가 관철되지 못했으며, 漢의 법도 실현되지 못한 채 古俗이 유지되었고(즉 고유한 정치·사회 질서를 존속시켜 본래의 군장이 통치할 수 있도록 허용했다), 군의 운영도 불안정해 다른

웅이 조선 지역 어휘를 수집한 대상이 주가오(2016)의 주장처럼 한(漢)문화의 영향을 많이 받았거나 이들 자체가 한인이었다고 하더라도 일상 어휘가 많이 포함된『방언』의 조선 지역 어휘가 기본적으로 한어 어휘라고 단정할 수 있는 것도 아니라고 생각된다. 따라서 이 시기에 대한 역사적 지식에 근거하여 당시의 언어 상황을 해석하고자 할 때는 자칫 자의적이거나 주관적인 판단이 되지 않도록 신중할 필요가 있다 하겠다. 관련하여 한두 가지 예를 들자면, 한 무제 시기 이 지역에 설치한 한군현이 낙랑 등의 군현 지역과 중국 간의 활발한 인적 왕래와 문화 교류, 물적 교환을 촉진시킨 매개체의 역할을 적극적으로 수행하였던 것은 사실이나, 이 시기에도 이 지역 인구의 대부분은 여전히 토착민이었고 이 지역에 대한 중국의 지배나 문화의 영향이 제한적이었다는 연구가 있으며,[108] 더불어 이보다 앞선 시기인 기원전 194년부터 기원전 108년에 걸쳐 조선 지역에 위만조선이 존재했지만 위만 정권의 성립이 조선 고유의 정치·사회·문화적 구조의 근본적 변혁을 초래했던 것

군에 의탁했다."고 했으며, 또 "한의 군과 현은 城, 즉 점의 형태로 존재했고, 그 사이의 광활한 공간에는 원주민 집단이 고유한 지배 질서를 그대로 보존하면서 본래의 주거 지역을 지키고 있었다. '초군' 4군도 변군의 전형이었기 때문에 한 무제 시기 이후에도 이들 지역은 여전히 중국 밖에 놓여 있었다. 한대의 중국인들은 변군(외군)과 중국(내군)을 상대 개념으로 이해하고 있었으며, 이 지역을 중국의 범주에서 제외했다."고 했다. 더불어 토사제도의 경우를 보더라도 "서남 중국에 거주하는 각 소수민족의 지도자 중에서 임명된 토사는 중앙 정부에 대하여 貢賦와 군사에 관한 징발을 담당하였으나, 각각 관할·지배하고 있던 지역 내에서는 여전히 전통적인 권력이나 조직을 장악하고 있었다."(『중국소수민족입문』, 46쪽)고 볼 수 있다.

108 김한규(2004: 201)에 따르면, "(漢 군현 문화를 대표하는) 이른바 낙랑문화란 것도 사실은 중국인의 그것일 뿐, 토착 문화의 중국화를 직접 표지하는 것은 아니었다. 특히 이러한 문화적 흔적이 중국인들이 모여 산 지역에만 남겨져 있는 것도 당시 토착 사회에 대한 중국 문화의 영향이 매우 제한적으로 작용했음을 시사한다."

은 아니라는 사학계의 주장도 있다.[109] 또 진한 교체기 이후 많은 중국 유이민들이 조선으로 이주한 것과 관련해서도 이들이 지역의 사회체계 안으로 융화되었다는 주장도 있다.[110] 따라서 『방언』에 의거해 양웅 당시의 방언구를 구분하거나 『방언』에 수록된 특정 지역의 어휘의 성격을 논할 때는 역사적 지식에 기대기에 앞서 『방언』에 나타난 실체적인 자료에 더 주의를 기울일 필요가 있다고 생각된다. 이런 면에서 본다면, 『방언』에 나타난 지명의 병기에 주의할 때 북연조선 방언을 연 방언이 확산되어 형성된 한어 방언의 일종으로 간주하는 것은 무리라고 생각되며, 연과 북연이 거의 병기되지 않은 것을 생각할 때 처음부터 이 두 지역에서 쓰이던 언어가 달랐고, 비록 연과 북연이 전국 후기(기원전 283)에 정치적 통합이 이루어졌지만 언어상으로는 여전히 통합 이전의 상태를 유지했던 것으로 추측하는 것이 더욱 합리적인 해석이라 판단된다.[111]

---

[109] 위만 집단과 그 정치·군사적 세력 기반이 중국 유망민이었다고 해서, 위만 정권의 성립이 조선 고유의 정치·사회·문화적 구조의 근본적 변혁을 초래했던 것은 아니다. … 주변 소읍들과 원래의 조선에 대한 (위만)조선 왕권의 지배력은 매우 제한적이었다. 김한규(2004), 133쪽을 참고함.

[110] 중국 화하 변경과 중화민족의 형성에 대해 논하고 있는 王明珂에 따르면, "한반도 북부와 요동 지역은 땅이 농사짓기에 적합하였기 때문에 적어도 진나라 말기부터 많은 중국의 이주민과 망명자들이 이 땅으로 들어왔다."(2008: 420) 그러나 "뒷날의 사실들이 증명하듯이 과거에 얼마나 많은 중국인이 조선에 들어왔든지 상관없이 그들은 모두 그 지역의 사회체계 안으로 융화되었고, 이 체계 안에서 당시 중국인들이 이들을 내지화시키려는 노력에 대항하였다."고 하고 있다.(2008: 424) 또 "기자 전설, (한대에) 한인들이 이곳에 군현을 설치했던 노력, 고구려 등 여러 나라에게 취했던 관대한 정책, 이 세 가지 모두 중국인들이 조선을 내지화하려 했던 의도를 보여준다. 그러나 한나라 제국의 정치적 통제력은 이렇게 멀고 먼 변경 지역에서는 상당히 미약하였고, 또한 이 지역 사람들도 자체적으로 자원을 경쟁하고 분배하는 종족과 정치체제를 이루고 있었기 때문에 화하가 되는 것을 원치 않았다."고 하고 있다.(2008: 445)

[111] 이러한 현상은 代와 趙 사이에서도 발견되는데, 『방언』에서 지명을 병기한 것으로 볼

2) 조선 지역 어휘의 내원

위에서 화쉐청이 비록 객관적으로 『방언』에 일부 소수민족의 어휘가 기록되어 있다 하더라도, 이러한 자료를 가지고 비한어 지역을 구분하는 것은 양웅이 『방언』을 저술한 목적에 부합하지 않으며 『방언』의 실제에도 부합하지 않기 때문에 적절하지 않다고 말한 것을 인용한 바 있다. 이는 우리가 『방언』의 소수민족 지역 어휘에 대한 중국에서의 연구를 검토함에 있어 유의해야 할 중요한 언급이라 생각된다. 어떤 의미에서 언어학과 같은 인문학 연구도 시대적 상황이나 인식의 틀로부터 완전히 독립되어 이루어지기 어렵다고 생각되며, 이 글에서 살펴보고 있는 『방언』에 소개된 조선 지역 어휘에 대한 중국에서의 연구 또한 마찬가지라고 생각된다. 이는 학자들도 어느 정도 당대의 인식의 틀에 영향을 받고 또 그에 갇힌다는 의미도 되겠다. 예로 『방언』에 대한 근대 이전의 연구에서 많은 학자들이 『방언』의 문자에만 집착하여 전문적으로 고서에서 방언 어휘를 찾아내어 양웅의 『방언』을 보충하려는 노력에 집중하는 경우가 많았는데,[112] 이 또한 당대 인식의 틀을 벗어나지 못하였음 반증한다 하겠다. 일부 차이는 있으나 이러한 점은 오늘날 『방언』을 연구하는 중국 학자들에게도 역시 적용되고 있다고 생각된다.

때 대는 燕 방언과 아주 밀접한 관계를 보이며 이로써 모든 학자들이 燕代를 하나의 방언구로 본다. 그러나 대는 기원전 476년 趙에 의해 멸망했으며, 조는 여기에 代郡을 설치하였다. 이로부터 정치적으로 조에 통합되어 그 통치를 받았던 대가 언어적으로는 조보다 연과 더 가까웠고, 이러한 언어 상황은 秦을 거쳐 漢에 이르기까지 계속되었음을 알 수 있다. 이는 고대 사회에서 통치 세력이 바뀌어도 통치 세력의 언어가 토착 세력의 언어를 대체하지 못했거나 언어 교체가 일어난다고 하더라도 상당히 오랜 시간이 걸렸음을 짐작하게 한다.

112 복지진 저·김현철 등 역(1997), 124-127쪽을 참고함.

이러한 이해를 바탕으로 『방언』에 수록된 '조선 지역 어휘의 내원'에 대해 앞서 '3. 중국 학계에서의 연구 현황'의 '4) 조선 지역 어휘의 내원'에서 소개한 내용을 고찰해보면, 중국 학자들의 주장이 대체로 모국어인 중국어의 문자와 어음에 대한 깊이 있는 지식하에 이루어진 것들이라 옳고 그름을 간단히 판단하기 어려운 부분이 있기는 하지만, 그러나 조선 지역 어휘의 내원을 일차로 한자에서 찾으려 하다 보니 주장이 다소 지나쳐 보이는 것들이 있고, 또 전어를 통해 조선 지역 어휘를 해석한 것을 보아도 개별 주장의 옳고 그름을 논하기 전에 기본적으로 『방언』의 조선 지역 어휘를 중국어의 변이형으로 보려는 시각이 바탕에 깔린 상태에서 이루어진 것들이 많음을 지적할 필요가 있다. 개괄적으로 앞에서 구분했던 유형별로 논해보면 다음과 같다.

첫째, 『방언』 이전의 문헌에 수록된 어휘와의 연관성 연구를 보면, 『방언』에 수록된 조선 지역 사용 어휘의 일부가 중국어로부터 왔음이 인정된다. 그러나 중국 학자들은 『방언』 이전의 문헌에 『방언』에 수록된 글자가 나온 경우 그 의미의 연관성이 분명하지 않은 경우에도 『방언』의 어휘를 이 글자와 연관시켜 파악하려는 경향이 있다. 세부적으로 보면, '책(策, 3-12)', '조(脉, 5-26)', '앙각(鞅角, 4-40)', '수식(樹植, 7-31)', '가(豭, 8-5)'는 이전 시기의 고문헌에 기록되었고 조선 지역에서 이들 어휘의 의미가 그 문헌에 언급된 의미와 동일하거나 밀접한 것으로 보아 중국어로부터 조선 지역으로 유입된 어휘일 가능성이 커 보인다. 또 『이아』에 수록되어 있음을 생각할 때, '조(脉)'의 경우 중국에서 농기구와 함께 조선 지역으로 유입되었을 가능성이 있으며, '앙각(鞅角)'은 아마도 신발과 함께 조선 지역으로 유입된 중국어 어휘일 가능성이 짐작된다. 그러나 '가(豭)'의 경우 중국에서 '수퇘지'를 의미하던 어휘가 조선에 들어와 '돼지'를 통칭하는 어휘로 의미가 확대되어 사용된 것인지 단정하기 어렵다고 생각된다. 더불어 '우(旴, 2-5)', '양(揚, 2-5)', '녈(涅, 3-6)', '국(掬,

7-12)'의 경우도 중국어로부터 유입되었다고 단정하기 어렵다. '우(盱, 2-5)', '양(揚, 2-5)', '녈(涅, 3-6)'의 경우에 연 또는 연대에서도 사용되어 중국어와 연관이 있을 가능성이 있지만 각기 『시경』이나 『논어』에 나오는 같은 글자로부터 의미가 파생된 것인지 확실하지 않고, '국(掬, 7-12)'의 경우 이를 '파(播)'의 오자라고 볼 수도 있겠지만 '파(播)'의 오자가 아닌 단순 기음자일 가능성도 배제할 수 없다.

둘째, 기음자의 경우는 해당 어휘의 의미와 사용된 글자 사이에 연관성을 찾기 어렵고 의미적으로 풀이가 되지 않는 것들을 기음자로 분류한 것으로 생각되며, 관련한 연구가 많지 않아 비교연구가 용이하지 않다. 앞으로 더 많은 연구가 필요할 것으로 생각된다. '비(貏, 8-2)' 한 자만을 역음자(譯音字)로 분류한 것은 조선 지역 어휘 중 확실히 중국어가 아닌 외래어(해당 지역 고유어)로 인정하는 글자는 '비(貏)' 자 하나뿐이라는 말도 되나, 이는 아마도 확실한 것만을 언급한 것이라 생각하면 되지 않을까 싶다.

셋째, 전어의 경우, 중국어에 발음이 비슷하고 의미가 통하는 글자가 있는 경우 해당 『방언』의 어휘를 일차로 이의 전어로 간주하는 경향이 있음을 부정할 수 없다. 중국 학자들이 중국어의 전어로 간주한 와(譁, 변화하다, 化의 전어), 전(鍑, 솥, 鼎의 전어), 장(瓺, 장군, 목이 긴 병, 長의 전어), 한만(漢漫, 변민하다, 顛眴의 전어), 복부(鵅鴀, 뻐꾸기, 布穀의 전어), 독여(蝳蜍, 거미, 蜘蛛의 전어) 가운데, '한만(漢漫)', '진현(賑眴)', '복부(鵅鴀)' 등은 중국어의 전어일 가능성을 완전히 부정하기 어렵다. 그러나 와(譁)는 화(化)라는 동일한 발음의 쉬운 글자를 두고 왜 하필 어려운 글자를 써서 표기했는지 납득하기 어려우며, 전(鍑)도 정(鼎)이라는 보편적인 글자를 두고 왜 하필 전(鍑)을 썼는지 이해하기 어렵다. 또 장(瓺)은 목이 긴 그릇이기 때문에 장(長)의 의미와 통한다고 풀이했는데 이것도 수긍하기 어려운 주장이다. 독여(蝳蜍)와 지주(蜘蛛)는 발음상으로 연계시키는 것이 무리가 있지 않나 생각된다.

넷째, 기타의 경우는 『방언』의 어휘를 해석하는 데 있어 과거와 현재 중국 학자들의 기본적인 인식 틀을 보여준다. 앞으로 더 많은 출토 문헌과 이를 통해 이전에 발견되지 않았던 새로운 글자들이 다수 밝혀지면 새롭게 검토되는 부분들이 있겠지만, 대체로 무리한 연계가 많다고 생각된다.

5. 『방언』 수록 고조선어의 중요성

이상 양웅 『방언』에 대해 소개하고 이를 중심으로 중국 학계의 고조선 지역 어휘 연구 성과에 대해 살펴보았다. 양웅의 『방언』은 현존하는 고대 전적 중 중국과 주변 지역의 언어 상황에 대해 기록한 최초의 문헌으로, 이를 통해 우리는 서한시기 중국의 강역과 영향력이 미친 지역 내의 언어 상황, 특히 방언지역 분포 상황에 대해 이해할 수 있는 동시에 당시 조선 지역의 언어 상황에 대해 개괄적으로나마 이해할 수 있다. 더불어 당시 이 지역에서 사용되던 어휘와 관련하여 몇몇 중국의 고문헌이나 『삼국사기』, 『삼국유사』 등에 전하는 지명, 국명, 그리고 일부 고유명사만을 참고할 수 있는 국내의 상황에 비해, 『방언』은 당시 조선 지역에서 사용되던 어휘들을 기록하고 있어 당시 이 지역의 어휘 연구에 매우 귀중한 자료라고 할 수 있다.

그럼에도 『방언』은 당시 양웅이 각지의 방언 자료를 수집·정리함에 있어 시대적 한계 그리고 이에 따른 도구나 방법론상의 한계로 인해 당시 각지의 구체적인 언어 상황을 알려주기에는 근본적으로 미흡한 부분이 있는 것이 사실이다. 현대와 같이 방언음을 기록할 수 있는 표음부호가 없어 한자를 표음부호로 사용했을 뿐만 아니라, 잘 계획된 방법론에 의해 체계적으로 또 빠뜨림 없이 방언을 조사했다고도 할 수 없다. 아울러 웨이진(魏錦, 2010)의 지적처럼[113] 『방언』이 제공하는 것은 (당시 각 지역의) 사용 어휘에 대한 부분적 자료이고, 구체적인 어음 관련 자료나 어법이나 문장구조와 관련된 것은 거의 없어 체계적이고 명확한 당시 지역 방언의 상황을 제공해주지 못하고 있다. 더불어 조선 지역(또는 북연조선 지역) 사용 어휘에 국한해보더라도, 이들 어휘가 구체적으로 어느 지역에서 당시의 수도에 온 사람들로부터 수집되었는지 또 이들이 어떤 계층의 사람들이었는지 등에 대해서는 『방언』과 함께 전하는 「답유흠서(答劉歆書)」를 근거로 추측해보는 외에 분명히 알기 어렵다는 한계도 있다. 따라서 『방언』을 토대로 당시의 방언 상황을 연구함에 있어 일정 부분 이 지역의 정치·경제적 상황과 역사를 포함한 주변 지식을 적극 활용 또는 참고할 필요가 있음이 사실이나, 이 부분에서도 고대 전적들의 기록이 단편적이거나 불확실한 경우가 많고 이를 바탕으로 이루어지는 사학계의 연구 또한 통일된 의견을 도출하지 못하고 있는 사안들이 다수 있는 실정이다. 따라서 이를 활용할 때 자의적이거나 편협되지 않도록 신중을 기할 필요가 있겠다. 다시 말해 『방언』을 바탕으로 조선 지역 어휘의 성격, 또는 이 지역의 언어 상황에 대해 연구할 때는 일차로 지명의 병기 등 『방언』에 나타난 실체적인 자료에 대해 면밀히 검토하고 이에서 드러나는 사실에 더 주의를 기울일 필요가 있다고 생각된다.

이러한 점에서 볼 때 『방언』에 나타난 조선 지역의 언어 상황과 사용 어휘에 대한 중국 학자들의 주장은 다분히 당시의 역사적 상황에 대한 주관적 인식과 해석에 바탕하고 있고, 실체적 자료에 대한 합리적 해석으로 보기 어려운 부분이 있다고 생각된다. 아울러 이 과정에서 중국의 고문헌을 무비판적

---

113 魏錦(2010), 77面.

으로 신뢰하고 인용하는 경향도 지적될 필요가 있다. 논의를 주위로 돌려 중국 역사, 고고학계의 동북문명에 대한 최근의 연구를 살펴보면,[114] 앞에서 이미 언급한 것처럼 고대 중국에 '동북'이라는 문화적 일체성 혹은 공통성을 내포하는 하나의 문화영역, 즉 '동북문화구'가 존재하였다는 생각이 중국 역사학계 또는 역사고고학계에 존재하고 있는 것으로 보이며, 나아가 현재 중국의 영토에 다양한 문화전통이 존재하였지만 그들이 분열적으로 존재했던 것이 아니라 일정한 상호관계 아래 정합적인 일체를 형성하고 통일적 일체로 융합된다는 논리틀이 형성되어 있는 듯하다.[115] 이를 참고할 때, 비록 개별 학자들이 구체적으로 인식하고 있지는 않다 하더라도, 『방언』에 바탕을 둔 당시의 방언 연구와 같은 언어학 연구에서도 비슷한 인식의 틀이 영향을 미치고 있는 것은 아닌가 하는 생각이 든다. 그리고 북연 지역이 전국 후기 연에 편입된 이후 줄곧 중국의 강역에 속했다는 점도 북연조선 방언구나 이 지역 사용 어휘의 해석에 영향을 미치고 있는 것은 아닐까 싶다. 이 글에서 논했듯이 이 지역의 언어 상황은 오랜 기간에 걸쳐 연 등 중국 지역과 접촉해왔으므로 다수의 중국어 어휘가 이 지역의 고유어에 유입되었을 가능성이 다분히 있고 또 자료상으로도 나타나고 있기는 하지만, 이를 이 지역이 연의 영향하에 형성된 일종의 한어 방언권이었다고 보기는 힘들다고 생각된다.

끝으로 본 연구를 수행하면서 『방언』 중 조선 지역에서 사용된 각 어휘의 내원에 대한 중국 학계의 연구를 개별적으로 세세히 논하지 못한 점이 있는데, 이는 어휘의 내원에 대한 연구가 다분히 연구자의 주관적 판단이 작용할

---

114 궈다순·장싱더 저, 김정열 옮김(2008), 「역자 해제」를 참고함.
115 이는 문화구 간의 관계를 이야기한 것이지만, 특정 문화구 내에 대해서도 동일하게 이야기할 수 있지 않나 생각된다.

수밖에 없으며 객관적으로 옳고 그름을 판단하기 어려운 측면이 있기 때문임을 밝혀두고자 한다. 또한 필자의 역량 부족으로 함부로 재단하기 어려운 측면도 있었음을 밝힌다. 『방언』을 통한 고조선 지역의 어휘 연구는 이 글에서 살펴본 바와 같이 자료나 해석 측면에서 일정한 한계와 난관이 있음이 사실이나, 우리 고대사의 연구와 관련하여 관심을 기울일 필요가 있는 영역인 만큼 앞으로도 인접 분야의 연구 결과를 참고하면서 계속적으로 연구·검토되기를 기대해본다.

참고문헌

공재석(1975), 「漢代 방언 중 朝鮮方音에 관하여」, 『동양학』 5, 단국대학교 동양학연구원.
궈다순·장싱더 저, 김정열 역(2008), 『동북문화와 유연문명』(상, 하), 동북아역사재단.
김한규(2004), 『요동사(遼東史)』, 문학과지성사.
다바타 히사오 등 저, 원정식·이연주 역(2006), 『중국소수민족입문』, 현학사.
박경철(2015), 「고조선 대외관계 진전과 위만조선」, 『고조선과 위만조선의 연구쟁점과 대외교류』, 학연문화사.
박준형(2015), 「위만조선의 영역과 인구」, 『고조선과 위만조선의 연구쟁점과 대외교류』, 학연문화사.
복지진 저, 김현철 외 역(1997), 『중국언어학사』, 신아사.
송호정(2003), 『한국 고대사 속의 고조선사』, 푸른역사.
양웅 저, 곽박 주, 이연주·이연승 역(2012), 『방언소증』 1·2·3, 소명출판.
왕명가 저, 이경룡 역(2008), 『중국 화하 변경과 중화민족』, 동북아역사재단.
이병관 외(1999), 『중국언어학사』, 보성.
이상옥 역(1985), 『예기』, 명문당.
이연주(2008), 「양웅『方言』(漢代)에 나타난 동북지역의 언어상황」, 『中國學報』 58, 한국중국학회.
＿＿＿(2009), 「양웅『方言』에 수록된 조선 어휘 고찰」, 『中國語文學』 54, 영남중국어문학회.
이현숙(1995), 「『方言』中의 朝鮮洌水之間語彙釋例硏究」, 『中語中文學』 17, 한국중어중문학회.
全廣鎭(1990), 「『方言』的體例及其漢語言學史上的地位」, 『書目季刊』 第3卷 4期.
제리 노먼 저, 전광진 역(1996), 『중국언어학총론』, 동문선.
주진학·유여걸 저, 전광진·이연주 역(2005), 『방언과 중국문화』, 영남대출판부.

高光新(2010), 「從『方言』看西漢時期的河北方言」, 『唐山師範學院學報』, 6期.
戴震(1974), 『方言疏證』, 中華書局.
羅常培·周祖謨(1958), 『漢魏晉南北朝韵部演變研究』第一分冊, 科學出版社.
魯國堯(1992), 「方言的涵義」, 『語言教學與研究』, 語言教學與研究編輯部.
雷虹霽(2007), 『秦漢歷史地理與文化分區研究』, 中央民族大學出版社.
柳玉宏(2007), 「說"通語"」, 『蘭州學刊』 5期(總164期).

陸華(2001), 「論『方言』對『爾雅』古今語的記述」, 『南寧師範專科學院學報』3期.
白兆麟(1992), 「『方言』雙音詞探析」, 『古籍整理研究學刊』2期.
宋玉坤·湯倩(2013), 「試論揚雄『方言』中的燕代方言」, 『參花』6.
楊春宇·王媛(2015), 「揚雄『方言』所見的幽燕方言」, 『遼寧師範大學學報』11.
王文光(1995), 「秦漢時期東北的民族識別」, 『思想戰線』6.
王智群(2011), 『方言』與揚雄詞彙學思想研究』, 高等教育出版社.
王彩琴(2006), 「揚雄『方言』借音字考」, 『河南大學學報』1, 哲學社會科學版.
_____(2010), 「揚雄『方言』中的記音字與方言詞」, 『河南社會科學』11.
_____(2011), 『揚雄『方言』用字研究』, 高等教育出版社.
魏錦(2010), 「以揚雄『方言』爲依据的漢代方言分區研究綜述」, 『重慶廣播電視大學學報』.
李敬忠(1987), 「『方言』中的少數民族語詞試析」, 『民族語文』.
李恕豪(2000), 「從郭璞注看晉代的方言區劃」, 『天府新論』1期.
_____(2002), 『揚雄『方言』與方言地理學研究』, 巴蜀書社.
林語堂(1933), 「前漢方音區域考」, 『語言學論叢』, 上海開明書店.
丁啓陣(1991), 『秦漢方言』, 東方出版社.
朱皋(2016), 「『方言』所記古朝鮮語與現代朝鮮語"無一近似"解」, 『濮陽職業技術學院學報』.
朱麗(2010), 「從『方言』看古代東北方言」, 『語文學刊』10.
周祖謨(1993), 『方言校箋』, 中華書局.
陳榴(2005), 「『方言』中'朝鮮'語詞的解督」, 『中國語文學』45.
華學誠(2002), 「論『說文』的方言研究」, 『鹽城師範學院學報』22-2.
_____(2003), 『周秦漢晉方言研究史』, 復旦大學出版社.
_____(2006), 『揚雄方言校釋匯證』, 中華書局.

2절
고조선어와 몽골어의 비교연구

이성규

1. 고조선어와 몽골어의 비교연구 필요성
2. 고조선어와 관련 있는 몽골계 언어
3. 고조선어와 몽골계 언어의 비교
4. 고조선어와 몽골어의 친연관계

1. 고조선어와 몽골어의 비교연구 필요성

한국어는 언어학적으로 분류할 때 '주어+목적어+서술어'의 구조로 문장이 구성되며 문법 요소들이 단어의 뒤에 연결되는 교착어에 속한다. 이러한 두 가지 중심적인 특징 이외에 몇 가지 특징을 더하여 한국어는 알타이어족 언어에 속하는 것으로 거론되어왔으며 이 가설을 뒤집을 만한 새로운 학설은 나타나지 않고 있다.

한국어와 유사한 특징을 가진 언어로서 알타이어족 언어에 속하는 언어로는 몽골 제어, 튀르크 제어, 만주-퉁구스 제어들이 있으며 이들 언어와의 비교연구는 한 세기 이전부터 이루어져왔다. 그러나 지금까지 연구에서 어족 형성에 중요한 요소인 인칭대명사나 기본 수사가 일치하지 않아서 연구자들은 어려움을 겪고 있다.[1]

---

1   몽골어와 한국어의 수사에 대한 최근의 비교연구로 이성규(2006; 2016)가 있는데 이성규(2006)에서는 몽골어와 한국어는 음운론적으로는 수사가 일치하지 않으나 체계상으로는 상당 부분 일치한다고 분석하였다. 이성규(2016)에서는 거란어 서수사 접사에 대하여 논의하며 일부 단어가 한국어와 관련성이 있는 것으로 파악하였다.

한국어, 몽골 제어, 튀르크 제어, 만주-퉁구스 제어를 알타이어족으로 묶고 '공통조어론'을 주창한 람스테트(G. J. Ramstedt)는 이들 언어 사용자들의 조상들이 매우 이른 시기(약 4,000년 전)에 싱안링산맥(興安嶺山脈)과 열하 지역에 거주하였다고 하였다(G. J. 蘭司鐵, 2004: 4-6). 이후 이들 언어 집단은 기후와 도구의 변화로 말미암아 분화되었으며(이성규, 2009: 201-202), 한국어 사용자들의 조상들이 가장 먼저 분화한 것으로 파악하고 있다.

한국어 사용자들이 분화된 이후 싱안링산맥 지역과 열하 지역에는 여전히 몽골어 사용자들의 조상들이 거주하여왔고 지금도 이 지역에는 몽골어 사용자들이 거주하고 있다.[2] 한국어의 경우는 기원전 7세기 무렵에 중국 사서에 '조선(朝鮮)'이라는 명칭이 나타나는 것으로 보아[3] 이미 이 시기에 고조선어[4]가 존재했었다고 보인다. 이후 기원전 4세기 무렵에 독자적으로 칭왕(稱王)한 것[5]은 강력한 왕권을 가지고 언어적 통일을 이루었던 것으로 추측되며, 주변 여러 부족이나 민족에게도 영향을 미쳤으리라 생각된다. 또 기원전 2세기에 고조선이 멸망하고 위만조선(衛滿朝鮮)이 들어섰지만 위만이 조선이라는 국

---

[2] 淸格爾泰(2010: 1-46)에 중국의 몽골어 방언에 대하여 기술되어 있다.

[3] 『管子』「揆度」에 發朝鮮의 文皮라는 기록이 나타나는 것으로 보아 기원전 7세기 무렵에 燕의 동북쪽을 조선이라 불렀던 것으로 생각된다.

[4] 李基文(2006: 40)에서는 고조선(古朝鮮)이란 항목을 통해 고조선어를 인정하는 것으로 보인다. 그리고 단군(檀君), 왕검(王儉), 아사달(阿斯達), 검(儉), 달(達)을 예로 들고 있다. 또 기자(箕子)를 백제어에서 임금이라 기록한 것으로 보아 통치자를 일컫는 것으로 추측된다 하였다. 박대재(2015: 29)는 부여, 고구려, 옥저, 예 등 예맥족 제어의 조어는 역사적으로 보아 '고조선어'이며, 이들 제어는 '부여계어'가 아니라 '조선계어'라고 부르는 것이 더 타당하다고 하였다.

[5] 『三國志』東夷傳 韓條에 인용된 『魏略』에 "昔箕子之後朝鮮侯, 見周衰 燕自尊爲王 欲東略地 朝鮮侯亦自稱爲王 欲興兵逆擊燕以尊周室 其大夫禮諫之 乃止"로 기록하고 있다.

호를 그대로 유지한 것으로 보아 언어 역시 큰 변화가 없었던 것으로 파악된다. 특히 위만조선이 한(漢) 왕조와의 중계 무역을 독점한 사실은 고조선을 중심으로 한 지역에서는 고조선어가 공용어로 사용되었음을 말해주는 것으로 생각된다.

고조선이 요동과 한반도를 중심으로 고조선어라는 공용어(公用語)를 사용하고 있었던 것에 비하여, 싱안링산맥 주변과 요서 지역에서는 몽골계 언어 사용자들의 조상[동호(東胡)]이 거주하였던 것으로 파악된다. 지리적으로 인접한 고조선과 동호는 상호 간에 교류가 이루어지고 동시에 언어 접촉도 이루어졌던 것으로 추측되는데, 그 이유는 위만조선의 지배층 인명을 분석해보면 몽골계 언어의 조상들과 관련이 있는 것으로 나타나기 때문이다.[6]

이 글은 고조선어와 몽골어의 연관성을 찾는 것이 주목적이므로 역사서와 언어 자료에 기록된 고조선 시기의 자료들과 몽골어를 비교하고 향후 고조선어의 연구 방향을 설정하고자 한다.

2. 고조선어와 관련 있는 몽골계 언어

1) 흉노어

기원전 3세기에서 기원후 2세기까지 중국 북방과 몽골고원에 존재하였던 흉노제국에서는 흉노어(匈奴語)가 사용되었다. 흉노와 흉노어에 대한 연구는

---

[6] 이성규(2012b)에서는 위만조선의 지배층 중에서 한(漢)에 저항한 세력이 북방계일 가능성이 높다고 보고 이들 인명을 분석한 결과 몽골계 언어와 연결되는 것으로 파악하였다.

많이 이루어졌지만 지금까지도 흉노어와 후대 언어의 관련성에 대해서는 여전히 논란이 지속되고 있다. 즉 흉노어가 몽골계 언어의 조상인지 아니면 튀르크계 언어의 조상인지에 대한 논란은 여전하다. 일반적으로 역사나 고고학을 전공하는 학자들은 흉노어를 튀르크어 계통의 언어로 보고자 하며, 언어학자들은 몽골계 언어로 보고자 한다.

몽골의 저명한 역사학자인 게. 수흐바타르는 『몽골인들의 고대 조상(Монголчуудын эртний өвөг)』이란 책에서 13개의 흉노 단어를 제시하고, 흉노어는 몽골어의 고대어가 분명하다고 하였다. 또 흉노어를 다수의 학자들이 튀르크어로 보는 것은 몽골학보다 튀르크학의 역사가 오래된 결과에서 비롯된 것이라 비판하였다(Г. Сухбаатар, 1980: 193-213).

흉노어에 대한 최근의 연구인 『Hungnu kelen-ü sudulul(匈奴語研究)』에서 내몽골 연구자 오차랄트(Učaraltu)는 57개 항목 210여 개의 단어 분석을 통해 흉노의 지배층 언어를 몽골어로 분석하였다. 구체적으로 단어, 복합어, 복수 접사 [d, t, s, nuud], 명사형성 접사 [dan, dən, tan, tən], [du, tu], 속격 어미 [nu] 등에서 몽골어와 동일한 형태가 나타나는 것으로 분석하였다. 또 샤먼 관련 단어, 귀족의 이름과 관직명에서도 몽골어의 형태를 확인할 수 있다고 하였다.[7]

이처럼 흉노어에 대해서는 계속해서 논의가 진행되고 있어 정확하게 어느 어군에 속한다고 단정하기가 쉽지 않다.

---

[7] Učaraltu(2013), 『Hungnu kelen-ü sudulul(匈奴語研究)』, öbür mongɣol-un yeke surɣaɣuli-yin keblel-ün xuriy_a, pp. 23-24.

2) 동호어

동호(東胡)는 흉노의 동쪽에 있었던 종족으로 이른 시기부터 중국의 동북방에 존재하였던 부족이다. 동호는 기원전 2세기 말에 흉노의 묵특 선우에 의해 멸망한 뒤에 오환(烏桓)과 선비(鮮卑)로 나뉘었다. 동호의 언어에 대해서는 시라토리 구라키치(白鳥庫吉)의「동호민족고」[8]에서 동호의 후예인 선비족의 언어와 연관이 있는 것으로 파악하였다. 그러나 동호의 언어 자료가 거의 남아 있지 않아 동호어(東胡語)에 대해서는 알 수가 없고, 다만 동호의 후예인 오환과 선비의 자료를 통해서 동호어를 추측할 수 있을 뿐이다.

시기적으로나 지역적으로 고조선과 밀접한 관련을 가지고 있는 몽골계 종족은 동호이지만, 지금까지 동호의 것으로 추정되는 언어 자료는 거의 없다. 다만 최근 상당한 연구가 축적된 샤자뎬상층문화(夏家店上層文化) 고고 유적이 동호의 유적인 것으로 알려지고 있어 향후 이 유물들을 연구하는 과정에서 언어 자료가 추출될 수도 있을 것이다.

3) 선비어

동호가 오환과 선비로 갈라진 이후에 북쪽에 거주하던 동호인들은 선비로 불렀고 남쪽에 거주하던 사람들은 오환으로 불렀다. 선비족은 2세기 중엽에 단석괴(檀石槐)가 부족을 통일하였으나 곧 붕괴되었다. 이후 3세기에 가비능(軻比能)에 의해 재통합되었다가 다시 분열하여 모용부(慕容部), 단부(段部), 우

---

[8] 白鳥庫吉(1970),「東胡民族考」,『白鳥庫吉全集, 第四卷, 塞外民族史研究 上』, 岩波書店.

문부(宇文部) 등이 된다(林幹, 1989: 78-82).

선비어(鮮卑語) 자료는 5세기 무렵에 탁발부(拓跋部)[9]가 중국 북부에 세운 북위(北魏), 북제(北齊), 북주(北周)의 역사 기록에 일부가 전한다. 특히 북위 정권 당시에는 다수의 언어 자료가 문자로 기록된 것으로 나타나지만(L. Ligeti, 1970: 279-280), 현재 전해지는 것은 성씨(姓氏), 관직명(官職名),[10] 인명(人名)들이 대부분이고 몇몇 개의 일반명사 명칭이 전해온다(林幹 1989: 112-116).

선비어와 몽골어의 관련성에 대해서 몽골의 역사학자 게. 수흐바타르는 『선비(Сяньби)』란 책에서 13개의 선비(북위) 관직명을 분석하면서 "선비와 선비어의 방언인 토욕혼, 탁발어는 몽골어와 관련이 있다."라고 결론지었다(Г. Сухбаатар, 1971: 72-94).

3. 고조선어와 몽골계 언어의 비교

1) 인명 비교

기원전 194년 무렵 연(燕)에서 망명한 위만(衛滿)은 고조선의 준왕(準王)을 몰아내고 위만조선을 수립하였다. 위만조선은 위만이 고조선의 준왕을 몰아내고 권력을 쟁취했을 뿐 국가의 명칭을 변경하지 않았으므로, 새로운 국가

---

[9] 동부선비가 대싱안링 동쪽과 요서 지역에 거주하였던 것에 비하여 탁발선비는 동부선비의 서북쪽에 거주하다가 남쪽으로 이동하였으며, 이동 과정에서 북흉노의 잔존 세력이 합류한 것으로 나타난다(林幹, 1989: 87-92).

[10] 탁발선비의 관직명에 대해서는 이성규(2018), 「선비어 관직명 연구」, 『몽골학』 53, 한국몽골학회, 1-30쪽을 참고할 것.

의 수립이라기보다는 정권 교체에 불과하다. 따라서 위만조선의 언어는 이전 시기와 큰 변동이 없었을 것으로 판단된다. 한편 위만이 처음 고조선으로 망명하여 세력을 규합하는 과정이 중국 사서에 나타난다. 『사기』「조선전」에 의하면 "무리 천여 인을 모아 북상투에 오랑캐의 복장을 하고서, 동쪽으로 도망하여 요새를 나와 패수를 건너 진(秦)의 옛 공지(空地)인 상하장(上下障)에 살았다. 점차 진번(眞番)과 조선의 만이(蠻夷) 및 옛 연(燕)·제(齊)의 망명자를 복속시켜 거느리고 왕이 되었으며 왕험(王險)에 도읍을 정하였다(국사편찬위원회, 1990: 7)."라고 하였다.

여기서 위만은 한인(漢人)이 아닌 다른 민족으로 생각되며, 그 이유는 위만이 '북상투에 오랑캐의 복장'을 하였다는 점 때문이다. 여기에 대해서는 이미 사학계에서 많은 논의가 있었으므로 굳이 설명할 필요가 없을 것으로 생각된다. 그리고 위만이 한인이 아니라면 한어 사용자가 아닌 다른 언어 사용자로 판단된다. 또 한어와 자신의 본래 언어를 사용하는 이중 언어 사용자로 볼 수도 있을 것이다.

다음으로 '진번(眞番)과 조선의 만이(蠻夷)'를 규합하였다는 기록이다. 이것은 위만이 한(漢)과 족속을 달리하는 민족인 진번과 조선의 만이를 통솔하였다는 것으로, 한족이 사용하는 한어(漢語)와 다른 언어 사용자들을 통치하였다는 것이다. 마지막으로 '옛 연·제의 망명자를 복속'하였다는 기록으로 보아 한어(漢語) 사용자들도 통치를 한 것으로 판단된다.

기원전 194년 무렵에 설립된 위만조선은 위만의 손자인 우거왕(右渠王)에게 이어지고 기원전 108년 한(漢)과의 전쟁에서 위만조선 내부의 분열로 멸망한 것으로 나타난다. 즉 우거, 장항(長降, 우거의 아들), 장(長, 비왕), 성기(成己, 대신)는 우거 편에 서고 노인(路人, 조선상), 최(最, 노인의 아들), 한음(韓陰, 상), 참(參, 니계상), 왕겹(王唊, 장군), 남려(南閭, 예군), 역계경(歷谿卿, 상)은 반대편에 섰다(이성규, 2012b: 280-281).

여기서 흥미로운 사실은 조선 토착 세력으로 보이는 인물들이 모두 우거왕의 반대편에 섰다는 점이다. 즉 조선상과 그의 아들, 예군 등이 반대편에 섰으며 고조선의 전통적인 지배층으로 생각되는 한음과 왕겹,[11] 니계상과 역계경도 반대편에 섰다. 이는 추측건대 당시 우거왕을 중심으로 하는 세력과 나머지 세력 사이에 무언가 다른 점이 있었을 것인데, 가장 먼저 추측되는 것은 종족이 달랐을 가능성이다. 위에서 이미 언급한 바와 같이 위만조선의 영역에는 여러 부류의 종족이 거주하였고 이들을 통합하여 위만조선이라는 국가가 성립되었다. 그러나 위만조선이 외침으로 인하여 어려움에 처하자 각자의 이해득실에 따라 종족 간에 전쟁 수행 여부에 대한 이견이 표출되었고 결국 내란으로 이어진 것으로 판단된다. 이런 관점에서 위만과 우거왕, 아들 장항, 사신 장, 대신 성기에 대하여 이성규(2012b: 298)에서는 이들이 몽골계 언어와 연결되는 것으로 보아 북방계 민족일 가능성이 크다고 추론한 바 있다.

2) 지명 비교

『삼국유사』「기이편・고조선」조에 의하면 단군왕검이 수도를 평양성(平壤城)으로 정하였고 이후에 백악산 아사달(白岳山阿斯達)로 도읍을 옮겼다고 기록하고 있다. 그리고 아사달은 궁홀산(弓忽山) 또는 금미달(今彌達)로도 부른 것으로 나타난다.[12] 우리는 이 기록을 통하여 고조선어에서 '산(山)'을 '달

---

11 고조선의 준왕이 남쪽으로 내려간 이후에도 고조선의 영역에 남아 있던 지배층은 '왕(王), 한(韓)' 등의 성씨를 사용한 것으로 판단된다. 이에 대해서는 재차 논의할 예정이다.

(達)'로 불렀다는 것을 알 수 있는데, 이것은 『삼국사기』 지명에 나타나는 예들을 통해서도 확인할 수 있다.[13]

토산(兎山) – 오사함달(烏斯含達)   토산(土山) – 식달(息達)
송산(松山) – 부사달(夫斯達)   산산(蒜山) – 매시달(買尸達)
란산(蘭山) – 석달(昔達)   청산(菁山) – 가지달(加支達)
승산(僧山) – 소물달(所勿達)   부산(釜山) – 송촌활달(松村活達)
대두산성(大豆山城) – 비달홀(非達忽) 리산성(梨山城) – 가시달(加尸達)

한편 진한과 신라의 지명에 보이는 '탁(涿), 양(梁, 音道), 달(喙, 音達)[14]'도 고조선어의 달과 통하는 것으로 분석하였다(박대재, 2015: 35). 몽골어에서 고조선어의 달(達)과 음상이 유사한 단어로는 'tal-a(평원, 들판)'로 나타나는데 한국의 '들판'과 같이 넓고 평평한 지역을 말한다.

고조선에서 아사달을 궁홀(弓忽)로도 불렀던 것[15]으로 보아 홀(忽)이 고조선 시기에는 성(城)을 나타내는 단어였을 것으로 추정된다. 성(城)의 명칭으로 사용된 홀(忽)은 『삼국사기』 「지리지」에서 20여 곳의 지명에 나타나는데[16]

---

12 『三國遺事』 奇異編 古朝鮮條 "都平壤城 始稱朝鮮, 又移都於白岳山阿斯達 又名弓(一作方)忽山, 又今彌達."

13 삼국시대 지명에서 달(達)이 고(高)로 나타나기도 한다. "高峰 – 達乙省, 高木根 – 達乙斬."(김영황, 2010: 15)

14 姜信沆(1980), 『鷄林類事「高麗方言」硏究』, 成均館大學校出版部, 80쪽. "鷄曰喙(音達)."

15 궁홀(弓忽)에서 궁과 금미달(今彌達)의 금미는 모두 '임검[王]'을 나타내는 '검'을 표기한 것으로 추정한다.

16 仍忽, 買忽, 冬忽, 達忽, 馬忽, 甲忽, 奈兮忽, 冬比忽, 冬斯忽, 也尸忽, 買召忽, 首爾忽, 述尔忽, 內米忽, 也次忽, 比列忽, 加阿忽, 仇次忽, 乃勿忽, 蕪子忽, 買旦忽, 烏阿

골(骨)로도 나타난다. 그런데 이와 관련하여 김방한(1982: 17-18)에서는 "『위서』「동이전」의 구루(溝漊)는 'kurē/kuri'와 일치하는 것으로 그 의미는 책(柵) 또는 성(城)으로 추정된다."라고 하였다.[17] 또 "고구려의 구루(溝漊), 만주-퉁구스어의 kurē, kuri, kuran~kuren, 몽골어의 küri-yen, 일본어의 kuru-는 모두 어원(語源)이 같은 동원어(同源語)가 된다."라고 하였다.

고조선어: 홀(忽, hul)
고구려어: 구루(溝漊, kurē/kuri), 골(kul), 홀(hul)
만주어: kurē, kuri, kuran ~ kuren
몽골어: küri-yen
일본어: kuru-

고조선어, 고구려어, 만주어, 몽골어, 일본어에 동일하게 나타나는 'kur'라는 단어를 통하여 고조선어에서 성(城)을 나타내는 단어가 '*kur/*hul'이라는 것을 확인할 수 있으며 이 단어는 현대 한국어의 '울, 우리, 울타리'[18]로 이어진다.

欵.(김영황, 2010: 14-15)

17 북이 고리국 명칭이나 고구려의 국가명인 고리와 관련하여 이 명칭이 둥근 성을 가리키는 단어에서 유래하였다는 주장은 일리가 있다. 부여의 성에 관한 기사 '築圓柵爲城'이나 고구려의 환도성(丸都城) 모두 원형과 관련이 있기 때문이다. 그리고 이것은 기원전 20세기의 샤자뎬(夏家店) 하층문화의 고고유적에 등장하는 잉진허(英金河) 유역의 석성과도 관련이 있을 수 있다. 실제 지금 유적이 남아 있는 산쮜뎬(三座店) 성을 보면 둥근 모양을 띠고 있다. 또 이렇게 샤자뎬 하층문화의 유적과 연결하여 보면 고리라는 명칭은 매우 이른 시기부터 존재하였을 가능성이 있다.

18 현대 한국어의 울타리는 '울+타리'로 나누어볼 수 있는데 이것은 고조선어의 '홀(忽)+달(達)'이 결합된 형태로 볼 수도 있다.

3) 어휘 비교

기원전 53년부터 기원후 18년까지 생존한 한(漢)의 양웅(揚雄)이 저술한 『방언』(원래의 명칭은 『유헌사자절대어석별국방언(輶軒使者絶代語釋別國方言)』)에는 조선열수지역(朝鮮洌水之間)의 방언, 즉 고조선어를 수록하고 있다. 이 자료는 고조선어에 대한 단편적인 기록밖에 없는 한국의 기록에 비하면 기술 연대와 지역이 분명하여 당시 고조선어의 양상을 살필 수 있는 귀중한 자료이다.

방언에 수록된 고조선의 어휘 자료는 기원전 3세기경의 언어를 반영하고 있는데, 방언 구획에 나오는 열수(洌水)를 요하(遼河)로 보면[19] 요서(遼西) 지역의 언어가 되고, 대동강(大同江)으로 보면(박대재, 2015: 23) 요동(遼東) 지역의 언어가 된다. 이 글은 『방언』의 어휘를 몽골어와 비교·분석하는 것이 주목적이므로 방언 구획에 대해서는 논외로 하고, 몽골어와 비교하는 데 초점을 맞추기로 한다. 양웅의 『방언』에 나오는 어휘를 정리하면 아래의 표와 같다.[20]

표 1 _ 『방언』에 수록된 고조선어 어휘 목록표

연번	방언	고조선어	의미	설명	지역
1	1-8	훤(咺)	痛	小兒泣而不止	燕之外鄙, 朝鮮洌水之間
2	2-5	우(盱)	雙		燕代朝鮮洌水之間
3	2-5	양(揚)	雙		燕代朝鮮洌水之間

---

19 이연주·이연승 옮김(2012: 43), 『방언소증 1』에 의하면 열수(洌水)는 요동(遼東)에 있다고 하였다. "朝鮮洌水之間; 朝鮮, 今樂浪郡是也. 洌水, 在遼東, 音烈."

20 이 표는 李賢淑(1995)과 이연주(2008; 2009), 이연주·이연승 옮김(2012: 43) 『방언소증 1·2·3』에 의거하여 만들었다.

4	2-8	책(策)	小		燕之北鄙, 朝鮮洌水之間
5	2-29	엽유(葉楡)	垚		燕之北郊, 朝鮮洌水之間
6	2-34	요선(搖扇)	疾		燕之外鄙, 朝鮮洌水之間
7	3-6	녈/날(涅)	化	鷄伏卵而未孚, 始化之時	燕朝鮮洌水之間
8	3-6	와(譁)	化		燕朝鮮洌水之間
9	3-7	짐(斟)	汁		北燕朝鮮洌水之間
10	3-12	자(茦)		凡草木刺人	北燕朝鮮之間
11	3-12	장(壯)		凡草木刺人	北燕朝鮮之間
12	3-13	로(瘻)		凡飮藥傅藥而毒	北燕朝鮮之間
13	4-40	앙각(䩕角)	履		東北朝鮮洌水之間
14	5-1	전(鈃)	鍑		北燕朝鮮洌水之間
15	5-1	병(鉼)	鍑		北燕朝鮮洌水之間
16	5-11	장(瓺)	甇		燕之東北朝鮮洌水之間
17	5-26	조(䉵)	舌		燕之東北朝鮮洌水之間
18	5-31	단(椴)	櫠		燕之東北朝鮮洌水之間
19	5-35	수(樹)		㹤, 其杠	北燕朝鮮之間
20	6-30	시(俿)	行		朝鮮洌水之間
21	7-12	국(掬)	離		燕之外郊, 朝鮮洌水之間
22	7-15	박(膊)	暴		燕之外郊, 朝鮮洌水之間
23	7-18	규영(䚏盈)	怒		燕之外郊, 朝鮮洌水之間
24	7-25	한만(汗漫)	懣	煩懣	朝鮮洌水之間
25	7-25	진현(賑眩)	懣	顚眴	朝鮮洌水之間
26	7-31	수식(樹植)	立		燕之外郊, 朝鮮洌水之間
27	8-2	비(貀)	貗		北燕朝鮮之間
28	8-4	포(抱)	鷄	伏鷄	北燕朝鮮洌水之間
29	8-5	가(豭)	豬		北燕朝鮮之間

30	8-9	복부(鵩鴀)	鳵鳩		燕之東北, 朝鮮洌水之間
31	8-9	역(鸅)	鳵鳩		燕之東北, 朝鮮洌水之間
32	11-18	독여(蝳蜍)	黽蠀		北燕朝鮮洌水之間

(1) 1-8, 훤(喧): '아프다'의 뜻이다. 연의 외지 마을과 조선열수에 걸친 지역에서는 어린아이가 그치지 않고 계속 우는 것을 '훤'이라 한다(痛也, 燕之外鄙, 朝鮮洌水之間, 小兒泣而不止曰喧).[21]

상고음: 리팡구이(李方桂) — hjuanx,[22] 리전화(李珍華)·저우창지(周長楫)(1993) — hĭwan

이현숙(1995: 424-425)은 '어린아이가 흐느끼며 울기를 그치지 않는 것'이라 하였다. 이연주(2009: 468)는 『설문해자』의 주석대로 '아이가 울음을 그치지 않는 것'이라 하였다. 훤(喧)과 관련하여 위의 두 사람은 한국어의 특정 단어를 제시하지 않았다. 이와 관련하여 『계림유사』「고려방언」(姜信沆, 1980: 107)의 325. '哭曰胡住(huə-tiuə)'의 기록은 '훌쩍'을 표기한 것으로 생각되며 한국어에서 '훌쩍'이란 어휘는 오래전부터 사용된 것으로 생각된다. 몽골어[23]에서는 'megsin uyilaqu(훌쩍, 흐느끼며 울다)'가 있는데 연결이 어렵다. 그러나 훤(喧)이 울음소리를 나타내는 의성어이면 비교할 대상이 되지 못한다. 일반적으로 의성·의태어는 대부분의 언어들에서 유사하게 나타나기 때문이다.

---

21 한문 번역은 이연주·이연승 옮김(2012), 『방언소증 1, 2, 3』, 소명출판에 의거하였다.
22 李方桂의 상고음은 이연주(2009: 479-480)에서 인용하였다.
23 여기서 몽골어는 고전몽골문어(Classical Mongolian)를 말하며 몽골어에서 가장 이른 시기의 형태를 보여주는 것으로 파악하고 있다.

(2) 2-5, 우(盰): '쌍'의 뜻이다. 연·대·조선열수에 걸친 지역에서는 '우'라고 하고, 혹은 '양'이라고도 한다(雙也, 燕代朝鮮洌水之間曰盰, 惑謂之揚).

상고음: 리팡구이－hwjag, 리전화·저우창지(1993)－hĭwa

이현숙(1995: 425-426)은 "본래는 짝수를 나타내는 쌍의 의미였으나 의미가 확대되어 한 쌍의 눈을 말한다."고 하였다. 이연주(2009: 466)는 조선에서는 '검은 눈동자'를 말한다고 하며 조선의 고유 어휘로 분석하였다. 우(盰)라고 표기한 것으로 보아 눈을 '우(丁)'로 발음한 것으로 여겨지는데, 『계림유사』 「고려방언」(姜信沆, 1980: 71)에는 165. '眼曰嫩(nuən)'으로 기록되어 있어 눈을 나타내는 단어가 'nuən'이므로 우(盰)와는 연결이 어렵다. 몽골어에서는 'nidü(눈), nidün-ü čečegei(검은자위)'이다. 눈(nidü)은 몽골어 방언에서 nüd(ü)로도 나타나는데 모음이 유사하지만 앞뒤의 자음은 일치하지 않는다. 다만 어두의 n 자음을 무시하면 모음이 같아 비교해볼 만하다.

(3) 2-5, 양(揚): '쌍'의 뜻이다. 연·대·조선열수에 걸친 지역에서는 '우'라고 하고, 혹은 '양'이라고도 한다(揚 雙也, 燕代朝鮮洌水之間曰盰, 惑謂之揚).

상고음: 리팡구이－raŋ, 리전화·저우창지(1993)－ʎĭaŋ

이현숙(1995: 425-426)은 "본래는 짝수를 나타내는 쌍의 의미였으나 의미가 확대되어 한 쌍의 눈을 말한다."고 하였다. 이연주(2009: 466)는 조선에서는 '검은 눈동자'를 말한다고 하며 조선의 고유 어휘로 분석하였다. 양(揚)의 의미로 보아 이연주(2009: 466)에서 언급한 바와 같이 '눈을 들다, 위를 바라보다'로 분석하는 것이 합리적으로 생각된다. 아니면 한자어로 '두 개의 눈'을 나타내는 중국어 차용어일 수도 있다. 몽골어에서는 'degesi qara-(눈을 치켜뜨다), ölii-(넘겨보다)'로 나타나서 연결이 어렵다.

(4) 2-8, 책(策): '작다'의 뜻이다. 연의 북쪽 마을과 조선열수에 걸친 지역에서는 '책'이라고 한다(策, 小也. 燕之北鄙, 朝鮮洌水之間謂之策).

상고음: 리팡구이－tshrik, 리전화·저우창지(1993)－tʃhek

이현숙(1995: 426-427)에서는 '가는 나뭇가지'로 분석하였고, 이연주(2009: 463)에서는 '찌르다'로 해석하였다. 『방언』의 설명에 의하면 '부모가 아이를 매질할 때 쓰는 도구로 사용된 작은 나뭇가지'이므로 한국어의 '작다, 작대기, 찌르다'의 뜻으로 사용된 것으로 보인다. 몽골어에서는 'sabaγ-a(회초리)' 보다는 'jijig(작은)'이 책(策)의 상고음 'tshrik/tʃhek'과 연결 가능성이 있는 것으로 보인다.[24] 따라서 이 단어는 한국어와 몽골어 모두 관련이 있는 것으로 보인다.

(5) 2-29, 엽유(葉楡): '연약하다'의 뜻이다. 연의 북쪽 교외, 조선열수에 걸친 지역에서는 '엽유'라고 한다(毳也. 燕之北郊, 朝鮮洌水之間曰葉楡).

상고음: 리팡구이－rap ragw, 리전화·저우창지(1993)－ɕĭap ʎĭwɔ(楡)[25]

이현숙(1995: 427)은 '짐승의 가는 털이나 털옷'이라 하였다. 이연주(2009: 479)는 '연약하다, 부드럽다'로 풀이하였다. 알타이어족 언어에서 어두에 r 자음이 오지 않는 것을 고려하여 상고음을 'p-awɔ'로 분석하면 한국어의 '부드럽다'와 관련이 있을지 모르겠다. 몽골어에는 'jögelen(부드럽다), üs(털),

---

24 상고시대 언어를 재구하는 것은 힘든 일이다. 그것은 상고시대 단어와 현재의 단어는 음상이나 의미에서 많은 차이를 보이기 때문이다. 그렇다고 하여 아예 연구를 하지 않는 것보다 가능한 한 비슷한 단어들을 비교해보는 것도 의미가 있는 것으로 생각된다. 이 글에서도 이러한 관점에서 정확하게 일치하지는 않지만 관련 가능성이 있는 형태들을 제시하고자 하였으며, 이후 연구에서 이들은 검증될 것으로 생각된다.

25 李珍華·周長楫(1993)에서 해당 한자를 찾지 못하여 유사한 단어의 음으로 재구하였으며 아래에 나오는 예도 이와 동일하다.

noosu(가는 털)' 등이 있지만 연결이 되지 않는다.

(6) 2-34, 요선(搖扇): '빠르다'의 뜻이다. 연의 외곽, 조선열수에 걸친 지역에서는 '요선'이라고 한다(疾也, 燕之外鄙, 朝鮮洌水之間曰搖扇).

상고음: 리팡구이-rjagw hrjan, 리전화·저우창지(1993)-ʎĭau ɕĭan

이현숙(1995: 427-428)은 '빠른 모습'이라 하였고, 이연주(2009:479)는 '신속하다, 빠르다'로 풀이하였다. 몽골어에서 'yaɣara-(서둘러, 황급히)'가 나타나는데 리팡구이의 재구음인 'rjagw hrjan'에서 어두의 r 자음을 삭제하면 연결이 가능하다. 한국어의 '빠르다'도 어두의 ㅂ(b) 자음이 ㅇ(y) 자음으로 바뀐다면[26] 연결이 가능한 단어이다.

(7) 3-6, 녈(涅): '변화시키다'의 뜻이다. 연과 조선열수에 걸친 지역에서는 '녈'이라고 하거나 혹은 '와'라고 한다(化也, 燕朝鮮洌水之間曰涅, 或曰譁, 鷄伏卵而未孚, 始化之時, 謂之涅, 或曰譁).

상고음: 리팡구이-nit, 리전화·저우창지(1993)-*nil(泥質)

이현숙(1995: 428)은 "부화하지 않았고 바야흐로 부화하려 하는 것을 '날'이라 한다."고 하였다. 이연주(2009: 466-467)에서는 "바뀌다, 부화하다의 조선 어휘 '날'은 염색하다의 중국 어휘 '날'과 다르다."고 하였다. 원문의 의미로 보아 바뀌는 것을 와(譁)라 하고, 바뀌지 않은 상태를 녈(涅)로 기록한 것으로 보인다. 녈(涅)을 날로 보면 한국어의 '날 것'이 되는데 삶지 않은 달걀을 '날

---

26 한국어의 '울긋불긋'이란 단어를 통해 ㅂ 자음과 ㅇ 자음이 어두에서 교체가 가능한 것을 볼 수 있다. 그리고 이러한 논지에 대하여 알타이 학설에서는 이미 몽골어의 어두에 존재하는 p/b 자음이 한국에서는 ㅇ로 나타나는 것에 대하여 거론된 바 있다.

달걀'이라 하는 것처럼 지금도 사용된다. 그리고 이 '날'이란 단어는 몽골어의 조상어인 거란어에서 '내(酒: 正, 新)'로 나타난다(이성규, 2012a: 172).

(8) 3-6, 와(譁): '변화시키다'의 뜻이다. 연과 조선열수에 걸친 지역에서는 '녈'이라고 하거나 혹은 '와'라고 한다(化也, 燕朝鮮洌水之間曰涅, 或曰譁, 鷄伏卵而未孚, 始化之時, 謂之涅或曰譁).

상고음: 리팡구이-hwrag, 리전화·저우창지(1993)-hoa

이현숙(1995: 428)에서는 '변화의 뜻'으로 풀이하였다. 이연주(2009: 466-467)에서도 '변화하다'로 분석하였다. 한국어에는 와(譁)와 연관된 단어가 떠오르지 않는다. 그러나 몽골어에는 'qubira-(바뀌다, 변화하다)'가 있어서 와(譁)와 연결할 수도 있다.

(9) 3-7, 짐(䉷): '화합하다, 잘 어울리다'의 뜻이다. 북연과 조선열수에 걸친 지역에서는 '짐'이라고 한다(汁也, 北燕朝鮮洌水之間, 謂之䉷).

상고음: 리팡구이-tjəm, 리전화·저우창지(1993)-ȶĭəm

이현숙(1995: 429)은 '짐은 갱즙'이므로 국[湯]으로 분석하였다. 이연주(2009: 465)는 '즙, 액체, 쌀뜨물'로 분석하고 의미상으로 조선 어휘와 관련성이 있는 것으로 분석하였다. 몽골어에서 즙(汁)은 'sigüsü', 국[湯]은 'šölü', 침[唾液]은 'silüsü'이다. 한국어의 '침', 몽골어의 sigüsü, silüsü와 연결될 수도 있다.

(10) 3-12, 자(茦): 무릇 초목이 사람을 찌르는 것, 즉 '가시'를 북연과 조선에 걸친 지역에서는 '자'라고 하거나 혹은 '장'이라고 한다(凡草木刺人, 北燕朝鮮之間謂之茦, 惑謂之壯).

상고음: 리팡구이-tshjigh, 리전화·저우창지(1993)-tshĭe

이현숙(1995: 429)에서는 '초목이 사람을 찌르는 것'이라 하였고, 이연주(2009: 480)에서는 '풀이나 나무가 사람을 찌르다'로 풀이하였다. 2-8에서는 책(策)을 '작다'란 의미로 풀이하였으나 여기서는 자(茦)로 분석하였다. 몽골어에선 'čiči-(찌르다, 뚫다)'가 어울리는 것으로 판단된다. 책(策)을 자(茦)로 분석하면 한국어의 '찌르다', 몽골어의 'čiči-(찌르다, 뚫다)'가 연결이 가능하다.

(11) 3-12. 장(壯): 무릇 초목이 사람을 찌르는 것, 즉 '가시'를 북연과 조선에 걸친 지역에서는 '자'라고 하거나 혹은 '장'이라고 한다(凡草木刺人, 北燕朝鮮之間謂之茦, 或謂之壯).

상고음: 리팡구이-tsrjaŋh, 리전화·저우창지(1993)-tʃĭaŋ

이현숙(1995: 429-430)은 장(壯)을 상(傷)의 동음가차(同音假借)로 분석하였다. 이연주(2009: 476, 480)에서는 '다치게 하다, 찌르다'로 분석하였다. 한국어에서 '상하다'란 말이 흔히 사용되는데 중국어 차용어로 보인다. 몽골어에서는 'siraq_a(상처)'가 리팡구이의 재구음 'tsrjaŋh'와 연결이 가능하다.

(12) 3-13. 로(癆): 무릇 마시는 약이나 바르는 약에 독이 있는 것을 북연과 조선에 걸친 지역에서는 '로'라 한다(凡飲藥傅藥而毒, 北燕朝鮮之間, 謂之癆).

상고음: 리팡구이-lagw, 리전화·저우창지(1993)-lau

이현숙(1995: 430)은 '약을 먹거나 바르거나 하여 매우 아픈 것'을 로(癆)로 풀이하였다. 이연주(2009: 468)는 '약물에 중독된 것'을 말한다고 하였다. 한국어를 비롯한 알타이어족 언어에서 어두에 l 자음이 오지 않은 것을 고려하여 상고음 'lagw/lau'에서 어두 l 자음을 삭제하면 'agw/au'가 남는데 이것이 한국어의 '앓-(痛)'과 관련이 있을 수도 있다. 몽골어에서는 'qoor(독),

qooradalɣ-a(중독)'인데 로(癆)와 관련이 없는 것으로 여겨진다. 반면 'ebed-(아프다)'와 연결할 수도 있다.

(13) 4-40, 앙각(軮角): '신발'이다. 동북 조선열수에 걸친 지역에서는 '앙각'이라고 한다(履也, 東北朝鮮洌水之間, 謂之鞼角).

상고음: 리팡구이-ŋaŋ kruk, 리전화·저우창지(1993)-ŋaŋ(印) keɔk

이현숙(1995: 431)에서는 앙(軮)이 앙(仰, 印)으로도 쓰인다며 앙각은 '나막신이며 신 밑창을 톱니처럼 만든 것'이라 하였다. 이연주(2009: 464-465)는 '거친 신발'을 말하며 신발과 함께 중국어에서 유입된 어휘로 분석하였다. 몽골어에서는 'ɣutul(신발)'이어서 앙각과 관련성이 없는 것으로 생각된다.

(14) 5-1, 전(鍌): '솥(가마솥 종류)'은 북연과 조선열수에 걸친 지역에서는 혹은 '전'이라고도 하고, 혹은 '병'이라고도 한다(鍑, 北燕朝鮮洌水之間, 或謂之鍌, 或謂之鉼).

상고음: 리팡구이-tiənx, 리전화·저우창지(1993)-tiən(典)

이현숙(1995: 431)에서는 '작은 솥'이라 하였고, 이연주(2009: 480)는 '솥'으로 풀이하였다. 『계림유사』「고려방언」(姜信沆 1980: 97)에는 278. '釜曰吃枯吃反'으로 나타나는데 '枯吃反'은 성립될 수 없다고 하였다. 아마 우리말 '그릇'을 표기한 것으로 보인다. 또 280. '鬲曰宰'는 '솥(훈몽자회: 솓 鼎)'으로 분석되어 당시에도 우리말은 지금처럼 '솥'이 사용된 것으로 보인다. 몽골어에서는 'toɣoɣ-a(솥)'으로 나타나 연결이 어려우며 'dangqu[호(壺)]'가 음상으로는 유사하나 의미가 다르다.

(15) 5-1, 병(鉼): '솥(가마솥 종류)'은 북연과 조선열수에 걸친 지역에서는 혹

은 '전'이라고도 하고, 혹은 '병'이라고도 한다(鍑, 北燕朝鮮洌水之間, 惑謂之銚, 惑謂之鉼).

상고음: 리팡구이-pjiŋx, 리전화·저우창지(1993)-bieŋ(瓶)

이현숙(1995: 432)에서는 병(鉼)은 팽(烹)의 동음가차(同音假借)로 풀이하였고, 이연주(2009: 480)는 '솥'으로 해석하였다. 『계림유사』「고려방언」(姜信沆, 1980: 96)에는 274. '瓶曰瓶'으로 나타나 당시에도 한자어 병이 사용된 것으로 보인다. 반면 「고려방언」에는 '銀瓶曰蘇乳'도 나타나는데 蘇乳는 'suə-ziuə'로 재구되고 여기서 병을 '乳(ziuə)'로 표기하고 있어 흥미롭다. 복(鍑)은 '아가리가 오므라진 솥'인데 흉노나 신라의 고고 유물에 나오는 동복(銅鍑)을 이르는 말로 추가적인 연구가 필요하다.

(16) 5-11. 장(瓺): '앵(물독)'을 연의 동북 조선열수에 걸친 지역에서는 '장'이라고 한다(甖, 燕之東北朝鮮洌水之間, 謂之瓺).

상고음: 리팡구이-drjaŋ, 리전화·저우창지(1993)-dǐaŋ(長)

이현숙(1995: 432)은 앵(甖)과 앵(罌)은 같은 것이라며 장경(長頸, 목이 긴 그릇)으로 풀이하였다. 이연주(2009: 480)는 '동이, 장군 따위의 질그릇'으로 분석하였다. 몽골어에서는 'dangqu[호(壺)]'로 나타나 한국어의 '동이, 장군'과 연결이 가능하다.

(17) 5-26. 조(䎽): '가래, 괭이'는 연의 동북 조선열수에 걸친 지역에서는 '조'라고 한다(舌, 燕之東北朝鮮洌水之間, 謂之䎽).

상고음: 리팡구이-rjagw, 리전화·저우창지(1993)-해당 문자 없음.

이현숙(1995: 432-433)에서는 '찔러넣어 떼어내는 것 같은 현상'이라며 '삽'으로 분석하였다. 이연주(2009: 464)에서는 '삽, 가래, 쟁개비'로 해석하고 중국에서 농기구와 함께 조선 지역으로 유입된 것으로 분석하였다. 몽골어에서 삽은 'kürje'이다.

(18) 5-31, 단(椴): '말뚝'은 연의 동북과 조선열수에 걸친 지역에서는 '단'이라고 한다(椴, 燕之東北朝鮮洌水之間, 謂之椴).

상고음: 리팡구이－duanh, 리전화·저우창지(1993)－duan(段)

이현숙(1995: 433)은 '문지방'으로 설명하였고, 이연주(2009: 480)는 '나무 말뚝, 짧은 말뚝'으로 풀이하였다. 몽골어에서는 'bosoɣ-a(문지방), ɣadasu(말뚝)'으로 연결이 쉽지 않다.

(19) 5-35, 수(樹): 침상, 그 '강(杠, 가로대)'을 북연 조선에 걸친 지역에서는 '수'라고 한다(牀, 其杠, 北燕朝鮮之間, 謂之樹).

상고음: 리팡구이－djugh, 리전화·저우창지(1993)－zĭwɔ

이현숙(1995: 434)은 '침상 앞의 가로댄 막대'로 해석하였고, 이연주(2009: 480)는 '침상 앞의 가로대'로 해석하였다. 한국어와 몽골어 모두 연결하기가 쉽지 않다.

(20) 6-30, 시(徥): '다니다'의 뜻이다. 조선열수에 걸친 지역에서는 혹은 시(지)라고 한다(行也, 朝鮮洌水之間惑曰徥).

상고음: 리팡구이－drjigx/djigx, 리전화·저우창지(1993)－zĭe(是)

이현숙(1995: 434)는 '걸어 다니는 것이나 모습'이라 하였고, 이연주(2009: 480)는 '다니다'로 해석하였다. 시(徥)가 '슬슬 걷다'의 의미도 가지고 있으므로 '걸어 다니다'로 해석이 가능하다. 한국어와 음상이 유사한 단어를 찾는다면 '걷다'보다는 '(발을) 디디다'가 가까울 수도 있다. 몽골어에서는 'geldüri-(천천히 걷다), alqa-(걷다)'인데 어울리지 않는다.

(21) 7-12, 국(掬): '나누다, 분리하다'의 뜻이다. 연의 외곽, 조선열수에 걸친 지역에서는 '국'이라 한다(離也, 燕之外郊, 朝鮮洌水之間曰掬).

상고음: 리팡구이-kjəkw, 리전화·저우창지(1993)-kĭuk

이현숙(1995: 435)에서는 국(掬)을 파(播, puai)의 오류로 보고 이산(離散)으로 분석하였다. 이연주(2009: 467)에서는 국(掬)을 파(播)로 수정하는 것은 오류로 보고 '헤어지다, 흩어지다'로 분석하였다. 한국어에서 '이산, 헤어지다, 흩어지다'는 모두 '가르다'의 의미를 가지므로 이와 관련이 있을 수 있다. 몽골어에서는 'qaɣa-(가르다, 나누다)'가 있어 관련이 있을 수도 있다.

(22) 7-15, 박(膊): '말리다'의 뜻이다. 연의 외곽이나 조선열수에 걸친 지역에서는 고기로 포를 떠서 말리거나, 다른 사람의 은밀한 비밀을 드러내거나, 또는 소나 양의 오장(五藏)을 벗겨내는 것을 '박'이라 한다(暴也, 燕之外郊, 朝鮮洌水之間, 凡暴肉, 發人之私, 披牛羊之五藏, 謂之膊).

상고음: 리팡구이-phak, 리전화·저우창지(1993)-phuak

이현숙(1995:435-436)은 '말리는 것'으로 해석하고 책형(磔刑, 찢어 죽이는 것)을 뜻하기도 한다고 하였다. 이연주(2009: 465)는 『설문해자(說文解字)』에서 해석한 '고기를 말리거나 다른 사람의 은밀한 비밀을 드러내거나 소나 양의 오장을 벗겨내는 것'이 조선 방언과 유사하여 적절한 표현이지만 조선 어휘라는 설명이 없다고 하였다. 몽골어에서는 'qata-(말리다)'이다.

(23) 7-18, 규영(嫢盈): '화내다'의 뜻이다. 연의 외곽 지역, 조선열수에 걸친 지역에서는 꾸짖는 것을 '규영'이라고 한다(怒也, 燕之外郊, 朝鮮洌水之間, 凡

言呵叱者, 謂之嫛盈).

상고음: 리팡구이 – gwjidx riŋ, 리전화·저우창지(1993) – kǐwe(規) ʎǐeŋ

이현숙(1995: 436)은 '성내어 꾸짖는 것'으로 해석하였고, 이연주(2009: 480)는 '화내다, 성내다, 꾸짖다'로 해석하였다. 음상으로 보아 한국어의 '꾸짖다'가 연결될 수 있는 것으로 보이고 몽골어에서는 'giling(화내다)'과 연결될 수 있다.

(24) 7-25, 한만(漢漫): '번민하다'의 뜻이다. 조선열수에 걸친 지역에서는 번만을 '한만'이라고 하고, 전현을 '진현'이라고 한다(懣也, 朝鮮洌水之間, 煩懣謂之漢漫, 顚眴謂之賑眩).

상고음: 리팡구이 – hanh muanh, 리전화·저우창지(1993) – han muan

이현숙(1995: 436-437)은 '번거로워 속이 답답하다'라는 뜻이라 하였고, 이연주(2009: 480)는 '번민하다'로 풀이하였다. 몽골어는 'sinalul(번민), dabčiɣu(갑갑하다)'이다.

(25) 7-25, 진현(賑眩): '번민하다'의 뜻이다. 조선열수에 걸친 지역에서는 번만을 '한만'이라고 하고, 전현을 '진현'이라고 한다(懣也, 朝鮮洌水之間, 煩懣謂之漢漫, 顚眴謂之賑眩).

상고음: 리팡구이 – djiən gwianh, 리전화·저우창지(1993) – tȋən ɣiwen

이현숙(1995: 436-437)은 '번거로워 속이 답답하다'라는 뜻이라 하였고, 이연주(2009: 480)는 '어지러워 의식을 잃고 쓰러지는 병의 일종, 번민'으로 해석하였다.

(26) 7-31, 수식(樹植): '세우다'의 뜻이다. 연의 외곽, 조선열수에 걸친 지

역에서는 무언가를 세워놓는 것을 '수식'이라고 한다(立也. 燕之外郊. 朝鮮洌水之間. 凡言置立者謂之樹植).

상고음: 리팡구이－djugh djək, 리전화·저우창지(1993)－ẑǐwɔ ẑǐək

이현숙(1995: 437)은 '세우는 것'으로 해석하였고, 이연주(2009: 465-466)는 수(樹)와 식(植)이 합해진 복합어이며 '세우다'의 의미로 사용된 것으로 분석하였다. 몽골어에서는 'bosa-(세우다), bosuγ-a(직립/세움)'이어서 관련성이 적다.

(27) 8-2, 비(貔): 맹수의 일종인 비는 북연과 조선에 걸친 지역에서는 '비'라고 한다(貔. 北燕朝鮮之間. 謂之貔).

상고음: 리팡구이－phjiəg, 리전화·저우창지(1993)－phĭɐ(丕)

이현숙(1995: 437-438)은 '맹수의 이름'이며 거란국에 비리(貔狸)가 있는데 모습은 커다란 쥐와 비슷하고 다리가 짧다고 하였다. 이연주(2009: 480)는 '비(狉)와 동자(同字), 호랑이와 유사한 맹수'로 풀이하였다. 『계림유사』「고려방언」(姜信沆 1980: 53)에는 90. '虎曰監 蒲南切(호랑이는 범이다. 포남절이다)'로 나타나고 '범(pəm)'으로 재구하였다. 비(貔)는 범과 비슷한 맹수로 비리(貔狸)에서 어두에 ㅂ 자음이 탈락하면 '이리'가 될 수도 있다. 몽골어에서는 'bar(호랑이)'인데 거란국에 있다는 비리(貔狸)와 연결될 수도 있다. 또 표범(豹)을 'irbis'라 하는데 의미상으로는 표범과 연결이 될 수 있다.

(28) 8-4, 포(抱): '닭'은 북연과 조선열수에 걸친 지역에서는 '알을 품은 닭'을 '포'라고 한다(鷄. 北燕朝鮮洌水之間. 謂伏鷄曰抱).

상고음: 리팡구이－bəgwx, 리전화·저우창지(1993)－bu

이현숙(1995: 438)은 '닭이 알을 품는 것'이라 하였고, 이연주(2009: 480)는 '알을 품은 닭, 품다'로 해석하였다. 포(抱)로 기록한 것으로 보아 '품다'로 해석하는 것이 합당한 것으로 생각된다. 몽골어에서는 'sibaɣu öndegen dara-(새가 알을 품다)', teberi-(품다)'로 나타나며, teberi-와 연결이 가능하다.

(29) 8-5, 가(豭): '돼지'는 북연과 조선에 걸친 지역에서는 '가'라고 한다(豬, 北燕朝鮮之間, 謂之豭).

상고음: 리팡구이-krag, 리전화·저우창지(1993)-kea

이현숙(1995: 438-439)은 본래 수퇘지를 이르는 말인데, 북연과 조선에서는 돼지의 총칭으로 사용된 것으로 보았다. 이연주(2009: 466)는 '수퇘지'를 나타내는 말이 조선에서는 돼지를 통칭하는 어휘로 의미가 확대된 것으로 보았다. 『계림유사』「고려방언」(姜信沆, 1980: 54)에 돼지는 93. '돝(突), 돝'이 나오므로 가(豭)와는 관련성이 적다. 반면 94. 개[犬]를 '가희(家稀), 가히'라고 했으므로 이와 관련성이 있다. 몽골어에는 'ɣaqai(돼지)'이므로 가(豭)와 바로 연결이 된다.

(30) 8-9, 복부(䳚鴔): '오디새(뻐꾸기)'는 연의 동북, 조선열수에 걸친 지역에서는 '복비'라고 한다(䳚鳩, 燕之東北, 朝鮮洌水之間, 謂之䳚鴔).

상고음: 리팡구이-pjək pjəgx, 리전화·저우창지(1993)-phĭwə(副) buən(不)

이현숙(1995: 439)은 뻐꾸기의 울음소리로 인하여 지어진 이름이라 하였다. 이연주(2009: 480) 역시 뻐꾸기로 해석하였다. 몽골어에서는 'kököge(뻐꾸기)'로 역시 소리로 이름 지은 것이다. 위에서 언급한 바와 같이 의성·의태어는 비교 대상으로 적당하지 않다.

(31) 8-9, 역(鵅): '오디새(뻐꾸기)'는 연의 동북, 조선열수에 걸친 지역에서는 '역'이라고 한다(䳚鳩, 燕之東北, 朝鮮洌水之間, 謂之鵅).

상고음: 리팡구이-gwək, 리전화·저우창지(1993)-ɣuək(惑)

이현숙(1995: 439)은 새소리로 인하여 지어진 이름이라 하였다. 이연주(2009: 480) 역시 뻐꾸기로 해석하였다. 몽골어에서는 'kökögo'로 역시 소리로 이름 지은 것이다. 위에서 언급한 바와 같이 의성·의태어는 비교 대상으로 적당하지 않다.

(32) 11-18. 독여(蝳蜍): '거미'이다. 북연과 조선열수에 걸친 지역에서는 '독여'라고 한다(龜蝥也. 北燕朝鮮洌水之間, 謂之蝳蜍).

상고음: 리팡구이-dəkw rag, 리전화·저우창지(1993)-duk(毒) çĭa

이현숙(1995: 439-440)은 거미라고 하였고, 이연주(2009: 480)도 거미라고 하였다. 지무(龜蝥)라고 해석한 것으로 보아 거미가 합당한 것으로 보이나 독여(蝳蜍)의 의미인 '독두꺼비'로 보면 설명이 될 수도 있다. 몽골어는 'aɣalji(거미), baq-a(두꺼비)'이다.

4. 고조선어와 몽골어의 친연관계

고조선의 영역과 존재 시기에 대한 역사학계의 학설은 다양하며 분명하게 정해진 것이 없다. 학자에 따라 고조선의 영역을 한반도 내로 보기도 하고 요동이나 요서를 포함하여 말하기도 한다. 또 고조선이 기원전 7세기부터 존재했다는 학설에서부터, 기원전 20세기 이전부터 존재하였다는 등 다양한 학설이 존재한다. 고조선어는 고조선이라는 정치체제의 근간 위에 정립되는 것이므로 역사고고학계의 고조선에 대한 정립이 필요하다고 하겠다. 위에서 논의한 것을 정리하는 것으로 결론을 삼고자 한다.

첫째, 고고학적으로 비파형 동검과 다뉴세문경, 고인돌 문화를 향유한 것으로 알려진 고조선은 지역적으로 요서, 요동, 한반도를 포함하고 있다. 또 이 문화 시기는 기원전 7세기부터 기원전 4세기까지로 정리되는데, 특히 4세기 무렵 고조선이 칭왕(稱王)한 것으로 보아 이 시기에 고조선어가 정립되어 있었다고 보인다. 반면 고조선의 영역에서 고조선어가 공용어로 사용되었지만, 고조선의 영역에 거주하는 여러 종족의 언어도 같이 사용된 것으로 보인다.

둘째, 고조선어와 비교할 수 있는 몽골계 언어는 동호어이지만 동호어 자료가 거의 없는 까닭에 동호어의 후예라 여겨지는 선비어와 비교가 필요한 것으로 생각된다. 그러나 선비어는 고조선어와 시간적으로 상당한 시차가 있어 비교연구에 신중을 기할 필요가 있다.

셋째, 위만조선의 기록을 통해서 기원전 2세기 무렵 고조선의 영역에는 고조선어 이외에 몽골계 언어, 한어(漢語)가 뒤섞여 사용된 것으로 판단된다. 또 위만조선의 위만을 비롯한 직계 세력은 북방계 언어를 사용하였던 것으로 추정된다.

넷째, 고조선어의 지명에는 달(達)과 홀(忽)이 나타나는데 달(達)은 산(山)을 나타내는 고유어이고, 홀(忽)은 성(城)을 나타내는 것으로 생각된다. 그리고 홀(忽)은 고조선의 계승국인 고구려를 비롯한 삼국의 언어와 몽골계 언어에 나타난다.

다섯째, 『방언』의 고조선 어휘를 분석하여 보면 몽골어와 연결이 가능한 어휘는 32개 중에서 10여 개로 분석이 된다. 그리고 이들 어휘들 중 다수가 한국어와도 연결이 가능한 것으로 보아 당시 조선열수지간에는 한국어와 몽골어 사용자들의 조상들이 뒤섞여 살았던 것으로 추측된다.

표 2 _ 방언에 수록되어 있는 고조선어 어휘와 몽골어의 비교표

연번	방언	고조선어	뜻	상고음(李方桂/李珍華·周長楫)	몽골어	한국어
1	1-8	훤(咺)	아이가 울기를 그치지 않는 것	hjuanx/hǐwan	megsikü uyilaqu	흐느끼다/훌쩍
2	2-5	우(盱)	검고 아름다운 눈(눈동자)	hwjag/hǐwa	nidü	눈/검은자위
3	2-5	양(揚)	눈을 들다, 위를 보다	raŋ/ʎǐaŋ	degesi-qaraqu	양(兩)
4	2-8	책(策)	작은 나뭇가지	tshrik/tʃhek	jijig	작대기
5	2-29	엽유(葉楡)	부드럽다, 털, 털옷	rap ragw/çĭap ʎǐwɔ	jögelen	부드럽다
6	2-34	요선(搖扇)	신속하다, 빠르다	rjagw hrjan/ʎǐau çĭan	yaɣara-	빠르다
7	3-6	녈/날(涅)	아직 변화하지 않은 상태	nit/nil	nai	날(것)
8	3-6	와(譁)	변화하다	hwrag/hoa	qubira-	바뀌다
9	3-7	짐(斟)	즙, 국	tjəm/tɪ̆əm	sigüsü/silüsü	침
10	3-12	자(策)	풀이나 나무가 사람을 찌르다	tshjigh/tshǐe	čiči-	찌르다
11	3-12	장(壯)	다치게 하다	tsrjaŋh/tʃĭaŋ	sirq_a	상하다
12	3-13	로(癆)	약물에 중독되다, 아프다	lagw/lau	ebede-	앓-
13	4-40	앙각(鞅角)	나막신, 거친 신발	ŋaŋ kruk/ŋaŋ keɔk	ɣutul	나막신
14	5-1	전(錪)	아가리가 오므라진 솥, 작은 솥	tionx/tiən	toɣoɣ-a	솥
15	5-1	병(鉼)	아가리가 오므라진 솥	pjinx/bieŋ	toɣoɣ-a	동복(銅鍑)

16	5-11	장(瓺)	동이, 장군 따위의 질그릇	drjaŋ/dǐaŋ	dangqu	동이/장군
17	5-26	조(斛)	삽, 가래, 쟁개비	rjagw/-	kürje	삽
18	5-31	단(椴)	나무 말뚝, 짧은 말뚝	duanh/duan	ɣadasu	말뚝
19	5-35	수(樹)	침상 앞의 가로대	djugh/zǐwɔ	-	-
20	6-30	시(徥)	걸어 다니는 모양	drjigx,djigx/zǐe	geldüri-	디디다
21	7-12	국(掬)	헤어지다, 흩어지다	kjəkw/kǐuk	qaɣala-	가르다
22	7-15	박(膊)	햇볕에 말리다, 벗기다	phak/phuak	qata-	말리다
23	7-18	규영(夔盈)	화내다, 성내다, 꾸짖다	gwjidx riŋ/ kǐwe ʎǐeŋ	giling	꾸짖다
24	7-25	한만(漢漫)	번민하다	hanh muanh/ han muan	dabčiɣu	갑갑하다
25	7-25	진현(賑眩)	번민	djiən gwianh/ tǐən ɣiwen	dabčiɣu	번민
26	7-31	수식(樹植)	세우다	djugh djək/ zǐwɔ zǐək	bosoɣ-a	세우다
27	8-2	비(豼)	호랑이와 유사한 맹수	phjiəg/phǐə	bar	범
28	8-4	포(抱)	알을 품은 닭, 품다	bəgwx/bu	tebri-	품다
29	8-5	가(豭)	돼지	krag/kea	ɣaqai	개(가히)
30	8-9	복부 (鵩鵴)	뻐꾸기	pjək pjəgx/ phǐwə buən	kököge	뻐꾸기
31	8-9	역(鶂)	뻐꾸기	gwək/ɣuək	kököge	뻐꾸기
32	11-18	독여(蝳蜍)	거미	dəkw rag/ duk çǐa	aɣalji baq-a	두꺼비/ 두텁

참고문헌

姜信沆(1980), 『鷄林類事「高麗方言」研究』, 成均館大學校出版部.
국사편찬위원회(1990), 『中國正史朝鮮傳 譯註』 1, 대한민국 교육인적자원부 국사편찬위원회.
김방한(1982), 「「溝漊」와 「烏斯含」에 관하여 – 한국語 系統論을 위한 基礎硏究」, 『언어학』 5, 한국언어학회.
김영황(2010), 『고구려의 언어유산』, 김일성종합대학출판사.
박대재(2015), 「古朝鮮의 언어구역과 燕의 동북지역」, 『先史와 古代』 43호, 韓國古代學會.
양웅 저, 곽박 주, 이연주·이연승 역(2012), 『방언소증』 1·2·3, 소명출판.
李基文(1972), 『國語史槪說(改訂版)』, 塔出版社.
이성규(2006), 「몽골어와 한국어의 수사체계 비교연구」, 『몽골학』 21, 한국몽골학회.
_____(2009), 「광물 이름의 비교를 통한 알타이어족의 분화시기 연구」, 『몽골학』 27, 한국몽골학회.
_____(2012a), 「요사(遼史) 국어해(國語解)의 거란어 연구」, 『몽골학』 32, 한국몽골학회.
_____(2012b), 「위만조선의 왕족 인명 연구」, 『고조선단군학』 27, 고조선단군학회.
_____(2016), 「거란소자 서수사 연구(契丹小字序數詞研究)」, 『몽골학』 44, 한국몽골학회.
_____(2018), 「선비어 관직명 연구」, 『몽골학』 53, 한국몽골학회.
이연주(2008), 「양웅 『방언』(漢代)에 나타난 동북지역의 언어 상황」, 『中國學報』 58, 한국중국학회.
_____(2009), 「揚雄『方言』에 수록된 조선 어휘 고찰」, 『中國語文學』 54, 영남중국어문학회.

淸格爾泰(2010), 『淸格爾泰文集 3』, 內蒙古科學技術出版社.
蘭司鐵 G. J.(2004), 『阿爾泰語言學導論』, 內蒙古敎育出版社.
李賢淑(1995), 「『方言』中의 朝鮮洌水之間語彙釋例硏究」, 『中語中文學』 17, 한국중어중문학회.
李珍華·周長楫(1993), 『漢字古今音表』, 中華書局.
林幹(1989), 『東胡史』, 內蒙古人民出版社.
孫伯君·聶鴻音(2008), 『契丹語硏究』, 中國社會科學出版社.
白鳥庫吉(1970), 「東胡民族考」, 『白鳥庫吉全集, 第四卷, 塞外民族史硏究 上』, 岩波書店.

Ligeti, L.(1970), "Le Tabghatch, un dialecte de la Langue Sien-pi", *Mongolian Studies*,

Bibliotheca Orientalis Hungarica, Vol. XIV.

Učaraltu(2013), *Hungnu kelen-ü sudulul*(匈奴語硏究), Öbür mongγol-un yeke surγaγuli-yin keblel-ün xuriy_a.

Г. Сүхбаатар(1971), *Сяньби*, БНМАУ-ын ШУА, Түүхэн хүрэлэн, Улаанбаатар.

_____(1980), *Монголчуудын эртний өвөг*, БНМАУ-ын ШУА, Түүхэн хүрэлэн, Улаанбаатар.

3절
고조선어와 만주어(여진어)의 상관관계 연구

김양진

1. 고조선어와 만주어 상관관계 연구의 필요성
2. 고조선의 어휘
3. 만주어(여진어)와 말갈, 숙신의 어휘
4. 「방언」 속 고조선 방언 어휘와 만주어
5. 만주어보다 한민족 언어에 가까운 「방언」 수록 고조선어

1. 고조선어와 만주어 상관관계 연구의 필요성

한민족어의 형성이 어떠한 과정을 거쳤을 것인지에 대해서는 많은 논란이 있지만 한민족의 형성과 한민족어의 형성이 맥락을 같이할 것이라는 점에 대해서는 이견이 있을 수 없다.

한반도와 그 북부에서 한민족과 관련하여 정치화된 최초의 그룹은 단군조선족으로 알려져 있다. 하지만 단군조선은 우리의 신화 속에서만 그 실체를 보일 뿐, 중국의 여타 선진시대 문헌들에서는 그 실체를 확인하기 어렵다. 중국의 문헌에서 '조선(朝鮮)'이 등장하는 것은 기원전 7세기의 이야기를 담은 『관자』(기원전 4세기 제작)를 통해서인데, 이때는 이미 조선이 '기자(箕子)'에 의해 분봉된 것으로 알려진 기원전 10세기 이후이므로 이 기록에서의 '조선'은 '기자조선'으로 이해되어야 할 것이다.[1] 이후 연(燕)의 이주 세력인 '위만'에

---

[1] 우리 신화에서 단군이 기자가 등장하는 시기(기원전 10세기 무렵)에 자신의 지배권을 포기하고 장당경으로 들어간 것으로 서술되어 있으므로, 기자를 중심으로 조선을 그 이전과 이후로 구분하는 데 큰 문제는 없을 것으로 보인다. 다만 국내 학계에서는 아직 기자의 조선 분봉 등을 기자조선의 실체로 인정하기 어렵다고 보는 것이 일반적이나 이 글에

의해 '위만조선'이 약 1세기에 걸쳐 조선의 지배자로 등장하지만, 대개의 삼국시대 이전 한민족의 역사는 단군조선과 기자조선의 범위에서 논의될 수 있을 것이다. 이에 따라 이 글에서의 고조선은 위만조선을 실체로 하되, 단군조선과 기자조선을 아우르는 개념으로 사용하며, 이들의 언어 중 알려진 내용들을 한민족어와 연결해보고 나아가 이를 만주어 혹은 만주어의 선대어인 여진어나 말갈어 혹은 숙신의 여러 어휘들과 비교·검토해봄으로써, 한반도의 북부에서 오랫동안 세력 경쟁과 교류를 통해 언어적 영향을 주고받았을 고조선어와 만주어의 상관관계를 알아보도록 하겠다.

2. 고조선의 어휘

단군조선족의 어휘를 논하기에 앞서 '단군'과 '조선'의 어원을 알아볼 필요가 있다. 단군은 한자로 '단군(壇君)/단군(檀君)'으로 쓰지만 흔히 '천(天)'의 의미를 갖는 몽골어 'tenggri'나 '신(神)'의 의미를 갖는 터키어 'tangri', 무당을 뜻하는 한국어 '당골/당골레'와 어원을 같이 하는 말로 알려져 있다. 즉 특히 '壇君/檀君'이 '하늘(혹은 신이나 무당)'을 가리키는 어떤 단어를 한자로 음차한

서는 이 기록 속의 '기자'가 중국의 직책이 아니라 옛 조선(즉 고조선) 혹은 한민족의 어떤 선조 집단이 가진 고유어가 한자화된 것으로 이해할 수 있다는 측면에서 좀 더 적극적으로 인정할 가능성이 있다고 본다. 『高麗史』「世系」에 고려 중기의 학자 金寬毅의 기록으로부터 인용된 "穄之與王方言相類 故太祖因姓王氏(穄[기장]과 王이라는 말의 方言이 서로 類似하므로 太祖가 이에 근거하여 王氏로 姓을 삼았다)."라는 구절이나 한자 '王'의 훈이 '王 긔즈 왕'으로 달린 『光州千字文』(1575)의 기록을 기반으로 '긔즈>기자'를 고대 한국어의 '王'을 나타내던 한민족 고유어가 한자어화한 것으로 볼 수 있다. 자세한 내용은 김양진(2010)을 참조할 것.

말이라는 것인데, 이와 같이 '壇君/檀君'이 '당골/tenggri'를 음차한 것이라면 한자 '-군(君)'의 선택은 확실히 중국어의 입장에서 이루어진 것으로 볼 수 있다.[2] 이와 같이 '당골/tenggri'를 한자 '壇君/檀君'으로 음차 표기한 것은 옛 조선족의 수장(首長)을 가리키던 '당골/tenggri'를 한족(漢族)의 입장에서 한자 (漢字)로 받아들인 것으로 이해해 볼 수 있다. 그런데 이 단어의 음차 표기가 처음에는 '壇君'이었다가 뒤로 가면서 '檀君'으로 바뀌어가는 양상을 보인다. '壇'의 선택이 종교적 의미에서 중립적(제단의 의미)인 데 비해 '檀'이라는 한자의 선택에는 이 한자의 훈(訓)을 '박달(나무)'로 인식하는 한민족의 내적 논리에 따른 글자 선택 과정이 전제되어 있다. 즉 이는 '당골/tenggri'에 대해서 음차를 통해 '壇君'이라는 중국식 표기가 일반화한 뒤, 한민족 스스로 한자 표기에 익숙해지면서 자체 내에서 '박달'[3]이라는 한민족어로 해석 가능한 한자를 사용하여 표기에 일정한 수정을 기한 것으로 볼 수 있다는 것이다. '壇'이 단순한 음차(音借)에 따라 선택된 단어일 가능성이 높다면 '檀'은 훈차(訓借)의 과정을 염두에 둔 한자 선택이라고 볼 수 있다. 따라서 전자(즉 '壇')가 이민족인 한족(漢族)의 입장에서 음가에 따라 한민족의 어휘를 가차(假借)한 것이라면, 후자(즉 '檀')는 한민족의 입장에서 훈독(訓讀)의 과정을 염두에 두고

---

2 '壇君'이나 '檀君'은 모두 중국어의 단어로 사용된 기록이 없다. 일반명사가 아니라 '成吉思汗'과 같은 고유명사라는 것이다. 중국식 인명이 아닌 외래의 인명을 음차의 방식으로 표기하는 것은 한자 표기의 일반적인 방식이다.

3 '檀, 박달나무 단'의 훈에 사용된 '박달'은 '*붉둘'이라는 고대 한민족어의 현대 어형으로 해석되며 적어도 '壇'에서 '檀'으로 한자가 교체되는 시기의 한자 훈은 [붉둘]이었을 것으로 추정된다(그렇지 않다면 이러한 한자의 교체는 설득력을 잃는다). 적어도 '檀'의 훈이 '*붉둘(>박달)'로 부여되는 시점에는 이러한 인식이 존재했을 것이다. '*붉둘'의 한자 훈독 표기는 '白山'이다.

한자를 선택하여 가차한 것이라는 점에 차이가 있다.[4]

'조선(朝鮮)'[5]의 명칭에 대해서는 크게 두 가지 접근이 있다. 하나는 음차(音借)의 방법으로 접근하는 해석이고, 다른 하나는 훈차(訓借)의 방법으로 접근하는 해석이다. 음차의 접근법에는 '조선(朝鮮)'이 '조수(潮水)'와 '산수(汕水)' 가에 있어서 유래한 것이라는 설[6]에서부터 '숙신(肅愼)/식신(息愼)/직신(稷愼)', '주신(珠申)/주진(州愼)'[7]이라는 부족/종족명에서 기원한 것이라는 견해에 이르기까지 다양한 입장[8]이 있다. 훈차의 접근법에도 '해 뜨는 아침의 나라'라는 단순한 해석에서부터 '아침산'의 훈차[9]라는 입장에 이르기까지 다양한 견해가 존재한다. 그렇다면 우선 '조선(朝鮮)'이라고 한자 표기된 말이 음차(音借)에 의한 것인가 훈차(訓借)에 의한 것인가 하는 문제를 짚어볼 필요가 있다.

---

4 즉 '壇君'이 'tenggri', 'tangri', '당골'로 환산되는 어떤 단어의 음차였다면, '檀君'은 이러한 관습이 오래되어 '壇君'이라는 한자어가 일상화되었다는 전제 아래에서 이를 다시 '*붉돌 임금'이라는 의미를 담아 표시하고자 하는 내적 논리를 가지고 선택되었다는 것이다.

5 '朝鮮'이라는 명칭은 『管子』(춘추시대 기원전 8~7세기 齊나라 管仲이 짓고, 기원전 403~221년에 상당 부분의 내용이 추가됨) 「경중」편에 처음 등장한다.

6 『史記』「朝鮮傳」에 따르면, 3세기 위나라 張晏은 "朝鮮이라는 명칭은 洌水에서 나온 것이다. 조선에는 濕水, 洌水, 汕水라는 3개의 강이 있다. 이 강들이 합쳐서 열수가 되었다. 낙랑과 조선이라는 명칭은 이로부터 나온 것이다."고 하였다. 또한 『東史綱目』(안정복, 1778)에서는 "朝鮮의 音은 潮仙이다. 물 이름으로 이름을 삼았다."고도 하였다.

7 『만주원류고』(1777)에 따름. '소속(所屬)', '관경(管境)' 등의 뜻.

8 이 밖에 조선(朝鮮)의 국명이 선비국(鮮卑國)의 이름에서 유래했다는 설이 안정복의 『동사강목(東史綱目)』에서 제시되었는데, 그 뜻은 선비국의 동쪽에 있다는 뜻으로 해석된 것이다.

9 안호상(1965: 79-96)에서는 '阿斯達'을 '아시산'으로 해석하는 독법에서 '아시땅', '아시붉(아시붉)', '아침붉(아직붉)'까지로 읽는 다양한 독법을 제시한 바 있다. 이 글에서는 차자 표기의 논리에서 볼 때 '阿斯達'을 '아시산(一山)'의 이표기로 해석하는 것이 가장 타당하다고 본다. 이와 같은 차원에서 '朝鮮'의 '朝'는 '아시'를 훈차한 것이고 '鮮'은 '산(山)'을 음차한 것이라는 해석이 가능하다.

일각에서 주장하는 것처럼 '조선(朝鮮), 숙신/식신/직신, 주신/주진' 등을 하나의 단어에 대한 다양한 이표기로 보는 입장이 있는데, 이러한 해석은 기본적으로 '음차(音借)'의 표기에서는 가능하지만 '가차(假借)'의 표기에서는 가능하지 않다. 즉 이는 단순히 음상이 유사한 한자를 통용하여 '가차'하는 과정(한어권에서 한어[漢語]의 표기 논리에 따라)에서 나온 이표기라기보다, 한어가 모국어가 아닌 이민족 언어권에서 어떤 단어를 각기 서로 다른 음상에 이끌려 표기하는 과정에서 나온 다양한 이표기라는 것이다.

특히 이 중에서 나머지 모든 어형들은 음상에 이끌린 표기로 이해되지만 (한자로부터 민족이나 부족을 해석하는 데 필요한 특별한 의미를 찾을 수 없지만) '조선(朝鮮)'만은 다른 단어들과 달리 해당 민족(혹은 부족)을 지시하기 위한 일정한 의미와 관련된 표기라는 점에 주목할 필요가 있다. 이 글에서는 이를 바탕으로 '조선(朝鮮)'이 본래 어떤 동이족의 어휘가 훈차(訓借)된 단어이고 이 '조선'이 특정 민족(혹은 부족)을 지칭하게 된 이후에, '숙신/식신/직신, 주신/주진' 등은 다양한 주변 이민족들이 이를 음차(音借)하는 과정에서 나타난 이표기들일 가능성이 있다고 본다.[10] 이와 같이 '조선(朝鮮)'을 '조산(朝山)', 즉 '아침산'이라는 의미와 연결하는 논리에 따라 이를 또 다른 음차 표기 '아사달(阿斯達)'과 연결시켜서 해석하려는 시도가 이미 안호상(1965) 등 많은

---

10 이러한 해석에는 몇 가지 주의할 사항이 상존한다. 주지하다시피 '肅愼'은 기원전 10세기 무렵의 주무왕, 성왕 시기에 '肅愼之矢'와 관련한 내용에서부터 등장하고 '息愼/稷愼' 등은 '肅愼'에 대한 이칭으로 반복해서 등장하는 단어인 데 비해, '朝鮮'은 멀리 올라가도 기원전 7세기 이전의 기록으로 소급되기 어렵다. 하지만 중국 측의 기록과 무관하게 '朝鮮'의 신화(단군조선)를 인정하는 입장에 선다면 '朝鮮'이라는 표기는 기자조선 이전(즉 기원전 10세기 이전)으로 소급될 수 있다. '珠申/州愼'은 훨씬 후대에 등장한다. 만주족이 입관을 하게 되면서 종종 '肅愼'이나 '珠申/州愼'을 '女眞'의 轉音으로 해석하는 일이 있는데 이에 대해서는 쉽게 속단하기 어렵다.

선학들에 의해 이루어진 바 있으나, 이 글에서는 일단 이에 대한 판단을 보류한다.[11] 중요한 것은 '朝鮮'이나 '阿斯達'이 옛 조선족의 어떤 단어를 훈차(訓借) 혹은 음차(音借)한 표기로 이해되며 그러한 표기 방식이 기원전 7세기 이전에 존재했었다는 점이 주목되어야 한다는 것이다.

이러한 논리를 가지고 단군 신화 속에서 나오는 어휘들을 다시 점검해보자. 여기에는 '단군, 조선, 아사달' 이외에도 '왕검(王儉), 평양(平壤)'과 같은 지명이 더 나타나 있다. '단군왕검(檀君王儉)'의 '왕검(王儉)'은 중국어의 어휘로 보기 어려운 단어이다. 이를 훈차(訓借) 혹은 훈독(訓讀)의 전통과 관련하여 '역상불역하(譯上不譯下, 2음절 한자어의 앞부분은 한국어의 훈으로 뒷부분은 한자의 음으로 읽는 방식)'와 같은 일반적인 차자 표기 원리에 따라 읽는다면 '님[訓借=王]+검[音借, 儉]=님검'으로 읽을 수 있고 한국어 '임금'의 선대형 단어에 대한 차자 표기로 볼 수 있다. '평양(平壤)'의 경우도 이 단어의 이표기 '평나(平那)'와의 관련성을 고려할 때 처음 기록되던 당시부터 훈독의 방식에 따라 '벌[音借, 平]+나[訓借, 壤]'를 나타낸 것이었음을 추측해볼 수 있다.[12]

이러한 관점에서, 환웅이 처음 내려와 신시(神市)를 열었다는 태백(太白) 혹은 백산(白山)에 대해서도 같은 논리가 연결된다. '백산'을 '붉 돌[明山]'의 훈독

---

11 물론 기록 속의 '朝鮮'과 '아사달'은 동일 지명이 아니다. 『朝鮮史略』'檀君'條에 따르면 "東方初無君長, 有神人降於太白山檀木下, 國人立爲君, 國號朝鮮, 都平壤, 徙白嶽後, 入阿斯達山爲神, 是爲檀君."이라 하여 檀君이 처음 세운 나라 이름으로서의 '朝鮮'과 훗날 神이 되어 들어가는 '阿斯達'이 서로 다른 지명으로 기록되어 있다는 점에서 이 둘을 억지로 연결하는 것은 많은 부담이 따르는 일이다. 이 글의 입장은 '朝鮮'도 '阿斯達'도 모두 檀君으로 대표되는 조선족의 어떤 단어를 한자로 기록한 것이라는 점을 강조하는 데 그친다.

12 현대에 남겨진 지명들 중에도 '平-'으로 기록된 많은 지역의 고유 지명이 '벌-'임은 널리 알려져 있다. '平村=벌말', '平川=벌내' 등.

자로 해석한다면 '붉-[音借, 白]+돌[訓借, 山]'이라는 역상불역하(譯上不譯下)의 논리가 이미 단군 신화가 처음 기록된 당시에 갖추어져 있었던 것이고, 이는 '조선(朝鮮)'의 차자 표기와 궤를 같이하는 것이라는 점에서 최소한 기원전 7세기 이전으로 한민족어를 한자로 차자하는 방식의 표기 시대를 앞당길 수 있을 것이다. 특히 이 단군신화에서의 '山=돌'의 연결은 기원후 1세기 이후에 등장하는 고구려의 어휘에서 반복해서 나타나는 '達[돌]=山'의 연결과 일치하고 있다. 이를 통해 조선(朝鮮)의 옛 어휘가 적어도 '山[돌]'이라는 단어에서 고구려어와 닿아 있음도 앞선 여러 논의에서 지적된 바 있다.

고구려의 민족을 언급할 때 거론되는 '예맥(濊貊)' 혹은 '맥구려(貊句麗)'의 '맥(貊)'이 '백(白)'이라는 음상을 나타내고 '백산족' 혹은 '붉돌족/배달족'을 나타낸다는 점에서도, 이미 고구려시기를 포함하여 한민족 구성의 초기부터 (즉 통일신라시기 훨씬 이전부터) 이러한 차자 표기 전통이 자리잡고 있었음을 간접적으로 알 수 있다 하겠다. 『관자(管子)』와 『사기(史記)』 및 『대대례(大戴禮)』에 나오는 '발조선(發朝鮮)', '발숙신(發肅愼)' 등에서의 '발(發)'을 '*붉-'의 음차로 본다면 '조선(朝鮮)'과 '숙신(肅愼)'의 부족 중에 '백산족(白山族)'이 있었음을 나타내는 것으로 해석해볼 수 있다. 앞에서 언급한 것처럼 '백산(白山)'이 '붉돌'로 읽히는 대목에 오면 '壇君[흙단임금]'이 '檀君[박달임금]'으로 바뀌게 되는 이유가 함께 설명될 수 있다.

『산해경(山海經)』에서 곤이 천제의 보물창고에서 훔쳤다는 '식양(息壤)'[13]도 동이족의 언어를 기록한 것으로 볼 가능성이 있다. 고구려의 지명에서 보이

---

13 『산해경(山海經)』에는 "요 임금 말년에 대홍수가 나서 천하를 휩쓸자 곤(鯤)에게 치수를 명한다. 곤이 부지런히 댐을 쌓았지만 댐은 자꾸 무너졌다. 곤은 고심 끝에 천제의 보물창고에 있는 '息壤(식양)'을 훔쳐다가 땅 위에 뿌렸다. 그러자 '息壤'이 산처럼 불어났다."는 기록이 있다.

는 "'토산현'을 '식달'이라 한다(土山縣 一云 息達)."에서 '達'이 '산(山)'을 나타내는 고조선 혹은 고구려의 고유어 '둘'을 나타내던 음차어이고[14] 이때의 '식(息,=土)'이 '흙'의 구개음화된 형태 '*쉵'을 나타내는 음차어라면, 이 단어가 '흙산'이라는 뜻의 옛 고조선어 '*식둘'에 기원한 것으로 이해해볼 수 있다.[15] 그렇다면 혹시 『산해경(山海經)』의 '식양(息壤)'은 고조선어의 '*식둘'에 대한 음훈차가 아닐까?[16]

이상의 고조선 및 중국 동북방의 일부 고대 종족들과 관련된 여타의 기록을 통해 '엇-/아사, -둘, 볽-, 벌…'[17] 등을 재구하고, 이들 고조선어 어휘가 한민족어의 주요한 선대형이라 할 수 있는 고구려나 중세 한국어 혹은 현대 한국어와 직접·간접으로 관련되었음을 추론해볼 수 있다. 하지만 이상에서 살펴본 옛 고조선 어휘들과 현대 한국어의 연결은 어디까지나 논리적 추론을 바탕에 둔 '가정의 영역'에 있는 것이지, 당시 언어의 실체를 보았다고 할 수 없다는 점에 논의의 한계가 있다. 이런 점에서 고조선의 어휘를 직접적으로 언급한 양웅의 『방언』은 오늘날 매우 중요한 문헌이라 할 수밖에 없다.

---

14 고구려어의 '山=둘'은, 현대 한국어 '양달, 응달, 비탈, 산달' 등의 산의 비스듬한 부분을 나타내는 '달(<둘)'에 화석형으로 남겨져 있다.

15 고구려의 옛 지명을 포함하여 한반도 전역에서 보이는 한자계 지명 표기를 통해서 '땅'의 옛말 '나/노'를 음차한 '那/奴'라든지 훈차한 '壤'과 같은 차자 표기의 전통이 있었음을 알 수 있다.

16 신화적 이야기 속의 '息壤'에 대해서 이를 '흙으로 둑을 쌓는 기술'과 관련시키는 역사적 해석도 가능하다. 다만 이 글에서는 그러한 문화사적 해석보다는, 수천 년을 사이에 두고 나타나는 이러한 차자 표기의 전통이 갖는 언어학적 역사성에 대한 논의에 더 무게 중심을 두고 논의를 전개한다.

17 혹은 가정의 단계에서는 앞에서 언급한 '*식(흙), *마(남쪽), *맏(큰아들), *-이, *셍' 등의 단어들도 고대 고조선어 어휘 목록에 포함될 수도 있겠다.

기원후 1세기를 전후하여 작성된 양웅의 『방언』은 중국 전역의 지역 방언과 함께 '조선(朝鮮), 북연(北燕), 열수(洌水)' 지역의 어휘들이 서로 일정한 관련성을 가지면서 여타의 다른 지역 어휘들과는 배타적인 일련의 단어들을 선보이고 있다. 양웅의 『방언』과 그 안에 존재하는 고조선어 어휘들의 존재는, 비록 20~30개 단어에 불과하지만, 공재석(1977)에서 처음 국내에 알려진 이래로 최근 이연주·이연승(2009)에서 체계적인 역주를 통해 고조선 언어 연구의 획기적인 기준 어휘로 부각되었다.

양웅의 『방언』에 기록된 '조선 및 북연, 열수' 지역의 방언 어휘는 다음과 같이 총 29개 항목 32개 단어이다(2, 6, 8에서는 한 항목에 두 단어씩이 제시되어 있는데 이는 조선어에서의 유의어로 이해된다).[18]

이연주·이연승(2009)에서는 이 가운데 '책(策: 木細枝), 조(胏: 盾), 앙각(秧角: 扉), 요(腰), 이(蠡), 이(履)), 집(戟: 协), 박(膞: 凡暴肉, 燅人之私, 披牛羊之五藏), 가(豭: 豬)' 등 7개 단어를 중국어에서 조선어로 유입된 중국어의 방언음이 조선에 남겨진 것으로 보았다. 이연주·이연승(2009)에서는 이어서 우(盱: 驢瞳之子), 열(涅: 其卵伏而未孚始化), 국(掬)[19] 등 3개 단어와 훤(咺: 少兒泣而不止), 우(盱: 驢瞳之子), 노(癆: 凡飲藥傅藥而毒), 전(鈂: 鍫) 4개 단어가 비록 『방언』 이전에 작성된 중국의

---

18 이연주·이연승(2009)에서는 양웅의 『방언』에 기록된 朝鮮/北燕/洌水 지역의 어휘를 1음절 단어 22개(실제는 23개)와 2음절 단어 9개로 총 31개 단어로 보고하고 있지만, 이 글에서는 이연주·이연승(2009)에서 배제한 '戴鵀(自關而東)' 역시 옛 조선의 단어로 보아야 한다고 보고 조선 방언의 목록에 포함하여 총 33개 단어를 대상으로 한다.

19 이연주·이연승(2009)에서는 청대 노문소의 『중교방언』에서 이 한자 '掬'에 '헤어지다, 흩어지다'의 의미가 없기 때문에 이를 오류로 보고 '播'로 수정한 것에 대해서, 의미를 근거로 '掬'의 발음과 표기를 바로잡는 것은 문제가 있다고 보았는데, 이 글에서도 이러한 입장을 지지한다.

표 1 _ 『방언』(양웅, 1세기)에서의 조선 방언

	朝鮮 方言	한국 한자음	상고음 재구음[20]	의미	비고[21]
1	咺	hwən	qhʷan	少兒泣而不止	◎
2	盱 揚	wu yaŋ	qhʷa laŋ	矐瞳之子	◎
3	策	chɛk	shreeg	木細枝	×
4	葉輸	yəp-su	leb-hljos	毳	
5	搖扇	yo-sən	lew-hljens	速, 疌	
6	涅 譁	yəl hwa	niig qʰʷraa	雞伏卵而未孚, 始化之時	
7	斟	jim	kljum	協	×
8	策 壯	chɛk(?) jaŋ	shreeg(?) ʔsraŋ/s	凡草木刺人	
9	瘆	ro	raaw	凡飲藥傅藥而毒	◎
10	鞄角	aŋ-gak	ŋgraaŋs-kroog	屝, 屨, 麤, 履	×
11	鍫 鉼	jən pyəŋ	tʰɯɯn? peŋ?	鍑	◎
12	瓺	jaŋ	daŋs		

---

20 한자 상고음의 재구는 이에 대한 가장 최근의 성과인 鄭張尙芳(2013), 『上古音系』 第二版의 것을 반영한다. 단 鄭張尙芳(2013)에서 확인하지 못한 경우는 '-'로 처리하였다. 鄭張尙芳(2013)의 재구음들은 특히 상고시대에 형성된 것으로 알려진 한국 전통 한자음과 체계적 유사성을 지니고 있어서 주목된다. 예를 들어, 상고음의 어두 한자음 qʰ는 한국 한자음의 hw에, dj는 한국 한자음의 s에 대응한다. 그 밖에도 g-k, d-t, b-p의 대응 등에서 매우 높은 상관성이 포착된다. 이는 한편 한국 전통 한자음들이 상고시기 중국 한자음을 그대로 가지고 있음을 나타내주기도 하지만, 다른 한편 鄭張尙芳(2013)의 상고음 재구음의 타당성을 높여주기도 한다.

21 ◎로 표시된 단어의 경우 비록 중국어와 발음이 비슷한 측면이 있지만 중국어라기보다는 조선어로 보아야 함을 강조한 것이고, X로 표시된 7개 단어에 대해서는 조선어로 인정하지 않고 중국어가 조선어에 유입된 사례일 가능성이 있다고 본 것이다.

13	胴	ju	sḻʰew	舟	×
14	椴	dan	doons	櫏	
15	樹	su	djos	牀其杠	
16	徥	si	djeʔ	徥, 用, 行	
17	掬	kuk	klug	斯, 掬, 離	○
18	膊	bo	pʰaag	凡暴肉, 發人之私, 披牛羊之五藏	×
19	嬰盈	kyu-yəŋ	skwel-leŋ	凡言呵叱者	
20	漢漫	han-man	hnaans-moons	煩憊	
21	眕眩	jin-hyən	tʰjin-gwiin	顛眴	
22	樹植	su-sik	djos-djɯg	凡言置立者	×
23	貈	–	–	貊	
24	抱	po	buuʔ	伏雞	
25	豭	ka	kraa	豬	×
26	鶝鴘	pok-pi	brɯg-ʔ	鳩鳩	
27	戴鳾	tɛ	ʔlʼɯɯgs-njɯms	自關而東	
28	鴲	–	–	自關而西	
29	蟲蜍	tok-sə	duug-filja(＞dja)	鼀䵷, 䵷螫	

고대 문헌에 등장하지만, 후자의 4개 단어 경우에 『방언』 이전의 기록들에서 이 단어들을 모두 조선에서 기원한 단어들로 설명하고 있고, 또 전자의 3개 단어 경우도 비록 발음상 유사성이 있기는 하지만 의미에 차이가 있는 것으로 보아 역시 본래 조선어 어휘였을 것으로 설명하였다.[22]

---

[22] 이연주·이연승(2009)에서는 나머지 20여 개 단어에 대해서는 조선어의 고유어를 한자로 기록한 것으로 보고 있지만 이에 대한 자세한 설명을 보류하였다.

이 글에서는 '책(策: 木細枝), 조(斛: 舀), 앙각(卬角: 屝, 履, 䩕, 履), 집(蓻: 協), 박(膊: 凡暴肉, 發人之私, 披牛羊之五藏), 가(豭: 豬)' 등의 7개 단어도 본래 조선어였던 것이 발음이나 의미가 비슷한 한자로 표기되면서 마치 한어와 같이 인식되었을 수 있다는 논리에서 다루어져야 할 것으로 판단한다. 이러한 관점에 따라 이 글에서는 양웅의 『방언』보다 훨씬 이전 시기에 조선어가 중국어에 알려지면서, 혹은 동이족의 언어가 중국어와 뒤섞여 사용되는 환경에서 중국어에 남겨진 한민족어의 어떤 단어가 한자어화한 것이라는 가능성을 염두에 두고 논의를 전개하고자 한다.

예를 들어 이연주·이연승(2009)에서, 중국어에서 조선어로 유입된 것으로 언급한 '앙각(卬角)'과 같은 단어는, 이 단어의 상고음 [ŋgraaŋs-kroog]을 적극적으로 한민족어와 연결시킬 때 중세 한국어 '나모ㄱ(<남+옥)'과 연결시켜 볼 수도 있다.[23] 이렇게 볼 때 이 단어에 대한 『급취편(急就篇)』의 "앙각(卬角)은 이(履) 위에 대는 것이다. 그 모양이 마치 오늘날 나무신 밑창에 이가 있는 것과 비슷하다. 넘어지지 않으려면 그 각(角)을 우러러보며 발을 들고 걸어야 하기 때문에 붙인 명칭"이라는 설명은 중세 한국어의 '나모ㄱ신'에 직접 대응하는 단어로 볼 수 있다는 점에 주목할 필요가 있다.

'닭이 알을 품고 있으며 막 부화를 시작한 때(雞伏卵而未孚, 始化之時)'라는 의미를 갖는 '녈(涅, [niig])'과 '화(譁, [qʰʷra])'는 각각 중세 한국어 '열-(開, [yəl-])'나 '짜-(闢/破, [ska-])'에 대응한다. 'sl̥ʰew'으로 재구된 '조(斛)'는 중세 한국어의 '삷(錔, [sarp])', 현대 한국어의 '삽(錔, [sap])'에 대응될 만한 것이다. 'klug'으로 재구된 '국(掬)'은 구개음화를 매개로 하여 중세 한국어의 '쥐-[把]'와 연결된다.

---

23 鄭長尙芳의 재구음에서 모음 앞의 'r'은 대개 원순성 혹은 후설성의 다른 표시인 경우가 많다. 여기서는 후설성을 나타내는 것으로 이해된다.

'skwel-leŋ'으로 재구된 '규영(樊盈)'은 '화내다(凡言呵叱者)'의 의미를 가진 단어이다. 이에 대한 중세 한국어에는 '구진-(叱, [(s)kujid-])'과 '구짖-(叱, [(s)kujij-])'의 쌍형 어간이 존재했는데 현재 국어에서는 동사 '꾸짖-'(<ᄭᅮ짖-)과 명사 '꾸지람'(<ᄭᅮ지람)으로 남겨져 있다. '(s)k~kk', 'ʷe~u', 'll~dil', 'eŋ-am'의 대응짝으로 '꾸지람'과 대응되는 이 단어의 존재는 고조선의 어휘가 어떤 언어에 닿아 있는지를 단적으로 연결해줄 만한 단어라 할 수 있다.

그 밖에도 'djos-djuɯg'으로 재구된 '수식(樹植)'의 경우, 어두의 'dj'이 한국 한자음의 'ㅅ'에 대응된다는 사실을 상기한다면 중세 한국어의 '셰시-'(혹은 '셰시-'의 활용형 '셰셔')에 대응된다고 할 수 있을 것인데, '서다(凡言置立者)'라는 의미는 '셔-[立]+-어 이시-[완료 보조동사]'의 내부 구성을 갖는 '셰시-'(혹은 '셰셔')와 정확하게 일치한다. '뻐꾸기'를 나타내는 '복부(鵓鴂)'의 재구음이 'bruɡ-?(아마도 bi 혹은 wi)'라는 점도 이 단어가 한국어의 의성어와 닿아 있음을 말해준다.

3. 만주어(여진어)와 말갈, 숙신의 어휘

만주어는 여진어의 한 갈래라는 것 이외에 뚜렷한 언어학적 계통이 밝혀지지 못한 언어이다. 하지만 한국어의 관점에서 볼 때, 만주어는 한국어와 매우 긴밀한 역사적 관계만큼이나 언어에서도 깊은 상관성을 보이고 있어서 근대 이전부터 이에 대한 관찰이 이어져왔다. 결과적으로 그러한 관심의 결과물들이 그다지 만족스럽지 못했기 때문에 지난 1세기간 이에 대한 연구는 소강 상태에 접어들어 있었다.

최근 김양진(2015a)에서는 한민족어와 만주어가 특히 용언 어간의 동형성을 중심으로 살펴본 결과 특정 유형의 어휘들에서 매우 긴밀한 형태적 유사성을 보이고 있음을 강조하고, 향후 이에 대한 본격적인 연구가 필요함을 천명한 바 있었다. 특히 이 논문에서는 어중 '-shV-'으로 실현되는 만주어 단어들이 어말 '-ㅅ-', 혹은 어말 '-ㅊ-'으로 실현되는 중세 한국어의 어간들과 긴밀한 형태론적 관계에 있음을 강조한 바 있다.

(1) a. *엇-[橫, AK](→ 엇게[MK]) ~ asha-[佩, M](→ asha[羽])
　　b. *덮-[기름 없이 볶다, MK](→ 덖-[K]) ~ tasha-[기름 없이 볶다, M]
　　c. 셧-[混, MK] ~ seshe-[播, M]
　　d. 밪-[忙, MK](→ 바쁘다[忙, K]) ~ feshe-[忙, M]
　　e. 븣-[煽, MK](→ 부채[扇, K]) ~ fushe-[煽, M](→ fusheku[扇, M])
　　f. 깃-[棲, MK](→ 깃들다[棲, K]) ~ hisha-[짐승이 옆으로 지나가다, M]²⁴

이러한 예들 이외에도 만주어는 다음과 같이 동사의 어간에서 한민족어와 매우 긴밀한 유사성을 반복적으로 나타내고 있다.

(2) a. hirhū-mbi(M)²⁵ ~ 힐후-다(MK)
　　b. bene-mbi(M)²⁶ ~ 보내-다(MK/K)

---

24 AK: 고대 한국어, MK: 중세 한국어, K: 현대 한국어, M: 만주어.
25 "niyalma be kederšeme necime nungnere be hirhūmbi sembi.(사람을 괴롭혀서 갈구어 도발하는 것을 '힐훔비'라고 한다.)"(『청문감』, 1706, 7:51b)
26 "ere sejen i tohoron efujehe, ere erin de aibide benefi dasabumbi.(이 수레의 바퀴가 망가졌다. 이제 어디에 보내서 고칠까?)"(『청어노걸대』, 1703, 7:1b)

c. sime-mbi(M)²⁷ ~ 스믜-다(MK) > 스미다(K)

d. dasa-mbi(M)²⁸ ~ *닷-다(AK) → 다시(再, K)

e. fara-mbi(M)²⁹ ~ 바래-다(MK/K)

f. siji-mbi(M)³⁰ ~ 시치-다(MK/K)

g. saha-mbi(M)³¹ ~ 샇-다(MK) > 쌓다(K)

h. jafa-mbi(M)³² ~ 잡-다(MK/K)

i. gaji-mbi(M)³³ ~ 갖-다(MK/K)

j. hala-mbi(M)³⁴ ~ 갈-다(MK/K)

k. šabura-mbi(M)³⁵ ~ 즈올-다(MK) → 졸다(睡, K)

---

27 "yaya muke na de singgere be. simembi sembi. jai nimenggi jergi jaka latufi singgere be. inu simembij sembi.(무릇 물이 땅에 배는 것을 '시몀비'라고 한다. 또는 기름 등이 물건에 묻어서 배는 것을 '시몀비'라고 한다.)"(『청문감』, 1706, 8:53b)

28 "tere anda sirdan de goifi kejine liyeliyefi dasame aituha manggi.(그 친구가 화살에 맞아 한동안 기절했다가 다시 깨어난 후에)"(『청어노걸대』, 1703, 2:17a)

29 "jeku hadufi fulmiyerakū walgiyame sindaha be. farambi sembi.(곡식을 베어 묶지 않게 햇볕에 말려놓는 것 을 '바람비'라고 한다.)"(『청문감』, 1706, 10:6a)

30 "yaya jaka be narhūn fisin tonggo sabubume ufire be. sijimbi sembi.(무릇 물건을 가늘고 촘촘히 겹실로 보일 정도로 호는 것을 '시침비'라고 한다.)"(『청문감』, 1706, 11:26b)

31 "bi jalan-i cooha be gaifi, dobori keremu sahame ulan fetehe.(나는 甲刺의 병사를 데리고 밤새 토루(土壘)를 쌓고 해자(고랑)를 팠다.)"(『만주 팔기 증수의 일기』, 1681, 145:4)

32 "gūwa baci tere hūlha be jafafi benjihe manggi.(다른 곳에서 이 도적을 잡아서 보냈을 때에)"(『청어노걸대』, 1703, 2:16a)

33 "uthai emu dalgan i amba wehe be tunggiyeme gaifi,(즉시 한 덩이의 큰 돌을 주워 가지고)"(『청어노걸대』, 1703, 2:15a)

34 "muse juwe nofi cembe halame genefi ce amasi jifi amhakini.(우리 두 사람이 저들을 갈러(교체하러) 가서 저들이 돌아와서 자게 하자.)"(『청어노걸대』, 1703, 4:7b)

35 "be jugūn yabure de… amu šaburame ojoro jakade tuttu jortai efihe kai.(우리가 길을

l. gosi-mbi(M)[36] ~ 괴-다(MK)

m. ili-mbi(M)[37] ~ 닐-다(MK)

n. tata-mbi(M)[38] ~ 담-다(MK/K)

(2) a.~n.에서 제시된 만주어 동사 어간 'hirhū-', 'bene-', 'sime-', 'dasa-', 'fara-', 'siji-', 'saha-', 'jafa-', 'gaji-', 'hala-', 'šabura-', 'gosi-', 'ili-', 'tata-' 등은 각각 중세 한국어 혹은 고대 한국어의 동사 어간 '힐후-', '보내-', '스믜-', '*닷-', '바라-', '시치-', '샇-', '잡-', '갗-', '갈-', '졸립-', '괴-', '닐-', '담-' 등에 대응하는 예들이다.[39]

김양진(2015a)에서는 이러한 유사성이 한민족어와 만주어 간에 뚜렷하게 나타나지만, 일본어나 몽골어 같은 여타의 알타이계 언어들에서는 나타나지 않고 여진어 계열의 다른 만주-퉁구스어들에서도 잘 나타나지 않는다는 특이점을 강조한 바 있다. 이러한 현상은 한국어와 만주어가 오랜 역사적 과정 속에서 분기와 합류를 반복하는 과정에서 발생한 것이다.

김양진(2015a)은 한민족어와 만주어에서 이러한 용언 어간상의 일치가 나

걸으면서⋯ 매우 졸리게 되니 그래서 짐짓 놀렸을 뿐이다.)"(『청어노걸대』, 1703, 1:23b)

36 "be yuyure kangkara nashūn, age gosime buda bufi ulebumbi.(우리가 주리고 목마를 적에 형이 고이어서 밥 주어 먹이니.)"(『청어노걸대』, 1703, 3:11b)

37 "ineggidari gersi fersi de ilifi tacikū de genefi sefu de bithe tacimbi.(날마다 새벽에 일어나 학교에 가서 師父께 글을 배운다.)"(『청어노걸대』, 1703, 1:3a)

38 "ere buda ci emu moro tamame tucibufi tere gucu de gamafi buki.(이 밥에서 한 그릇 담아 내서 저 친구에게 가져다 주자.)"(『청어노걸대』, 1703, 3:9b)

39 김양진(2015a)에서는 이 밖에도 만주어의 동사 'gaji-mbi, monji-mbi, meihere-mbi, sira-mbi, ara-mbi, cihiya-mbi, facihiya-mbi⋯' 등의 어간이 중세 한국어 혹은 고대 한국어의 동사 어간들과 상관이 있음을 강조한 바 있다.

타나는 이유를 언어적 합류, 즉 만주어(실제로는 만주어의 선대어인 여진어)에 한민족어가 합류하면서 생긴 만주어의 혼효어화(混淆語化)[40] 과정과 관련된 것으로 보았다. 한민족어와 만주어의 크레올어화가 일어났을 가능성이 가장 큰 시기는 아마도 10세기경으로, 이 시기 신라의 멸망과 함께 신라계 한민족이 여진족이 살고 있던 지금의 만주 지역으로 대량 이주한 것이 이 두 언어가 뒤섞이게 된 가장 큰 사건이 아닌가 한다. 여진족으로 집단 이주한 신라계 한민족이 12세기 이후 여진족을 통합하여 금(金, 1115~1234)이라는 강대국을 이루는 근간으로 자리잡았다는 점에서 신라계 언어와 여진계 언어의 혼효에 따른 언어적 합류가 일어났을 강한 이유가 된다.

비록 금(金)이 한반도 북부를 통일하고 중국 북방으로 영역을 확장하여 영향력을 펼치던 시기가 12세기에서 13세기에 이르는 1세기 남짓한 시기였지만, 그 중심 언어는 그 후 여진족의 강력한 부족인 건주여진을 중심으로 남아 있다가 16세기 이후 다시 새로운 정치 집단으로 부상하여 후금(後金)을 세우고 명을 밀어내어 청(淸)이라는 국명으로 동아시아의 강력한 민족의 언어가 되었다. 이때 청의 만주어가 한민족의 언어에 영향을 미치기도 하였다.

이상의 사실을 입증해줄 역사적 기록으로 다음 문헌의 예들을 들 수 있다.

(3) a. 『송막기문(松漠紀聞)』(1156): 여진 추장은 곧 신라인이다.[41]
    b. 『금사(金史)』「본기 제일 세기(本紀 第一 世紀)」(1344): 금나라 시조의

---

40 여기서 혼효어화(混淆語化)는 'creolization'에 대한 번역어로 제시한 것인데, 일반적으로 한 언어의 문법 전반에서 일어나서 크레올어(creole language)로 되는 과정과 특정 어휘 부류 및 문법 단위가 다른 언어에 포함되어 융합되는 과정까지를 포함하는 개념으로 사용되었다. 한민족어에 대한 만주어의 상관성은 후자의 개념에 해당한다.
41 『松漠紀聞』(1156) "女眞酋長乃新羅人."

이름은 함보(函普)인데, 처음에 고려에서 왔을 때 나이가 이미 60여 세였다. 형 아고내(阿古乃)가 불교를 좋아하여 뒤를 따르려 하지 않으며 고려에 남으면서 "후세 자손들은 반드시 서로 모여 만나는 자가 있을 것이니, 나는 가지 않겠다."라고 말하니, 홀로 아우 보활리(保活里)를 데리고 갔다. 시조는 완안부(完顏部) 부간수(仆干水) 강가에 살았고 보활리는 야라(耶懶)에서 살았다. 그 후 호십문(胡十門)이 갈소관(曷蘇館) 지역과 함께 태조에게 귀부하며, 스스로 말하기를 조상과 형제 3명이 이별하였는데 대저 자신은 아고내의 후손이라 하였다. 석토문(石土門)과 적고내(迪古乃)는 보활리의 후손이라 하였다.[42]

c. 『고려사(高麗史)』(1445) 예종 10년(1115): 금준(今俊)은 고려 평주(平州, 지금의 황해북도 평산군)의 승려이다. 여진으로 도망쳐 들어가 아지고촌(阿之古村)에 살았고, 그가 금나라의 선조라고 하는 일설이 있다. 또 다른 설에 의하면, 평주의 승려 김행(金幸)의 아들 김극수(金克守)가 애초 여진의 아지고촌에 들어가서는, 여진 여자에게 장가들어 아들을 낳아 고을태사(古乙太師)라 하였다. 고을이 활라태사(活羅太師)[43]를 낳았고, 활라는 아들을 많이 두었다. 장남이 핵리발(劾里鉢)이고, 막내아들은 영

---

42 『金史』「本紀 第一 世紀」 "金之始祖諱函普, 初從高麗來, 年已六十余矣. 兄阿古乃好佛, 留高麗不肯從, 曰：後世子孫必有能相聚者, 吾不能去也. 獨與弟保活里俱. 始祖居完顏部仆干水之涯, 保活里居耶懶. 其后胡十門以曷蘇館歸太祖, 自言其祖兄弟三人相別而去, 盖自謂阿古乃之後. 石土門迪古乃, 保活里之裔也."

43 『高麗史』(1445)의 '活羅太師'는 『金史』(1344)[혹은 만문 『금사』(1646)]에서 函普의 6세손이자 아골타의 조부로 나오는 烏古迺를 가리키는 것으로 보인다. 烏古迺는 대요국으로부터 처음 절도사(즉 太師)의 벼슬을 받았고 당시에 '까마귀'라는 뜻의 'holo'라고 불렸는데 아마도 '活羅太師'는 'holo太師'에 대한 표기였을 것으로 추정된다. 다만 烏古迺의 아버지를 『金史』(1344)에서 石魯(silu)라고 하고 『高麗史』(1445)에서는 '古乙太師'라고 한 점에서 차이가 있는데, 이는 『高麗史』(1445) 기록의 오류라고 판단된다.

가(盈歌)였는데, 영가가 슬기와 용맹이 가장 빼어나 민심을 얻었다. 영가가 죽자 핵리발의 장남 오아속(烏雅束)이 지위를 계승하였고, 오아속이 죽자 그 동생인 아골타(阿骨打, aguta)가 그 자리에 올랐다.[44]

d. 만문『금사(金史)』(1646): eshun nioi jy gurun[生女眞國] unggu mafa[始祖]의 gebu[諱]는 siyan po[函普]이니 시초에 solgo[高麗]에서부터 올 때 육십 세가 넘었었다. 형 aguni[阿古迺]는 불교에 심취하여 고려에서 오지 않겠다고 말하면서 "후대의 자손들이 반드시 다시 만날 것이다. 나는 가지 않는다."라면서 뒤에 남으니, siyan po[函普]는 그의 아우 bohori[保活里]와 함께 와서 자신은 wanyan부[完安部] 관하 bugen강 [僕幹江]의 변두리에 살고 아우 bohori[保活里]는 yelan[耶懶] 지방에 살았다. (중간 생략) 高永昌(?~1116)이 세력을 얻고 ho su guwan 지방에 거주하는 사람들을 초무하려 하니, ho su guwan의 추장 hūsimen[胡十門]이 그 일족을 모아놓고 "우리 선조 aguni, siyan po, bohori 형제 삼인이 다 고려에 있었다. 태조황제(aguta, 1068~1123)의 조부 siyan po는 wanyan 일가에 들어갔다. 나의 조부 aguni는 고려에 잔류하였고 고려는 大遼에 의부했었다. 나 또한 태조황제의 세 조부의 자손이로다. 지금 태조황제가 대위에 즉위하였다. 대요국의 멸망함을 이에서 즉시 알 수 있다. 내가 고영창의 大臣이 되어서 살아야 할 道理가 있겠는가." 하고 그의 부족 종친을 거느리고 태조황제에게 귀부하였다. hūsimen이 태조황제를 향하여 말하기를 "나의 선조 형제 세 분이 이산하고 각각의 지

---

44 『高麗史』卷十四 世家 卷第十四 睿宗 10年 "昔我平州僧今俊, 遁入女眞, 居阿之古村, 是謂金之先." 或曰, "平州僧金幸之子克守, 初入女眞阿之古村, 娶女眞女, 生子曰 古乙太師. 古乙生活羅太師, 活羅多子. 長曰劾里鉢, 季曰盈歌, 盈歌最雄傑, 得衆心. 盈歌死, 劾里鉢長子烏雅束嗣位, 烏雅束卒, 弟阿骨打立."

방에 살고 있었다 한다. 나는 aguni의 자손이고, situmen[石土門]과 ceguni[迪古乃] 둘은 bohori[保活里]의 자손이다."라고 고하였다.[45]

e. 『만주원류고』(1777): 금나라의 시조의 이름은 합부(哈富, 예전에는 函普로 썼다)인데, 처음 고려로부터 왔다. 생각건대, 『통고(通考)』, 『대금국지(大金國志)』에서 원래 신라에서 왔으며 성을 완안씨라고 하였다. … 신라 임금의 성은 金씨로 서로 전하기가 수십 대에 이르렀으며, 즉 금(金)나라가 신라로부터 나왔음은 의심할 나위가 없다.

f. 『부안 김씨 족보』: 김행(金幸)은 마의태자(麻衣太子) 김일(金鎰)의 아들로, 김행은 여진으로 갔지만 나머지 두 형제는 고려에 남아 부안 김씨와 통천 김씨의 시조가 되었다.

위 문헌들의 문맥을 정리하면 금(金)나라의 시조는 신라인(혹은 고려인[46])으로, 『금사(金史)』 등의 중국 쪽 기록에는 '函普' 혹은 '哈富'로 기록되어 있고 한국 쪽 기록에는 '今俊' 혹은 '金幸'으로 기록되어 있음을 알 수 있다. 두 나라의 기록이 모두 금의 태조인 아골타에 대한 기원을 신라(혹은 고려)에 두고 있다는 점에서 서로 일정한 부분에서 공유된 지식을 기록한 것임을 알 수 있다. 특히 금의 시조를 '金幸'으로 기록한 한국 쪽 기록[47]에서는 김행이 신라 경순왕의 태자인 마의태자 '김일(金鎰)'의 아들인 것으로 되어 있어서,

---

45 '중간 생략' 이하는 만문 『금사』의 37a 이하의 내용인데, 이 부분의 내용은 한문본 『金史』(1344)에서는 확인되지 않는다. 만문 『금사』(1646)를 작성할 때, 만주족들이 참고할 수 있는 내부의 역사 기록을 참고하여 작성된 것으로 이해해볼 수 있다.

46 이에 대해서는 그 최초의 기록이라 할 수 있는 『松漠紀聞』(1156)의 기록 "女眞酋長乃新羅人(여진 추장은 곧 신라인이다)."이 가장 신뢰할 만하다. 이후의 기록들은 각 시대별 관습에 따라 부분적으로 조정되었을 가능성이 높기 때문이다.

47 『고려사』의 今俊은 金俊을 피휘(避諱)한 결과이거나 의도적 오자일 가능성이 높다.

'阿古乃(aguni), 函普(shanbo), 保活里(bohori)' 형제 3인을 신라의 왕자 혹은 그 후예로 볼 개연성을 남겨두고 있다는 점에 주목할 필요가 있다.

본론으로 돌아와서 (1)과 (2)에서 보인 것처럼 한민족어와 만주어의 용언 어간에는 매우 긴밀한 형태적 유사성이 존재한다. 김양진(2015a)에서는 이러한 동형성의 이유 중에 신라계 단어들이 여진계 단어들에 단순한 차용 이상의 방식, 예를 들어 혼효(creole)의 방식으로 뒤섞여 들어간 흔적이 있음을 강조하였다. 만주어 'šabura-mbi'의 어간 'šabura-'와 경상도 방언의 '자부랍-'의 존재는 그 상징적 존재가 아닌가 한다.

무엇보다 앞에서 언급한 만주어 동사의 '-shV-'형 어간들과 중세 한국어의 어말 '-ㅅ' 또는 '-ㅊ' 계열 어간 사이의 공통점을 공유하는 다른 알타이계 언어들이 없다는 점이 다시 한번 강조될 필요가 있다. 즉 만주어가 몽골어와 기원을 같이하는 단어도 많고 여타의 다른 통구스계열의 단어들과 형태적인 상관관계가 높은 단어들이 많음에도, 적어도 이들 '-shV-'계 단어에 한해서는 다른 언어들과 공유하는 현상이 없고 오직 한국어와만 그 친연성이 확인된다. 이는 궁극적으로 이 두 언어가 일정한 시기 동안 언어를 공유하면서 혼효라는 언어적 절차를 거쳐서 발달해왔음을 말해준다.

이 글에서 이를 혼효로 강조하는 이유는 이 두 언어의 어휘 차용 과정이 일반적인 어휘 차용의 과정과 차이를 보이기 때문이다. 즉 한민족어나 만주어 모두 외래의 서술성 어휘를 받아들일 때, 한국어의 경우는 '하다, 되다류', 만주어의 경우는 'la/le/lo류'의 기능동사(functional verb)를 매개로 하여 받아들이는 문법적 경향을 지닌다. 한국어의 서술성 한자어나 서술성 외래어(copy하다, smart하다 등)나 만주어의 서술성 동사류(hyosulambi[효도하다], doolambi[渡] 등)가 그러하다. 하지만 (1)에서 소개한 만주어 동사의 '-shV-'형 동사 어간들과 한국어 'ㅅ'계 어간말자음 동사 어간들 간의 동형성이나 (2)에서 보인 동사 어간들 간의 동형성은, 이러한 차용의 과정으로 이해되기 어려우며, 멀리 선사시대의 막연한 공통점으로 설명하기에 너무 유사한 것이 많다. 따라서 이들 단어들 간의 공통점을 설명하기 위해서는 이 글에서 주장하는 것처럼 일정한 기간에 서로 계통상의 친밀성이 있던 두 언어, 곧 한민족어와 여진어가 일정한 시기, 일정한 공간에서 언어적 혼효어화한 결과로밖에는 설명할 방법이 없다. 여기에는 두 가지 전제가 관여되어 있다. 그 하나는 방금 설명한 것처럼 어떤 두 언어가 일정한 시기, 일정한 공간에서 하나의 언어 주체에 의해 뒤섞여야 한다는 것이고, 다른 하나는 이 두 언어가 우선 계통적으로 (혹은 언어 유형론적으로) 같은 유형에 속하는 언어이어야 한다는 점이다. 실제로 두 언어의 공통 어휘 중에는 (1), (2)에서 살펴본 바와 같이 핍진한 유사성을 보이는 것들도 있지만, 오랜 언어적 변화를 전제로 짝지어지는 계통적 유사성을 보이는 예들도 존재한다.

    한민족어의 어두 양순파열음 [p]과 만주어의 양순마찰음 [f] 간의 대비는 널리 알려진 바 있는데,[48] 예를 들어 한국어 형용사 'pulk-[붉-]'은 만주어의 형용사 'fulgiyan[붉은]'과 형태론적으로 상당한 유사성을 지니고 있다. 하지만 이러한 유사성은 단순 차용 관계로 설명하기 어려운 측면이 있다. 예를 들어 한국어의 'pulk-[붉-]'이 '붉다' 이외에도 '밝다, 발갛다, 벌겋다, 빨갛다, 뻘겋다, 발그레, 불그레, 빨강, 불콰하다…' 등 다양한 단어로 파생이 이루어져 있고, 만주어의 'fulgiyan[붉은]'은 'fulahūn[불그스름한]', 'fularjambi[붉어지다]', 'fularakabi[(얼굴이) 빨개지다]', 'fularambi[발그스름해지다]' 등의 단어로 파생이 이루어져 있다. 그런데 이들 간의 관계를 보면 어떤 차용 관계에 있다기

---

[48] 이 밖에도 동사 'pil-[빌-]'과 명사 'pyoro[벼로]' 등과 만주어 동사 'firu-mbi[빌-다]', 명사 'fere[벼랑]' 등 다양한 어휘로부터 p~f의 대응관계가 확인된다.

보다, 서로 다른 방향에서 파생이 이루어졌지만 전체적인 단어 조어의 과정은 동질적이어서 이 두 언어가 새로운 단어를 만드는 과정에 각각의 단어 'pulkta[붉다]'와 'fulgiyan[붉은]'의 어간을 적절한 방식으로 활용하고 있음을 알 수 있다. 결국 이 두 단어 간의 관계를 고려한다면 이러한 방식은 단순한 차용보다는 이 두 언어가 계통적으로 상관성이 높은 언어일 가능성을 지지해준다.[49]

앞에서 살펴본 어간말 'ㅅ'계 자음군을 갖는 한민족어 단어들과 어간말 '-sh-' 자음 연쇄를 지니는 만주어가, 한민족어에서는 'ㅅ~ㅊ'의 대응짝으로, 만주어에서는 '-sh-~-c-'의 대응짝으로 나타나는 경우가 많다는 점도 이 두 언어가 단순한 차용관계 이상의 계통적 상관성을 지니고 있었을 가능성을 지지해주는 근거로 활용될 수 있을 만하다. 예를 들어 (1)의 만주어 '-sh-'계 어휘에 대응하는 중세(혹은 고대) 한국어들은 'ㅅ'계와 'ㅊ'계의 대비가 각각 존재하며, 한민족어의 '돗귀~도치, ㅈ갑다~야찹다'와 같은 단어짝이나 만주어 'coco[닭]', 'gasha[鳥]'와 한민족어 '*쇼쇼>꼬꼬(닭)', '가치[鵲, MK]' 등의 대응 관계를 고려한다면 이들 사이에 단순한 차용의 관계 이상의 계통적 친연 관계가 있음을 짐작해볼 수 있는 것이다.

여진어나 여진어의 후대어로 알려진 청(淸)의 만주어가 한민족어에 미친 영향은 앞의 이기문(1991)의 논의에서 살펴본 대로 일부 체언 어휘에서만 확인될 뿐, 한국어의 서술어에까지 영향을 미치지는 못하였다. 여진어 혹은 만주어로부터 한국어로 이식된 어휘와 관련하여 이기문(1991)에서는 우리 역사 문헌에 나타나는 여진어 혹은 만주어의 어휘들을 소개하고(4), 북쪽 국

---

49 물론 역사적인 이유로 이 두 언어에는 앞에서 살펴본 것과 같은 다양한 차용의 과정이 존재한다.

경 지역의 함경 방언 어휘 중에서 만주어로부터 기원한 단어의 예를 소개하기도 하였으며(5), 청대 이후 근대 서울말에 차용된 만주어의 예(6)를 들고 있다.

(4) a. 『태조실록』: sa'ori/沙吾里[站], il'ən/逸彦[人], solgo/所乙古[朝鮮人], akū/惡呼[無], waxa/叱呔[殺]

b. 『용비어천가』: 兀狄哈/우디거, tuman/豆漫/투·먼[萬], ilan/移蘭/이·란[三], minggan/猛安/밍·간[千], wəxə/斡合/워·허[石], ninčkwəsi/紉出闊失/닌쵞·시[眞珠], tanggu/唐括/탕·고[百], bayan/伯顔/바·얀[富], indaxa/引答忽/인다·호[犬]

(5) '야래~yaru[鮻語]', '사부[履]~sabu[鞋]', '재비~jaha[刀船]', '탄~dan(打鵰雁的套子)', '오로시~ološon(물을 건널 때 신는 가죽 장화)/olosi(ološon을 신고 강의 모래가 모여 얕은 곳을 파내는 사람)', '너패~lefu[熊]', '우케(물)~muke[水]', '답승(소금)~dabsun[鹽]', '쏙캐(담비)~seke[貂]', '토하리(불)~tuwa[火]', '야사(눈)~yasa[眼]'

(6) '널쿠~nereke', '소부리~soforo', '쿠리매~kurume[掛子]', '마흐래~mahala' (이상 『동문유해』, 『한청문감』 등에서 인용) 및 '감토~kamtu[帽]', '슈슈~šušu[高粱]', '발귀~fara', '미시~musi[麨麵]', '시라손~šilasun', '줌치~jumanggi(작은 주머니)'

이 밖에도 '순대(sunta[小肉袋])', '마탕(matan[糖])' 등이 만주어(혹은 여진어)로부터 한국어로 차용되었을 개연성을 지니고 있고, 김양진(2015b)에서 밝힌 것처럼 '착하다'와 같이 한민족어에서 어원이 밝혀지지 않은 일부 어휘 중에 만주어에서 기원한 단어가 적지 않을 것으로 추정된다.[50] 다만 (4)~(6)의 예들은 (1)~(2)의 예들과 비교할 때 확실히 단순한 차용의 예들로 논의될 만한 것들이어서, 앞에서 살펴본 언어적 혼효가 한민족어가 아닌 만주어(혹은 여진어) 내부에서 일어난 일이었음을 말해준다.

이상에서 제시된 두 언어 간의 합류의 과정이 명확히 확인될 때, 한민족어와 만주어, 두 언어가 고대의 어떤 시기에 긴밀한 하나의 언어로부터 분기되었을 가능성에 대해서도 좀더 명확히 논의될 수 있을 것이다. 무엇보다 중요한 것은 그렇다면 어떻게 이러한 합류가 일어나기 이전의 여진어 어휘들을 추출하여 이를 바탕으로 고조선의 어휘로 추출된 단어들과 비교·검토해 볼 수 있을 것인가 하는 문제이다.

4. 『방언』 속 고조선 방언 어휘와 만주어

앞에서 한민족어와 만주어(혹은 여진어)가 오랜 역사적 교류를 통해서 언어적으로 다양한 방식의 차용과 혼효의 과정을 거쳐왔음을 강조한 바 있다. 특히 그중에서 이 두 언어가 혼효라는 극적인 방식으로 뒤섞일 수 있었던 주요한 이유의 하나로 이 두 언어가 본래 계통적으로 상관성이 높은 언어였기 때문일 것을 가정한 바 있다. 그럼에도 고조선시기에는 이 두 언어가 이미 분리되어 별개의 언어로 인정될 만큼의 차이를 지니고 있었을 것으로 추정

---

50 김양진(2015b: 33~51)에서는 현대 한국어에서 기원을 알 수 없는 대표적인 단어 가운데 하나인 '착하다'의 '착-'이 만주어 관용구 'cak sere'의 'cak[착]'에서 왔으며 '착하다, 착한'은 각각 만주어 'cak sere, cak sehe'의 번역 차용의 예로 보아야 한다고 주장한 바 있다. 자세한 내용은 김양진(2015b)을 참조할 것.

된다. 한민족어의 선대어 조선의 언어가 만주어 혹은 여진어의 선대어인 숙신의 언어와 항상 구별되어 논의되어왔기 때문이다. 이런 점에서 볼 때, 기원후 1세기를 전후하여 기록되었을 양웅『방언』의 '조선 방언'을 한민족어 및 만주어와 비교·검토해보는 것은 의미 있는 일이다.

양웅의 『방언』에 조선 방언으로 기록된 어휘와 만주어(혹은 여진어) 간에 어떠한 관계가 있는지를 확인하기 위해서는, 우선 1차적으로 〈표 1〉에서 제시한 『방언』에서 조선 방언으로 다루어진 한자어들의 고대 한자음을 같은 뜻을 지니는 만주어와 직접 비교·검토해볼 필요가 있다. 〈표 1〉에서 제시된 각 방언 어휘들이 조선의 어휘를 직접 차용, 즉 음차한 것이라고 가정하고 보면 각각의 어휘에 한국어와 만주어의 어떤 어휘가 대응되는지 그 양상을 추적해볼 수 있을 것이다.

표 2 _ 『방언』(양웅, 1세기)에서의 조선 방언과 한국어·만주어의 대비

	조선 방언	의미	재구음	만주어[의미]	중세 한국어	현대 한국어	상관성 한/만
1	咺	少兒泣而不止	qh^{w}an	songgome fame [哭哭喊喊的]	흐늣기-	흐느끼-	X/X
2	盱 揚	矑瞳之子	qh^{w}a laŋ	?	즈ᄉ	자위	?/? ?/?
3	策	木細枝	shreeg	asihiya[劈細枝]	가지	가지	X/O
4	葉輸	毳	leb-hljos	nunggari[氈毛]	소옴치/ 소옴터리	솜털	X/X
5	搖扇	速, 逞	lew-hljens	hasa[急速]	쌔르-	빠르-	X/X
6	涅 譁	雞伏卵而未孚, 始化之時	niig qh^{w}raa	deribun[始]	열- 까	열- 까	O/X O/X
7	斟	協	kljum	?	?	?	?/?

8	策壯	凡草木刺人	shreeg(?) ?sraŋ/s	u[刺], bula[棘刺]	찌르-	찌르-	O/X ?/?
9	瘍	凡飮藥傅藥而毒	raaw	-	-	-	?/?
10	靮角	屝, 屨, 𪗇, 履	ŋgraaŋs-kroog	fehun[履]	*나목	나막신	O/X
11	鍱鉼	鍱	tʰɯɯnʔ peŋʔ	?	솓ㅎ	솥	X/? X/?
12	瓼		daŋs	?	?	?	?/?
13	斛	㽅	slʰew	coo[鐵鍬]	삷	삽	O/X
14	椴	櫬	doons	hadahan[椿櫬], tuya[櫬]	(나무) 등걸	등걸	O/X
15	樹	㭒其杠	djos	?	?[51]	?	?/?
16	徥	徥, 用, 行	djeʔ	yabu-[走], se-[行]	걷-	걷-	X/X
17	掬	斯, 掬, 離	klug	?	쥐-/줌	쥐-/줌	O/X
18	脾	凡暴肉, 發人之私, 披牛羊之五藏	pʰaag	-	포	포	?/?
19	嬰盈	凡言呵叱者	skwel-leŋ	hiyang seme[叱責], ek tak seme[叱咤]	구지돔	꾸지람	O/X
20	賑眩	顚眴	hnaans-moons	-	?	?	?/?
21	樹植	凡言置立者	tʰjin-gwiin	?	셰셔	세워	O/?
22	貈	貔	djos-djɯg	mojihiyan[貔]	?	능소니	X/X
23	抱	伏雞	-	?	품-	품-	X/X
24	㲉	爵子及雞雛皆	buuʔ	šorho[雞雛]	비육	삐약이	병아리

---

51 중세 한국어 '숳[林]'과의 상관성을 고려하면 'dl~s'의 대응이 있는 것으로 볼 수도 있다.

25	豝	豬	kraa	ulgiyan	돗	돼지	X/X
26	鵠鴠	鳴鳩	bruug-?	kekuhe	버곡댱이/버곡새/벅구기	뻐꾸기	O/X
27	戴鵀	自關而東	ʔl'uɯgs-njɯms	?	?	?	?/?
28	鶇	自關而西	-	?	?	?	?/?
29	蟦蛝	鼅鼄, 鼅蝥	duug-filja(>dja)	helmehen[蜘蛛]	거믜	거미	O/X

〈표 2〉의 자료를 통해 살펴볼 때, 33개 단어에 달하는 조선 방언 가운데 한어(漢語)의 방언일 가능성이 있는 단어들이 없지 않지만, 기본적으로는 한어더라도 이미 조선어화한 것들이기 때문에 조선식 발음으로 조정된 것들로 보아야 할 것이다. 이를 중세 한국어 및 현대 한국어 자료와 『어제청문감』의 만주어 단어들을 통해 비교·검토해본 결과, 이들 '조선 방언'들이 만주어와 유사한 발음이나 발음 구조를 가진 경우가 거의 없지만, 중세 한국어 자료와는 일부 단어들에서 일정한 정도의 유사성이 관찰된다. 다음에서 각각의 그 단어쌍을 보이면 다음과 같다.

(7) 『방언』(양웅, 1세기)의 '조선 방언'과 만주어의 유관쌍

    a. 책(策)[shreeg]~asihiya[劈細枝][52]

(8) 『방언』(양웅, 1세기)의 '조선 방언'과 중세/현대 한국어 유관쌍

---

[52] '椴[duàn]~hadahan[椿橛]'의 관계도 서로 상관성이 있다고 볼 수 있겠지만 음운형태론적으로 거리가 멀다.

a. 녈(涅)[niig]~열-[yəl]

b. 화(譁)[qʰʷra]~싸-[ska-]

c. 책(策)[shreeg]~찌르-/찌르-[stirɨ-]

d. 앙각(軮角)[ŋgraaŋs-kroog]~나목/나막(신)[namɐɣ/namak]

e. 조(鮴)[sl̥ʰew]~삷/삽[sarp/sap]

f. 국(掬)[kluɡ́]~쥐-/줌[jy/jum]

g. 규영(樛盈)[skwel-leŋ]~구지돔/수지람[kujidom/skujijram]

h. 수식(樹植)[djos-djuɡ]~세-/세우-[se-/seu-]

i. 포(抱)[buuʔ]~품-[phum-]

j. 복비(鶝鶂)[fubí]~버곡[peogok]

(7)과 (8)의 대비에서 보듯이, 양웅의 『방언』에 실려 있는 조선 방언은 만주어와 유사한 형태를 거의 찾아보기 어렵지만 중세 한국어(혹은 현대 한국어)와는 음운 체계상 적지 않은 유사한 대비가 보인다. 이러한 유사성에 대하여, 대응 단어의 존재 여부를 확인하지 못한 단어를 빼고 그 비율을 살펴보면, 『방언』(양웅. 1세기)의 '조선 방언'은 만주어와의 유사성이 대략 5퍼센트(1/20)에 불과할 정도로 미미하지만, 한국어와의 유사성은 대략 37퍼센트(10/27)에 달하여 후자와의 친연성이 상대적으로 매우 높은 것으로 해석된다. 이를 통해 볼 때, 양웅의 『방언』에 실려 있는 조선 방언은 만주어(혹은 여진어)보다는 한민족어에 더 가까운 특성을 지니고 있다고 하겠다.

5. 만주어보다 한민족 언어에 가까운 『방언』 수록 고조선어

본 연구는 중국의 고대 문헌에 기록된 한민족어를 포함한 동이족(특히 만주어/여진어) 언어와 관련된 차자 표기 자료를 추출하여 체계적으로 정리하는 데에 일차적으로 초점을 맞추고 있다. 이를 위하여 먼저 중세 자료 이전의 조선과 관련한 어휘들을 조망해보고, 특히 양웅의 『방언』에 실린 조선 방언 어휘들을 중심으로 만주어와 한민족어 어휘를 비교·검토해보았다. 검토 결과 양웅의 『방언』에 실린 조선 방언들은 만주어보다 한민족어에 더 가까운 언어일 가능성이 높음을 확인할 수 있었다.

향후 『산해경(山海經)』·『이아(爾雅)』·『국어(國語)』·『시경(詩經)』·『서경(書經)』·『춘추(春秋)』·『관자(管子)』·『묵자(墨子)』 등 상고시기의 문헌을 비롯하여 『사기(史記)』·『한서(漢書)』·『후한서(後漢書)』·『삼국지(三國志)』와 같은 역사서, 그리고 언어 관련 자료를 모은 『설문해자(說文解字)』·『석명(釋名)』 등, 그리고 비록 후대에 편찬되었으나 동이족과 관련된 각종 자료가 실린 『잠부론(潛夫論)』·『수경주(水經注)』·『석진지집일(析津志輯佚)』·『설부(說郛)』·『삼재도회(三才圖會)』 등의 문헌을 통해서 조선과 관련한 어휘들을 포괄적으로 선정하여 검토의 대상으로 삼을 필요가 있다.

이들 문헌 자료로부터 동이족 제 언어와 관련된 차자 표기를 추출한 뒤, 이들을 지명·인명·관직명·사물명 등으로 나누어 기록된 시기별·지역별로 분류하고 정리해야 할 것이다. 그리고 『사고전서』 등의 검색을 통해 타 문헌에도 기록되어 있는지를 비교하여 그것이 기존에 연구된 것인지를 검토할 필요도 있으며, 경우에 따라서는 현지 답사를 통해 지명 등을 확인할 필요도 있을 것이다.

한민족어는 오랜 기간 동안 만주어(여진어)나 몽골어와 같은 다양한 동이족의 여러 언어와 교류해왔다. 이러한 과정을 통해 이들 언어는 동일한 계통의 언어로 인식될 만큼 가까운 언어 관계를 유지해왔으며, 다양한 방식으로 기초 어휘를 포함한 주요 어휘들을 주고받았고, 문법적 유사성과 언어적 상관성으로 인해 그 교류가 매우 활발하였다.

현재 남겨진 동이족과 관련된 중국 측 기록들은 대부분 중국어의 입장에서 외래어를 기록해둔 것으로, 다양한 동이족 가운데 정확히 어느 부족의 언어를 기록한 것인지를 명시하지 않은 경우가 대부분이다.

이 가운데 한민족어는 그 언어 주체가 비교적 명확한 언어로서 그 역사적 일관성을 유지하고 있다. 따라서 동이족과 관련한 다양한 언어 자료를 1차적으로 한민족어를 중심으로 재해석이 가능한 사례들을 정리한 뒤, 이것들과 나머지 사례들을 다시 몽골어 혹은 만주어와 비교하여 검토함으로써 한민족어, 몽골어, 만주어의 언어 자료들을 2차적으로 분리해내는 시도를 할 필요가 있을 것이다.

특히 만주어가 멸절되어 버린 현재의 상황에서는 몽골어나 만주어 이외의 여타 만주퉁구스계 소수 언어들이 완전히 소멸하기 전에 먼저 한민족어를 중심으로 중국 측에서 기록해놓은 동이 관련 언어 자료를 정리해둘 필요가 있다는 점에서 중요하다 할 것이다.

참고문헌

姜吉云(1979), 「韓國語의 形成과 系統-韓民族의 起源-」, 『국어국문학』 79·80, 국어국문학회.

高在烋(1940), 「比較言語研究草(一), (二)」, 『正音』 34·36, 조선어학연구회.

_____(1940), 「比較言語學的研究材①~⑧」, 『東亞日報』 1940년 3월 30~31일, 4월 3일, 5일, 9일, 12~14일자.

權悳奎(1923), 「朝鮮語와 姉妹語의 比較」, 『朝鮮語文經緯』, 京城: 廣文社.

金東昭(1972), 「國語와 滿洲語의 基礎語彙 比較研究」, 『常山李在秀博士 還曆紀念論文集』, 螢雪出版社.

金東昭(1981), 『韓國語와 TUNGUS語의 音韻 比較研究』, 曉星女子大學校 出版部.

金芳漢(1968), 「國語의 系統研究에 관하여-그 方法論의 反省-」, 『東亞文化』 8, 서울大學校 文理科大學 東亞文化研究所.

_____(1979), 「길리야크(Gilyak)어에 관하여」, 『한글』 163, 한글학회.

_____(1979), 「알타이 제어 연구의 동향」, 『동아시아연구동향조사총간』 5.

金榮一(1986), 「韓國語와 Altai語의 接尾辭 比較研究」, 曉星女大 博士學位論文.

김승곤(1984), 『한국어의 기원』, 건국대학교출판부.

김양진(2008), 「고려사 속의 고려어 연구」, 『국어학』 52, 국어학회.

_____(2010), 「초기 한민족 형성기의 차자 표기 자료를 통해 살펴본 한민족어」, 『어문논집』 61, 민족어문학회.

_____(2015a), 「한민족어와 만주어의 형태론적 동형성」, 『민족문화연구』 67, 고려대 민족문화연구원.

_____(2015b), 「'착하다'의 어휘사」, 『한국언어문학』 93, 한국언어문학회.

_____(2016), 「만주어 조어법 연구-『御製淸文鑑』의 어휘를 중심으로-」, 『민족문화연구』 73, 고려대학교 민족문화연구원.

_____(2017), 「민족어문학과 국어학: 영역과 경계를 중심으로」, 『어문논집』 79, 민족어문학회.

김영만(2007), 「신라 지명 喙(훼)와 啄(탁)의 字音상 모순을 어떻게 볼 것인가」, 『지명학』 13, 한국지명학회.

김영일(1986), 「한국어와 알타이어의 동사형성 접미사 비교」, 『한글』 193, 한글학회.

_____(1999), 『알타이 제어의 접미사 비교 연구』, 도서출판 사람.

_____(2001), 「고대 지명에 나타나는 알타이어 요소」, 『지명학』 6, 한국지명학회.

김주원(2004), 『조선왕조실록에 나타난 여진어 만주퉁구스어』, 『알타이학보』 14, 한국알타이학회.
金澤庄三郞(1939), 「言語上으로 본 鮮滿蒙의 關係」, 『正音』 31, 조선어연구회. 재수록: 趙恒範 編(1994), 『國語語源硏究叢說(1)-1910~1930년대-』, 태학사.
도수희(1977/2005), 『백제어 연구』 I. 제이앤씨.
_____(1998), 「지명 차자 표기 해독법」, 『지명학』 1, 한국지명학회.
_____(2004), 「지명·왕명과 차자 표기」, 『구결연구』 13, 구결연구회.
_____(2009), 「고구려어와 고구려사의 관계」, 『2009 봄 학술발표회 자료집』, 한국중원언어학회.
朴時仁(1966), 「알타이系語 硏究方法論」, 『어학연구』 2-1, 서울대학교.
_____(1966), 「알타이系語 硏究(語音)」, 『어학연구』 3-2, 서울대학교.
_____(1970), 『알타이文化史硏究』, 탐구당.
_____(1970), 『알타이人文硏究』, 서울大學校 出版部.
朴恩用(1959), 「Altai語族에 나타난 母音象徵에 대하여」, 『語文學』 4.
_____(1973), 「原 韓國語의 形容詞形成部 硏究-接尾辭 -tak/-tik의 形態 및 機能 變遷-」, 『國文學硏究』 4, 曉星女子大學 國語國文學 硏究室.
_____(1974), 「韓國語와 滿洲語와의 比較硏究(上)」, 『硏究論文集』 14·15, 曉星女子大學.
_____(1975), 「韓國語와 滿洲語와의 比較硏究(中)」, 『硏究論文集』 16·17, 曉星女子大學.
_____(1981), 「韓國語와 滿洲語와의 形容詞의 比較硏究」, 『韓國古代文化와 隣接文化와의 關係』, 韓國精神文化硏究院.
백산학회(2001), 『한국 고대어와 동북아시아』, 백산자료원.
복기대 외(2013), 『한국 상고문화 기원 연구』, 학연문화사.
成百仁(1990), 「한국어와 만주·퉁구스 제어의 비교연구-현상과 몇 가지 문제-」, 『大東文化硏究』 24, 成均館大學校 大東文化硏究院.
宋基中(1990), 「比較硏究-國語와 北方民族語-」, 『國語硏究 어디까지 왔나-主題別 國語學 硏究史-』, 東亞出版社.
_____(1991), 「韓民族의 先史와 韓國語의 先史」, 『韓國上古史學報』 6, 韓國上古史學會.
_____(1997), 「친족관계 수립의 조건과 국어계통론」, 『국어사연구』(오수 전광현·송민 선생의 화갑을 기념하여), 국어사연구회, 태학사.
심백강(2002), 『사고전서 속의 단군사료』, 민족문화연구원.
_____(2003), 『사고전서 중의 동이사료』, 민족문화연구원.
安自山(1923), 「조선어원론」, 『朝鮮文學史』.

안호상(1965), 「나라이름 '朝鮮'에 관한 고찰」, 『아세아연구』 8-2.
양웅 저, 곽박 주, 이연주·이연승 역(2012), 『방언소증』 1·2·3, 소명출판.
유창균(1988), 「신라의 언어와 문자에 대하여」, 『신라와 주변제국의 문화교류(신라문화제 학술발표논문집 9)』, 동국대학교 신라문화연구소.
_____(1991), 「신라어의 원류에 대하여-문헌에 나타난 제종족과 관련해서-」, 『신라문화』 8. 동국대학교 신라문화연구소.
_____(2000), 「고대 지명 표기 자음의 상고음적 특징」, 『지명학』 4. 한국지명학회. 재수록: _____(2007), 『한국지명연구』.
윤내현(1981), 「고조선과 삼한의 관계」, 『진단학보』 52. 진단학회.
_____(2002), 「고조선의 도읍 위치와 그 이동」, 『단군학연구』 7.
李基文(1957), 「A Study on the Affinity of Manchu and Korean」, 서울대학교 석사학위논문.
_____(1958), 「國語系統論을 爲한 三章」, 『高凰』 2-2. 新興大學校 學徒護國團 學藝部.
_____(1964), 「알타이語學과 國語」, 『국어국문학』 27. 국어국문학회.
_____(1967), 「韓國語形成史」, 『韓國文化史大系 Ⅴ, 言語·文學史(上)』, 高麗大學校 民族文化硏究所.
_____(1968), 「高句麗의 言語와 그 特徵」, 『白山學報』 4. 재수록: 李基文(1991), 「韓國語 속의 滿洲퉁구스 諸語 借用語에 대하여」, 『알타이학보』 3:23-33, 한국알타이학회.
_____(1975), 「韓國語와 알타이諸語의 比較硏究」, 『綜合學術會의 論文集-光復30周年 紀念-』, 대한민국학술원. 재수록: 李基文 編(1977), 『國語學論文選 10, 比較硏究』, 民衆書館.
_____(1977), 「韓國語와 알타이諸語의 語彙 比較에 대한 基礎的 硏究」, 『東亞文化』 14, 서울大學校 人文大學 東亞文化硏究所.
_____(1980), 「言語學的 側面에서 본 韓民族의 起源」, 『民族文化의 源流』, 韓國精神文化硏究院.
_____(1981), 『韓國語形成史』, 三星美術文化財團.
_____(1990), 「韓國語와 蒙古語의 關係-그 語彙 比較에 대하여-」, 『大東文化硏究』 24, 成均館大學校 大東文化硏究院.
李藤龍(1990), 「古代 韓國語와 突厥語의 관계-靺鞨, 그들은 누구였는가?-」, 『大東文化硏究』 24, 成均館大學校 大東文化硏究院.
_____(2001), 「한국어의 친족어를 찾기 위한 연구-10의 수사 *on을 근거로-」, 『인문과학』 31, 성균관대 인문과학연구소.
이병근 외(2003), 『한반도와 만주의 역사 문화』, 서울대학교 출판부.

李炳銑(1982), 『韓國古代國名地名研究』, 螢雪出版社.
李崇寧(1967), 「韓國語發達史 下 語彙史」, 『韓國文化史大系 V, 言語·文學史(上)』, 高麗大學校 民族文化硏究所.
李鐸(1946), 「言語의 發達階段上으로 본 朝鮮語의 位置」, 『한글』 11-2, 조선어학회.
_____(1946~49), 「言語上으로 考察한 先史時代의 桓夏文化의 關係(1)~(6)」, 『한글』 11-3, 11-4, 11-5, 12-2, 13-3, 13-4, 조선어학회.
이홍규(2010), 『한국인의 기원』, 우리역사연구재단.
林敬淳(1978), 「알타이(터키·蒙古·滿洲·韓國·日本) 語彙 比較−基本的 中核 語彙 統計學에서 類緣 語彙 探索으로−」, 『韓國言語文學』 16. 재수록: 林敬淳(1985).
정광(1969), 「國語와 Altai語의 類型的 比較可能性試攷」, 서울대학교 석사학위논문.
_____(1997), 「한국어의 형성 과정」, 『국어사연구』(오수 전광현·송민 선생의 화갑을 기념하여), 국어사연구회, 태학사
최동권(1998), 「알타이 제어의 부정문 연구」, 『논문집』 20, 상지대학교.
_____(2000), 「알타이제어의 어말어미 −m에 대하여−만주어 종결어미 mbi를 중심으로−」, 『알타이학보』 10, 한국알타이학회.
_____(2006), 「국어 몽골어 만주어 인용문 비교연구」, 『알타이학보』 16, 한국알타이학회.
_____(2008), 『(한국어·만주어·몽골어)내포문 비교연구』, 한국학술정보.
_____(2009), 「대용어 비교연구−한국어 '것', 몽골어 yum, 만주어 −ngge−」, 『몽골학』 27, 몽골학회.
최영애(1985), 「중국 고대 음운학에서 본 한국어 어원 문제」, 『동방학지』.
崔昌烈(1986), 『우리말 語源硏究』, 一志社.
崔鶴根(1956), 「國語와 Altai語族과의 比較問題에 대하여−特히 몇 個의 共通特質에 對하여−」, 『創立五十週年記念論文集』, 서울大學校 水原農科大學.
_____(1964), 「國語 數詞와 Altai語族 數詞와의 어느 共通點에 對하여」, 『陶南趙潤濟博士 回甲 紀念論文集』, 新雅社.
_____(1978), 「Altai어족설에 관한 한 가설」, 『눈뫼 허웅박사 환갑기념논문집』.
최현배(1927), 「언어상으로 본 조선어」, 『동인지한글』 4-1.
_____(1959), 「'朝鮮'의 말밑」, 『인문과학』 4.
한국사학회 중국사서조선전 역주위원회(1986), 『국역 중국정사 조선전』, 국사편찬위원회.
_____(1987), 『역주 중국정사 조선전』(전3권), 국사편찬위원회.
洪起文(1934), 「數詞의 諸 形態 硏究(三)−通古斯語系 數詞의 比較表−」, 『朝鮮日報』 1934년 4월 11일자. 재수록: 趙恒範 編(1994), 『國語語源硏究叢說(1)−1910~1930년

대-』, 태학사.

_____(1959), 「조선어와 몽고어와의 관계」, 『조선어문』 6.

강맹산·유자민·김영국(1996), 『중국정사중적조선사료 제2권』, 연길: 연변대학출판부.

_____(1996), 『중국정사중적조선사료 제1권』, 연길: 연변대학출판부.

金澤庄三郎(1914), 「言語學上으로 본 朝鮮과 滿洲와 蒙古와의 關係」.

苕上愚公 選, 『東夷考略-附圖』, 廣文書局.

白鳥庫吉(1895), 「朝鮮古代諸國名稱考」, 『史學雜誌』 6·7·8.

史有爲(1991), 『異文化的使者-外來詞』, 吉林敎育出版社.

王迅(1994), 『동이문화여회이문화연구』, 북경: 북경대학출판부.

이위현(1983), 『고려사중중한관계사료휘편』, 대북: 식화출판사.

主法高(1974/1979/1982), 『漢字古今音彙(A Pronouncing Dictionary of Chinese Characters in archaic & ancient chinese, mandarin & cantonese)』, 香港中文大學出版社.

하광악(1990), 『동이교류사』, 남창: 강서교육출판사.

_____(1990), 『東夷源流史』, 江西敎育出版社.

Polivinov, E. D.(1927), "K voprosu, o rodstvennyx otnosenijax korejskogo i 'altajskix' jazykov," *Izvestija Akademii nauk SSSR VI, XXI*, trans. Armstrong, D., "Toward the Question of the Kinship Relations of Korean and the "Altaic" Languages," *E. D. Polivanov Selected Works Articles on General Linguistics*, comp. A. A. Leont'ev, The Hague: Paris: Mouton.

Poppe, N.(1965), *Introduction to Altaic Linguistics*, Wiesbaden: Otto Harrassowitz.

Ramstedt, G. J.(1939), "A Korean Grammar," *Mémoires de la Société Finno-Ougrienne LXXXII*, Helsinki: Suomalais-Ugrilainen Seura.

_____(1949), "Studies in Korean Etymology," *Mémoires de la Société Finno-Ougrienne XCV*, Helsinki: Suomalais-Ugrilainen Seura.

4절

양웅의 『방언』에 수록된 고조선 지역 단어들과 어원커어 비교

엄순천

1. 연구의 대상과 방법
2. 『방언』에 수록된 고조선 지역 단어들 중 명사와 어원커어 명사 비교
3. 『방언』에 수록된 고조선 지역 단어들 중 동사와 어원커어 동사 비교
4. 고조선어와 어원커어의 친연관계

1. 연구의 대상과 방법

알타이어족이 튀르크어파, 퉁구스어파, 몽골어파로 분류된다는 것은 거의 정설로 굳어졌지만 알타이어족 내에서 각 어파의 중요성에 대한 입장은 연구자에 따라 변별적이다. 이는 알타이조어를 재구할 때 두드러졌는데 친치우스(V. I. Chincius)는 퉁구스 제어를 절대시하였다. 반면 대다수 연구자들은 몽골 제어를 중요시하였으며, 몽골어에 근거해 알타이조어를 재구하면서 몽골어와 퉁구스 제어의 유사성을 지적하였다. 하지만 튀르크어파, 퉁구스어파, 몽골어파 중 어느 어파가 기원형인 알타이조어에 더 가까운지 입증할 수 있는 구체적인 근거는 아직 제시되지 않았다. 따라서 알타이조어는 세 어파에 대한 정밀한 연구를 토대로 재구되어야 할 것이다.

퉁구스어파는 알타이조어에서 분화된 뒤 인접한 북방 여러 계통의 언어들과 영향을 주고받으면서 변화·발전해왔다. 이로 인해 퉁구스어파의 계통에 대한 입장은 연구자에 따라 다양하다. 최초로 퉁구스어파의 계통 분류를 시도한 연구자는 시렌크(L. Shrenk, 1883)이다. 시렌크는 퉁구스어파를 다우르어, 솔론어, 나나이어, 오로치어가 포함된 남부분파 혹은 만주분파와 올치어,[1] 오로크어, 네기달어, 사마기르어[2]가 포함된 북부분파 혹은 시베리아 분파로 분류하였다.[3] 시렌크의 뒤를 이어 연구자들마다 독자적인 분류법을 제기하고 있지만, 대부분 언어학적, 인종학적으로 확실한 근거를 제시하지는 못하고 있다. 이런 상황 속에서 현재 대다수의 연구자들은 시테른베르크 (L. Ja. Shterenberg, 1933)의 분류법[4]을 이어받은 친치우스의 분류법을 따르고 있다.

친치우스는 1단계에서 퉁구스어파를 북부분파와 남부분파로 나눈 뒤 북부분파에 어윈커어와 어웡어를 포함시킨다. 2단계에서는 남부분파를 좀 더 세분화하여 만주어 그룹에 만주어를, 허저어 그룹에 허저어, 울치어, 오로크어를, 우디허어 그룹에는 우디허어와 오로치어를 포함시킨다.[5] 많은 연구자들이 친치우스의 분류법에 동의하지만, 현재 북방 소수종족의 상황을 온전히 반영한 것이 아니어서 다음과 같이 재분류될 필요가 있다. 먼저 1단계에서 퉁구스어파를 북부분파와 남부분파로 나눈 뒤 북부분파에 네기달어, 어윈커어,[6] 어웡어를 포함시켜야 할 것이다. 2단계에서는 남부분파를 동남 허저어 그룹과 서남 만주어 그룹으로 나눈 뒤 동남 허저어 그룹에 오로크어, 오로치어, 우디허어, 울치어, 허저어를, 서남 만주어 그룹에 만주어와 시버

---

1 지금의 울치어다.

2 어윈커족의 특정 씨족이 사용하는 언어인데, 시렌크는 독자적인 언어로 보았다.

3 L. Shrenk(1883), *Ob Inorodnitsah Amurskogo kraja 1~3*, Izd. AN SSSR, p. 296.

4 L. Ja. Shternberg(1933), *Giljaki, orochi, gol'dy, negidal'tsy, ajny. Klassifikatsija, korennogo naselenija Priamurskogo kraja*, Dal'giz, pp. 3-4.

5 V. I. Tsintsius(1949), *Sravnitel'naja fonetika tunguso-man'chzhurskih jazykov*, GYPE, p. 8.

6 소수종족의 명칭과 관련하여 러시아에서는 나나이, 에벤, 에벤키, 우데게이, 중국에서는 허저, 어윈커, 어웡, 우디허라는 용어가 사용된다.

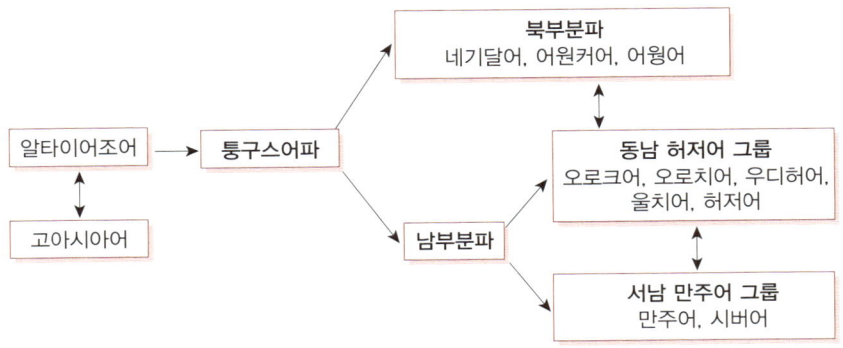

그림 1 _ 퉁구스어파 계통도

어를 포함시켜야 할 것이다(그림 1 참조). 이에 더하여 위 분류법을 따른다면 만주퉁구스어파라는 용어 대신 퉁구스어파라는 용어를 사용하는 것이 더 적합해 보인다.[7]

퉁구스어 북부분파에 속하는 어원커어는 우랄어족 사모예드어파의 느가나산어와 알타이어족 튀르크어파의 돌간어 출현에 결정적인 역할을 하였다. 또 퉁구스어 북부분파의 어윙어, 네기달어, 그리고 퉁구스어 남부분파 동남 허저어 그룹의 허저어, 울치어, 오로크어, 오로치어, 우디허어의 형성에 지대한 역할을 하였다. 퉁구스 제어에서 어원커어가 차지하는 중요성을 고려하여 본 연구에서는 퉁구스 제어 중 어원커어와 한(漢) 성제(成帝) 때 촉군(蜀郡) 성도(成都) 사람인 양웅(揚雄, 기원전 53~기원후 18)의 『방언(方言)』(원제는 『유헌사자절대어석별국방언(輶軒使者絶代語釋別國方言)』)에 조선 지역 방언으로 수록된 어휘를 비교·분석할 것이다.

본 연구의 비교 대상은 『방언』에 조선 지역 어휘로 수록된 32개 단어 중

---

7 이에 대해서는 김주원 외, 『사라져가는 알타이언어를 찾아서』, 태학사, 2008, 66-133쪽 참고.

이연주(2008: 46-48)가 중국어에서 조선어로 유입되었다고 제시한 자(荣), 가(瑕), 조(斛), 앙각(𢌞角), 집(斟), 박(膊), 수식(樹植), 의성·의태어로 추정되는 복부(鵾鶋), 역(鷠), 훤(咺) 10개를 제외한 22개 단어이다. 본 연구에서는 먼저 이 단어들을 명사와 동사로 나눈 뒤 『방언』의 집필 시기가 중국 상고음 시대라는 사실을 고려하여, 이 단어들을 중국 상고음[8]으로 재구하여 음성적, 의미적으로 유사한 어윈커어 단어들과 비교할 것이다. 그런데 거의 2,000년 전의 어휘와 현대 어윈커어 단어를 비교해야 한다는 난제로 인해 이 글에서는 알타이 제어 내의 음성과 음운의 변형 규칙뿐만 아니라 『방언』에 수록된 조선 지역 단어들과 어윈커어 단어 간 음상(音像)의 유사성 비교에도 관심을 기울일 것이다. 물론 본 연구는 비교 대상 단어의 수가 극히 적다는 한계를 내포하고 있지만, 『방언』에 수록된 조선 지역 단어들과 어윈커어의 상관관계 비교를 통해 고조선어의 계통을 규명할 단초를 제공하고 한국어와 알타이 제어 간 친연관계 규명에 기초 자료를 제공할 수 있을 것이다.

2. 『방언』에 수록된 고조선 지역 단어들 중 명사와 어윈커어 명사 비교

『방언』에 수록된 조선 지역 단어들 중 명사는 〈표 1〉처럼 11개이다. 본 장에서 이 단어들과 음성적, 의미적으로 유사한 어윈커어 명사를 비교·분석할 것이다.

---

8   중국 상고음은 王力, 鄭张尚芳, 李方桂를 참고했으며 표의 순서도 이에 따른다. http://www.eastling.org/oc/oldage.aspx를 참고함(검색일: 2016.07.10~2016.12.30).

표 1 _ 『방언』에 수록된 조선 지역 단어들 중 명사의 중국 상고음과 분포 지역

번호	조선 지역 단어	의미	중국 상고음	사용 지역	출처 (권-조항)
1	단(椴)	말뚝	duan/ doons/ duanh	연지동북조선열수지간 燕之東北朝鮮洌水之間	권5-31
2	독여(蝳蜍)	거미	dukʑia/ duugɦlja/ dəkwdjag	북연조선열수지간 北燕朝鮮洌水之間	권11-16
3	병(鉼)	솥	pieŋ/peŋʔ/ pjiŋx	북연조선열수지간 北燕朝鮮洌水之間	권5-1
	전(錪)	솥	tyən/ tɯɯnʔ/ tiənx	북연조선열수지간 北燕朝鮮洌水之間	권5-1
4	비(豾)	고양잇과, 갯과 동물	*/*/phjiəg	북연조선지간 北燕朝鮮之間	권8-2
5	수(樹)	침상 앞의 가로대	ʑio/djoʔ/ djugx	북연조선지간 北燕朝鮮之間	권5-36
6	시(偍)	걸어 다니는 모습	die/deʔ/ drjigx	조선열수지간 朝鮮洌水之間	권6-31
7	양(揚)	한 쌍의 눈	ʎiaŋ/laŋ/ raŋ	연대조선열수지간 燕代朝鮮洌水之間	권2-5
8	엽유(葉褕)	짐승의 솜털, 부드러운 털	ɕiapʎio/ hljeblow/ hrjapragw	연지북교조선열수지간 燕之北郊朝鮮洌水之間	권2-29
9	장(瓺)	질그릇	diaŋ/daŋ/ drjaŋ	연지동북조선열수지간 燕之東北朝鮮洌水之間	권5-11
10	책(策)	작은 나뭇가지	tʃhek/ shreeg/ tshrik	연지북비조선열수지간 燕之北鄙朝鮮洌水之間	권2-8

1) 단(椴)

『방언』 권5-31에는 "橛, 燕之東北朝鮮洌水之間, 謂之椴(연의 동북, 조선열수 사이 지역에서는 말뚝을 단이라고 한다)."라는 구절이 나온다. 『이아(爾雅)』 제5권 「석궁(釋宮)」에는 "橛謂之闑(궐은 말뚝을 이른다)."이라는 구절이 나오고, 곽박(郭璞)은 『이아』 주에서 "門闑也(문은 궐이라 한다)."라고 하였다.[9] 단을 이현숙(1995: 433)은 '문지방', 이연주(2009: 480)는 '나무 말뚝, 짧은 말뚝'으로 풀이하였는데, 『방언』 텍스트에 근거할 때 '말뚝'으로 풀이하는 것이 더 적합하다.

단의 중국 상고음은 duan/doons/duanh인데, 이와 음성적으로 유사한 어원커어에 '친척, 시부모, 아내를 데리고 오는 씨족'이라는 의미의 'dan', '10'을 의미하는 'dʲan', '길게 잡아 늘이다'라는 의미의 'tan'이 있지만 의미상 관련이 없다. 유사한 의미의 어원커어에 '긴 막대기'라는 의미의 'serang', '나무 말뚝'이라는 의미의 'baksa', '나무 말뚝, 샤먼 의식용 기둥'이라는 의미의 'turu'가 있지만, 단과 음성적으로 관련이 없으므로 단은 어원커어와 관련이 없는 단어로 추정된다.

2) 독여(蝳蜍)

『방언』 권11-16에는 "鼅鼄也, 北燕朝鮮洌水之間, 謂之蝳蜍(북연, 조선열수 사이 지역에서는 거미를 독여라고 한다)."라는 구절이 나온다. 이현숙(1995: 439-440)과 이연주(2009: 480)는 독여를 '거미'로 풀이했다. 독여의 중국 상고음은

---

9 이충구 외 역주(2004), 『이아주소』 3, 소명출판사, 125쪽.

dukʑia/duugfilja/dəkwdjag인데 이와 음성적으로 유사한 어원커어는 찾을 수가 없다. 어원커어에 거미라는 의미의 'ataki'가 있지만 독여와 음성적 유사성이 발견되지 않으므로 독여는 어원커어와 관련 없는 단어로 추정된다.

3) 병(鉼)/전(鏏)

『방언』 권5-1에는 "鍑, 北燕朝鮮洌水之間, 或謂之鏏, 或謂之鉼(솥을 북연, 조선열수 사이 지역에서는 전이나 병이라고 한다)."이라는 구절이 나온다. 이현숙(1995: 432)은 병(鉼)은 팽(烹)의 동음가차로, 전(鏏)은 '작은 솥'으로, 이연주(2009: 480)는 병과 전 모두 '솥'으로 풀이하였는데, 『방언』 텍스트에 근거할 때 병과 전 모두 '솥'으로 풀이하는 것이 더 적합해 보인다. 병(鉼)의 중국 상고음은 pieŋ/peŋʔ/pjiŋx인데 어원커어에서 음성적으로 이와 유사한 단어를 발견하기 힘들다. 병과 의미가 유사한 어원커어에는 '음식 조리용 솥'을 의미하는 'kalan', '큰 청동 솥'을 의미하는 'chirke, simtudja'이 있다. 하지만 병과 음성적 유사성이 발견되지 않기 때문에 병은 어원커어와 관련이 없는 단어로 추정된다.

전(鏏)의 중국 상고음 발음은 tyən/tuuun?/tiənx인데, 음성적으로 유사한 어원커어에 '원'을 의미하는 'tongika', '내장, 내부, 내용물'을 의미하는 'don'이 있지만 의미상 전과 관련짓기는 어렵다. 의미상 유사한 어원커어에는 상술하였듯이 '음식 조리용 솥'을 의미하는 'kalan', '큰 청동 솥'을 의미하는 'chirike, simtudja'가 있는데, 'chirike'가 전과 관련이 있을 것으로 추정된다. 'chirike'는 chir(어근)+i(매개모음)+ke(접미사)의 구조로 'chir'는 '솥'이라는 의미소를 가진 어근이고, '-i-'는 어근의 어말 자음 r과 접미사의 어두 자음 k를 연결해주는 매개모음이며, '-ke'는 '크기'를 나타내는 접미사이다. 알타이 제어에서 d/t가 i/j를 만나 ʒ나 ch로 바뀌는 현상, l(r), n, ŋ, j가 n으로 바뀌는 현상, '솥'이라는 공통 의미소를 고려할 때 전과 'chirike'는 연결이 가능해 보인다.

4) 비(貔)

『방언』 권8-2에는 "貔. 北燕朝鮮之間, 惑謂之䫅, 謂之貔(북연, 조선 사이 지역에서는 비를 비라고 한다)."라는 구절이 나온다. 또 『시(詩)』, 『서(書)』, 『이아』, 『설문해자』에는 "비(貔)는 맹수를 이른다."라는 기록이 있고, 유희(柳僖)의 『물명고(物名攷)·유정류(有情類)』에는 "비휴(貔貅)는 맹수 이름인데 형상을 알 수 없다."라는 기록이 있다. 이를 근거로 이현숙(1995: 437-438)은 "비는 맹수의 이름이며 거란국에 커다란 쥐와 비슷하고 다리가 짧은 비리(貔狸)라는 동물이 있었다."고 풀이하였다. 이연주(2009: 480)는 비를 '비(犴), 동자(同字), 호랑이와 유사한 맹수'로 풀이하였다. 위 여러 연구자들의 주장에 근거할 때 비는 고양잇과에 속하는 표범과 호랑이, 갯과에 속하는 이리, 늑대, 승냥이를 모두 가리키는 것으로 추정된다.

비(貔)의 중국 상고음은 */*/phjiəɡ인데, 이와 음성적으로 유사한 어원커어에 1인칭 대명사 'bi', '-이다'라는 의미의 'bi-'가 있지만 의미상 비와 관련이 없다. 거란국의 비리를 음성적으로 유사한 이리의 일종이라고 가정한다 해도 어원커어에 이와 유사한 단어는 없다. 하지만 어원커어에 늑대를 의미하는 단어는 agilkan(aginkan), bəjchən, irgichi, guskə, girku, dolbosik, dəvəe, chinukaj, sivigə(hivigə), kuturuk, utyngə의 11개에 이를 만큼 무척 많다. 이렇게 늑대를 의미하는 단어가 많다는 것은, 어원커족 거주 지역에 아주 오래 전부터 늑대가 많이 서식하였고 어원커족의 삶에서 늑대가 중요한 의미를 차지하였다는 증거이다. 물론 늑대는 어원커족의 삶에서 부정적인 의미를 더 많이 지니고 있다. 위 단어 중 'bəjchən'을 음성적으로 비와 관련시킬 수 있으며, 이와 음성적으로 유사한 어원커어에 '동물, 맹수'를 의미하는 'bəjngə', '사냥하다'라는 의미의 'bəjngə-'가 있는데 모두 '불특정 동물이나 맹수'를 의미하는 어원커어 고형 'bəj'에서 기원한다. 즉 어원커어에서 '늑대'를 의미하는 'bəjchən', '동물, 맹수'를 의미하는 'bəjngə', '사냥하다'라는 의미의 'bəjngə-'는 구조상 모두 'bəj'에서 파생되었고, 비는 'bəj'와 음성적, 의미적으로 관련이 있을 것으로 추정된다.

고대 돌궐 오르혼 비문에 "böri teg ermiš(그 왕은 늑대같다)."라는 구절이 있다.[10] 여기에서 늑대라는 의미의 'böri'는 비와 음성적, 의미적으로 유사하다. 이에 근거할 때 비는 아주 고대에 기원하여 알타이 제어에 유사한 어형과 의미로 광범위하게 전파된 것으로 추정되지만, 기원형 규명은 불가능하다. 다만 비가 고양잇과, 갯과 동물을 모두 지칭한다면, 비는 아주 고대에는 특정 동물을 지칭하기보다 맹수, 동물이라는 일반적인 의미를 지녔으나, 여러 지역으로 전파되는 과정에서 지역적 특성에 맞게 의미를 선택하게 되면서 중국 내륙에서는 고양잇과 맹수를, 시베리아에서는 갯과 짐승을 주로 가리키게 된 것으로 추정된다.

5) 수(樹)

『방언』 권5-36에는 "牀, 其杠, 北燕朝鮮之間, 謂之樹(침상 앞에 가로 댄 막대를 북연, 조선 사이 지역에서는 수라고 한다)."라는 구절이 나온다. 수를 이현숙(1995: 434)은 '침상 앞에 가로댄 막대', 이연주(2009: 480)는 '침상 앞의 가로대'

---

10 최한우(2006), 『중앙아시아연구 (상)』, 펴내기, 72쪽.

로 유사하게 풀이하였다. 수의 중국 상고음은 ʑio/djoʔ/djugx이며, 이와 음성적으로 유사한 어원커어는 어두음에 따라 세 그룹으로 나눌 수 있다. 첫 번째 그룹에는 어두음이 d인 단어들이 속하는데, '놓다, 안으로 집어넣다, 찔러넣다, 숨다'라는 의미의 'dy', '집, 천막집'이라는 의미의 'dju'가 있으나 의미상 수와는 관련이 없다. 두 번째 그룹에는 어두음이 s인 단어들이 속하는데, 복수 2인칭 대명사 'su', '표시하다, 고치다'라는 의미의 'su-', '스키용 지팡이'라는 의미의 'sudjak', '띠, 끈'이라는 의미의 'suna'가 있지만 수와는 관련이 없어 보인다. 세 번째 그룹에는 어두음이 t인 단어들이 속하는데, '쇠뇌에 대는 막대기'를 의미하는 'tuvkə', '리본, 실, 끈'을 의미하는 'tunga'가 있으나 수와는 관련이 없어 보인다.

의미상 수와 유사한 의미의 어원커어에는 '나무, 기둥'이라는 의미의 'mo', '지팡이, 막대기'라는 의미의 'mokan', '나무 울타리, 목책'이라는 의미의 'sadkan'이 있는데 모두 수와는 관련이 없는 단어로 추정된다.

6) 시(徥)

『방언』 권6-31에는 "徥, 用, 行也, 朝鮮洌水之間惑曰徥(시, 용은 행하는 것이다. 조선열수 사이 지역에서는 시라고도 한다)."라는 구절이 나온다. 시를 이현숙(1995: 434)은 '걸어 다니는 것이나 걷는 모습'으로, 이연주(2009: 480)는 '다니다, 함께 다니는 모습, 걸어 다니는 모습'으로 거의 비슷하게 풀이하였다. 시(徥)의 중국 상고음은 die/deʔ/drjigx인데 이와 음성적으로 유사한 어원커어는 세 그룹으로 나누어진다. 첫 번째 그룹에는 어두음이 d인 단어가 포함되며 '친척, 남편, 아내, 친구, 동지'라는 의미의 'de', '날아다니다'는 의미의 'deg'가 있는데, 의미상 시와는 관련이 없다.

두 번째 그룹에는 어두음이 s인 단어가 포함되는데 '씹다'를 의미하는 'se', '목이 쉬다, 사냥하다'라는 의미의 'si-'가 있지만 시와의 관련성을 찾기는 어렵다. 세 번째 그룹에는 어두음이 t인 단어들이 포함되는데 '보름달'을 의미하는 'ty', '미끄러지다'를 의미하는 'ty-', '빌리다, 빼앗다, 끌고 가다'를 의미하는 'ty-'가 있지만 의미상 시와 연결 가능한 단어는 없다. 시와 유사한 의미의 어원커어에 '걷는 모습'을 의미하는 'girkun'이 있다. 'girkun'은 'gir-(어근)+-kun(접미사)' 구조로 'gir-'는 '걷다'를 의미하고 '-kun'은 특정 모습을 나타내는 접미사이다. 'gir'와 시의 음성적 유사성은 발견되지 않지만, 알타이 제어의 어말 -r이 중국어에서는 탈락한다는 점, 시의 중국 상고음과 'gi'의 음상이 유사한 점에 근거할 때 서로 관련시킬 수 있을 것이다.

7) 양(揚)

『방언』 권2-5에는 "繇, 鑠, 盱, 揚, 滕, 雙也. 燕代朝鮮洌水之間曰盱, 或謂之揚(면, 삭, 우, 양, 등은 쌍을 의미한다. 연, 대, 조선열수 사이 지역에서는 우 혹은 양이라 한다)."이라는 구절이 나온다. 『시경(詩經)·기차(掎嗟)』에는 "美目揚兮(아름다운 눈을 들다)."라는 구절이 있으며 『역(易)·예(豫)』에는 "盱謂睢盱. 朱熹本義: 上視也(우는 눈을 부릅뜨는 것이다. 주희가 말하길 본래 위쪽을 쳐다본다는 의미이다)."라는 구절이 있다. 이를 근거로 이현숙(1995: 426)은 "양, 우는 본래 짝수를 나타내는 쌍의 의미였으나 의미가 확대되어 양은 한 쌍의 눈을, 우는 한 쌍의 눈을 들어서 바라보다라는 의미를 지니게 되었다."고 풀이하였다. 또 "사람의 눈과 눈썹 사이를 양(揚), 말의 눈썹 위에 금속 장식을 하는 것을 누석(鏤錫), 방패 등에 금속 장식을 하는 것을 설석(設錫)이라 한다."라는 『전소(箋疏)』의 기록을 근거로 이현주(1995: 425-426)는 "양, 누석, 설석은 아름답다는 공통의 의미를 가지고 있다."고 해석하였다. 반면 이연주(2009: 466)는 "조선에서 양, 우는 검은 눈동자를 의미한다."고 풀이하였다. 위 여러 문헌에 근거할 때 양은 '한 쌍의 눈'이라고 풀이하는 것이 적합해 보인다.

양의 중국 상고음 발음은 ʎiaŋ/laŋ/raŋ인데 알타이 제어에서 l(r)이 어두에 오지 않는다는 점을 고려할 때, 이와 음성적으로 유사한 어원커어에 '예, 그렇다'의 'ang', '원추 모양의 산, 언덕'이라는 의미의 'jang'이 있지만 의미상 양과는 관련이 없다. 의미상 양과 유사한 단어로 '눈'을 의미하는 'ɔca', 눈동자를 의미하는 'ichəmuk'이 있지만 양과 음성적으로 관련이 없다. 따라서 양은 어원커어와 관련이 없는 단어로 추정된다.

8) 엽유(葉褕)

『방언』권2-29에는 " 揄鋪, 帗㡊, 帗縷, 葉褕, 毳也. 燕之北郊朝鮮洌水之間曰葉褕(유포, 람무, 불루, 엽유는 솜털이다. 연의 북쪽 변경, 조선열수 사이 지역에서는 엽유라고 한다)."라는 구절이 나온다. 또 『설문해자』에는 "毳, 獸細毛也(취는 짐승의 가는 털이다)."라는 구절이 나온다. 이현숙(1995: 427)은 『설문해자』와 유사하게 엽유를 '짐승의 가는 털이나 털옷'으로 풀이한 반면, 이연주(2009: 479)는 '연약하다, 부드럽다'로 풀이하였다. 『방언』텍스트에 근거할 때 엽유는 '짐승의 솜털, 부드러운 털'로 풀이해야 할 것이다.

엽유(葉褕)의 중국 상고음은 ɕiapʎio/hljeblow/hrjapragw인데 이와 음성적으로 유사한 어원커어는 찾을 수가 없다. 의미상 엽유와 유사한 어원커어는 '부드러운 동물의 털이나 가죽'을 가리키는 'nemumə, dju'가 있지만 음성적으로 엽유와 연결시키기가 힘들다. 따라서 엽유는 어원커어와 관련이 없는 단어로 추정된다.

9) 장(甀)

『방언』 권5-11에는 "罃, 燕之東北朝鮮洌水之間, 謂之甀(물독을 연의 동북, 조선열수 사이 지역에서는 장이라고 한다)."이라는 구절이 나온다. 이현숙(1995: 432)은 "앵(罃)과 앵(甖)은 같은 단어이며, 장(甀)은 목이 긴 그릇이라는 의미의 장경(長頸)이다"로 풀이하였다. 이연주(2009: 480)은 '동이, 장군 따위의 질그릇'으로 풀이하였는데 '질그릇'으로 풀이하는 것이 더 적합해 보인다. 장의 중국 상고음은 diaŋ/daŋ/drjaŋ인데 이와 음성적으로 유사한 어원커어에 '친척'을 의미하는 'dan', '10'을 의미하는 'djan'이 있으나 의미상 서로 관련이 없다. 유사한 의미의 어원커어에 '진흙'을 의미하는 'typala, tymbala; chata, chavida, chipala', '그릇'을 의미하는 'tygəl' 등이 있다. 이 단어들은 어근 'ty-'형과 'cha-'형으로 나누어지는데, 알타이 제어에서 d/t가 i/j를 만나 ʒ나 ch로 바뀌는 현상은 일반적이므로 변화의 순서는 'di-→ty-→cha-'이며 'ty-'형이 'cha-'형보다 먼저 발생하였을 것이다. '진흙'을 의미하는 'cha'와 '장'은 음성적 유사성과 '진흙'이라는 공통의 의미소로 인해 서로 관련이 있는 단어로 추정된다. 어원커어에 '질그릇'을 의미하는 단어는 없고 '진흙+그릇'의 합성어인 'chavidjama tygəl'가 있지만 장과는 연결하기 어렵다.

10) 책(策)

『방언』 권2-8에는 "私, 策, 纖, 稺, 杪, 小也. 燕之北鄙, 朝鮮洌水之間, 謂之策(사, 책, 섬, 치, 초는 작다이다. 연의 북쪽 변경, 조선열수 사이 지역에서는 책이라고 한다)."이라는 구절이 나온다. 그런데 『방언』 권3-12에는 "凡草木刺人, 北燕朝鮮之間謂之茦(무릇 풀과 나무가 사람을 찌르는 것으로 북연, 조선 지역에서는 자라고 한다)."라는 구절이 나온다. 그렇다면 자(策), 자(莿), 책(策)은 발음은 다르지만 유사한 의미를 지닌 단어라고 할 수 있다. 이현숙(1995: 427)은 '策은 나뭇가지, 箠는 가는 나뭇가지가 사람을 찌르는 것, 莿는 가는 나뭇가지'로 풀이하였고, 이연주(2009: 463)는 책을 '나뭇가지가 사람을 찌르다'로 풀이하였다. 『방언』의 설명에 의하면 책은 '부모가 아이를 매질할 때 사용하는 나뭇가지'[11]이므로 '짧은 나뭇가지'로 풀이하는 것이 더 적합할 것이다.

책(策)의 중국 상고음 발음은 tʃhek/shreeg/tshrik인데, 이와 유사한 어원커어에는 '모으다, 몸을 돌리다'라는 의미의 'chak-', '결빙기의 얇은 얼음'을 의미하는 'chek'이 있으나 의미상 관련이 없다. 책과 유사한 의미의 어원커어에는 '찌르다'라는 의미의 'gidjadami, arkidami, huchudemi', '나뭇가지'라는 의미의 'gara, səktə', '회초리'라는 의미의 'sektakan'이 있다. '나뭇가지'라는 의미의 'səktə'와 '회초리'라는 의미의 'sektakan'의 기원형은 'səkt-'이다. 'səktə'에서 'sektakan'이 파생되었는데 '나뭇가지'에서 '나무로 만든 회초리'로 의미 확장을 하면서 형태 변형이 함께 발생하였다. 그런데 s음과 ch음은 서로 쉽게 변형되므로 'səktə'와 책은 음성적, 의미적으로 관련이 있을 것으로 추정된다. 두 단어가 관련이 있다면 어원커인들도 자녀 교육을 위해 나뭇가지로 만든 회초리를 사용하였다고 추정할 수 있는데, 이는 어원커인의 주요 거주지가 타이가 삼림 지역이라는 사실과도 연결될 수 있다.

이 장에서는 『방언』에 수록된 조선 지역 단어들 중 단(椴), 독여(蝳蜍), 병(鉼)/전(鏉), 비(貏), 수(樹), 시(徥), 양(揚), 엽유(葉楡), 장(瓺), 책(策)의 11개 명사와 어원커어 명사를 비교하였다. 이 중 어원커어와 유사성이 발견되는 단

---

11 이현숙(1995),「『方言』中의 朝鮮洌水之間語彙釋例研究」,『중어중문학』17, 457쪽.

표 2 _ 『방언』에 수록된 조선 지역 단어들 중 명사와 어원커어 명사의 관련성

번호	조선 지역 단어	의미	유사 어원커어(의미)	어원커어와 관련성
1	단(椴)	말뚝		×
2	독여(蝳蜍)	거미		×
3	병(鉼)	솥		×
	전(錪)	솥	chirike(큰 청동 솥)	○
4	비(貊)	고양잇과, 갯과 동물	bəj(동물, 맹수)	○
5	수(樹)	침상 앞의 가로대		×
6	시(徥)	다니다, 걸어 다니는 모습	gir(걷다)	○
7	양(揚)	한 쌍의 눈		×
8	엽유(葉褕)	짐승의 솜털, 부드러운 털		×
9	장(瓺)	질그릇	cha-(진흙)	○
10	책(策)	작은 나뭇가지	səktə(나뭇가지)	○

어는 비(貊), 시(徥), 장(瓺), 전(錪), 책(策)의 5개 단어로 전체의 46퍼센트였으며, 유사성이 없는 단어는 단(椴), 독여(蝳蜍), 병(鉼), 수(樹), 양(揚), 엽유(葉褕)의 6개로 전체의 54퍼센트였다. 명사의 경우 어원커어와 유사성이 있는 단어와 유사성이 없는 단어의 비율은 비슷하였으며, 유사성 유무와 사용 지역의 차이는 발견되지 않았다.

3. 『방언』에 수록된 고조선 지역 단어들 중 동사와 어원커어 동사 비교

양웅의 『방언』에 수록된 조선 지역 단어들 중 동사는 〈표 3〉처럼 11개이

다. 이 장에서 이 단어들과 음성적, 의미적으로 유사한 어원커어 동사를 비교·분석할 것이다.

표 3 『방언』에 수록된 조선 지역 단어들 중 동사의 중국 상고음과 분포 지역

번호	조선 지역 단어	의미	중국 상고음	사용 지역	출처 (권-조항)
1	국(摎)	헤어지다, 흩어지다	kiuk/klug/ kjəkw	연지북교조선열수지간 燕之北郊朝鮮洌水之間	권7-12
2	규영(嫢盈)	화내다, 꾸짖다	gwjidx riŋ/ kĭwe ʎĭeŋ/*	연지북교조선열수지간 燕之北郊朝鮮洌水之間	권7-18
3	로(癆)	약물에 중독되다	lô/raaw,/lagw	북연조선지간 北燕朝鮮之間	권3-13
4	녈·날(涅)	바뀌다, 변화하다, 부화하다	nyet/niig/nit	연조선열수지간 燕朝鮮洌水之間	권3-6
	와(譁)	변화하다	xoa/qhʷraa/ hwrag	연조선열수지간 燕朝鮮洌水之間	권3-6
5	요선(搖扇)	신속하다, 빠르다	*ɕian/hljen/ hrjan	연지북교조선열수지간 燕之北郊朝鮮洌水之間	권2-34
6	우(旰)	한 쌍의 눈을 들어서 바라보다	xiua/qhʷa/ hwjag	연대조선열수지간 燕代朝鮮洌水之間	권2-5
7	장(壯)	풀이나 나무가 사람을 찌르다	tʃiaŋ/ʔsraŋs/ tsrjaŋh	북연조선지간 北燕朝鮮之間	권3-12
8	진현(賑眩)	번거롭고 속이 답답하며 번민하다	*ɣyuan/*gʷeen/ djiengwian	조선열수지간 朝鮮洌水之間	권7-25
	한만(漢漫)	번거롭고 속이 답답하며 번민하다	xanmuan/ hnaansmoons/ hanhmuanh	조선열수지간 朝鮮洌水之間	권7-25
9	포(抱)	알을 품다	bu/buuʔ/bəgwx	북연조선열수지간 北燕朝鮮洌水之間	권8-4

1) 국掬

『방언』 권7-12에는 "播, 離也. 燕之北郊, 朝鮮洌水之間曰掬(파는 '분리하다', '헤어지다'이다. 연의 북쪽 외곽과 조선열수 사이 지역에서는 국이라 한다)."라는 구절이 나온다. 이현숙(1995: 435)은 "국은 파(播)의 오류이며 국의 의미는 이산(離散)"이라고 주장하였으며, 이연주(2009: 467)는 이현숙의 입장을 오류로 보고 '헤어지다, 흩어지다'로 풀이하였다. 『방언』 텍스트에 근거할 때 국은 '헤어지다, 흩어지다'를 의미하는 것으로 추정된다.

국(掬)의 중국 상고음은 kiuk/klug/kjəkw인데 이와 음성적으로 유사한 어원커어에 '쫓아가다, 추월하다'는 의미의 'gug', '깨물다'라는 의미의 'kuk'이 있지만 의미상 국과는 관련이 없다. 국과 유사한 의미의 어원커어에 '흩어지다'라는 의미의 'huetchemi, hueldydemi', '헤어지다'라는 의미의 'huetmi, hueldymi'가 있다. 이 단어들은 구조상 'huet-/huel-'에서 파생되었는데, 퉁구스 제어에서 후대에 어말 t-가 -l로 변형된 점으로 미루어 기원형은 'huet-'이다. 그런데 어원커어에서 어두음 g와 h가 지역에 따라 쉽게 호환된다는 점을 고려할 때 국은 어원커어와 관련이 있는 단어로 추정된다.

2) 규영(䰩盈)

『방언』 권7-18에는 "魏盈, 怒也. 燕之外鄙, 朝鮮洌水之間, 凡言呵叱者, 謂之魏盈(규영은 화를 내는 것이다. 연의 변경. 조선열수 사이 지역에서는 화를 내면서 꾸짖는 것을 규영이라고 한다)."이라는 구절이 나온다. 규영을 이현숙(1995: 436)은 '성내어 꾸짖다'로, 이연주(2009: 480)은 '화내다, 꾸짖다'로 거의 동일하게 풀이하였다.

규영(嬰盈)의 중국 상고음은 gwjidxriŋ/kǐweʌǐeŋ/*인데 이와 음성적으로 유사한 어원커어에는 '소리치다, 맥박이 뛰다, 가슴을 치다'라는 의미의 'gəe-, gəeŋ'이 있다. 소리를 치는 행위는 '화를 내면서 꾸짖다'라는 의미와 연결이 가능하므로 규영은 어원커어와 관련이 있는 단어로 추정된다. 이 외에 규영과 유사한 의미의 어원커어에 '화내다'라는 의미의 'tykuldjami', '꾸짖다'라는 의미의 'sələdemi', 'bolgidami', 'bolgitchami', 'həŋkətchɛmi', 'ləgidemi', 'valademi'가 있지만 음성적인 관련성을 찾기는 어렵다.

3) 로(癆)

『방언』권3-13에 "凡飮藥傳藥而毒, 北燕朝鮮之間, 謂之癆(무릇 약을 먹거나 발라서 몸이 상한 것을 북연, 조선 사이 지역에서는 로라 한다)."라는 구절이 있다. 또 『설문해자』에는 "朝鮮謂藥毒曰癆(조선에서는 약물에 중독된 것을 로라 한다)."라는 구절이 있고, 『광아(廣雅)』에는 "癆, 痛也(로는 아픈 것이다)."라는 구절이 있다.[12] 이처럼 로의 해석과 관련하여 중국 사서에는 '약 때문에 몸이 상했다', '약물에 중독되었다', '아프다'로 의견이 나누어진다. 이를 근거로 이현숙(1995: 430)은 '약을 먹거나 발라서 매우 아프다'로, 이연주는 『설문해자』와 유사하게 '약물에 중독되다'로 풀이하였다. 『방언』텍스트에 근거할 때 로는 '약물로 몸이 상하다' 또는 '약물에 중독되다'로 풀이하는 것이 더 적합해 보인다.

로(癆)의 중국 상고음은 lô/raaw/lagw인데 알타이 제어에서 l(r)음은 어두에 오는 것을 꺼리므로 어두에 l 이외의 자음이 있거나 l이 탈락하였다는 전

---

12 이현숙(1995), 430쪽.

제하에 어원커어와 음성적으로 유사한 단어를 찾아야 한다. 어원커어에는 '땀이 나다'라는 의미의 'ne-', '추격하다, 추월하다'라는 의미의 'njo', '향기를 퍼뜨리다, 질식시키다, 숨이 막히게 하다'라는 의미의 'ŋo-', '귀찮게 하다'라는 의미의 'ŋo-'가 있지만, 의미상 어원커어와 연결이 힘들다. 로와 유사한 의미의 어원커어에는 '약물에 중독시키다, 독살하다'라는 의미의 'buvkən-'이 있지만 로와 관련이 없어 보이므로 로는 어원커어와 관련이 없는 단어로 추정된다.

4) 녈·날(涅)/와(譁)

『방언』 권3-6에 "化也. 燕朝鮮洌水之間曰涅, 惑曰譁, 鷄伏卵而未孚, 始化之時, 謂之涅(변화하는 것이다. 연과 조선열수 사이 지역에서는 날이라고 하는데, 와라고도 한다. 부화하지 않은 상태에서 막 부화하려는 것을 날이라 한다)."이라는 구절이 나온다. 위 텍스트에 근거해 이현숙(1995: 428)은 '날은 막 부화하려는 것, 와는 변화하는 것'으로 풀이하였다. 이연주(2009: 466~467)는 '날은 바뀌다, 변화하다, 부화하다'로, 와는 '변화하다'로 풀이하였다. 『방언』 텍스트에 근거할 때 이미 변화가 이루어진 것은 와이고 변화의 출발점에 있는 상태는 날이다.

녈(涅)의 중국 상고음은 nyet/niig/nit인데 이와 음성적으로 유사한 어원커어에 '떠나다'라는 의미의 'nekə-', '여러 군데 놓다, 사방에 배치하다'라는 의미의 'nət', '옮기다'라는 의미의 'en'이 있지만 의미상 녈/날과 연결시키기는 어렵다. 녈/날과 유사한 의미의 어원커어에 '부화하다'라는 의미의 'jumi', '변화하다'라는 의미의 'hərumi, djugədymi, hungtungmi'가 있는데 음성적으로 관련이 없으므로 녈/날은 어원커어와 관련이 없는 단어로 추정된다.

와의 중국 상고음은 xoa/qhʷraa/hwrag인데 이와 음성적으로 유사한 어원커어에 '보충하다, 더하다'라는 의미의 'hav-'가 있지만 의미상 관련이 없다. 상술한 '부화하다, 변화하다'라는 의미의 단어 중 'hərumi'는 'həru(어간)+mi(동사형 어미)'의 구조인데 와의 중국 상고음 hwrag와 'həru'는 음성적으로 유사하고 음상도 비슷하므로 와는 어원커어와 관련이 있는 단어로 추정된다.

5) 요선(搖扇)

『방언』 권2-34에는 "速, 逞, 搖扇, 疾也. 燕之外鄙, 朝鮮洌水之間曰搖扇(속, 령, 요선은 '빠르다'이다. 연의 변경, 조선열수 사이 지역에서는 요선이라고 한다)."이라는 구절이 나온다. 이현숙(1995: 427-428)은 요선을 '빠른 모습'으로, 이연주(2009: 479)는 '신속하다, 빠르다'로 풀이하였는데, 『방언』 텍스트에 근거할 때 '빠르다'가 더 적합한 풀이로 보인다.

요선(搖扇)의 중국 상고음은 rjagwhrjan/ʎĭauçian/ʎĭauçian이다. 이와 음성적으로 유사한 어원커어에 '고치다, 정정하다, 질서를 바로잡다'는 의미의 'ajus, ajusin', '잡아 뜯다'라는 의미의 'isin', '빠져나오다'라는 의미의 'jusin', '불꽃, 모퉁이, 번개'라는 의미의 'hosin', '불꽃이 날아가다, 번개가 치다'라는 의미의 'hosin-'이 있다. 요선과 유사한 의미의 어원커어에 '빠르다'는 의미의 'təlinngə, himat, turgəndi'가 있지만 요선과 관련짓기는 어렵다. 따라서 요선은 어원커어와 관련이 없는 단어로 추정된다.

6) 우(盱)

『방언』 권2-5에는 "䌛, 鑠, 盱, 揚, 滕, 雙也. 燕代朝鮮洌水之間曰盱,

惑謂之揚(면, 삭, 우, 양, 등은 쌍을 의미한다. 연, 대, 조선열수 사이 지역에서는 우 혹은 양이라 한다)."이라는 구절이 나온다. 『역·예』에는 "盱謂睢盱. 朱熹 本義: 上視也(우는 눈을 부릅뜨는 것이다. 주희가 말하길 본래 위쪽을 쳐다본다는 의미이다)."라는 구절이 있다. 이를 근거로 이현숙(1995: 426)은 '한 쌍의 눈을 들어 바라보다'로, 이연주(2009: 466)는 '검은 눈동자'로 풀이하였다. 『방언』과 『역·예』에 근거할 때 '한 쌍의 눈을 들어 위를 바라보다'로 풀이하는 것이 적합해 보인다.

우(盱)의 중국 상고음은 xiua/qhʷa/hwjag인데, 우와 음성적으로 유사한 어원커어로 '무언가를 깎는 도구'라는 의미의 'u', '짐승의 내장'을 의미하는 'u', '앉다'라는 의미의 'ug~uk', '약탈자'라는 의미의 'hug'가 있지만 의미상 우와 연결시키기는 힘들다. 또 우와 유사한 의미의 단어로 '눈'을 의미하는 'əsa', 눈동자를 의미하는 'ichəmuk'이 있지만 음성적으로 연결시키기 힘들다. 따라서 우는 어원커어와 관련이 없는 단어로 추정된다.

7) 장(壯)

『방언』 권3-12에 "凡草木刺人. 北燕朝鮮之間謂之策, 惑謂之壯(풀이나 나무가 사람을 찌르는 것이다. 북연, 조선열수 사이 지역에서는 책이라고 하고, 장이라고도 한다)."이라는 구절이 나온다. 이현숙(1995: 429~430)은 장(壯)을 상(傷)의 동음 가차로, 이연주(2009: 476, 480)는 '다치게 하다, 찌르다'로 풀이하였는데, 『방언』 텍스트에 근거할 때 '풀이나 나무가 사람을 찌르다'로 해석하는 것이 더 적합해 보인다.

장(壯)의 중국 상고음은 tʃiaŋ/ʔsraŋs/tsrjaŋh인데, 음성적으로 유사한 어원커어에는 '10'을 의미하는 'djan', '나무를 자르다'라는 의미의 'saŋ', '경추'를 의미하는 'chan', '떠돌아다니다, 강도짓을 일삼다'라는 의미의 'chaɲi-'가 있지만 의미상 장과는 관련이 없다. 장과 유사한 의미의 어원커어에는 '찌르다'라는 의미의 'gidjadami, arkidami, huchudemi', '찔러서 박아놓다'라는 의미의 'tətyvmi, dymi, təvmi'가 있지만 음성적으로 장과는 관련이 없다. 따라서 장은 어원커어와 관련이 없는 단어로 추정된다.

8) 진현(賑眩)/한만(漢漫)

『방언』 권7-25에 "漢漫, 賑眩, 懣也, 朝鮮洌水之間, 煩懣謂之漢漫, 顛眴謂之賑眩(한만, 진현은 번거롭고 속이 답답하다는 뜻이다. 조선열수 사이 지역에서는 번민을 한만, 전현을 진현이라고 한다)."이라는 구절이 있다. 이현숙(1995: 436-437)은 진현과 한만을 '번거로워 속이 답답하다'로, 이연주(2009: 480)는 진현을 '어지러워 의식을 잃고 쓰러지는 병 혹은 번민'으로, 한만을 '번민하다'로 풀이하였다. 『방언』 텍스트에 근거할 때 진현과 한만은 '번거롭고 속이 답답하며 번민하다'로 풀이하는 것이 적합할 것이다.

진현(賑眩)의 중국 상고음은 *ɣyuan/*gʷeen/djiengwian이다. 음성적으로 이와 유사한 어원커어에 '놀라다, 깜짝 놀라다, 깊은 감동을 주다'라는 의미의 'divə', '놀람'이라는 의미의 'divənə', '거절의 뜻으로 고개를 가로젓다'라는 의미의 'dyŋgana-', '밤, 어두움'을 의미하는 'siŋkə, siŋkəv'가 있지만 진현과 관련짓기는 어렵다. 진현과 의미상 유사한 어원커어에 '괴로움'을 의미하는 'kəsə', '비탄, 고뇌'를 의미하는 'mərgən, bolgori, hivin'이 있지만, 진현과는 음성적으로 관련짓기가 힘들다. 따라서 진현은 어원커어와 관련이 없는 단어로 추정된다.

한만(漢漫)의 중국 상고음은 xanmuan/hnaansmoons/hanhmuanh인데, 이와 음성적으로 유사한 어원커어에 '두통'이라는 의미의 'hana'가 있으나 첫 음절만 유사하다. 또 '괴로움, 고통, 번민'이라는 의미의 'kamaga'가 있는데 어원커어에서 지역에 따른 어두음 'k→g→h'의 변형은 빈번한 현상이고, 접미사(-ga)는 동사에 붙어 명사를 만든다. 따라서 'kamaga'에서 접미사(-ga)가 생략되면 '괴로워하다, 비탄에 빠지다'라는 의미의 동사가 된다. 또 'kama'의 음성 변형으로 'hama, həmə, gama, gəmə' 등이 가능하고 지역에 따라 어말 -n 첨가도 가능하기 때문에, 한만은 '괴로워하다, 번민하다'라는 의미의 어원커어 'kama'와 연결이 가능해 보인다. 이 외에 어원커어에는 '괴로워하다'라는 의미의 'kəsədemi, mərgədemi'가 더 있으나 음성적으로 한만과는 관련이 없다.

9) 포(抱)

『방언』 권8-4에는 "鷄, 北燕朝鮮洌水之間, 謂伏鷄曰抱(북연, 조선열수 사이 지역에서는 닭이 알을 품는 것을 포라고 한다)."라는 구절이 나온다. 포를 이현숙(1995: 438)은 '닭이 알을 품는 것', 이연주(2009: 480)는 '알을 품은 닭, 알을 품다'로 유사하게 풀이하였다.

포(抱)의 중국 상고음은 bu/buuʔ/bəgwx인데, 이와 음성적으로 유사한 어원커어에 '죽다, 없어지다, 사라지다'라는 의미의 'bu-', '주다, 전달하다, 양보하다'라는 의미의 'bu-'가 있으나 포와는 의미상 관련이 없다. 포와 유사한 의미의 어원커어에 '닭'을 의미하는 'tumity', '닭이 알을 품다'라는 의미의 'təgətchəmi', '새가 알을 품어서 새끼를 낳다'라는 의미의 'əlumi, baldyvmi, uvutmi, irgitmi, hutəŋmi, uvmi'가 있다. 이 중 'baldyvmi'는 'bal(동사 어근)＋-dyvmi(동사형 어미)'의 구조로 알타이 제어의 어말 l이 중국 상고음에서 탈락한다는 점, 어원커어에서 어중 모음의 변형이 빈번하게 발생한다는 점

표 4 _ 『방언』에 수록된 조선 지역 단어들 중 동사와 어원커어 동사의 관련성

번호	조선 지역 단어	의미	유사 어원커어(의미)	어원커어와 관련성
1	국(掬)	헤어지다, 흩어지다	huet-(흩어지다, 헤어지다)	○
2	규영(嬰盈)	화내다, 꾸짖다	gəe-, gəeŋ(소리치다, 맥이 벌벌 뛰다, 가슴을 치다)	○
3	로(瘮)	약물에 중독되다	ŋo-(향기를 퍼뜨리다, 질식, 중독시키다)	×
4	녈·날(涅)	바뀌다, 변화하다, 부화하다		×
	와(譁)	변화하다	hərumi(변화하다)	○
5	요선(搖扇)	신속하다, 빠르다		×
6	우(盱)	한 쌍의 눈을 들어 바라보다		×
7	장(壯)	풀이나 나무가 사람을 찌르다		×
8	진현(賑眩)	번거롭고 속이 답답하며 번민하다		×
	한만(漢漫)	번거롭고 속이 답답하며 번민하다	kama(괴로워하다, 번민하다)	○
9	포(抱)	알을 품다	baldyvmi(새가 알을 품어서 새끼를 낳다)	○

을 고려한다면 포와 관련이 가능하다. 따라서 포는 어원커어와 관련이 있는 단어로 추정된다.

이 장에서는 『방언』에 조선 지역 방언으로 기록된 단어들 중 국(掬), 규영(嬰盈), 로(瘮), 녈·날(涅)/와(譁), 요선(搖扇), 우(盱), 장(壯), 진현(賑眩)/한만(漢

漫), 포(抱)의 11개 동사와 어원커어 동사를 비교하였다. 이 중 전체의 45퍼센트에 해당하는 국(掬), 규영(湀盈), 와(譁), 포(抱), 한만(漢漫) 5개 단어는 어원커어와 유사성이 발견되었고 전체의 55퍼센트에 해당하는 로(勞), 녈·날(涅), 요선(搖扇), 우(盱), 장(壯), 진현(脹眩) 6개 단어는 어원커어와 유사성이 없는 것으로 나타났다. 동사의 경우 어원커어와 유사성이 있는 단어와 유사성이 없는 단어의 비율이 45:55로 거의 유사하였으며, 유사성 유무와 사용 지역의 차이는 발견되지 않았다.

4. 고조선어와 어원커어의 친연관계

본 연구의 목적은 양웅의 『방언』에 수록된 조선 지역 단어들과 어원커어 단어들을 비교·분석하여 고조선어와 어원커어의 친연관계를 살펴보는 것이었다. 이를 위해 『방언』에 수록된 조선 지역 단어 32개 중 이연주가 중국어에서 조선어로 유입되었다고 제시한 자(茦), 가(椵), 조(胴), 앙각(鞅角), 짐(斟), 박(膊), 수식(樹植), 의성·의태어로 추정되는 복부(鵩䳜), 역(鶂), 훤(吅)의 10개 단어를 제외한 22개 단어를 명사와 동사로 나누어 어원커어 명사, 동사와 비교하였다.

먼저 『방언』에 수록된 조선 지역 단어들 중 단(椴), 독여(蝳蜍), 병(鉼)/전(鉽), 비(貈), 수(樹), 시(俓), 양(揚), 엽유(葉褕), 장(瓾), 책(策)의 11개 명사와 어원커어 명사를 비교하였다. 이 중 어원커어와 유사성이 있는 단어는 비(貈), 시(俓), 장(瓾), 전(鉽), 책(策)의 5개로 전체의 46퍼센트였으며, 유사성이 없는 단어는 단(椴), 독여(蝳蜍), 병(鉼), 수(樹), 양(揚), 엽유(葉褕)의 6개로 전체의 54퍼센트였다. 명사의 경우 어원커어와 유사성이 있는 단어와 유사성이 없는 단어의 비율은 46:54로 거의 비슷하였으며, 유사성 유무와 사용 지역의 차이는 발견되지 않았다.

다음으로는 조선 지역 방언으로 기록된 단어들 중 국(掬), 규영(奰盈), 로(撈), 녈·날(涅)/와(譁), 요선(搖扇), 우(旴), 장(壯), 진현(賑眩)/한만(漢漫), 포(抱)의 11개 동사와 어원커어 동사를 비교하였다. 이 중 전체의 45퍼센트에 해당하는 국(掬), 규영(奰盈), 와(譁), 포(抱), 한만(漢漫) 5개 단어는 어원커어와 유사성이 발견되었고, 전체의 55퍼센트에 해당하는 로(撈), 녈·날(涅), 요선(搖扇), 우(旴), 장(壯), 진현(賑眩) 6개 단어는 어원커어와 유사성이 없는 것으로 나타났다. 동사의 경우 어원커어와 유사성이 있는 단어와 유사성이 없는 단어의 비율이 45:55로 거의 비슷하였으며, 유사성 유무와 사용 지역의 차이는 발견되지 않았다.

전체적으로 비교 대상으로 택한 조선 지역 단어 22개 중 어원커어와 유사성이 있는 단어는 10개, 유사성이 없는 단어는 12개였다. 유사성이 있는 단어와 유사성이 없는 단어의 비율(%)이 45:55로 나타나면서 거의 차이가 없었다. 비교 결과 『방언』에 수록된 조선 지역 단어들과 어원커어는 일정 정도 관련성이 있어 보이지만, 본 연구에서 비교의 대상으로 삼고 있는 단어의 수가 절대적으로 적어 이러한 분석 결과를 근거로 고조선어와 어원커어의 친연관계를 단정할 수는 없다. 비록 본 연구를 통해 고조선어와 어원커어의 친연관계에 대해 만족할 만한 결과를 얻을 수는 없었지만, 한국어의 기원 및 계통 문제를 해결하기 위해서는 고조선어 혹은 한국어와 어원커어, 더 나아가 퉁구스어의 관련성에 대한 규명이 필수적임을 알 수 있었다.

참고문헌

김주원 외(2008), 『사라져가는 알타이언어를 찾아서』, 태학사.
양웅 저, 곽박 주, 이연주·이연승 역(2012), 『방언소증』 1·2·3, 소명출판.
이충구·임재완·김병헌·성당제 역주(2004), 『이아주소』 3, 소명출판.
이연주(2008), 「양웅『방언(漢代)에 나타난 동북지역의 언어 상황」, 『中國學報』 58, 한국중국학회.
_____(2009), 「揚雄『方言』에 수록된 조선 어휘 고찰」, 『中國語文學』 54, 영남중국어문학회.
_____(2012), 「揚雄『方言』의 通語와 공통어」, 『中國語文學』 59, 영남중국어문학회.
이현숙(1995), 「『方言』中의 朝鮮洌水之間語彙釋例研究」, 『중어중문학』 17, 한국중어중문학회.
최한우(2006), 『중앙아시아연구』(상), 펴내기.

李恕豪(2002), 『揚雄方言與方言地理學研究』, 巴蜀書社.
林貞愛(2001), 『揚雄集校注』, 四川大學出版社.
鄭文(2000), 『揚雄文集箋注』, 巴蜀書社.
陳榴(2005), 「方言中朝鮮語詞的解讀」, 『中國語文學』 45.

Boldyrev B. V.(2000), *Evenko-russkij slovar'* 1-1, Filial SO RAN GEO.
Shrenk L.(1883), *Ob Inorodnitsah Amurskogo kraja* 1-3, Izd. AN SSSR.
Shternberg L. Ja.(1933), "Giljaki, orochi, gol'dy, negidal'tsy, ajny", *Klassifikatsija, korennogo naselenija Priamurskogo kraja*, Dal'giz.
Tsintsius V. I.(1949), *Sravnitel'naja fonetika tunguso-man'chzhurskih jazykov*, GYPE.

https://ko.wikipedia.org/wiki/%EB%9E%B4%EC%98%A4%EB%91%A5_%EB%B0%98%EB%8F%84 (검색일: 2016.10.11.)
http://www.eastling.org/oc/oldage.aspx (검색일: 2016.07.10.~2016.12.30.)
http://dic.academic.ru/dic.nsf/ruwiki/17322/%D0%A2%D1%83%D0%BD%D0%B3%D1%83%D1%81%D0%BE (검색일: 2016.08.12.)
https://ko.wikipedia.org/wiki/%EC%A0%84%ED%95%9C (검색일: 2016.08.30.)
http://blog.daum.net/3002kumsukangsan/3263597 (검색일: 2016.12.21.)

5장

결론
『방언』 수록 고조선어와
동북지역 언어의 친연관계 연구

엄순천

고조선어 계통에 대한 논의는 카스트렌(M. A. Castren), 람스테트(G. J. Ramstedt), 폴리바노프(B. Polivanov), 포페(N. Poppe) 등 서구 역사비교언어학자들에 의한 알타이어족설에서 촉발되었다. 람스테트는 언어 사이의 음상적, 외형적 유사성에 근거하여 몽골어, 만주-퉁구스어, 튀르크어가 서로 친연관계에 있다는 가정 하에 알타이어족설을 주장하였고, 이는 포페에 의해 더욱 발전되었다. 특히 람스테트는 한국어가 알타이어족에 포함된다고 주장하였고, 이는 이후 국내 국어학계에 직접적인 영향을 주면서 이숭녕(1955), 이기문(1959; 1961; 1967), 김방한(1976; 1978; 1983) 등은 한국어가 알타이어족에 속한다는 가설을 내세웠다.

하지만 알타이어족에 속하는 언어들의 수사와 기초 어휘 사이에 유사성이 없다는 점을 들어 벤징(Benzing, 1953), 클로슨(Clauson, 1962), 되르퍼(Doerfer, 1963) 등은 알타이어족설의 성립을 부정하였다. 이와 별개로 한국어와 고조선어 계통 관계에 대한 논의가 시도되었으나 학술적으로 의미 있는 결과는 낳지는 못한 듯하고, 근래에 들어 한국어와 고조선어, 부여어, 삼한어, 고구려어의 관계에 대한 언어학적 관점의 논의가 예전에 비해 활발해지고 있다.

서구 역사비교언어학자들에 의해 제안된 알타이어족설 논쟁과 별개로 알타이 제어 간, 또 알타이 제어와 한국어 사이에는 구조적, 유형적 유사성이 발견된다. 즉 이 언어들은 공통적으로 교착어에 속하고, 단어 형성이나, 문법적 기능이 주로 문법 형태소에 의하여 이루어지며, 모음조화 현상이 있고, 어두에 자음군과 유음 r, l이 오지 못한다. 이는 이 언어들이 동일 계통의 언어일 가능성을 시사한다. 현 시점에서 알타이어족설이나 한국어와 알타이 제어의 친연관계에 대한 회의적인 시각을 수용하거나 불식시키려면 구체적인 근거가 제시되어야 한다. 이러한 문제의식에 근거하여 기존 국내 고조선어 연구의 성과를 개괄하고 양웅의 『방언』에 수록된 조선 지역 어휘들과 알타이어족에 속하는 몽골어, 만주어, 어원커어의 비교연구를 기획하게 되었다.

  2장 '고조선어 연구사'에서는 그간 국내 학계에서 수행된 고조선어 연구의 성과를 확인하고 정리한 뒤에 학술적 가치를 지닌 논의만 추출하여 국내 고조선어 연구 현황을 개괄하였다. 기존 국내 고조선어 연구는 주로 역사학계에 의해 주도되었다. 물론 그 출발점이 일제강점기에 민족자긍심 고취를 위한 것이었다는 점에서 이해할 수 있지만, 언어학계의 논의가 매우 부족한 것은 안타까운 현실이다.

  국내 학계에서 고조선어와 관련하여 가장 논쟁이 활발한 지점은 고조선 관련 국명, 지명, 왕명, 인명이다. 특히 역사학계와 언어학계의 주도로 고조선 국명 중 '조선'에 대한 논의가 활발하게 이루어졌다. 역사학계에서는 신채호(1910/1972), 정인보(1947/1983), 이병도(1954) 등, 언어학계에서는 양주동(1937: 1939), 천소영(1990) 등의 연구가 대표적이다. '조선'은 '아침의 땅'을 의미하는 우리말로 '아사달'의 아역(雅譯)이라는 입장과 고조선인들이 습수와 산수의 합류점인 열수 강변에 살았기 때문에 '조선'이라는 명칭이 생겼다는 입장으로 나누어지는데, 국내 학계에서는 전자를 통설로 받아들이고 있다. 또 역사학계의 서영수(1988), 송호정(1999/2012) 등은 국명으로서 '조선'의 성립 과정과 '발조선'에 대한 논의를 주도하였다.

　고조선 관련 지명에서는 '아사달(阿斯達)', '험독(險瀆)', '패수(浿水)' 등을 둘러싼 논쟁이 주를 이루는데, 일제강점기부터 역사학자 안재홍(1947/1991), 신채호(1948/1986) 등에 의해 '아사달'에 대한 논의가 활발하게 이루어졌다. 이후 이병도(1976/1983)는 '평양=백악=백아강=백악산 아사달' 입론을 토대로 '아사달'을 '조광지(朝光地)', '양지(陽地)', '양원(陽原)'의 뜻으로 해석하였다. 한편 언어학계에서는 양주동(1965/1975), 천소영(1990), 도수희(2004) 등을 중심으로 '아사달(阿斯達)'에 대한 논의가 이루어졌다.

　초기 역사학계와 언어학계의 논의는 고문헌 기록에 근거하고 있지만, 대체로 언어학적인 논거를 제대로 제시하지 못하는 한계를 노정하고 있다. 다만 도수희(2004) 등에 이르러 그동안의 지명 관련 논의 결과를 바탕으로 초기 연구의 문제점을 보완하고 있지만, 논의의 자의성은 여전히 개선되어야 할 점이다. 이후 학계의 논의가 앞에서 언급한 연구 결과물에 대한 비판 없이 이에 기초하여 이루어지고 있다는 점에서 문제점을 내포하고 있다.

　'험독(險瀆)'에 대한 논의는 주로 역사학계에 의해 진행되었다. 신채호(1929/2007), 정인보(1947/2012) 등에 의해 논의가 시작되었고, 서영수(1988)와 노태돈(1990)에 의해 기존 논의들이 보완되었으며, 최근 김남중(2015)이 '험독'에 대한 기존 논의들을 정리하였다.

　'패수(浿水)'는 고조선의 영역을 증명할 수 있는 척도가 되는 중요한 지명이라는 점에서 고조선 관련 지명 중 가장 논쟁이 치열한 지점이다. '패수(浿水)'에 대한 기존 학계의 논의는 여러 관점에서 이루어졌지만 학술적 가치를 갖지 못하는 논의도 많다는 점은 간과해서는 안 될 것이다.

　'패수(浿水)'에 대한 대표적인 논의로는 리지린(1960), 서영수(1988), 노태돈(1990) 등이 있다. 리지린(1960)은 만주어 '필랍(畢拉)', 솔론어 '필랍(必拉, 벨라)',

어룬춘어 '필아랍(必牙拉)'이 '강'을 의미하듯이, '패수'는 고유명사가 아니라 고조선시대에 '강'을 의미하는 보통명사였다고 주장하였다. 서영수(1988), 노태돈(1990)은 리지린(1960)의 논의를 바탕으로 '패수'는 고조선계 지명으로서 흔히 고조선의 수도 근처를 흐르는 강이라고 주장한다. 특히 노태돈(1990)은 '패수'라는 강명이 여러 곳에서 보이는 것은 고대인이 거주지를 이동할 때 이전 거주지의 명칭을 새로운 정착지의 지명으로 사용하였기 때문이라고 주장하였다. 한편 한경호(2010)는 중국 중고음을 이용하여 '패수'에 대해 논의하였는데 기존 문헌 기술 중심에서 벗어나 새로운 관점에서 접근하고 있다는 점이 특기할 만하다.

고조선 관련 왕명, 인명에 대한 그간의 연구 중 언어학적으로 가장 의미 있는 연구 성과가 도출된 것은 '단군'이다. 시라토리 구라키치(白鳥庫吉, 1894/1970)는 최초로 비교언어학적 차원에서 '단군'과 알타이 제어에 널리 전파되어 있는 '텡그리(Tengri)'의 연관성을 제기하였다. 시라토리 구라키치는 '단(檀)'과 '단(壇)'을 둘러싼 논쟁을 유발시켰는데, 이는 최남선(1930/1973)에 의해 반박되었다. 최남선(1930/1973)은 고조선은 제정일치사회였으며 '단군(壇君)'은 '하늘(天)'을 의미하는 단어와 그것의 '신성성'을 포함한 단어라고 주장하면서, 기존의 '단군=조선'에서 '단군=샤먼·제사장'이라는 더 넓은 광역을 포함하는 단군을 창출하였다. 이후 대부분의 논의들은 최남선(1930/1973)의 논의에 바탕을 두고 진행되었다.

고조선 왕명과 관련하여 역사학계의 주도로 '기자(箕子)'에 대해 많은 논의가 있었다. 신채호(1948/2007), 정인보(1947/2000)는 기자동래설을 부인하면서 '기자'가 임금을 뜻하는 토속어에서 기원한다고 주장하였다. 안재홍(1947/1991)은 '기자조선'의 존재는 인정하되 '기자=개인설'을 부정하고 '기자'가 고조선시기 왕을 지칭하던 고유어인데 이를 알지 못한 중국인들이 '기자(箕子)'

로 오인하였다고 주장하였다. 이병도(1976/1983)는 기자조선 왕의 성은 '기씨'가 아니라 '한씨'이며, 중국인이 아니라 '한인(韓人)'이라고 주장하였다. 이기문(1982)은 『일본서기(日本書紀)』에서 백제의 왕을 'kisi'로 새긴 사실과 광주판 『천자문(千字文)』에 왕의 새김이 '긔ᄌ'라 적혀 있는 사실에 주목하였다. 도수희(2004)에서는 가장 이른 시기 우리말의 존칭접미사에 '지(智, 久)'가 존재하였음을 확인한 뒤, '지'는 고조선어 '긔ᄌ(箕子), 긔준(箕準)'의 'ᄌ/주(ㄴ)'까지 소급한다고 보았다.

고조선 인명에 관한 대표적인 논의로는 송호정(1999), 노태돈(2000), 이성규(2012) 등이 있는데. 이 중 이성규(2012)의 논의가 주목할 만하다. 이성규(2012)는 『사기(史記)』「조선열전(朝鮮列傳)」, 『한서(漢書)』「조선전(朝鮮傳)」, 『삼국지(三國志)』, 『위략(魏略)』, 『삼국유사(三國遺事)』「위만조선(衛滿朝鮮)」에 기록된 위만조선의 관직명과 인명을 기존 연구와 달리 중국 상고음을 중심으로 논의하였다는 점에서 의의가 있다. 이 중 위만조선의 관직명에서 한자어 관직명만 나타나고 고유어나 북방계 단어가 나타나지 않는 이유는 위만조선의 왕명이 단순한 인명이 아닌 직위(관직)를 나타내는 단어이기 때문이라고 밝히고 위만조선의 인명에 대해서만 자세히 논의하였다.

그 외 고조선 관련 어휘인 '밝, 박' 또는 '곰'에 대한 논의가 있다. 양주동(1975), 도수희(1972/1974), 천소영(1990) 등은 언어학적 관점에서 지명어 연구 결과를 바탕으로 '곰'에 대한 논의를 주도하였다. 이들 논의가 언어학적으로 의미 있는 이유는, 지명은 해당 지명이 가지고 있는 지리적 특성이나 기능 등에 의해 형성되며 보수성이 매우 강해 현재도 전국적으로 옛 의미를 간직하고 있는 경우가 많기 때문이다. 따라서 현 시점에서 지명은 고조선 연구 시 가장 구체적인 근거로 채택할 수 있다. 특히 지명은 인접국의 고대 문헌이나 어휘 비교를 통해 더 많은 자료를 확보할 수 있다는 장점도 있다.

이상 한국의 고조선어 연구 현황을 종합하면, 첫째, 상고시대 한국어 기록은 매우 빈약한 상태이며 자료 부족으로 인해 언어학적인 관점에서 고조선어를 다룬 논의는 고조선어의 실체를 파악하기에는 한계를 지니고 있다. 둘째, 고조선어에 대한 초기 연구는 확실한 논리적 입증 자료를 거의 제시하지 못하였으며, 더욱이 근래에 와서는 이러한 초기 연구에 대한 검증 없이 초기 연구들을 토대로 재논의를 하고 있다는 점이 심각한 문제이다. 셋째, 역사학계의 논의는 언어학적 연구 방법이 결여되어 있고 언어학계의 논의는 언어학적 논거가 매우 부족하다는 문제점을 가지고 있다. 그럼에도 한국어의 옛 모습을 파악하기 위해 고조선어에 대한 체계적인 연구는 더 활발하게 이루어져야 한다.

3장 '고조선어와 역사'에서는 안재홍의 '기, 지, 치 이론'을 중심으로 언어학적 연구가 역사 연구에 어떠한 방식으로 활용되는지 살펴보았다. 안재홍은 "'크치'는 고대 사회에서 왕을 지칭하는 용어로 사용되었다."라고 주장하였는데, 언어학자들에 의하면 삼국시기 고구려에서는 왕을 '긔ᄌ/기츠'라고 발음하였다고 한다. 따라서 안재홍의 주장처럼 기자(箕子)는 왕을 뜻하는 고조선의 언어 '크치'를 한역하여 기록한 것일 가능성이 있다. 그러나 현재 왕을 뜻하는 고조선어가 남아 있지 않아 고조선에서 크치가 왕이라는 의미로 사용되었는지 알 수 없는 상황이며, 안재홍이 기, 지, 치 이론을 이용하여 그토록 부정하고 싶었던 기자동래설도 부정되지 않는다. 그렇지만 『삼국사기』 지명에 보이는 개차(皆次)와 개(皆)가 고구려에서 왕을 의미하는 단어로 사용되었으며, 고구려어는 고조선어를 계승한 것이므로 고조선시기에도 사용되었을 가능성이 충분히 있다. 그리고 『구당서』의 기자신(箕子神)에 대한 기록에서 기자신에 대한 숭배를 음사로 규정하였는데 이는 당나라 지식인들이 고구려에서 숭배하는 기자가 중국의 기자가 아니라고 보았기 때문으로, 이는 고구려에서 기자에 대한 숭배가 없었음을 말해준다. 앞에서 지적한 바와 같이 '기자신'은 고구려의 선대 왕에 대한 제사와 관련이 있을 것으로 보인다. 따라서 고구려 사회에 기자에 대한 숭배가 없었고 당시 당나라 지식인도 이와 같이 파악하였다면 기자가 고조선으로 온 일이 없었을 가능성이 많으며, 안재홍의 말대로 기자는 고조선의 왕을 지칭하는 용어를 중국의 발음이 유사한 인물로 표기한 것일 가능성이 있다.

언어는 기호를 통하여 교류하는 수단이기 때문에 쉽게 변하지 않는 고정성을 가지고 있다. 따라서 언어학 자료를 활용한 역사 연구는 미해결의 문제를 해결할 수 있는 중요한 수단이 될 수 있다.

4장 '고조선어와 언어계통성'에서는 『방언』에 수록된 고조선 지역 어휘를 중심으로 중국학계의 연구 성과를 살펴본 뒤 『방언』에 수록된 조선 지역 단어들과 알타이어족에 속하는 몽골어, 만주어, 어윈커어 단어들을 비교·분석하였다.

1절 '양웅 『방언(方言)』에 수록된 고조선 지역 어휘와 이에 대한 중국에서의 연구'에서는 일차적으로 『방언』이 고조선어 연구에서 가지는 의미를 기술하였다. 『방언』은 현존하는 고대 문헌 중 중국과 주변 지역의 언어 상황에 대해 기록한 최초의 문헌이다. 따라서 『방언』은 서한시기 중국의 강역과 영향력이 미친 지역 내의 언어 상황, 특히 방언지역 분포 상황과 당시 조선 지역의 언어 상황에 대해 개괄적으로나마 이해할 수 있는 기초 자료가 된다. 더불어 당시 이 지역에서 사용된 어휘와 관련하여 몇몇 중국의 고문헌이나 『삼국사기』, 『삼국유사』 등에 기록된 지명, 국명, 일부 고유명사만을 참고할 수 있는 국내의 상황에서 당시 조선 지역에서 사용된 단어들을 기록하고 있는 『방언』은 이 지역의 어휘 연구에 매우 귀중한 자료이다.

그럼에도 『방언』은 서한이라는 시대적 상황으로 인해 자료 수집·정리,

이를 위한 도구나 방법론의 한계로 인해 당시 각 지역의 구체적인 언어 상황을 알려주기에는 근본적으로 미흡한 부분이 있다. 현대와 같이 방언음을 기록할 수 있는 표음부호가 없어 한자를 표음부호로 사용하였을 뿐만 아니라, 잘 계획된 방법론에 의해 체계적으로 또 빠뜨림 없이 방언을 조사하였다고 할 수도 없다. 아울러 웨이진(魏錦, 2010: 77)의 지적처럼 『방언』은 당시 각 지역에서 사용된 어휘에 대한 부분적 자료이고 구체적인 어음, 어법, 문장구조에 대한 기록이 거의 없어서 당시 지역의 언어 상황을 체계적이고 명확하게 제공하지 못하고 있다. 더불어 조선 지역(또는 북연조선 지역) 사용 어휘에 국한해서 보더라도, 이들 어휘가 구체적으로 어느 지역에서, 어떤 경로로, 어떤 계층의 사람들에 의해 수집되었는지 불분명하여 『방언』과 함께 전하는 「답유흠서(答劉歆書)」를 근거로 추측해야 한다는 한계도 있다.

따라서 『방언』을 토대로 당시 언어 상황을 연구하려면 일정 부분 당시 이 지역의 정치·경제 상황과 역사를 포함한 주변 지식을 적극 활용 또는 참고해야 한다. 하지만 이 또한 고문헌의 기록이 단편적이거나 불확실한 경우가 많고 이에 바탕을 둔 역사학계의 연구도 통일된 입장이 도출되지 못하고 있기 때문에 『방언』을 활용할 시 자의적이거나 편협되지 않도록 신중을 기해야 할 것이다. 이에 더하여 『방언』을 바탕으로 조선 지역 어휘의 성격, 이 지역의 언어 상황을 연구할 때 지명의 병기 등 『방언』에 나타난 실체적인 자료에 대한 면밀한 검토가 뒤따라야 할 것이다.

이러한 점에서 볼 때 『방언』에 나타난 조선 지역의 언어 상황과 어휘에 대한 중국 학자들의 주장은 다분히 당시 역사적 상황에 대한 주관적 인식과 해석에 바탕하고 있으며 실체적 자료에 대한 합리적 해석으로 보기 어려운 부분이 있다. 아울러 이 과정에서 중국의 고문헌을 무비판적으로 신뢰하고 인용하는 경향도 지적되어야 한다. 이에 더하여 중국 학계의 시각도 문제라 아니할 수 없다. 중국 역사학계 또는 역사고고학계는 고대 중국에 '동북'이라는 문화적 일체성 혹은 공통성을 내포하고 있는 하나의 문화영역, 즉 '동북문화구'가 존재하였다는 시각을 가지고 있다. 나아가 현재 중국의 영토에 다양한 문화전통이 존재하였고, 그들은 분열적으로 존재한 것이 아니라 일정한 상호관계하에서 정합적인 일체, 통일적 일체를 형성하였다는 인식의 틀이 형성되어 있는 듯하다.

역사학자와 고고학자들에 의해 주도된 이러한 인식체계가 언어학자들에게 얼마나 영향을 주었는지 알 수 없으나, 『방언』에 바탕을 둔 언어학 연구에도 이와 비슷한 인식체계가 영향을 미치고 있는 것으로 보인다. 그리고 북연 지역이 전국 후기 연에 편입된 이후 줄곧 중국의 강역에 속하였다는 점도 북연조선 방언구나 이 지역 사용 어휘의 해석에 영향을 미치고 있는 것으로 보인다. 물론 오랜 기간에 걸친 연 등 중국 지역과의 접촉으로 다수의 중국어 어휘가 이 지역의 고유어에 유입되었을 가능성이 다분하고 또 자료상으로도 입증되지만, 이를 근거로 이 지역이 연의 영향하에 형성된 일종의 한어 방언권이었다는 주장은 무리가 있다.

『방언』에 조선 지역 어휘로 기록된 단어 연구는 자료나 해석 측면에서 일정한 한계와 어려움이 있지만, 한국 고대사 연구와 관련하여 관심을 기울일 필요가 있으며, 앞으로도 인접 분야의 연구 결과를 참고하면서 계속적으로 연구·검토되어야 할 것이다.

2절부터 4절까지는 양웅의 『방언』에 조선 지역 어휘로 기록된 32개 단어 가(椵), 국(掬), 규영(嫢盈), 로(璑), 단(椴), 독여(蝳蜍), 박(膊), 병(鉼), 복부(鶝䳪), 비(貔), 수(樹), 수식(樹植), 시(偍), 앙각(䩕角), 양(揚), 역(鶂), 녈(涅), 엽유(葉褕), 요선(搖扇), 와(譁), 우(盱), 짐(斟), 자(策), 장(壯), 장(瓹), 전(鉥), 조(膌), 진현(䀓眩), 책(策), 포(抱), 한만(漢漫), 훤(咺)과 몽골어, 만주어, 어원커어를 비교·분

석하였다. 이중 복부(鵩䳗), 역(䳑), 훤(喧) 3개 단어는 의성·의태어로 추정되고 이연주(2008: 46-48)에 의하면 가(椵), 박(膞), 수식(樹植), 자(茦), 앙각(鞅角), 조(䑽), 집(㪷) 7개 단어는 중국어에서 조선어로 유입되었다고 한다. 따라서 실제적인 연구 대상은 위의 10개 단어를 제외한 22개 단어이다.

2절 '고조선어와 몽골어의 비교연구'에서는 몽골어파인 흉노어, 동호어, 선비어에 대해 살펴보고 고조선어 인명·지명과 몽골어 단어들의 상관관계를 비교한 뒤 『방언』에 수록된 조선 지역 단어들과 몽골어를 비교·분석하였다. 시기상 고조선어와 비교할 수 있는 몽골계 언어는 동호어지만 자료가 거의 없는 까닭에 동호어의 후예인 선비어와의 비교가 필요하나, 선비어는 고조선어와 시간적으로 상당한 격차가 있기 때문에 비교연구에 신중을 기하였다.

『방언』에 수록된 32개 고조선 지역 단어들 중 몽골어와 연결이 가능한 단어는 책(茦), 요선(搖扇), 와(譁), 집(㪷), 자(茦), 장(壯), 로(簩), 장(䩡), 국(掬), 규영(夐盈), 비(貀), 가(椵), 복부(鵩䳗), 역(鶂)의 14개로 대략 44퍼센트에 해당하는데, 여기에는 의성어·의태어와 중국에서 유입된 5개 단어가 포함되어 있다. 또한 이 단어들 중 다수가 한국어와도 연결이 가능한 것으로 나타나면서 당시 조선열수지간(朝鮮洌水之間)에 한국어와 몽골어 사용자들의 조상들이 함께 살았던 것으로 추정된다.

3절 '고조선어와 만주어(여진어)의 상관관계 연구'에서는 중국 고대 문헌에 기록된 한민족어를 포함한 동이족(특히 만주어/여진어) 언어와 관련된 차자 표기 자료를 추출하여 고조선어와 만주어 혹은 만주어의 선대어인 여진어나 말갈어 혹은 숙신의 여러 단어들과 비교·검토하였다. 이는 한반도 북부에서 오랫동안 세력 경쟁과 교류를 통해 언어적 영향을 주고받았을 고조선어와 만주어의 상관관계 규명에 일정 정도 도움을 주게 될 것이다.

또한 『방언』에 수록된 고조선 지역 단어들과 만주어(혹은 여진어) 사이의 관계 규명을 위해 『방언』에 수록된 고조선 지역 단어들의 고대 한자음을 같은 뜻의 만주어 단어들과 직접 비교·검토하였다. 그리고 『방언』에 수록된 고조선 지역 단어들이 고조선 내지의 단어를 음차한 것으로 가정하고 각 단어와 한국어 및 만주어의 대응 양상을 추적하였다. 그 결과 『방언』에 수록된 고조선 지역 단어들 중 음성적으로 만주어와 유사한 단어는 책(策, [shreeg])~asihiya[劈細枝]가 유일하였지만 적지 않은 단어가 중세/현대 한국어와 음성적으로 유사함을 알 수 있었다. 대응 단어의 존재 여부를 확인할 수 없는 단어를 제외한다면 『방언』에 수록된 조선 지역 단어들과 만주어의 유사성이 대략 5퍼센트(1/20), 한국어와의 유사성은 대략 37퍼센트(10/27)로 드러나면서 후자와의 친연성이 상대적으로 높음을 알 수 있었다. 이에 근거할 때 『방언』에 실려 있는 고조선 지역 단어는 만주어(혹은 여진어)보다는 한국어에 더 가깝다고 할 수 있다.

4절 '양웅의 『방언』에 수록된 고조선 지역 단어들과 어원커어 비교'에서는 『방언』에 수록된 고조선 지역 단어 32개 중 이연주가 중국어에서 고조선어로 유입되었다고 제시한 자(策), 가(椵), 조(朒), 앙각(牤角), 짐(斟), 박(膊), 수식(樹植), 의성·의태어로 추정되는 복부(鷓鴀), 역(鷊), 훤(咺)의 10개 단어를 제외한 22개 단어를 명사와 동사로 나누어 어원커어 명사·동사와 비교하였다.

먼저 『방언』에 수록된 조선 지역 단어들 중 단(椴), 독여(蝳蜍), 병(鉼)/전(銚), 비(豾), 수(樹), 시(促), 양(揚), 엽유(葉楡), 장(瓺), 책(策)의 11개 명사와 어원커어 명사를 비교하였다. 이 중 어원커어와 유사성이 있는 단어는 비(豾), 시(促), 장(瓺), 전(銚), 책(策)의 5개로 전체의 46퍼센트였으며, 유사성이 없는 단어는 단(椴), 독여(蝳蜍), 병(鉼), 수(樹), 양(揚), 엽유(葉楡)의 6개로 전체의 54퍼센트였다.

다음에는 조선 지역 방언으로 기록된 단어들 중 국(掬), 규영(甇盈), 날·녈(涅)/와(譁), 로(磅), 요선(搖扇), 우(盱), 장(壯), 진현(賑胘)/한만(漢漫), 포(抱)의 11개 동사와 어원커어 동사를 비교하였다. 이 중 어원커어와 유사성이 발견된 단어는 국(掬), 규영(甇盈), 포(抱), 한만(漢漫), 와(譁) 5개로 전체의 45퍼센트에 해당하였다. 또 어원커어와 유사성이 없는 단어는 날·녈(涅), 로(磅), 요선(搖扇), 우(盱), 장(壯), 진현(賑胘) 6개로 전체의 55퍼센트에 해당하였다. 비교 결과 명사·동사 모두 어원커어와 유사성이 있는 단어와 유사성이 없는 단어의 비율은 비슷하였으며, 유사성 유무와 사용 지역의 차이는 발견되지 않았다.

전체적으로 비교 대상으로 택한 조선 지역 단어 22개 중 어원커어와 유사성이 있는 단어는 10개, 유사성이 없는 단어는 12개이며 그 비율(%)이 45:55로 나타나면서 거의 차이가 없었다. 결과적으로 『방언』에 수록된 조선 지역 단어들과 어원커어는 일정 정도 관련이 있어 보이지만, 본 연구에서 비교 대상으로 삼고 있는 단어의 수가 절대적으로 적어 이러한 분석 결과를 근거로 고조선어와 어원커어의 친연관계를 단정할 수는 없다. 본 연구를 통해 고조선어와 어원커어의 친연관계에 대해 만족할 만한 결과를 얻을 수는 없었지만, 현 시점에서 고조선어 혹은 한국어와 어원커어, 더 나아가 퉁구스어의 관련성에 대한 규명은 한국어의 기원 및 계통 문제를 해결하기 위해 매우 현실적이고 중요한 문제이다.

『방언』에 수록된 조선 지역 단어들과 몽골어, 만주어, 어원커어의 유사성을 비교하면 〈표 1〉과 같다.

〈표 1〉을 통해 알 수 있듯이 『방언』에 수록된 조선 지역 단어들 중 의성어·의태어 3개와 중국어에서 조선어로 유입된 7개 단어를 제외한 22개 단어 중 몽골어는 9개, 만주어는 1개, 어원커어는 10개 단어에서 유사성이 발

표 1 _ 『방언』에 수록된 고조선 지역 단어들과 몽골어, 만주어, 어원커어의 유사성

번호	고조선 지역 단어	뜻	몽골어	만주어	어원커어
	몽골어, 만주어, 어원커어에서 공통적으로 유사성이 발견된 단어				
1	책(策)	작은 나뭇가지	○	○	○
	몽골어와 어원커어에서 유사성이 발견된 단어				
2	국(掬)	헤어지다, 흩어지다	○	×	○
3	규영(樊盈)	화내다, 성내다, 꾸짖다	○	×	○
4	비(貀)	호랑이와 유사한 맹수	○	×	○
5	와(譁)	변화하다	○	×	○
6	장(壯)	다치게 하다	○	×	○
	몽골어, 만주어, 어원커어 중 한 언어에서만 유사성이 발견된 단어				
7	로(癆)	약물에 중독되다, 아프다	○	×	×
8	시(徥)	걸어 다니는 모양	×	×	○
9	요선(搖扇)	신속하다, 빠르다	○	×	×
10	장(瓺)	동이, 장군 따위의 질그릇	○	×	×
11	전(銼)	아가리가 오므라진 솥, 작은 솥	×	×	○
12	포(抱)	알을 품은 닭, 품다	×	×	○
13	한만(漢漫)	번민하다	×	×	○
	몽골어, 만주어, 어원커어에서 모두 유사성이 발견되지 않은 단어				
14	녈·날(涅)	아직 변화하지 않은 상태	×	×	×
15	단(椴)	나무 말뚝, 짧은 말뚝	×	×	×
16	독여(蝳蜍)	거미	×	×	×
17	병(缾)	아가리가 오므라진 솥	×	×	×
18	수(樹)	침상 앞의 가로대	×	×	×
19	우(盱)	검고 아름다운 눈(눈동자)/ 한 쌍의 눈을 들어 바라보다	×	×	×
20	양(揚)	눈을 들다, 위를 보다/ 한 쌍의 눈	×	×	×

21	엽유(葉楡)	부드럽다, 털, 털옷	×	×	×
22	진현(賑眩)	번민	×	×	×
의성어/의태어, 중국어에서 고조선어로 유입된 단어					
23	가(豭)	돼지	△	△	△
24	박(膊)	햇볕에 말리다, 벗기다	△	△	△
25	복부(鵬鶏)	뻐꾸기	△	△	△
26	수식(樹植)	세우다	△	△	△
27	앙각(鞅角)	나막신, 거친 신발	△	△	△
28	역(鶪)	뻐꾸기	△	△	△
29	자(策)	풀이나 나무가 사람을 찌르다	△	△	△
30	조(斛)	삽, 가래, 쟁개비	△	△	△
31	짐(斟)	즙, 국	△	△	△
32	훤(咺)	아이가 울기를 그치지 않는 것	△	△	△

○ : 유사성이 발견되는 단어, × : 유사성이 발견되지 않는 단어, △ : 유사성을 논할 수 없는 단어

견되었으며 만주어와의 유사성이 가장 떨어졌다. 세 언어에서 공통적으로 유사성이 발견된 단어는 책(策)이 유일하였다.

몽골어와 어원커어 사이에서 공통적으로 유사성이 발견된 단어는 국(掬), 규영(樊盈), 비(貊), 와(譁), 장(壯), 책(策) 6개인데 이 중 명사가 2개, 동사가 4개 단어로 동사에서 유사성이 더 많이 발견되었다. 그리고 녈·날(涅), 단(椴), 독여(蝳蜍), 병(鉼), 수(樹), 양(揚), 엽유(葉楡), 우(盯), 진현(賑眩) 9개 단어가 공통적으로 유사성이 없는 것으로 나타났는데, 이 중 명사가 8개로 절대다수를 차지하였다. 『방언』에 수록된 고조선 지역 단어들과 몽골어, 어원커어 사이에서 발견된 유사성 유무에 근거할 때 몽골어와 어원커어는 서로 유사한 기원을 가진 동일 계통의 언어이거나 지리적·역사적 인접성으로 인한

문화 교류와 융합으로 서로 영향 관계에 있던 언어라고 추정할 수 있다. 또 당시 조선 지역에서 몽골어와 어원커어 사용자들이 서로 공존하였다는 추정도 가능하다. 그런데 『방언』에 수록된 조선 지역 단어들과 만주어의 유사성이 몽골어와 어원커어에 비해 현저히 떨어지는 이유가, 동일 조어에서 기원하였지만 이미 오래전에 분화하여 어휘 간 유사성이 상당 부분 퇴색되었기 때문에 발생한 문제인지, 아니면 또 다른 원인에 의한 것인지 더 구체적으로 규명될 필요가 있다.

표 2 _ 『방언』에 수록된 조선 지역 단어들과 한국어의 유사성

번호	조선 지역 단어	한국어의 의미	한국어와 유사성	몽골어와 유사성	만주어와 유사성	어원커어와 유사성
1	녈·날(涅)	날(것)	○	×	×	×
2	단(椴)	말뚝	×	×	×	×
3	독여(蠚蜍)	두꺼비/두텁	○	×	×	×
4	병(缾)	동복(銅鍑)	×	×	×	×
5	비(豼)	범	○	○	×	○
6	우(盱)	눈/검은자위	×	×	×	×
7	양(揚)	양(兩)	×	×	×	×
8	장(甌)	동이/장군	○	○	×	×
9	전(鏂)	솥	×	×	×	○
10	진현(賑眩)	번민	×	×	×	×
11	책(策)	작대기	○	○	○	○
12	국(掬)	가르다	○	○	×	×
13	규영(嫢盈)	꾸짖다	○	○	×	○
14	로(癆)	앓-	○	○	×	○
15	시(偍)	디디다	○	×	×	○

16	엽유(葉楡)	부드럽다	○	×	×	×
17	와(譁)	바뀌다	×	○	×	○
18	요선(搖扇)	빠르다	○	○	×	×
19	장(壯)	상하다	×	○	×	○
20	포(抱)	품다	○	×	×	○
21	한만(漢漫)	갑갑하다	×	×	×	○
22	수(樹)		-	-	-	-	-

〈표 2〉는 『방언』에 수록된 조선 지역 어휘 가운데 의성어·의태어 3개와 중국어에서 조선어로 유입된 7개 단어를 제외한 22개 단어와 한국어의 유사성을 보여주고 있다. 〈표 2〉에 의하면 유사성이 있는 단어는 국(掬), 규영(奎盈), 로(磅), 독여(蝳蜍), 비(貀), 시(俔), 녈·날(涅), 엽유(葉楡), 요선(搖扇), 장(瓨), 책(策), 포(抱) 12개 단어로 전체의 54퍼센트에 해당한다. 유사성이 없는 단어는 단(椴), 병(餠), 양(揚), 와(譁), 우(旰), 전(鈿), 진현(賑眩), 장(壯), 한만(漢漫) 9개 단어로 전체의 40퍼센트에 해당한다. 수(樹)는 유사성을 논하기 어려운 단어로 분류되었다. 이로써 유사성이 있는 단어와 유사성이 없는 단어의 비율이 대략 54:40으로 나타나면서 유사성이 있는 단어의 비율이 다소 높았다.

〈표 2〉를 통해서 알 수 있듯이 11개 명사 중 45퍼센트에 해당하는 5개, 10개 동사 중 70퍼센트에 해당하는 7개 단어에서 유사성이 발견되어 동사의 유사성이 더 높게 나타났다. 또 한국어와의 유사성이 발견된 12개 단어 중 66.6퍼센트에 해당하는 8개 단어가 몽골어, 만주어, 어원커어와 유사성을 보이고 있다. 책(策)은 몽골어, 만주어, 어원커어에서 모두 유사성이 발견되고, 국(掬), 규영(奎盈), 비(貀), 장(瓨) 4개 단어는 몽골어, 어원커어와 유사하

며 로(磱), 시(偍), 요선(搖扇) 3개 단어는 몽골어와 어원커어 중 한 언어와 유사성을 보이고 있다.

본 연구의 결과를 도출하기 전에 먼저 다음에 대한 규명이 필요하다. 첫째, 『방언』에 기록된 조선이 국명, 행정구역명, 자연지명 중 어디에 속하는지 규명되어야 한다. 둘째, 『방언』에 기록된 조선 지역과 언어가 고조선 및 고조선어와 연결이 가능한지 규명되어야 한다.

리수하오(李恕豪, 2002: 4)는 『방언』에 기록된 조선을 고대 국명으로, 천류(陳榴, 2005: 582-583)는 국명이나 종족명이 아니라 낙랑군에 소속된 현의 명칭이라고 주장하고 있다. 하지만 이연주(2008: 42)는 특정 방언권을 언급하면서, 뚜렷한 방언 경계선이 아니라면 굳이 낙랑군 25현의 하나인 조선현을 방언 구획의 기준으로 사용하였을 가능성은 비교적 낮아 보인다고 주장한다. 이연주는 이에 대한 답을 양웅의 『방언』 집필 방식에서 찾는다. 양웅은 『방언』을 집필하면서 방언구 구획의 기준으로 자기 시대인 서한대가 아니라 이전 전국시대의 지명을, 그것도 현과 같은 작은 단위의 명칭보다 연, 대, 초, 오, 월, 조, 위, 진(晉), 진(秦), 양처럼 규모가 큰 국명을 더 빈번하게 사용하고 있다. 따라서 조선만 낙랑군에 속한 현을 방언구 구획의 기준으로 사용하였을 가능성은 극히 낮아 보이므로, 조선은 국명으로 추정된다. 그리고 중국의 주진한대(奏秦漢代)는 한국사의 흐름에서 고조선시기에 해당하므로, 『방언』에 기록된 조선은 고조선과 등가 개념이며 조선 지역에서 사용된 언어는 고조선어로 추정된다.

그렇다면 당시 조선은 어떤 언어·문화적 특성을 지니고 있었으며 어디에 위치하였을까? 『방언』에서 조선은 열수와 병기된 용례가 27회, 열수 없이 기록된 용례가 5회로 열수와 병기된 용례가 압도적으로 많지만, 열수는 조선 없이 단독으로 기록된 용례가 없다. 또 조선은 열수 없이 북연, 연 등과 병기되었지만, 열수가 조선 없이 북연, 연과 병기된 용례는 없다. 이러한 점으로 미루어 조선열수는 동일 언어문화권을 넘어 동일 생활문화권이었지만 해당 지역 문화의 중심지는 열수가 아니라 조선이었다.

또 『방언』에서 조선과 중국 지명이 병기된 용례는 모두 27회인데, 북연과의 병기가 11회, 연지북교 및 연지북비와의 병기가 7회, 연지동북과의 병기가 5회, 연과의 병기가 4회로 북연 및 연 주변 지역과의 병기가 두드러지게 많다. 그런데 『방언』에서 조선과 적극적으로 병기되고 있는 북연은 어디일까? 『방언』에 기록된 북연은 기원전 281년 연 소왕(昭王) 때 장군 진개가 동호족을 물리치면서 연나라에 복속된 상곡, 어양, 우북평, 요서, 요동 및 광양 6군 지역으로 추정된다.[1] 북연이 조선 열수와 적극 병기되고 있지만 연과의 병기가 2회에 그치고 있는 점으로 미루어, 기원전 281년 이후 북연과 연은 행정적으로는 동일 국가에 속하였지만 언어·문화적으로는 서로 독립적인 지역이었고, 조선열수 지역과 밀접한 관계를 맺고 있었으며, 북연조선열수 지역은 동일 언어문화권이었고, 넓게는 연의 북부 외곽 지역, 동북 외곽 지역과도 동일한 언어문화권이었을 것으로 추정된다.

한편 『방언』에 조선이 중국 내륙의 다른 지명과 병기된 용례가 없는 점으로 미루어 조선은 중국 내륙과 거리가 있었고 접촉도 그다지 활발하지 않았으며, 『방언』 집필 당시 무제의 한사군 설치로 행정적으로 한나라에 복속되었지만 언어·문화적으로는 독자성을 유지하였던 것으로 추정된다. 본 연구는 비교 대상의 단어가 32개에 불과하다는 점, 거의 2,000년 전에 사용되던 단어들과 현대 단어를 비교해야 한다는 한계를 가지고 있지만, 현재 확보된 자료를 통하여 다음과 같은 결론을 내릴 수 있다.

---

[1] 周振鶴(1987), 『西漢政區地理』, 人民出版社, 64面.

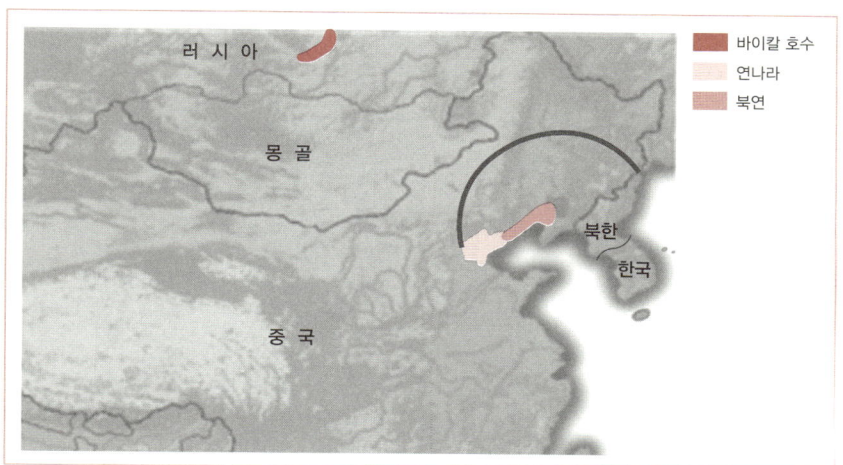

그림 1 _ 동일 언어문화권으로 추정되는 조선, 열수, 북연, 연의 동북과 북부 외곽 지역 (굵은 선 안쪽)

첫째, 중국의 주진한대는 한국사의 흐름에서 고조선시기에 해당하므로 『방언』에 기록된 조선은 고조선과 등가 개념이며 조선 지역에서 사용된 언어는 고조선어로 추정된다.

둘째, 『방언』에 조선이 열수, 북연, 연지동북, 연지북비, 연지북교 등과 적극 병기되고 있는 점으로 미루어 당시 조선, 열수, 북연, 연의 동북, 연의 북부 지역은 동일 언어문화권이었으며(〈그림 1〉 참고), 조선은 조선열수 지역에서 독립적인 국가체제를 형성하였던 것으로 추정된다.

셋째, 비교 대상으로 택한, 『방언』에 수록된 조선 지역 어휘 22개 단어 중 12개 단어가 한국어와 유사하고 한국어와 유사한 12개 단어 중 8개 단어가 몽골어, 어윈커어와도 유사하다. 이는 알타이어족설의 성립 가능성뿐만 아니라 고조선어 혹은 한국어가 몽골어, 어윈커어와 동일한 알타이어족이거나 알타이조어에서 기원하였을 가능성이 있음을 시사한다. 그리고 상고시대 해당 지역에 현대 한국인의 선조, 몽골족과 어원커족의 선조들이 함께 공존하였다는 추론이 가능하다.

　상고시대의 단어와 현재 단어는 음상이나 의미에서 많은 차이를 보이기 때문에 상고시대 언어를 재구하는 것은 힘든 일이다. 그렇다고 하여 아예 연구를 하지 않는 것보다는 유사성이 있는 단어들을 비교함으로써 연구의 단초를 제공하는 것도 의미 있는 작업이라 생각된다. 이 책에서도 이러한 관점에서 정확하게 일치하지는 않지만 관련 가능성이 있는 형태들을 제시하고자 하였으며, 이후 지속적인 연구를 통해 더욱 명확하게 검증될 수 있기를 바란다.

부록

중국 문헌상의 고조선 관련 언어 목록

시기	서적명	편명	고조선 관련 언어
서주~춘추 시기	詩經	大雅·韓奕	- 王錫韓侯, **其追其貊**, 奄受北國.
		魯頌·閟宮	- 至于海邦, 淮夷**蠻貊**, 及彼南夷.
		猗嗟	- 美目**揚**兮.
춘추 시기	尙書	武成	- 華夏**蠻貊**, 罔不率俾.
		禹貢	- 又北**播**爲九河, 同爲逆河, 入於海. 舊題孔氏傳: 北分爲九河.
	春秋	公羊傳	- 寡乎什一, **大貉小貉**. 什一者, 天下之中正也.
	論語	衛靈公	- 子張問行, 子曰, 言忠信, 行篤敬, 雖**蠻貊**之邦, 行矣.
		陽貨	- **涅**而不緇. 孔安國注: **涅**, 可以染皁.
전국 시기	爾雅		- **斛**謂之疀. 郭璞注云: 皆古鍬鍤字. - **茦**, 刺. 注云: 草刺針也. 關西謂之刺, 燕北朝鮮之間曰茦, 見方言.
	逸周書	王會解	- 西面者, 正北方, **稷愼**大麈, **穢人**前兒. 前兒若彌猴立行, 聲似小兒. **發人**鹿鹿者, 若鹿迅走.
		職方	- 職方氏掌天下之圖, 辨其邦國, 都鄙,四夷, 八蠻, 七閩, **九貉**, 五戎, 六狄之人民與財用.
	左傳	昭公九年	- 肅愼燕**亳**, 吾北土也.
		成公二年	- 龍人弗聽, 殺而**脾**諸城上. 杜預注: 脾, 磔也. - **樹**德而濟同欲焉. 杜預注云: 樹, 立也.
		哀公 十五年	- 既食, 孔伯姬杖戈而先, 大子與五人介, 輿**豭**從之. 孔穎達疏: **豭**, 是家之牡者.
	管子	小匡	- 北至于孤竹, 山戎, **穢貉**, 莫違寡人之命. - 中救晉公, 禽狄王, 敗胡**貉**, 破屠何⋯北至于孤竹, 山戎, **穢貉** 拘秦夏.

	輕重	- 八千里之**發朝鮮**. - **發朝鮮**不朝, 請文皮毚服 …然後八千里之**發朝鮮**可得而朝也.
	小稱	- 雖夷**貉**之民, 可化而使之愛.
	揆道	- 發朝鮮之文皮一筴也.
戰國策	秦策	- 大王之國, 北有胡**貉**代馬之用. - 蘇秦始將連橫說秦惠王曰 …西有巴蜀漢中之利, 北有胡**貉**代馬之用.
	燕策	- 蘇秦將爲從, 北說燕文侯曰, 燕東有**朝鮮**遼東, 北有林胡樓煩, 西有云中九原, 南有呼沱易水.
呂氏春秋	恃君覽	- 非(北)濱之東, 夷**穢**之鄉, 大解, 陵魚, 其鹿野搖山揚島, 大人之居, 多无君.
	孝行覽	- 民之讎之若性, 戎夷胡**貉**巴越之民是以, 雖有厚賞嚴罰弗能禁.
竹書紀年	愼靚王	- 十三年, 邯鄲命吏大夫奴遷于九原, 將軍大夫適子代史皆**貉**服.
孟子	告子	- 夫**貉**, 五穀不生, 惟黍生之. 無城郭宮室宗廟祭祀之禮, 無諸侯幣帛饔飧, 無百官有司, 故二十而取一足也. 今居中國, 去人倫, 無君子, 如之何其可也? 夫陶以寡且不可以爲國, 況無君子乎? 欲輕之于堯舜之道者, **大貉小貉**也欲重于堯舜之道者, 大桀小桀也.
	趙注	- **貉**在北方, 其氣寒, 不生五穀.
墨子	兼愛	- 以利燕代胡**貉**與西河之民. …以祇商夏蠻夷醜**貉**.
	非攻	- 雖北者, 且不著何, 亡於燕代胡**貊**之間者.
荀子	彊國	- 今秦南乃有沙羡與俱, 是乃江南也. 北與胡**貉**爲隣.
	勸學	- 干越夷**貉**之子, 生而同聲, 長而異俗, 敎使之然也.
周禮	山虞	- **植**虞旗于中. 鄭注: **植**猶樹也.

전국 시기 ~ 한나라	山海經	海內西經	- 夷人在東胡東, **貊國**在漢水東北, 地近于燕, 滅之, 孟鳥在貊國東北.
		海內北經	- **朝鮮**在列陽東, 海北山南, 列陽屬燕.
		海內經	- 東海之內, 北海之隅, 有國名**朝鮮**天毒.
한나라	史記	朝鮮列傳	- 張晏曰, **朝鮮**有濕水洌水汕水, 三水合爲洌水, 疑樂浪**朝鮮**取名於此也. - **朝鮮王滿**者, 故燕人也. 自始全燕時嘗略屬眞番**朝鮮**, 爲置吏, 築鄣塞. 秦滅燕, 屬遼東外徼. 漢興, 爲其遠難守, 復修遼東故塞, 至浿水爲界, 屬燕. 燕王盧綰反, 入匈奴, 滿亡命, 聚黨千餘人, 魋結蠻夷服而東走出塞, 渡浿水, 居秦故空地上下鄣, 稍役屬眞番**朝鮮**蠻夷及故燕齊亡命者王之, 都王險.
		趙世家	- 趙襄子 …余將賜女林胡之地. 至于後世, 且有伉王 …奄有河宗, 至于休溷諸**貉**, 南伐晉別, 北滅黑姑.
		匈奴列傳	- 自是之後百有餘年 晉悼公使魏絳和戎翟 戎翟朝晉. 後百有餘年 趙襄子踰句注而破幷代以臨胡**貉**. 其後旣與韓·魏共滅智伯 …諸左方王將居東方 直上谷以往者 東接**穢貊朝鮮** 右方王將居西方 直上郡 …漢使楊信於匈奴 是時漢東拔**穢貊朝鮮**以爲郡 而西置酒泉郡以鬲絕胡與羌通之路.
		貨殖列傳	- 夫燕亦勃碣之閒一都會也. 南通齊趙, 東北邊胡, 上谷至遼東, 地踔遠, 人民希, 數被寇, 大與趙代俗相類, 而民雕捍少慮, 有魚鹽棗栗之饒, 北隣烏桓夫餘, 東綰**穢貉朝鮮**眞番之利.
		燕召公 世家	- 太史公曰 …燕北迫**蠻貉** 內措齊晉 崎嶇彊國之閒 最爲弱小 幾滅者數矣.
		天官書	- 及秦幷吞三晉燕代, 自河山以南者中國. …其西北則胡**貉**月氏諸衣旃裘引弓之民 …是以秦·晉好用兵, 復占太白 太白主中國, 而胡**貉**數侵掠.

	李斯列傳	- 於是二世乃使高案丞相獄 …李斯乃從獄中上書曰 …地非不廣 又北逐胡貉 南定百越 以見秦之彊.
	五帝本紀	- 此二十二人咸成厥功 …南撫交阯, **北發**,西戎,析枝,渠廋,氐羌.
	張儀列傳	- 廚人進斟. 司馬貞索隱: 斟謂羹汁, 故名汁爲斟.
急就篇		- 靸鞮**卬角**褐韤巾. 顔師古注: **卬角**, 屐上施也. 形若今之木履而下有齒焉. 欲其不蹶, 當卬其角擧足乃行, 因爲名也.
說文解字		- 靴, **靴**角, 鞮屬. - 胹, 古田器也. 鏈, 胹也. 古田器也. - 萊, 萊也. - 朝鮮謂兒泣不止曰咺. - 盱, 張目也. 一曰朝鮮謂盧童子曰盱. - 朝鮮謂藥毒**瘌**. - 鍑, 釜大口者. 朝鮮謂釜曰鍑. - 咺, 朝鮮謂兒泣不止曰咺. 從口, 宣省聲. - 瘌, 朝鮮謂藥毒曰瘌. 從广勞聲. - 鍑, 朝鮮謂釜曰鍑. 從金典聲. - 縛, **薉貉**中, 女子無絝, 以帛爲脛空, 用絮補核, 名曰縛衣, 狀如襜褕. 從糸尊聲. - 蠿, 水蟲也. **薉貉**之民食之. 從黽奚聲. - 鮮, 魚名. 出**貉**國. - 豸部, **貉**, 北方豸种. - 貌, 豹属. 出**貉**國.
方言		- 咺: 痛也. 燕之外鄙, 朝鮮洌水之間, 小兒泣而不止曰咺. - 盱: 雙也. 燕代朝鮮洌水之間曰盱, 或謂之揚. - 揚: 雙也. 燕代朝鮮洌水之間曰盱, 或謂之揚. - 策: 小也. 燕之北鄙, 朝鮮洌水之間, 謂之策. - 葉楡: 毳也, 燕之北郊, 朝鮮洌水之間曰葉楡. - **搖扇**: 疾也. 燕之外鄙, 朝鮮洌水之間曰搖扇.

		- 涅: 化也, 燕朝鮮洌水之間曰涅, 或曰譁, 鷄伏卵而未孚, 始化之時, 謂之涅.
		- 譁: 化也, 燕朝鮮洌水之間曰涅, 或曰譁, 鷄伏卵而未孚, 始化之時, 謂之涅.
		- 斟: 汁也, 北燕朝鮮洌水之間, 謂之斟.
		- 茦: 凡草木刺人, 北燕朝鮮之間謂之茦, 惑謂之壯.
		- 壯: 凡草木刺人, 北燕朝鮮之間謂之茦, 惑謂之壯.
		- 瘀: 凡飮藥傅藥而毒, 北燕朝鮮之間, 謂之瘀.
		- 靴角: 履也, 東北朝鮮洌水之間, 謂之靴角.
		- 錪: 鍑, 北燕朝鮮洌水之間, 惑謂之錪, 惑謂之鉼.
		- 鉼: 鍑, 北燕朝鮮洌水之間, 惑謂之錪, 惑謂之鉼.
		- 瓵: 甖, 燕之東北朝鮮洌水之間, 謂之瓵.
		- 斛: 㸐, 燕之東北朝鮮洌水之間, 謂之斛.
		- 椴: 櫠, 燕之東北朝鮮洌水之間, 謂之椴.
		- 樹: 牀, 其杠, 北燕朝鮮之間, 謂之樹.
		- 徥: 行也, 朝鮮洌水之間惑曰徥.
		- 掬: 離也, 燕之外郊, 朝鮮洌水之間曰掬(播).
		- 膊: 暴也, 燕之外郊, 朝鮮洌水之間, 謂之膊.
		- 魏盈: 怒也, 燕之外郊, 朝鮮洌水之間, 凡言呵叱者, 謂之魏盈.
		- 漢漫: 懣也, 朝鮮洌水之間, 煩懣謂之漢漫, 顚眴謂之賑眩.
		- 賑眩: 懣也, 朝鮮洌水之間, 煩懣謂之漢漫, 顚眴謂之賑眩.
		- 樹植: 立也, 燕之外郊, 朝鮮洌水之間, 謂之樹植.
		- 貈: 貆, 北燕朝鮮之間, 謂之貈.
		- 抱: 鷄, 北燕朝鮮洌水之間, 謂伏鷄曰抱.
		- 豭: 豬, 北燕朝鮮之間, 謂之豭.
		- 鶌鴡: 鳲鳩, 燕之東北, 朝鮮洌水之間, 謂之鶌鴡.
		- 鶏: 鳲鳩, 燕之東北, 朝鮮洌水之間, 謂之鶏.
		- 蠦蜰: 蚍蜉也, 北燕朝鮮洌水之間, 謂之蠦蜰.
說苑	權謀	- 而貉人攻其地.
中庸	第31章	- 是以, 聲名, 洋溢乎中國, 施及蠻貊, 舟車所至.

大戴禮記		五帝德	- 南撫交址, 大, 敎, 鮮支, 渠廋, 氐, 羌, 北山戎, 發發, **息愼**, 東長鳥夷, 羽民. 舜之少也, 惡悴勞苦.
		勸學	- 于越戎**貉**之子, 生而同聲, 長而異俗者, 敎使之然也.
		禮察	- 禽獸草木廣育, 被蠻**貊**四夷, 累子孫十餘.
		少閒	- 舜有禹代興, 禹卒受命, …民明敎, 通于四海, 海之外肅愼, **北發**, 渠搜, 氐, 羌來服.
周禮		夏官·職方氏	- 職方氏掌天下之圖, 以掌天下之地, 辨其邦國·都鄙·四夷·八蠻·七閩·**九貉**·五戎·六狄之人民.
漢書		高帝紀	- **北貉**燕人來致梟騎助漢.
		禮樂志	- 隅辟越遠 **四貉**咸服.
		王莽傳	- 州郡歸咎於高句驪侯騶. 嚴尤奏言, **貉**人犯法 不從騶起 正有它心 宜令州郡且尉安之. …匈奴未克 夫餘**穢貉**復起 此大憂也. 莽不尉安 **穢貉**遂反 詔尤擊之. …今年刑在東方 誅**貉**之部先縱焉. …於是**貉**人愈犯邊.
		武帝紀	- 東夷**薉君**南閭等口二十八萬人降 爲 蒼海郡. - (元光元年) 五月 詔賢良曰 周之成康 刑錯不用 德及鳥獸 敎通四海. 海外肅愼 **北發**渠搜氐羌徠服.
		食貨志	- 彭吳穿**穢貊朝鮮** 置滄海郡 則燕齊之間 靡然發動.
		地理志	- 上谷至遼東 地廣民希 數被胡寇 俗與趙代相類 有魚鹽棗栗之饒. 北隙烏丸夫餘 東賈眞番之利, 玄菟樂浪 武帝時置 皆**朝鮮濊貉句驪蠻夷**. 殷道衰 **箕子去之朝鮮** 敎其民以禮義 田蠶織作 樂浪**朝鮮**民犯禁八條.
		眭兩夏侯京翼李傳(夏侯勝傳)	- 宣帝初卽位 …孝武皇帝躬仁誼 厲威武 北征匈奴 單于遠遁 南平氐羌·昆明·甌駱兩越 東定**薉貉朝鮮** 廓地斥境 立郡縣 百蠻夷率服 款塞自至 珍貢陳於宗廟.

	匈奴列傳	- 而晉北有林胡·樓煩之戎 燕北有東胡·山戎 各分散谿谷 自有君長 往往而聚者百有餘戎 然莫能相壹 …後百有餘年 趙襄子踰句注而破之 幷代以臨**胡貉** …諸左王將居東方 直(置)上谷以東 接**穢貉朝鮮** 右王將居西方 直(置)上郡以西 接氐羌 而單于庭直代雲中. …漢使楊信於匈奴 是時漢東拔**濊貉朝鮮**以爲郡 而西置酒泉郡以隔絶胡與羌通之路.
	爰盎鼂錯列傳	- 臣聞秦時北攻**胡貉** 築塞河上 南攻楊奧 置戍卒焉. …夫胡貉之地 積陰之處也 木皮三寸 冰厚六尺 食肉而飲酪 其人密理 鳥獸毳毛 其性能寒.
尙書大傳		- 古者十稅一, 多于十稅一, 謂之大桀小桀, 少于十稅一, 謂之**大貊小貊**. - 武王勝殷, 繼公子祿父, 釋箕子之囚. 箕子不忍周之釋, 走之**朝鮮**. 武王聞之, 因以**朝鮮**封之.
後漢書	光武帝紀1下	- 秋 東夷韓國人率衆詣樂浪內附…春正月 遼東**徼貊**人.
	孝和孝殤帝紀	- (元興元年)秋九月 遼東太守耿夔擊**貊人** 破之.
	孝安帝紀第5	- 元初5年(118): 夏六月 高句驪與**穢貊**寇玄菟 …春正月 幽州刺史馮煥率二郡太守討**高句驪穢貊** 不克 …夏四月 **穢貊**復與鮮卑寇遼東 遼東太守蔡諷追擊 戰歿 …冬十二月 高句驪馬韓**穢貊**圍玄菟城 夫餘王遣子與州郡幷力討破之 …延光元年(122) 春二月 夫餘王遣子將兵救玄菟 擊高句驪馬韓**穢貊** 破之.
	烏桓鮮卑列傳第80	- 永壽二年(156)秋 …乃自分其地爲三部 從右北平以東至遼東 接夫餘**濊貊**二十餘邑爲東部.
鹽鐵論	論勇	- 況以吳·楚之士 舞利劍 蹶强弩 以與**貉**虜騁于中原? 一人當百 不足道也! 夫如此 則**貉**無交兵 力不支漢 其勢必降. 此商君之走魏 而孫臏之破梁

			也. …齊桓公得管仲以霸諸侯, 秦穆公得由余, 西戎八國服. 聞得賢聖而**蠻貊**來享.
		地廣	- 左將伐**朝鮮** 開臨屯, 燕齊困于**穢貊**.
		通有	- 張網羅求翡翠 求蠻**貉**之物以眩中國.
		憂邊 未通	- 夫**蠻貊**之人, 不食之地. - 膏壤萬里 山川之利 足以富百姓 不待**蠻貊**之地.
		復古	- 有司思師望之計 遂先帝之業 志在絶胡**貉** 擒單于.
	說文解字 淮南子	齊俗訓	- 皆率九夷以朝 胡**貉**匈奴之國 縱體拖髮 箕倨反言 而國不亡者.
위진 남북조	水經注	淇水	- 又東北, 過**濊邑**北(**濊水**出焉). 又東北, 過**濊**邑北. **濊水**出焉.
		濁漳水	- 又東北過章武縣西 又東北 過東平舒縣南 東入海 (淸·漳逕章武故城西 故**濊邑**也. 枝瀆出焉 謂之濊水 枝瀆出焉 謂之濊水.
	三國志	魏書 三 少帝紀(陳 留王央)	- 景元2年 …樂浪外夷韓**濊貊**各率其屬來朝貢.
		魏書 滿 田索郭傳 (田豫傳)	- 文帝初 北狄彊盛 …自高柳以東 **濊貊**以西.
		烏丸鮮卑 東夷傳	- 英雄記曰 …版文曰 …北捍獫狁 東拒**濊貊**.
		烏丸鮮卑 東夷傳	- 魏書曰…兵馬甚盛 南鈔漢邊 北拒丁令 東卻夫餘 西擊烏孫 盡據匈奴故地…從右北平以東至遼 (遼) 東接夫餘 (**濊**)**貊**爲東部 二十餘邑.
		烏丸鮮卑 東夷傳 第30, 高句麗	- 高句麗在遼東之東千里 南與**朝鮮濊貊** 東與沃沮 北與夫餘接.

찾아보기

⟨ㄱ⟩
강길운 29, 38, 81, 92, 101, 105
개(皆) 128, 129, 144, 310
개마 106
개마국(蓋馬國) 104
개마산 102, 106
개차(皆次) 128, 129, 144, 310
거란국 229
거란어 222
거질미(居叱彌) 106
건길지(鞬吉支) 89, 103, 129, 140
고구려 104
고구려어 33
고립어 15
고마 103, 105, 106
고마어 104
고아시아족 28, 29, 103
고조선어 21, 300, 301, 305, 306,
   310, 311, 314, 316, 321
고조선어 계통 305
고조선족 47
곰 105, 106, 112, 309

곰 토템 105
공통 알타이어 25
공통조어론 207
『관자(管子)』 40
구려(句驪) 176
구월산 56
군자국(君子國) 135
궁홀(弓忽) 56, 214
궁홀산(弓忽山) 56
궐산 56
금마저 103
금물(今勿) 106
금미달(今彌達) 56, 60
기 125, 126, 136, 140~143
기음자(記音字) 186, 197
기자(箕子) 17, 46, 87, 90, 92, 111,
   124, 126, 130, 131, 133, 143,
   144, 238, 308, 310
기자동래설 87, 111, 143, 144, 308
기자신(箕子神) 129, 144, 310
기자조선 17, 47, 87, 91, 108, 125
기자조선어 29

기자집단   47
기, 지, 치 이론   124, 310
길약어   29
김방한   26, 127, 130, 132, 215, 305
김행   257

〈ㄴ〉
낙랑(樂浪)   61, 69~71, 176, 179
낙랑군   62, 73, 175, 177, 178
낙랑조선   42
낙량(樂良)   70
남려   212
남방계   28
남방기원설   26
노인(路人)   92, 95, 212
니계(尼谿)   73, 74, 93
니계상(尼谿相)   73, 93, 213

〈ㄷ〉
단(壇/檀)   110
단군(壇君/檀君)   74, 79, 81, 83, 84, 86, 110, 239, 240, 308
단군숙신(檀君肅愼)   36
단군신화   103
단군왕검(壇君王儉)   75, 77, 79, 80, 85, 91, 92, 243
단군조선   105
단군조선어   29
단굴(Tangul)   86

「답유흠서(答劉歆書)」   199
당골   239, 240
당굴   78, 83
대(代)   219
대동강   64
대인국(大人國)   135
뎅그리   81
동북공정   22, 112
동북문화구   200, 313
동이(족)   42, 249, 267, 268, 314
동호(東胡)   210
동호계   18
동호어   210, 232, 314
두만(頭曼)   96, 97

〈ㄹ〉
람스테트   15, 25, 27, 207, 305
룽산문화(龍山文化)   38
리지린   37, 38, 61, 64, 110, 307, 308
린위탕   16

〈ㅁ〉
마자수   65, 66, 67
만변한(滿番汗)   73, 75
만이(蠻夷)   176
만주어   18, 66, 238, 250, 251, 253, 254, 258~260, 262, 263, 268, 277, 314~316, 319

만주-퉁구스어   253, 305
만주-퉁구스어 계통   18
만주-퉁구스 제어   206
말갈어   314
맹이(萌夷)   44~46
명이(明夷)   44, 108
몽골계 언어   213, 232
몽골어   18, 25, 66, 206, 208, 211,
    216, 220~224, 226~232, 268,
    305, 314, 316, 318~320
몽골어파   276
몽골 제어   206
몽골족   324
무엽산   54, 59

〈ㅂ〉
박   100, 102, 112
박달   55, 101
박달임금   83, 102
박달족   101
발(發)   43, 44, 49
발숙신(發肅愼)   244
발식신(發息愼)   36
발조선(發朝鮮)   34, 41, 42, 45,
    108, 244, 307
밝   100~102, 112, 309
『방언(方言)』   16, 150, 153, 311
방언구   191
방언권   200, 313

『방언소증(方言疏證)』   159
방홀산   56
배달민족   101
배달족   244
백산(白山)   67, 243
백아강(百牙岡)   49, 51, 55, 109,
    307
백악(白岳)   50, 59, 109, 307
백악산   48~50, 55, 75
백악산 아사달   109, 307
백악아사달   51
부루   49
부소량(扶蘇樑)   54
부여어   30, 32
북발(北發)   43
북방계   28
북연(北燕)   33, 163, 164, 176, 180,
    181, 183, 222~224, 229~231,
    246, 313, 321, 322
북연 방언   181
북연조선   179, 182, 189, 190, 199,
    312
북연조선 방언   179, 180, 183
북연조선 방언구   313
북연조선열수   322
북연조선열수 방언   182
불거내   36
불함(不咸)   68
불함산   74

비왕직(裨王職)　94

⟨ㅅ⟩
산수(汕水)　34, 37, 39, 40, 46, 70,
　　241
삼한어　32
상(相)　92, 93
선비(鮮卑)　210
선비어　30, 210, 211, 232, 314
성기(成己)　99, 212
성이(成已)　99
소도(蘇塗)　81
수두　80
숙신(肅愼)　35~39, 42, 241
숙신계　18
숙신기원설　36
순임금　37
습수(濕水)　34, 37, 39, 40, 46, 70
식신(息愼)　241
식양(息壤)　244, 245
신단수　74
신웅(神雄)　105
신채호　35, 36, 68, 80, 87, 108,
　　109, 111, 306~308

⟨ㅇ⟩
아골타　257
아사달(阿斯達)　34, 35, 37, 40, 41,
　　46, 48, 50, 52~55, 60, 75, 108,
　　109, 213, 214, 242, 306, 307
아씨딸　49
아이누어　29, 105
아침산　242
안재홍　16, 17, 48, 49, 87, 109,
　　111, 123, 307, 308, 310
알타이계 언어　105
알타이 공통조어　25
알타이어　106
알타이어족　24, 27, 206, 220, 276,
　　323
알타이어족설　15, 305, 306
알타이 제어　26, 27, 29, 107, 111,
　　284, 286, 288, 293, 306
알타이조어　276, 323
알타이족　103
압록수　66
양웅　16, 150~152, 155, 158, 179,
　　190, 192, 195, 198, 216, 245,
　　249, 266, 267, 290, 306
양이(良夷)　46
양주동　35, 37, 39, 108, 306, 309
어니하(淤泥河)　64
어원커어　18, 278, 279, 281~284,
　　287~289, 292~298, 300, 301,
　　315, 316, 318~320
어원커족　283, 324
어지전(語之轉)　187
언어문화권　323

언어학적 방법론　123
여진(女眞)　38
여진어　30, 250, 260, 263, 314
역계경(歷谿卿)　93, 212
역사사회학적 방법론　123
연(燕)　163, 218~222, 227, 321
연대(燕代)　163, 166
연대(燕代) 방언　182
연, 대, 제, 조 방언　182
연(燕) 방언　179
연(燕) 방언권　33
열수(洌水)　33, 34, 37, 39, 40, 46, 49, 70, 163, 176, 177, 246, 321, 323
예군　212, 213
예맥(濊貊)　68, 176
예맥계　18
예맥조선　42
예맥족　37, 38
오환(烏桓)　210
왕검(王儉)　75, 77, 79, 80, 243
왕검성　51, 60, 62, 75
왕(王, 장군)　93
왕겹　212, 213
왕험(王險/王儉)　56, 75, 77
왕험성　60, 62
우거(右渠)　92, 98, 212
우거(優居)　97, 98
우거왕(右渠王)　92, 212, 213

우게　98
우랄어족　24
우랄·알타이어족　24, 25, 101
우문선비(宇文鮮卑)　97, 98
우월(于越)　98
우이(嵎夷)　45
웅녀　105
원시 알타이어　25
원시 한반도 언어　26
위만(衛滿)　92, 95, 97, 211, 212, 238
위만조선　41, 62, 92, 207, 211, 212, 232, 239
위만조선어　29
유연(幽燕) 방언　181, 182
유연어(幽燕語)　180
유헌사자(輶軒使者)　151
이기문　89, 111, 127, 129, 132, 260, 305
이병도　35, 68, 73, 108, 109, 306, 309
인구어족　24
인류학적 방법론　123
임검(壬儉)　84

〈ㅈ〉

장(長)　212
장군(將軍)　93, 94, 212
장항(長降)　99, 212

전어(轉語)　187, 196, 197
정인보　41, 54, 60, 87, 108, 109, 111, 306~308
조산(朝山)　242
조선(朝鮮)　34~42, 44~47, 50, 56, 107, 109, 176, 223, 226, 229, 230, 238, 241, 242, 246, 306, 321
조선국　175
조선 방언　183, 189, 263, 265, 266
조선상(朝鮮相)　212, 213
『조선상고사감』　124, 142
조선숙신　36
조선어　179, 249, 320
조선어권　33
조선열수　163, 164, 175~179, 181, 218~222, 224~231, 323
조선열수 방언　181
조선현　40, 61, 177, 321
조수(潮水)　241
조이(鳥夷)　37
주선(州鮮)　38
주신(珠申)　35, 36, 38, 241
주진(州愼)　241
주진(珠眞)　38
직신(稷愼)　37, 241
진고공지(秦故空地)　73
진국(辰國)　46
진번조선　42, 73

〈ㅊ〉
참(參, 니계상)　73, 93, 95, 212
천군　81, 83, 85
최(最, 노인의 아들)　95, 212
최남선　16, 67, 78, 86, 87, 100, 110, 308
친연관계　279, 306

〈ㅋ〉
크레올어화　254
크치　124~126, 131, 133~135, 143, 144, 310
크치국　124, 131, 134
크치조선　88, 132, 143

〈ㅌ〉
탕게르　81
태백산　50, 74
텡게리　86, 110
텡그리　83, 308
퉁구스계 언어　105
퉁구스어　25, 106, 301, 316
퉁구스어파　276, 277
퉁구스 제어　276
튀르크어　25, 305
튀르크어파　276
튀르크 제어　206

〈ㅍ〉

패수(浿水)　34, 49, 61, 62, 64, 66, 73, 109, 110, 307, 308
평양(平壤)　48~51, 54, 61, 109, 243, 307
포폐　25, 27, 305
필랍(必拉)　64, 65, 110, 307
필랍(畢拉)　64, 110, 307
필아랍　64, 65, 110, 308

〈ㅎ〉

한국어　232, 301, 306, 314, 315, 320
한국어 계통　26, 107
한민족어　253, 260, 262, 263, 267, 268, 314
한사군　35, 73
한씨조선설　89
한어(漢語)　32, 179, 232
한어(漢語) 방언　179
한왕(韓王)　76
한음(韓陰, 상)　93, 95, 212, 213
한·일 동계설　26
한후(韓侯)　91
해모　102
해모수　36
해부루　36
험독(險瀆)　34, 60, 61, 109, 307
험독현　62
헤르츠베르크　27
호랑이 토템　105
환국(桓國)　36
환웅(桓雄)　105
환인　94
흉노어　208, 209, 314

동북아역사재단 연구총서 74

고조선의 언어계통 연구
양웅의 『방언』 수록 고조선어 분석

초판 1쇄 인쇄 2018년 10월 20일
초판 1쇄 발행 2018년 10월 30일

엮은이 동북아역사재단 북방사연구소
펴낸이 김도형
펴낸곳 동북아역사재단

등 록 제312-2004-050호(2004년 10월 18일)
주 소 서울시 서대문구 통일로 81 임광빌딩
전 화 02-2012-6065
팩 스 02-2012-6189
e-mail book@nahf.or.kr

ⓒ 동북아역사재단, 2018

ISBN 978-89-6187-402-1 93910

* 이 책의 출판권 및 저작권은 동북아역사재단에 있습니다.
  저작권법으로 보호를 받는 저작물이므로 어떤 형태나 어떤 방법으로도 무단전재와 무단복제를 금합니다.
* 이 도서의 국립중앙도서관 출판예정도서목록(CIP)은 서지정보유통지원시스템 홈페이지(http://seoji.nl.go.kr)와
  국가자료종합목록시스템(http://www.nl.go.kr/kolisnet)에서 이용하실 수 있습니다. (CIP제어번호 : CIP2018033512)
* 책값은 뒤표지에 있습니다. 잘못된 책은 바꾸어 드립니다.